Why We're Not as **SELF-AWARE** as We Think,
and How **SEEING OURSELVES CLEARLY HELPS US SUCCEED**
at Work and in Life

Tasha Eurich
ターシャ・ユーリック著
中竹竜二監訳
樋口武志訳

insight《インサイト》

いまの自分を正しく知り、
仕事と人生を劇的に変える
自己認識の力

英治出版

ママ、ノニ、そして愛するＳＰに

INSIGHT

Why we're not as self-aware as we think,
and how seeing ourselves clearly helps us succeed at work and in life

by

Tasha Eurich

Japanese translation rights arranged with The Eurich Group, LLC
c/o Fletcher & Company, New York through Tuttle-Mori Agency, Inc., Tokyo

真実を語る者には大きな危険がともなう。口をつぐまざるを得ないときや、沈黙を強いられるときもあるだろう。しかしたとえ真実を口にはできずとも、せめて知っておくべきだ。たとえ人には進んで語らずとも、決して自分自身に嘘をついてはならない。

フランシス・ハーディング

編集部注

＊原書内の脚注は、★で該当ページに表記した。

＊未邦訳の書籍は、仮題のあとの括弧に原題を記載した。

INSIGHT　目次

第4章
自分教というカルト
——インサイトを阻む恐ろしい社会的障壁　114

第2部　内的自己認識——迷信と真実

第5章
「考える」＝「知る」ではない
――内省をめぐる四つの間違った考え　152

第6章
本当に活用可能な内的自己認識ツール　196

第4部　より広い視点

第10章 思い込みにとらわれた世界で生き抜き成長する 382

第1章
二一世紀のメタスキル

兵士たちが駆け込んできて緊急の知らせを伝える。約一〇キロ先の岩の多い渓谷で、三五名の敵偵察隊が野営しているのを発見したのだ。報告を受けた若い中佐は、どんな決断を下すだろう?

責任は重大だった、彼もそれは分かっていた。何しろ戦争の真っ最中であり、自分ひとりの肩に、この戦場へ率いてきた一五九名の兵士の命がかかっていた。戦闘経験のない二二歳の新米だったにもかかわらず、どういうわけか彼は全軍のなかでナンバー2の地位に就いていた。彼は決断力を持って素早く行動するだけでなく、見ている全員に対して自身の力を証明する必要があった。統率力が試される重要な瞬間だが、彼は自分が見事にやってのけるだろうと信じて疑っていなかった。この極めて自信に満ちた若者は、ただただ年上の人間たちに力を見せつけたくてウズウズしていたのだった。

峡谷に敵兵がいる？　攻撃を仕掛けてくるに違いない、と中佐は自信たっぷりに（誤って）判断した。そこで彼は奇襲を命じた。五月二八日未明、彼の部隊は無防備な相手に襲いかかり、相手はなすすべがなかった。一五分もしないうちに、一三人の敵兵が命を落とし、二一人が捕まった。

意気揚々と勝利を誇りながら、中佐は陣営に戻り、次々と手紙を書き始めた。まずは司令官に宛てて。しかし今回の奇襲のことを記すよりも前に、勢い余った中佐は、ここぞとばかりに八段落にもわたる悪態をついて給料への不満を述べた。次の手紙は弟宛で、敵を目の前にした自分の恐れ知らずな面をさりげなく自慢した。「嘘を言うつもりはないんだが、銃弾の飛び交う音を聞いたとき、本当にその音で胸が高鳴ったんだ」

自画自賛の手紙の数々を書き終えると、次の動きについて検討し始めた。敵は報復攻撃を仕掛けてくるに違いないと思った彼は、自軍が陣取るのにもっと良い場所を見つけるべきだと考えた。近くの山岳地帯を進んだすえ、中佐たちは低地の広い草原に行き当たった。そこは四方になだらかな丘陵が広がり、ところどころに低木の茂みがあり、深い松林もひとつあった。その場所を眺め、中佐は防御にうってつけの場所だと断定し、陣を敷くよう命じた。

数日後、中佐は部隊が円形の防御柵作りの仕上げに入るのを誇らしげに眺めていた。柵には二メートルを超す真っ直ぐな丸太を使った。丸太は一本ずつ獣の皮で覆った。柵の内側には一度に七〇名しか入っていられなかったため、中佐は全員が身を潜めていられる深さ一メートルほどの塹壕を掘るよう命じていた。出来栄えに満足した中佐は、司令官に「我々は自然の力を借りて、塹壕つきの優れた要塞を築き、茂みを取り払って戦闘にうってつけの場所を用意しました」と力強く説明した。相手に数で劣ることは分かっていたが、「たとえ少数であろうと、五〇〇人の攻撃に怯《ひる》むことなどありません」と報告した。

残念ながら、全員がこの若きリーダーと意見を共にしているわけではなかった。中佐による数々の信用ならない判断のひとつが、砦の設置場所だった。そこはちょっと雨が降っただけでも沼となってしまうような地盤の弱い場所で、どしゃ降りにでもなれば塹壕は水であふれ、弾薬も水浸しになってしまう。さらに、林がすぐそば（五十数メートル先）にあり、敵の射手《しゃしゅ》たちが知らぬ間に潜んで、近距離から悠々と射撃できてしまう。そのうえ砦自体も、中佐に手を貸していた隊長――経験豊富な歴戦の兵士――は、「あの草原に置かれた貧弱なもの」にまったく耐久性がないと主張していた。

それでもめげずに自分が一番分かっているのだといった様子で、中佐はこうした反論を頭から退け、隊長と彼の隊を「裏切り者の悪魔」だとか「スパイ」だと烈火のごとく非難した。そして小さな反乱が起き、隊長と彼を支持する者たちは戦闘が恐ろしくなって逃げ出した（なお、この恐れは極めてまっとうで根拠あるものだったことが証明される）。ほどなく開始される戦闘で、中佐が銃弾の飛び交う音に胸を高鳴らせることはないのだった。

それだけでなく、この戦闘はとてつもなく重要な一戦となる。あまりに重要な一戦で、この中佐の判断ミスは歴史のゆくえも変えることになる。それ以後、歴史学者たちはこの軍事作戦が悲劇的なまでに間違いを重ねた理由を説明しようとしてきた。多くの学者は、次のように的確に中佐の過ちを指摘した。「退却すべきときに前進し、充分な増援も待たずに戦い、防御など不可能な場所に陣取り、ずさんな砦を作り、手を貸してくれた者たちと仲たがいし、驚くほどの思い上がりで、強力な（敵の）軍隊を倒せると考えていた」

しかし中佐の破滅は、たんに戦術上の過ちや、作戦の欠陥や、周囲の信頼の喪失だけでは片付けられない。それらを個別に検証するだけでは、その奥にある根本的な原因を見落としてしまう。この中佐は、戦場だろうが、職場だろうが、どこであろうが成功と失敗を分ける、最も重要かつ最も見逃されている要素を致命的なまでに欠いていたのである。その要素とは自己認識だ。

厳密な定義は印象より遥かに複雑なものだが、**自己認識**《セルフ・アウェアネス》とは、要するに、**自分自身のことを明確に理解する力――自分とは何者であり、他人からどう見られ、いかに世界へ適合しているかを理解する能力だ**。★プラトンが「汝自身を知れ」という考えを紹介して以降、哲学者や科学者たち

★ 本書では、鍵となる用語やツールやポイントは参考にしやすいよう太字で記す。

クティブは、六〇〇パーセントも失敗する可能性が高い（それは驚くことに、ひとりのエグゼクティブにつき五〇〇〇万ドルの損失となり得る）。もう少し一般的なケースで言えば、自己認識に欠けた社員の方が自身のキャリアに満足していないだけでなく、行き詰まったとき、自分がこの先どうしていこうか見極めるのに苦労する傾向にある。

この種の例は数多くある。このテーマについて長年研究してきた結果、私は「**自己認識は二一世紀のメタスキルだ**」と言うまでに至った。本書を読み進めれば分かるように、現在の世界における成功にとって極めて重要な各種の力――心の知能指数、共感力、影響力、説得力、コミュニケーション力、協調力など――は、すべて自己認識がもとになっている。言い換えれば、自己認識を欠いていると、仕事やその他の場でより頼もしいチームプレーヤーや、より優れたリーダーや、より良い関係の構築者になるための力を身につけるのがほとんど不可能だということだ。

自己認識の重要性を直感的に理解していない人はあまりいないだろう。なにしろ、私たちは「自己認識」という言葉を、上司や、仕事仲間や、義理の両親や、政治家たちに対してとても気軽に持ち出している――しかし、「誰それって自分のことよく分かってないよね」など、主にネガティブな文脈で用いていることに気づかないだろうか。自己認識は私たちの成功と幸福にとって重要な役割を果たすにもかかわらず、目にすることが極めて稀なものなのである。

多くの人にとって、厳しくつらい真実よりも、**自己欺瞞――自己認識と対極のもの**――を選ぶ方が楽だ。よくあることだが、その思い込みがあたかもインサイト（洞察、自分に対する気づき）のように感じられるときは、特にそちらへ流れてしまう。先程の中佐が良い例である。もう少し現代的な例を見てみよう。私は最近トラヴィス・ブラッドベリーによるベストセラー『ＥＱ２・０――「心の知能指数」を高める66のテクニック』（サンガ、二〇一九年）を読み、この一〇年で心の知能指数（ＥＱ）が全体的に向上したと知って驚いた（ＥＱは自分や他者の感情を探り、理解し、コントロールする能力と定義され、この指数が高い人の方が成功し、障害に直面しても耐性があり、ストレスに強く、関係を構築するのが上手いといった傾向にあることが無数の研究で明らかになっている）。しかし組織心理学者として働く私の経験は、ブラッドベリーの発見にそぐうものではなかった。少なくとも見聞きした範囲では、ＥＱの低さに端を発した問題が、近年減少どころか増加しているように感じていた。

本書に向けたオンライン調査をおこなってようやく、この認識の乖離の驚くべき原因を突き止めた。たしかに、ブラッドベリー博士の調査は実に五〇万人という膨大な人数を含むものだったが、彼の出した結論は調査した人びと本人の「自己評価に基づくもの」だった。それがどういうことか少し考えてみてほしい。自分が知るなかで最も心の知能指数が低いと思われる人を数人思い浮かべてみよう。その人たちに心の知能指数を自己評価してくださいと尋ねたら、賭けてもいいがその人びとは最低でも平均以上の評価をくだすと思わないだろうか。そこで、ブラッドベリーによる発見は、言い方を変えて、**自分が考える自分と、他人が見る自分の差が大きくなってきている**とする方が、遥かに現実に近い。つまり、ＥＱの上昇に見えたものは、自己認識の低下を意味している可能性が高いのだ。★

★自己認識と心の知能指数の関係性をよく尋ねられる。シンプルな回答は、心の知能指数とは主に自身や他者の感情の認識や統制をめぐるものであるのに対して、自己認識とはもっと射程の広い言葉だ、というものである。自己認識とは、他者からどう見られているかという点に加えて、感情だけではない自身の内面的な特徴（その人の価値観、情熱、野望、理想とする環境、パターン、リアクション、他者への影響）までカバーしている。

ますます「私」中心となっていく社会では、さらにこの罠に陥りやすくなっていく。最近の世代は「自尊心」を持つようしきりに促される世界のなかで育っており、絶えず自分は素晴らしいのだ、特別な何かを持っているのだと聞かされてきた。客観的に自分自身や自分の見られ方を検証するよりも、色メガネで自分自身を見る方が遥かにそそられる。しかもこれは単に世代の問題でも、アメリカ人だけの問題でもない——これにはあらゆる年代、性別、経歴、文化、宗教の人びとが苦しめられている。

まさにいま、あなたは心のなかで自己欺瞞に当てはまる人を思い出し、クスッと笑っているかもしれない。自分ではプレゼンが上手いと思っていながらもミーティングでは全員を眠りへといざなう仕事仲間。親しみやすいことを売りにしていながらもチームのみんなを怯えさせている上司。自分では「社交的だ」と思っていながらもパーティではいつも一番浮いた客になっている友人。笑えるが、ここで考慮すべきことがある。聖書には、こう記されている。「兄弟に向かって、『あなたの目からおが屑を取らせてください』と、どうして言えようか。自分の目に丸太があるではないか」（マタイによる福音書、第七章四節）。職場であれ、家庭であれ、学校であれ、遊びであれ、**私たちは他人の認識不足はすぐに責めるが、自分に認識が欠けているか自問することは**（あるとしても）**極めて稀である。**その典型例を紹介しよう。まさに本書の読者となり得る人びとに私がおこなった調査では、九五パーセントもの人が、自分は一定程度もしくはかなり自己認識力があると回答した！

ほとんどの人は自分のことをよく知っていると思っているが、この自信は根拠のないものであることが多い、というのが真実だ。研究者たちは、人の自己評価が「大幅かつシステマチックに誤ることが多い」ことを証明している。これから本書で紹介していくように、そうした研究は、リーダーシップや運転能力から学校や職場での成績にいたるまで、人が自身のパフォーマンスや能力に対してひどく間違った判断をくだしがちだということを示している。何が一番恐ろしいかって？　最も能力のない人びとが、自分の能力に最も自信を持っている場合が多いということだ。

そしてほとんどの場合、「自分の目にある丸太」は、自分以外の全員にははっきりと見えている。歌手になるべく大学をやめる音痴な学生。ビジネス書をたくさん読みながらも変わらずひどいリーダーであり続ける口ばかりの上司。子供たちとほとんど時間を過ごしてないのに、その年の「ベストファーザー」だと思っている父親。結婚生活に終止符を打つたびに元夫のせいだと信じて疑わない離婚三度目の女性。あるいは自分には軍事の才があると思いながら、実際には壊滅的な結果を招く中佐。

しかし自己認識の欠如によって生じる事態は、自分の能力に対する自信過剰だけではない。自分自身の価値観や目標を明確に持てず、自分にとって最善ではない選択をし続けてしまったりする。または、周りの人びとに対する影響を把握できず、知らぬ間に仕事仲間や、友人や、家族を遠ざけてしまったりする。

では、自己認識の欠如がそのような事態を招くのだとすると、今度は「自己認識ができている状態とはどのようなものか」と問いたくなるだろう。三年にわたる調査を始めたとき、私はこの問いに答えることが分かりやすい出発点になるのではないかと考えた。しかし、そこには実にさまざまな相反する定義が存在することを知って驚いた。それでも自己認識を明確に定義しないことには、自己認識の向上を手助けする実証的な方法の構築などできるわけがない。そこで私はチームと共に、数か月かけて七五〇以上の研究を読み解き、何らかのパターンを探った。その過程を経て、不思議なことに必ずしも相関関係があるとは言えない二つの大きな分類を発見した。

内的自己認識は、自分自身を明確に理解する力のことを指す。それは**自分の価値観、情熱、野望、理想とする環境、行動や思考のパターン、リアクション、そして他者への影響に対する内的な理解**のことだ。内的自己認識の高い人物は、本来の自分に見合った決断をくだし、より幸せで満足度の高い生活を送る傾向にある。内的自己認識に欠けた人物は、自分にとっての真の成功や幸せに反するような行動をとり、自分が何を求めているか分からないため実りない仕事や関係を続けてしまう。

外的自己認識は、外の視点から自分を理解すること、つまり**周りが自分をどう見ているかを知る力**だ。外的自己認識に長けた人びとは他人の視点から自分自身を正確に理解できるため、より強固で信頼度の高い関係を築くことができる。外的自己認識に欠けた人びとは、反対に、自分がどう見えるか分かっていないため、周りからのフィードバックで不意打ちを食らうことがある

（周りが伝える勇気を持っていればの話だ）。しかも、そのフィードバックを聞く頃には、関係が修復できないほどの状態になってしまっていることが実に多い。

そうすると、内的自己認識ができる人は、外的自己認識もできると想像するのは自然なことだ――自分の気持ちや感情をよく知っていることは、自分がどう見られているかを察知するのにも役立つだろうと思うはずだ。しかし不思議なことに、私の研究でも他の研究でも、この二つには何の相関関係も見られないことが多かった――いくつかの研究では反比例するとさえ示されていた！　あなたの知り合いにも、自分のことを考えるのは大好きなのに、周りからどう見られているかはほとんど理解していない人がいるかもしれない。たとえば、私の知り合いは毎年何千ドルも費やして「自分自身と向き合う」ためにセラピーや瞑想に取り組んでいるが、友人たちは彼を自分のことを知らない無神経な人物と見ていて、しかも彼はそのことにまったく気づいていない。この反対も危険だ。周りからどう見えるかばかりに固執していると、自分の幸福や成功に準じた選択ができなくなる可能性がある。

要するに、真の意味で自分を知るには、自分自身を知ると同時に自分がどう見られているかを知る必要がある。しかも、その状態へ至る道のりは、多くの人が考えているものとは実に大きく異なる。そう言われて身構えたり、嘘じゃないかと感じたとしても、安心してほしい。私の研究では、**自己認識は驚くほど伸ばすことができるスキル**であることが分かっている。

あの中佐の決戦は、ついに七月三日の朝に開始された。七〇〇名の敵の大軍勢が、殺された偵察隊員の腹違いの兄弟に率いられて、中佐の脆弱な砦を三重に囲んだ。敵軍の規模もお構いなしに、中佐は最後の瞬間まで自分の勝ちを信じて疑っていなかった。

あの松林のなかから、敵は銃弾の雨を降らせ始めた。そしてまったく無防備な場所であったため、中佐の部隊は塹壕からさっと顔を出して、やみくもに撃つしか反撃の手だてがなかった。ほとんどの弾は外れた。そしてこれ以上事態が悪くなることはないと思われたそのとき、どしゃ降りの雨が草原を水浸しにし、砦を泥の沼に変え、弾薬が使い物にならなくなった。

戦闘はわずか一日だったが、中佐は途方もない代償を払うこととなった。敵はわずか三〇名の犠牲だったのに対し、中佐の隊は一〇〇名が死ぬか負傷して泥のなかに倒れ、草原が血に染まった。七月四日、中佐は降伏し、読めない国の言葉で書かれた文書に署名した（そのため、彼はうっかり戦争犯罪を犯したことを認めてしまい、その影響が数か月にわたって彼につきまとうことになる）。

屈辱に追い打ちをかけるように、街へ帰還する中佐と生き残った隊は、所持品を略奪されてもなすすべがなかった。この容赦ない厄災からやっとのことで逃れると、中佐の隊は一〇の小隊に分かれてしまった。そして中佐は大尉への降格を受け入れるのではなく、職を辞した。

◆

この屈辱の戦闘と、それを率いたどうしようもなく自己欺瞞に満ちた男について、まだ伝えていないことがあった。時は一七五四年。場所はグレート・メドウズ、現在のペンシルベニア州だ。そしてこの中佐とは、ジョージ・ワシントンその人に他ならない。このネセシティ砦の戦いは、すぐに七年戦争へと発展していき、イギリスの作家ホレス・ウォルポールが記したように、「アメリカの奥地で若きバージニア人がおこなった一斉射撃が、世界に火をつける（ことになる）」。そしてこれはワシントンが敵に屈する最初で最後の機会となった。

ワシントンが英雄的な指揮官であり、聡明な政治家であり、建国の父として知られていることを考えると、二二歳の新米の彼の行動はとても驚きだ。しかしまさにその点こそが重要である。彼は聡明で、自制心のある、自己認識を持った政治家となるが、駆け出しの頃は向こう見ずで、傲慢で、自分を知らない生意気な新人だったのだ。歴史家のW・W・アボットが記したように、「何にも増して、ワシントンの伝記は、ひとりの人間が自分自身を作りあげていく物語だ」。そしてその過程を検証していけば、自己認識への旅の成功例がどのようなものなのか、多くの手がかりが得られる。

ワシントン1・0が自分の欠点を見つめ把握することができない人物だったとしたら、ワシントン2・0はそうした欠点を見つけることを楽しむ人物だった。「私は転嫁されたものでも本当のものでも、自分の過ちを耳にすることをいとわない」と彼は断言した。「周りから一目を置かれたいと願う者は、そうあるべきだ」。ワシントン1・0が周りからどう思われようがお構いなしだったのに対し、ワシントン2・0は「（重要な決定の）あらゆる側面を検討し、自分の行動がどのように受け止められるかを分析した」。ワシントン1・0が現実よりも空想を好んだのに対し、ワシントン2・0は「願望ではなく資金と相談して」策を練った。ワシントン1・0が誇大妄想にふけっていたのに対し、ワシントン2・0は、より大きな善のために自分の野心に謙虚さと奉仕の精神を混ぜ込んだ。たとえば、議会が彼を大統領に選出したとき、彼は控えめにこう語った。「与えられた仕事が多大な努力を要する困難なものであることは承知のうえで、それを遂行する自分の無力さを感じていますが（中略）、それは真摯なる熱意によってのみ達成可能だということだけは言うことができます」

重要な点を述べよう。ジョージ・ワシントンは世界にひとりしかいないが、彼と似たような自己認識の変革を遂げた人びとは、会社で働く人間であれ、親であれ、教師であれ、学生であれ、アーティストであれ、数多くいる。私はこの三年間、通常とは異なる大きな変革を遂げた人びとを研究してきた。困難を乗り越えて驚くほどに自己認識を向上させ、そこから成果を得た人びとだ。本書を通して、そうした人びとの示唆的で有益なエピソードを紹介していく。

しかしそうした例外的な人びとを研究することが元々の計画ではなかった。自己認識について手に入る限りの研究をチームと共に目を通してから調査を始めたときは、私たちの考える「高い自己認識」の基準を満たす数十人にインタビューをおこなうことにした。その行動を知れば、万人に応用できる秘密の公式が手に入ると思っていたのだ。しかし私は行き詰まってしまった。後から考えると、そうした壁に行き当たることを予測しておくべきだった。自然に自分のことが理解できる人（そして少なくとも大人になってから常に自己認識ができてきた人）へのインタビューは、驚くほど役に立たなかった。自己認識を持ち続けるために何をしているか尋ねてみると、「どうでしょう……自分のことをじっくり考えようと心がけているかな」とか、「考えたことはありません。ただやるのみです」とか、「生まれつきそうなんだと思います」といった答えが返ってくるだけだった。

突然、私はひらめいた。自己認識の秘密をひもときたいなら、それが自然にできる人の話を聞いても答えは見つからない。代わりに、大人として生活するなかで自己認識に劇的で人生が変わるような向上があった人びとにあたるべきだ。つまり私は、初めは違ったのに今では自己認識を持っている人びとを研究する必要があったのだ。

自己認識に詳しい人びとを探すにあたり、私たちは二つの確固たる厳しい基準を設けた。一つ目は、内的・外的両方の自己認識において、自己評価も知人からの評価も高い人物。二つ目は、自己認識が低いか普通の状態で大人としての生活を始め、それから劇的な向上を見せ、自己評価も知人からの評価も高い人物だ。

世界中の数千人のなかから、この二つの基準を満たす五〇名を選出した。リサーチ・アシスタントのひとりは、冗談めかして、しかし的確な表現で、その五〇名のことを**自己認識ユニコーン**と呼び始めた。そう、この五〇名は希少で、ほとんどの人がその存在すら疑っているような特別な生き物なのだ！　そしてこの言葉が定着した。私たちが選んだ自己認識ユニコーンたちは、仕事も実にさまざまで、職種や、業界や、年齢や、性別や、学歴や、国籍や、その他の人口統計学的属性においても、共通したパターンは見受けられなかった。会社に勤める人もいれば、起業家、アーティスト、学生、教師、専業主夫／主婦、重役（『フォーチュン』誌の番付でトップ10に入る企業のCEOも含む）などもいた。しかし、こうした多様なグループには共通する点が二つあった。それは自己認識が極めて重要だと考えている点と、人生を通して自己認識を向上させ磨いていこうと取り組んでいる点だ。

こうした自己認識ユニコーンがどのような人物であるかをさらに理解してもらうために、私が初めてユニコーンと出会ったときのことを紹介しよう。

◆

試験の時期に差しかかっていたナイジェリアのチボクにある公立中学校の寮で、二七六名の女生徒たちは貴重な深い眠りについていた。二〇一四年四月一四日未明、彼女たちの平穏は、暗い寮に侵入してきた男たちによって突然打ち砕かれた。その男たちはパニックになり混乱する生徒たちを「警備員であり、守るために来た」と言って落ち着かせた。

安全な寮から出されて怯える女生徒たちは、銃を向けられながらトラックに乗せられ、サンビサ森林にある武装キャンプへと連れていかれた。男たちの正体は、ナイジェリアのテロ組織「ボコ・ハラム」のメンバーだった。本書の執筆時点で、五七名の女性たちが何とか脱出し、二三名が釈放や救出されているが、残りの一九六名が発見されるかどうかは定かではない。そしてこの事件は広く世界からの注目を集めたものの、ナイジェリア軍がこの襲撃を四時間前に察知していたという事実は広く知られていない。さらに軍は彼女たちがどこへ連れ去られていくかも把握していた。しかしそうでありながら、何もできなかった。

サンビサ森林から遠く離れたニューヨークで、ナイジェリアの石油ガス会社のマネジャーを務める彼女はそのニュースを知った。初めは、自分にはどうしようもないことだと片付けていた。しかし三四歳のフローレンス・オゾーは、これが悲劇的で受け入れることのできない現実だと思い直した。私も何かしなければ——でも何を？

フローレンスは家で本を読んでいるのが一番快適に感じるような女性だった。社交的ではなく、職場でもコミュニティでも目立たないでいようとしていた。目立ちたがり屋だとか傲慢だと思われないよう陰に潜んでいたフローレンスは、テロとの戦いの最前線で目にするとは思えないような人物だった。しかしタイミングに導かれてか、彼女は少し前に、自分の人生をすっかり変えてしまうことになる深いインサイトを得たばかりだった。**自己認識をひとつの旅と捉えるなら、インサイトはその道中で起こる「アハ」体験だ。**自己認識という高速を走る高出力のスポーツカーに燃料を与えるものだ。そんな燃料を得て、私たちはアクセルを踏む。燃料がなければ、路肩に乗り上げてしまう。

そしてフローレンスはまさにアクセルを踏もうとしていた。チボクで女生徒たちが誘拐される数日前、彼女はワシントンDCで『フォーチュン』誌とアメリカ国務省が主催する待ちに待った四週間のメンタリングプログラムのオリエンテーションに参加していたのだった。そのプログラムで、ある朝フローレンスはメディアを通じた社会変革についての分科セッションに参加し、とても居心地の悪さを感じた。セッションでは「行動に移すこと」が呼びかけられていたが、それはまるで、メディアに対して「私を見て！」と描かれたネオンサインを掲げることのように思えたからだ。彼女はいつだって正義の側に立つ人物だったが、人前でそうするわけではなかった――フローレンスはもっと小さな仲間内で正義に向けて戦う傾向にあった。内向的だった彼女は、世界を相手にすると多くの人が自分の空間に入って来すぎて、必然的にプライバシーがなくなりコントロールが利かなくなるのではないかと恐れていた。

　しかしそのセッションが終わってホテルの部屋に戻ると、突然彼女のなかでダムが決壊した。自分のプライバシーなんて、世界に起こしたい変化に比べれば、どうだっていいことだと彼女は悟った。そしてチボクの女の子たちが誘拐された日、この決意が大いに強まった。彼女は本能的かつ瞬時に決断をくだした。どんなリスクがあろうとも、どんなことを諦めることになろうとも、彼女たちを家に帰せと声を上げるのが人としての責務だと決めたのだ。もう二度と、注目を浴びるのが怖いからといって何かから逃げるようなことはしない、と彼女は誓った。私はずっと戦ってきた――それを世界に知ってもらおう。それが本当の自分なんだから。

フローレンスがニューヨークから地元へ帰る頃には、#BringBackOurGirls（女生徒たちを返せ）運動が世界に広がり始めていた。しかしナイジェリア政府は変わらず何もしなかった。その頃、ハディザ・バラ・ウスマンという素晴らしい女性が、世界やナイジェリア政府に応答を呼びかけるグループを作った。広く社会に影響を与えられるのだという新たなインサイトをもとに、フローレンスはそのグループが首都アブジャでおこなった最初の抗議活動に参加した。雨が降るなか、街にある「連帯の噴水」に集まった。巨大なコンクリートのモニュメントで、水が何階建てもの高さにまで吹き上がる場所だ。ここで抗議活動をおこなったのは、グループの活動の意図（連帯）に呼応した場所であるからだけでなく、国会の近くでやる必要があったからだった。

抗議者たちは日に日に増え続け、ついにグループのメッセージが届いた。そこに至るまでには、脅しや迷惑行為に直面した。雇われた悪人たちが棒を持って追いかけてきたり、電話やカメラを盗んだり、椅子を壊しさえしたのに、見ている警官や役人たちは何もしなかった。しかしこのグループの意志は何ものにも折れない。フローレンスや仲間たちは、女生徒たちが無事に帰るまで、行動を呼びかけ続けるだろう。

周りの人びとはいつも、フローレンスが小さな仲間内のサークルを抜け出して世界へ訴えるようになった驚きを語る。フローレンスは、自分自身も最初は驚いていたが、こうした思いは自分にとってまったく新しいものというわけではなかったという——ただこれほど力強く表に出してこなかっただけだ。

それ以降、彼女の知名度は（オンラインでもオフラインでも）高まっていき、彼女の国に、大陸に、世界に対し、より深く広い影響を与えられるようになっていった。たとえば新たに設立したフローレンス・オゾー財団を通して、フローレンスらは、アフリカ大陸に機会を生み出し、成功を後押しし、繁栄を促そうと尽力している。二〇一四年、彼女たちは市民に向けて党派を越えたプロジェクトを先導し、選挙のプロセスをナイジェリア市民に教育した。広範にわたるメディアでのキャンペーンをおこない、政治についての議論を促し、ナイジェリアの人びとにどこで（そしてなぜ）投票が実施されるか周知した。選挙が延期されると、彼女たちは各組織と手を組んで抗議の行進をおこない、ナイジェリア国民はこれ以上の延期を受け入れないと力強いメッセージを送った。そうして大部分は彼女たちの努力によって、テロや暴力の大いなる恐怖があるにもかかわらず、およそ三〇〇〇万人近くのナイジェリア国民が二〇一五年三月二八日の大統領選挙に足を運んだ。

自己認識と深く向き合ったことによって、フローレンスは長期的な観点から、自身の成功や幸福につながる決断をくだすことができた。そして自分でも世界に影響を与えられるのだと知ることにつながった。人生の天職を見つけるきっかけにもなった。そして自分を新たな方向へと動かした決定的なインサイトを得た日から毎日、多くの人に届けば届くほど、大きな違いを生むことができるのだと思い知っている（ついでに言えば、フローレンスをよく知る者として、しばしば本人にも伝えているように、私は彼女がナイジェリア初の女性大統領という大いなるビジョンを実現させるであろうことを信じて疑わない）。

しかしフローレンスがすごいのは、このインサイトが数あるうちのひとつにすぎなかったことだ。そしてこれこそユニコーンたる理由だ。ユニコーンたちは、**自己認識が一度やったら終わりのエクササイズではない**ことを知っている。それは自分の内側に目を向け、問いかけ、そこにあるものを発見していく不断のプロセスだ。ジョージ・ワシントンと同じように、フローレンス・オゾーも、自己認識が持つ変革力を示す一例だ。

◆

本書に向けた調査の過程で、私は幸運にも歴史上屈指の企業再生を率いたフォード社の元ＣＥＯアラン・ムラーリーにもインタビューをおこなうことができた。彼は偶然にも私にとっての個人的なヒーローでもあった。インタビューの始めに、私はかなり率直な質問をした。インタビューの依頼はたくさんある（実際そうだった。週に数十件来ることも多いという）にもかかわらず、なぜ私のインタビューを受けてくれたのですか？　スコッツデールの陽が射す中庭でコーヒーを飲みながら、彼は微笑んだ。そして目を輝かせて、こう答えた。「なぜならまだ誰もこのテーマについて本を書いていないし、書かれるべきだからさ。私のキャリアと人生を通して、ひとつ重要な真実がある。ビジネスでも、家庭でも、人生でも、成長の最大の機会は気づきにあるんだ」

まったくその通りだった。多くの経営思想家やビジネスリーダーが自己認識の大切さを説いているものの、自己認識がどこから来ていて、どうすれば高められるかを科学的に検証して体系的に語ろうとするものは、あったとしてもごくわずかだった。そのため、私の研究の中心的な目標は、人が個人的な充足や仕事での成功に向けて自己認識を高める手助けをすること、となった。その過程で、これまでに言われてきたことを覆すような驚くべき発見を何度も重ねた結果、大半とは言わないまでも、自己認識を向上させると考えられているものの多くが、実は正反対の効果を生んでいるということが分かった。本書を読み進めると、自己認識をめぐる驚きの迷信を知り、自己認識に向けて何が本当に必要かを学ぶことになるだろう。

本書は、自分を知らない状態から一歩抜け出し、自分に対するインサイトを得て、より賢明な選択をし、より強固な関係を育み、そしてより良い人生にしたいと願うすべての人に向けた本だ。私の目標は、読者が行き詰まったり間違った方向へ進まないように手助けすることだ。まったく新たな次元の自己認識に向けたツールを与えることだ。そしてこのますます不透明になっていく世界で、生き残り繁栄する方法を提示することである。

第1部では、自己認識にとっての必須要素や妨害要素を学んでいく。第2章では、自己認識の有無を分ける「インサイトの七つの柱」について語っていく。「自己認識」とは実際に何を意味するのかを確認したら、自己認識に至るまでの障害と、その障害を乗り越える方法を学ぶ。第3章では、自己認識を阻むだけでなく、自分にはすでに自己認識があると考えてしまう根拠のない自信という心の障壁について検証する。第4章では、インサイトにとっての最大の社会的障害に話を移す。「自分教というカルト」と呼ばれるものだ。知っていようといまいと、この誘惑の強い宗派は、自分や周りの誰に対しても自己陶酔を促して、自己認識から遠ざけようとしてくる。

第2部は、内的自己認識に焦点を当てる。第5章では、自己認識の向上をめぐる数多くの迷信や間違いを覆していく。この章を読めば、内省が必ずしもインサイトにつながらない理由や、自分自身についての絶対的真実を求める人がほとんどその答えを見つけられない理由、そしてセラピーや日記など自己認識に向けた一般的なアプローチの多くに落とし穴が潜んでいる理由が分かるだろう。何が内的自己認識を向上させないかを確認したら、第6章では、何が内的自己認識を向上させるかを検討し、すぐに実践できる具体的なアプローチをいくつか紹介する。

第3部では、外的自己認識をめぐる驚きの迷信や真実について語り、それが自分だけでは知り得ないものである理由を示す。自分は他人からどう見られているか分かっているつもりであっても、致命的に誤っている場合が多いことが分かるはずだ。第7章では、外的自己認識に対する最大の誤解を取り上げる。ビジネスの世界やその他の場面で「フィードバック」がリップサービスになってしまっている現在の状況を考えると、自分のどこは上手くいっていて、どこは改善するべきかについて率直かつ客観的な情報が得られることはほとんどない。こうした障害を乗り越えて、職場でも自宅でも思うがままにフィードバックを得られるいくつかのアプローチを紹介する。そして第8章では、反論したり逃げ出したりすることなくフィードバックを聞き、自分自身に忠実でありながらフィードバックに対して行動をとる方法を学んでいく。

第4部では、一歩引いてより大きな視野で見ていく。第9章では、優れたリーダーがいかにチームや組織の自己認識を成長させているかを検証する。チームに率直であれと強いることが、驚くほどの代償を生む過ちになり得る理由が分かるはずだ。自己認識に向けた必須要素を持っていない場合、努力は逆効果となり、インサイトを減らし沈黙を増やしてしまうのである。チームが安心しながら率直で生産的なフィードバックをおこなうための段階的プロセス（私が一〇年以上使っているもの）を紹介して締めくくる。

第10章は、このますます妄信的になる世界で生き抜き成長する手助けをするという非常に険しくも重要な目標を持っている。私が自分の研究について話すと、よく「お願いだから［妄信的な知人の名前を挿入］への対処法を教えて」と言われる。もちろん私たちは他人に自己認識を持つよう強制することはできないが、相手のネガティブな影響を減らす方法は驚くほどたくさんあり、いくつかのケースでは、妄信ぶりを減らす手助けさえできる。そして本書は「七日間インサイト・チャレンジ」で閉じる。自己認識への旅で手軽にささやかな成功をおさめるための実践的かつ実証済みのツールだ。さらに詳細なガイドに関心があれば、www.insight-book.com でワークブックをダウンロードすることをお勧めする。

結局のところ、この世には二種類の人間が存在する——自分には自己認識があると思い込んでいる人間と、実際に自己認識している人間だ。この世界を後者で満たしたい、というのが私の大きな願いだ。自己認識にとっての障害は無数にあるが、外からの視点といくつかの強力なツールを持ってすれば、それらを乗り越えていくことも不可能ではない。そうして乗り越えたとき、まったく新たな次元の自信と成功の礎を手に入れることになる。何にしても、インサイトがなければ、自分に喜びと幸せをもたらす道筋を描くこともできない。長続きする深い関係を築くこともできない。自分の真の目的を果たすこともできない。本書が次の三つのシンプルな事実を喚起する強力な目覚ましとなることを願う。自己認識とは人生を良く生きるための素晴らしい礎だ。そして自己認識に至る旅は実現可能だ。自己認識に至るために勇気や力を振り絞る価値は充分にある。

第1部　基礎と障壁

第2章
自己認識の解剖学
──インサイトを支える七つの柱

知の第一歩は知らない何かと出合うことだ。
フランク・ハーバート

何千年にもわたって、マヤ文明はメソアメリカで繁栄する社会だった★。しかしこのとてつもない文明について一八〇〇年代前半に考古学者たちが研究を始めるまで、遺跡は千年近く手つかずで残されていた。それ以降、私たちはマヤの人びとの暮らしを驚くほど細部にわたって明らかにしてきた。たとえば、現代の暦が誕生する遥か昔から、マヤの人びとは「日」と「月」を使って時を測っていた。天文学についても高度な知識を持っていた。不可能に思えるような場所でも作

★メソアメリカとは、グアテマラ、ベリーズ、メキシコにまたがるユカタン半島と、ホンジュラスやエルサルバドルの西側一帯を指す。

物を育てていた。最初期の文字を生み出した。金属や機械もなしに巨大な宮殿や建造物を建て、ゴムの製造法さえ発見していたと考えられている。

しかしこうした画期的な研究上の発見がありながらも、ひとつの大きな謎が百年以上考古学者たちの頭を悩ませてきた。人類史上屈指の人口を誇っていたマヤ文明は、西暦八〇〇年に人口のピークを迎えたにもかかわらず、九五〇年までにどういうわけか九五パーセントも人口が減少したのだ。研究者たちはその原因について、地震や火山の噴火のような災害があったのだとか、スペイン人の植民者たちがウイルスを持ち込んだのだとか、凄惨な内戦があったのだとか、さまざまな説を展開してきた。しかし長きにわたり、決定的な答えは出ず、この問いは研究者たちを悩ませ続けていた。

　ところがその間ずっと、答えは研究者たちの目の前にあった。個別の情報が正しくつなぎ合わされていないだけだったのだ。そうして、ついに、答えをつなぎ合わせる人物が現れた。二〇〇五年、地理学者のジャレド・ダイアモンドは『文明崩壊──滅亡と存続の命運を分けるもの』（草思社、二〇〇五年）のなかで、マヤ人の滅亡は、大規模な森林破壊と慢性的な干ばつが原因で、そのため作物が育たず、交易が変化し、人が移動して、ゆっくりと都市が密林に覆われていったのだと指摘した。完全なる同意を得たわけではないものの、多くの研究者たちは、ダイアモンドがついにマヤ文明最大の謎に対する明確な解答を出したと考えている。

　自己認識についての研究者たちも驚くほど似た道のりをたどってきた。考古学者たちに発見される何百年も前からマヤの遺跡が存在していたのと同じように、自己認識というテーマの存在も紀元前六〇〇年ほどにまで遡ることができるが、研究の対象となったのは、ここ四〇年ほどにすぎない。何千年にもわたって、自己認識は哲学や宗教といった領域に限定されたものだった。ローマ時代の哲学者プロティノスは、真の自分を知ることによって幸福が達成されると考えていた。そしてよく知られているように、ギリシャ七賢人はデルフォイのアポロン神殿の入口に「汝自身を知れ」という言葉を刻んだと言われている。のちにプラトンがソクラテスの教えを説く際に取り上げ、さらに広まった言葉だ。

そして多くの人は「自己認識」を仏教に関連するものと考えるが、ほぼすべての宗教が昔から自己認識の重要性を指摘している。第1章では、自分（と他人）の目のなかにある丸太についての聖書の逸話を紹介した。孔子も、人を治めるには、まず己を修めよと説いている。ヒンドゥー教のウパニシャッド哲学では、「真の自分を追究することこそが知識だ」と言われている。ユダヤの教えでは、己を知ることは「自己修養の必要条件」とされてきた。一〇世紀のイスラム哲学者イブン・スィーナーは、「自己認識とは魂にとって不可欠なものであり、自分を知るとは私たちの実存そのものだ」と記した。

しかし残念なことに、研究者たちはついに自己認識の正体を解き明かすチャンスを得ながらも、多くがマヤ文明の研究者たちと同じ過ちを犯し、恐ろしく近視眼的な細部にこだわるあまり、より大きく、より重要な問題に目を向けることなく何年も過ごしてきた。その結果は？　バラバラで、しばしば枝葉末節にとらわれた研究が積み重なるばかりで、わざわざひとつにつなぎ合わせようとする者などひとりもいなかった。そのため私が自己認識研究の現状をまとめようとしたときは、答えより疑問に行き当たる方が多く、特に次の疑問が大きく残った。「自己認識って、結局何なの？」

前章で記したように、研究を始めたとき、自己認識を研究するうえで大きな障害のひとつになっているのが、自己認識の定義に対する共通認識が著しく欠けている点だと気づいて驚いた。一九七〇年代前半、心理学者のシェリー・デュヴァルとロバート・ウィックランドは、「自己認識」と呼ばれるものを科学的に検証した最初期の研究者たちだった。しかしデュヴァルとウィックランドは、それを「その瞬間における自意識の状態」と定義した（知り合いがひとりもいないパーティに出席したときであれば、「みんなが自分を見てくるから、家に帰りたい」といった感情のこと）。ケニオン大学のアラン・フェニグスタイン教授らのチームによる定義も似たようなもので、どちらかというと自意識の特性に近いものとして自己認識を捉えていた。その他の研究者たちも実にさまざまな定義をおこなっていた。内省を自己認識と呼ぶ者もいれば、他人にどう見られているかを知ることだと言う者も、自分をどう見ているかと自分がどう見られているかの違いを知ることだと言う者もいた。しかし私から見ると、多くの定義は的外れなものだった。★ どうしてか？　それは自分自身に焦点をあてることが、必ずしも自分自身の理解につながるわけではないからだ。

組織心理学者として仕事をするなかで、ひとつ自明の真理であるのは、自分のことを明確に

★ 優れた例外は、研究者のアンソニー・グラントなどいくつかある。彼の研究については第5章で詳しく紹介する。

理解している人の方が、仕事でも成功をおさめ、より良い暮らしを送っているということだ。そうした人びとは自分にとって大切なものや、自分が達成したいこと、そして自分がどう振る舞っているかや、自分がどう見られているかを直感的に理解する力を育んでいる。しかし残念ながら、こうしたタイプの自己認識が科学の文献に記されているのを目にしたことはなかった。実際、既存の研究の多くが描く「自分に目を向けた人間像」は、徳の高いダライ・ラマのような人物というより、神経質なウディ・アレンのような人物だった（悪く思わないで、ミスター・アレン――あなたの映画は大好きだから！）。明らかに、研究者たちが定義する「自己認識」と、少なくとも私が実際の世の中で見かける自己認識を持った人の像は、大きくかけ離れていた。

そこで、私たち研究チームは一年以上かけて、実際の世の中で「自己認識のできる人」の構成要素を解き明かそうと試み、次のような定義に行き着いた。**自己認識とは、自分自身と、他人からどう見られているかを理解しようとする意志とスキルのことだ。**より具体的に言えば、大人になってから自己認識に劇的な向上があったユニコーンたちは、自己認識に欠けた人びとには見られない特徴的な七種類のインサイトを持ち合わせていることを発見した。ユニコーンたちは自身の「価値観」（自らを導く行動指針）、「情熱」（愛を持っておこなうもの）、「願望」（経験し、達成したいもの）、「フィット」（自分が幸せで存分に力を尽くすために必要な場所）、「パターン」（思考や、感情や、行動の一貫した傾向）、「リアクション」（自身の力量を物語る思考、感情、行動）、「インパクト」（周りの人への影響）を理解していた。

本章では、この**インサイトの七つの柱**のエッセンスを紹介し、自己認識の構成要素を詳しく解説し、しっかりと多角的に理解していきたい。それから、自己認識にとって等しく重要な要素について見ていく。真に自分を知るためには、自分自身を理解するだけでなく、自分がどう見られているかも理解する必要がある。

インサイトの七つの柱

ベンジャミン・フランクリンは有名な政治家であり、発明家であり、最も愛されたアメリカ創成期の指導者のひとりである。しかし、この万能の男が成し遂げた知られざる偉業のひとつが、社会経験を通じて養っていった驚くべき自己認識だ。彼はジョージ・ワシントンより三〇年ほど前に生まれているので、フランクリンこそアメリカ史上初のユニコーンと言えるかもしれない。

一七〇六年のボストンで、石鹸づくりをおこなう父のもとに一〇人目の息子として生まれたフランクリンは、家庭の経済的な理由から一〇歳で学校をやめざるを得なかった。一二歳にして、印刷業に勤しむ兄ジェームズの徒弟となった。しかし一七二三年、長年にわたる兄からの厳しい指導（現代的に言えば、いじめ）の末、フランクリンは家出をし、フィラデルフィアで新しい生活を始めた。それからわずか三年のあいだに、二つの事業に失敗し、結婚しないまま子供ができた（ワシントンと同様に、多くの歴史教科書は、こうしたあまり好ましくない事実を隠しているようだ）。

長老派のキリスト教徒として育てられたものの、フランクリンが教会へ行くことはほとんどなく、その教えに共感することはないと語り、説教師は「道徳上の原理については一つとして説くことがなかったし、それに力を入れるでもな」かったと腹立たしげに語った。そんな幻滅や、幼い頃の苦難と若かりし頃の無分別な人生の選択が相まって、フランクリンは「道徳的完成に至る」べく尽力するようになった。そうして、二〇歳という年齢にして、彼は自分が生きる人生の指針を打ち立てた。

1　**節制**。飽くほど食うなかれ。酔うまで飲むなかれ。
2　**沈黙**。自他に益なきことを語るなかれ。駄弁を弄するなかれ。
3　**規律**。物はすべて所を定めて置くべし。仕事はすべて時を定めてなすべし。
4　**決断**。なすべきことをなさんと決心すべし。決心したることは必ず実行すべし。
5　**節約**。自他に益なきことに金銭を費すなかれ。すなわち、浪費するなかれ。
6　**勤勉**。時間を空費するなかれ。つねに何か益あることに従うべし。無用の行いはすべて断つべし。
7　**誠実**。詐《いつわ》りを用いて人を害するなかれ。心事は無邪気に公正に保つべし。口に出だすこともまた然るべし。
8　**正義**。他人の利益を傷つけ、あるいは与うべきを与えずして人に損害を及ぼすべからず。

9　**中庸**。極端を避くべし。たとえ不法を受け、憤りに値すと思うとも、激怒を慎むべし。
10　**清潔**。身体、衣服、住居に不潔を黙認すべからず。
11　**平静**。小事、日常茶飯事、または避けがたき出来事に平静を失うなかれ。
12　**純潔**。性交はもっぱら健康ないし子孫のためにのみ行い、これに耽りて頭脳を鈍らせ、身体を弱め、または自他の平安ないし信用を傷つけるがごときことあるべからず。
13　**謙譲**。イエスおよびソクラテスに見習うべし。

（『フランクリン自伝』松本慎一・西川正身訳、岩波文庫、一五七〜一五九頁）

フランクリンはこれらを「徳」と呼んだが、**価値観**と呼ぶこともできる。インサイトの最初の柱だ。実際、**自分が送りたい人生のガイドとなる行動指針**を育むことは、自己認識に向けた第一の重要なステップだ。特に、価値観はなりたい自分を形作り、自身の行動を測るものさしとなる。ベンジャミン・フランクリンは最も勤勉な自己認識ユニコーンたちさえ恥じ入らせるほど熱心に、自身の行動を「小さな手帳」で点検していた。それは自身の進歩を確認するための手帳であり、余白にはキケロや、ソロモンの箴言や、ジェームズ・トムソンの言葉を記した（遠近両用メガネや、水泳用のフィンの発明だけでなく、フランクリンは日記による自己修養の父でもあったようだ）。ページごとに赤い表が描かれ、各行に徳目が、各列に一週間の曜日が記されていた。週ごとにひとつの徳目にとりわけ力を入れてはいたが、毎日一日の終わりにリスト全体を振り返り、その日の振る舞いで体現できなかったと思う徳目には「黒点」を印した。

すべての自己認識ユニコーンがフランクリンと同じくらい勤勉というわけではないが、多くが似たようなテクニックを採用している。たとえば、ある若手の専門家は、自身の価値観のリストを冷蔵庫に貼っていた。彼は毎日晩ご飯を作りながら、その日の行動がどれくらい価値観を反映するものだったかを振り返っている。多くのユニコーンは、自身の価値観に沿って生きるため熟慮のうえ尽力することに加え、その価値観を自分の子供たちに伝えるべく時間と労力を割いていた（自分の価値観を見定める手がかりとなるいくつかの質問については、巻末資料Ａ参照）。

節制							
飽くほど食うなかれ。酔うまで飲むなかれ。							
	日	月	火	水	木	金	土
節制							
沈黙	**	*	*	*			
規律	*	*	*		*	*	*
決断			*		*		
節約		*			*		
勤勉			*				
誠実							
正義							
中庸							
清潔							
平静							
純潔							
謙譲							

かつてヘンリー・デイヴィッド・ソローは言った。「自分の愛することをせよ。自分にとっての骨を見つけるのだ。それにかじりつき、埋め、掘り出して、またかじりつくのだ」。ソローの言葉は言い得て妙だった。自身の**情熱を――愛を持っておこなうものを**――理解するとは、永遠に噛み続けられる骨を見つけるようなものだ。私の友人であり、輝かしいユニコーンでもあるジェフの情熱は、自身の家系からたどることができる。彼は母方の祖父から、エンジニアの脳と、物が動く仕組みに対する好奇心を受け継ぎ、父方の祖父からは、職人的な感性や、退屈を嫌う精神を受け継いだ。キャリアの初期にはＩＴ業界で複数の職を渡り歩き、システム管理者や高等教育ソフトウェアのデザイナーなどを務めた。それから、初めは何気なく、自分は建物のデザインの方に関心があるのではないかと思うようになった。やがて、そんな気持ちがあまりに続くので、無視できなくなっていった。そこで彼はＩＴの仕事を辞め、建築の修士号プログラムという念願の場所に身を置いた。

晴れて卒業し職が決まると、ジェフは自身の達成を大いに喜んだ。やったぞ、ついに建築家になったんだ。しかし建築家としての日々は、想像していたほど完璧に満足のいくものではなかった。当然ながら、対処せねばならない大変なクライアントたちもいた。たちの悪い上司がいることもあった。内向的なジェフは、仕切りのないオープンなオフィスで働くことにとても気疲れした。そしてプロジェクトのいくつかは、退屈なものであることも認めざるを得なかった。いくつかどころか、驚くほど多くのプロジェクトが退屈、というのが実情だった。おそらくそのためか、どんどん辛くなっていく一日を終えて家に帰ると、疲れ果て、空っぽになっていった。そうしてついにある日、彼は自問した。「これから三〇年、こんな生活を続けられるだろうか？」。答えは明快。声を大にして「ノー」だった。

ジェフは数か月をかけて、次は何をしようかと考えた。インデックスカードに、自分が楽しんで取り組んできたことを思いつく限り書き出し、カードをあれこれ入れ替えたりしつつ、パターンを探った。このとき初めて、ジェフは長年自身が無視し続けながらも頭に引っかかっていた声に、ようやく耳を傾けた。彼が思い至ったのは、自分のために働いている限り、自分は本当の意味で幸せにはなれないということだった。

彼は、その思いを日常に落とし込むとしたらどのような形になるか考えることにした。熟慮のすえ、ジェフはついに次の動きを決めた。彼はソフトウェアをデザインしてきた。ウェブサイトをデザインしてきた。そして建物をデザインしてきた――そして今度は、コンサルティング会社を設立して、アーティストや起業家たちが自身のビジネスをデザインする手助けをするのだ。ジェフは自分が愛するものに取り組むことで、愛するものに取り組む他人を手助けすることになる（自己認識の良い循環だ）。そしてさらに喜ばしいことに、彼は自宅オフィスで仕事が可能だとも悟った。自分の情熱を見つめたことで、自分が求めているのは三〇年のキャリアという安定ではなく、どこへ向かうことになろうともデザインへの好奇心を追い続けることだと理解するきっかけにもなった（自分の情熱について考えるためのいくつかの問いについては、巻末資料B参照）。

起業家のベン・ハーも、似たようなキャリアにおける「中年の」危機を経験したが、彼にはそれがいくぶん早い時期に訪れた。二三歳という若い年齢で、ベンは自分の人生が終わってしまったと感じていた。彼は一八か月と何十万ドルという他人の金を費やしながらも、立ち上げたスタートアップ企業を潰してしまったのだ。その羞恥心や敗北感は、若く有能な彼には耐えがたいものだった。数日間寝込み、人を避け、打ちひしがれ、自殺が頭をよぎりさえした。この苦しい時期から何とか立ち直ると、ベンはプランが必要だと考えた。そこで彼は白紙の紙を一枚広げ、終わりまでいきかけた人生で実現させたい事柄を書き出してリストにすることにした。その作業は思っていたよりも簡単にはいかなかったが、投げ出さずに取り組んだことで、将来についての視界が開け、その将来を形作る「復活の芽吹き」を見つけることができたという。

ベンを知る者たちにとって、彼が目標を携えて人生の新たな段階に踏み出そうと決めたことに驚きはないようだった。彼も自分としてはいつも、野心を持ち、目標を達成しようと生きてきた。ベンは韓国のソウルで貧しい家庭に生まれ、一四歳の頃に家族でアメリカに移ってきた。両親は建物の清掃の仕事をして何とか生計を立て、ベンも生活を助けようと、よくゴミ箱からジュースの空き缶を取り出してリサイクルへ持っていき、わずかばかりの金を得ていた。家族は寝室がひとつしかない部屋に暮らしていた。ベンがその寝室で眠り、母と父はリビングのマットレスで眠っていた。彼は将来もっと良い暮らしをしようと心に誓い、やがて家族で初めての大卒者となった。

そうして、六年後、シアトルの新しい家でひとりベンは、先ほどのリストを作った。そのリストには完璧な女性と出会うといったことから、会社を売って利益を得ること、そしてバイクの乗り方を覚えるといったことなどが記されていた。さて、ここで皆さんの考えていることは想像がつく。私がいまから、「ではこの本を置いて、さっそくあなたの人生の目標をリストにしてみてください」と言うと思っているはずだ。しかしちょっと待ってほしい。ベンの物語は、驚きの展開を迎えていく。数年後、ベンは二〇〇七年に買収したユーモアサイト「I Can Has Cheezburger」（ネコのネタ画像《キャット・ミーム》誕生の地）で成功をおさめるCEOとなっていた。それでも彼はどこか満たされず、しかも何をすれば満たされるか分からないでいた。

ある日、いつものように投資家のひとりとランチをしながら、自身が感じている満たされなさを語っていた。「僕には色々な目標があるんだ。それを達成していきたい」。そのときだった。ランチを共にしていた相手が、猛烈な変化の引き金となる爆弾を落とした。「重要なのは目標じゃない、重要なのはそこへ至るまでのプロセスだ」

ランチタイムに得たその金言が、ベンの言うように、「この惑星に自分が存在する理由を探る」一年にわたるプロセスに入るきっかけとなった。死ぬまでにしたいことのリストを増やすのではなく、自分自身に向けて遥かに核心的な問いを投げかけ始めた。自分がこの人生に本当に求めていることは何だ？　彼は最終的に、その答えはシンプルだと気づくに至った。「自分が愛する人びとと一緒に、できるだけたくさんの世界を体験すること」だ。そう気づいたとき、彼には一緒に特別なことを実現できる相手がいた。二〇〇一年に出会った完璧な女性エミリーだ（リストは達成されたのだ）。そして彼は行動に移った。

二〇一五年、ベンはCheezburgerから退き、すぐにエミリーと一生に一度の世界一周旅行に出発した。この先の旅を経て自分がどうなっていくかベンには分からないが、ひとつだけ彼は確信している。その旅は単に目標リストを次々と達成していくよりも遥かに意味のあるものになるだろう、と。

ベンの物語は、自分の「**願望**」を理解するとはどういうことかを示す見事な例だ。さらに、目標の設定は比較的簡単であるものの、それが必ずしも真のインサイトや完璧な幸福につながるわけではないということも示している。「自分は何を達成したい？」ではなく、より良い問いは「**本当は人生に何を求めている？**」だ。目標はいったん達成されると気が抜けたり物足りない気分になる可能性があるが、願望は決して完全に達成されることはない。毎朝目を覚ますと、やる気で満たしてくれるものなのだ。また、仕事を辞めて世界を旅するといったうらやましい身分になくても、人はみな自分がこの惑星に存在するあいだに何を経験し成し遂げたいかを理解していれば、より良い生活を送ることができる（自分の願望について知る手がかりとなる問いについては、巻末資料C参照）。

◆

かつて私は、前途有望なキャリアを歩み始めた銀行員（でありユニコーン）と仕事をしたことがある。仮にサムとしておこう。サムは自信を内に秘め、誰とでもつながれる類いまれな能力を持っており、どんな業界でも成功できるであろう人物だった。サムのあふれるオープンな心と自信は、そういう力を歓迎する銀行業界では特に役に立つものだ。そして実際に、大学卒業後、サムは業績が伸びつつある銀行で給料の高い職を得た。

もちろん、何の欠点もない仕事などなく、すぐにサムは上司が苦痛やストレスの大きな原因になっていることに気づいた。この上司とサムの仕事へのアプローチは、実質的に正反対のようだった。サムが耳を傾けて親身になろうとする一方で、上司は結論を急ぎ、人に対して横暴だった。見込み客に会うと、サムは相手と一緒に必要なものを見極めようとし、上司は相手に即時の決断を迫った。それによって新たな顧客を呼び込むことに失敗していただけでなく、既存の顧客も短い期間で離れてしまっていた。

プラスの面を見れば、その銀行は懸命な働きに対して潤沢なインセンティブを用意し、目標を達成した従業員たちを手厚くもてなしていた。しかしサムは、それだと従業員が力を合わせて取り組む動機にはならないと痛感していた。サムは周りと力を合わせてこそ自分の力を発揮できるのだった。そして見込み客との信頼関係を育む時間に重きを置くサムのような従業員には事実上何のサポートもなく、早く結果を出せというプレッシャーがあるばかりだった。

衝突や競争の雰囲気に戸惑うサムは、そこが自分の居場所でないように感じていた。そして日々、悩みは募るばかりだった。そのストレスを家にも持ち込んでいた。ガールフレンドや家族と過ごす束の間の貴重な時間も楽しめず、頭のなかは職場での不快な出来事でいっぱいだった。

しかし事態が厳しくなっていく一方で、苦難に立ち向かい続けるサムには一筋の希望が見え始めた。その苦難が、自分の本質についての貴重な発見をするきっかけになったからだ。ストレスの原因をじっくり考え始めると、サムは自分が仕事仲間やクライアントと深く長期的な関係の構築を強く求めていることを知った。そして現在の職場環境ではそれを実現することがおそらく不可能であるため、彼は会社を辞めざるを得ないと悟った。

サムは才能豊かであったため、顧客にフォーカスした会社ですぐに仕事を見つけ、たちまち部門でも屈指の成績をおさめるようになった。何かがようやく噛み合った。気分も良くなり、さらに熱意を持ってクライアントと接するようになり、職場以外での生活も充実したものになった。

他にもポジティブな影響があり、サムはガールフレンドにプロポーズをして了承された（彼女は「昔のサム」よりも「新たなサム」との方が、遥かに楽しんで結婚式の計画を立てられるであろうことは言うまでもない）。

自分が**フィットする場所、自分が幸せで存分に力を尽くせる環境**を見つけたとき、人は以前よりも少ない労力で多くを達成できるようになり、良い時間を過ごしたという気分で一日を終えることになる。そのためには、自分は旅行をしているときの方が幸せだとか、ランチタイムにランニングをする方が良いといったシンプルな真実を理解すると同時に、どんなパートナーなら自分の心が満たされるか、どんな会社なら活躍できるかなど、より幸せに暮らす手助けとなる深いインサイトを得る必要がある（仕事や関係性などにおいて、何が自分に一番フィットする環境かを知る手がかりとなる問いについては巻末資料D参照）。

あらゆる面で、この「フィット」という柱は、これまでに紹介した柱ができたあとに築かれるものだ。自分の価値観を知り、自分が情熱を燃やすものを知り、人生で何を経験したいか知ることで初めて、自分にとって理想的な環境を思い描くことができるようになる。サムの例を思い返してみてほしい。苦労して最初に勤めた会社を辞め、彼は幸運にもキャリアのかなり早い時期に、自分が一番フィットする環境に対する貴重なインサイトを得たのだった。自分と同じ価値観を持ち、自分の愛することをさせてくれる会社を見つけることは、自分を疲弊させるのではなく力づける環境を見つけることに等しかった。そしてどんな生活環境や、職場や、人間に囲まれていたいかを考える際、「フィット」にとって一番の指標になるのが「エネルギー」だろう。結局のところ、あなたの環境はエネルギーを生むものだろうか、それとも奪うものだろうか？

◆

性格を教えてくださいと言われたとき、あなたはなんと答える？　やる気に満ちているとか、親切だと答えるかもしれない。あるいは、最近性格テストを受けたのであれば、自分はＩＮＴＪ型だ、黄色だ、促進者だ、分析／コンセプト型だと答えるかもしれない。

心理学者たちは、「性格《パーソナリティ》」という言葉を、振る舞いのパターンを表すのに使うことが多い。本書で言う**パターン**とは、**あらゆる状況で見られる思考や、感情や、行動の一貫した傾向**のことだ。たとえば、私がある朝に同僚へきつい言葉をかけただけなら、単に疲れていたからという可能性もある。しかしほぼ毎朝そうした言葉をかけるとしたら、その相手からは仕事後の飲みにも誘われないだろうし、おそらく私には怒りっぽいというパターンがあることになる。徴兵の補助として性格テストが最初に発展していった第二次世界大戦以降、心理学者たちは人間のパーソナリティを抽出し測定しようと努力を重ねてきた。ビジネスに勤しむ多くの人びとも、さまざまな性格検査を受けた経験があるだろう。ＭＢＴＩ、ホーガン・アセスメント、ＤＩＳＣ、インサイト、エマジェネティックス、ソーシャルスタイル診断、ＮＥＯ、バークマン・メソッド、カーシーの性格分類、トゥルー・カラーズ……などなど、他にもまだあるが、挙げるのは止めておこう――アメリカだけでも、二五〇〇種類以上の性格検査があり、優れた検査もいくつかある。しかしユニコーンたちはこうした検査を重要な自己認識の指標として捉えているものの、それらは自分についての真のインサイトを得るには十分でないという見解も述べていた。

　さらに、大半のシチュエーションにおける自身の行動のパターンに光を当てるだけでは十分ではなく、特定のシチュエーションにおけるパターンも検証しなければならない。すこし恥ずかしいが、人を傷つけることのないよう私の個人的な例を紹介したい。数年前、私はウガンダでリーダーたちのグループとワークショップをおこなった。研修をおこなう施設は美しかったが、船でしか行くことのできない辺鄙な場所にあった。施設へ向かう波止場に到着すると、二つの船が用意されていた。ひとつは乗船用で、もうひとつは荷物の運搬用だった。預けるときはほとんど意識していなかったが、私は再び自分の荷物と再会できるだろうかとすぐに心配になり、愚かな不安にやきもきしながら、ずいぶん長く感じる船の時間を過ごした。もちろん、しばらく経ってから、荷物とは再会した。

　また別の出張時――今度はリーダーシップに関するワークショップをおこなうためホンジュラスにいた。クライアントは私たちを空港でピックアップするべく三台のバンを手配していた。二台に私たちが乗り、もう一台は荷物用だった。ホテルに到着すると、荷物もすべて降ろされたが、今回は私の荷物がどこにも見当たらなかった。あらゆる場所を捜索した結果、空港の路肩で置き去りにされてしまったのだと判明した。その瞬間、自分のなかで何かが完全に崩壊した。荷物はどれも替えが利くものであり、しかも頭では荷物が無事届くだろうと分かってさえいた（実際無事に届いた）のに、あろうことか私は、いじめっ子にランチのお金を盗まれたかのように、ホテルのロビーで泣き出した。その頃から私は自分のパターンに気づき始めた。荷物と離れてしまうと、私は落ち着かなくなるのだ。というより、どうしようもなく落ち着かなくなる。一年で一〇万マイル以上の旅をする私にとって、それはまさしく大きな気づきだった。

数か月後、夫と私は、当時コスタリカに住んでいた夫の弟夫婦のもとを訪ねていた。私たちは二人で連休の週末にパナマの小さな島ボカスデルトロへ行くことにした。ボロボロになった三つ穴のバインダーを持った無愛想な女性が入国審査を担当する老朽化した小さな空港に到着すると、私たちが借りた家の管理者が、親切にも車で迎えに来てくれた。彼は荷物をピックアップトラックの荷台に積み込み、私たちは後部座席に身体をねじ込んだ。ほどなくして、何の前触れもなく雲行きが怪しくなって激しい雨が荷物を打ち始めた。私はリアウィンドウに顔を押し付けて、自分のスーツケースが水浸しになるのを呆然と見つめていた。

しかし今回は、すぐに自分の心の状態に気がついた。夫の方を向いて、私は言った。「スーツケースが雨で濡れるなんて、どうしようもなく落ち着かないの」

「分かるよ」と彼は答えた。

「深呼吸して、少し落ち着こうと思う」。そう言って、私は実行した。自分のパターンを理解することで、その瞬間に気が配れるようになり、ある程度一日を向上させることができた。

知は力なり、とよく言われるが、それは「パターン」の柱にも当てはまる。荷物と離れることで生じるどうしようもない不安であれ何であれ、自分自身のパターンを——特に不本意なパターンを——理解することで、その状況をコントロールすることができる。たとえば、ミーティングの連続で疲れ果ててしまう内向的な人なら、一日の終わりに少しのあいだひとりの時間を見つけて英気を養うといいだろう。長時間働きすぎると怒りのメールを送りつけてしまうなら、深夜に書いたメールは下書きに残しておき、翌朝見直すようにしよう。ワインを数杯飲むとどうしても前の恋人に電話をしたくなってしまうなら、飲み始める前に電話を友人に預けてしまおう（家まで送り届けてくれる友人が望ましい）。ポイントは、まずパターンを認識し、そのパターンが現れた瞬間を特定できるようになって、別の（そしてより良い）選択肢を試すことだ。

◆

スーザンは全力を尽くしていた。成長中の不動産会社で働く彼女の口うるさい上司は、週七〇時間労働を要求してくることがしばしばあった。絶えずストレスを感じていたものの、スーザンはすべてを捧げて自分の役割をまっとうし、何とか切り抜け続けていた。少なくとも彼女はそう思っていた。ある日、まったく何の前触れもなく、スーザンは解雇された。

驚き、打ちひしがれ、そして怒りを抱え、彼女はこの衝撃的な結末について上層部を非難した。私は会社を見捨てなかったのに――会社から見捨てられるなんて。しかしいったん怒りが収まると、スーザンはこの途方もない曇り空に一筋の希望の光を見いだそうと心に決めた。彼女には自分の振る舞いが解雇の決定に影響したのではないかと疑う気持ちもあったが、実際どのように影響したのかは分からなかった。もはや前職となった仕事における、「ああ、しまった」という瞬間を精査するうちに、スーザンは自身のリアルタイムでの**リアクション――自身の力量を物語る思考、感情、行動**――に無自覚であったことで、後から痛い目にあったのだと気づいた。仕事仲間たちへの、特にストレス下での彼女のリアクションは、「感情をコントロールする能力がない」という致命的な欠点を晒すものだった。そして特に上司といるとき、コントロールが上手くいっていなかった。私が週七〇時間働いてるってこと分かってよね、と彼女は心のなかで思う。ちょっときつい言い方くらい聞き流してくれたっていいでしょ。しかしそうはいかず、彼女は高い代償を払うこととなった。

そのことに気づいてショックを受けてからというもの、スーザンはこの欠点と向き合い、自分のリアクションに注意を向けるようになった。ストレスがかかっているときは、細心の注意を払っている。人の話を遮っていないだろうか？　口調はきつくないだろうか？　怒っているように見えないだろうか？　自分がぶっきらぼうになっていると感じたら、彼女はちょっと立ち止まり、考えて、口調をやわらげるようにしている。まれにストレスがコントロールできないほど強くなったときは、その場を離れて、深呼吸をしてから、会話に戻るようにするのだった。

苦境と向き合ったことには他にもプラスの面があり、彼女はより充実し、よりストレスの少ない新しい仕事を見つけることができた。その新しい職場で、彼女は自身のストレスをコントロールすることだけでなく、自身のコミュニケーション・スタイルを周りに合わせることにも力を割いている（周りに合わせてもらおうとするのではなく）。それによりまったく状況は一変した。彼女が真のユニコーンとなったのも、そうした行動が一役買ったのは間違いない。

ここで重要なことを記しておこう。自分のリアクションに目を向けることは、自分の欠点を知ることだけには留まらない。ときに、自分が持っているとは思わなかったような長所を見つけることもある。長らく企業を率いているポールは、コロラド州の貧しい街で育った。内気な性格に加えて、家族が批判的だったため、彼はとても若い頃から「周りは自分より優れている」と信じていた。二三歳の頃には状況がかなり悪くなり、彼は難しい決断をくだして大都市（デンバー）に移り、自立しようと決めた。

ポールが支払えたのは、「アップタウン」と呼ばれながら皮肉にも治安が悪い地域の、ごく小さな家のみだった。「当時、その辺りは本当に危険だった」と彼は語った。「その家は銀行が差し押さえた物件が販売されたもので、かなりボロボロだった。窓は全部割れていた。鍵さえなかったんだ」。しかし、新しい家はボロボロだったものの、彼はその近隣地域にコミュニティの意識や、チャンスや、希望を感じ取った。

引っ越してからほどなく、ポールはその地域で登録制の組織を作りたがっている住民と話をした。一体何の組織かよく分からなかったが、とにかく喜んで関わり、サポートの人員を獲得するためにチラシを作って配った。そして組織が結成されると、できる限りの支援をおこなった。最初の数年は、すべてが順調に進んでいるようだった。しかしそれも、街の都市計画課に勤める友人と話すまでのことだった。

ポールは、組織の現会長である地元の弁護士が、組織のメンバーすら知りもしなかったような数多くの重大な事柄に関して、相談することもなく無断で決断を下していたことを知った。「彼が署名し、近隣の代表として同意したのは、私たちよりも遥かに影響力のあるビジネスパーソンたちの利益になるようなプロジェクトだったんだ」とポールは言った。

しかしポールが動揺したのは、その進行中のプロジェクトというのが、彼の家からわずか数ブロック先に二〇階建ての高層ビルを建設することだった点だ。もしそれが実行されたら、近隣地域はすっかり変わってしまう。この知らせを聞いたポールは、自分でも知らなかったような部分にスイッチが入った。このまま見過ごすことなどできなかったため、ポールは緊急の会議を開いた。そして、会長は辞職を受け入れた。

自身の迅速かつ意を決した行動に驚いていたポールだが、住民たちが選んだ新会長にもさらに驚いた。会長に選ばれたのは……ポールだった。彼はみんなを落胆させまいと、ずいぶん控えめな人間でありながらも、挑戦してみることに決めた。しかしこの新たな役割は、これ以上なく大変な時期にやって来たものだった。きっかり一〇日後に、高層ビル建設の中止を都市計画課に訴える一度きりのチャンスが訪れるのだ。ポールはそれまでいかなる種類のプレゼンテーションもしたことがなく、自分のことをリーダーだと思ってくれる人びとがたくさん集まる部屋でプレゼンするなどもってのほかだった。「それが私です」と彼は言った。「二五歳で、シャイで、本当は会長なんてなりたくなかったし、とんでもなく緊張してる」。しかし彼は立ち上がり、全力を尽くしてプレゼンをおこなった。

プレゼンを終えたときは、上手くいったのか分からなかった。しかしそんな思いも、ヒューズ・エアクラフト社に勤める近隣住民のひとりが興奮気味に近づいてきて、その場で仕事のオファーを出したときまでだった。もしかしたら、自分が思っているほど下手なわけじゃないのかもしれない、と彼は気づいた。

不誠実な元会長の弁護士に対する本能的な行動から続いた一連の出来事がきっかけで、ポールはこれまで知らなかった自分の力を発見することになった。人前で話す能力、対立に向き合う才能、そして難題に直面したときにも前へ進んでいける精神だ。それにより、彼の前に新たな世界が開け始めた。ポールはCEOとしてのキャリアを歩んで成功し、世界中で事業を展開している。二〇階建ての高層ビルはどうなったか？　もちろん、建設されることはなかった。数年後、彼の組織は米国国家歴史登録財へのアップタウン地区の登録を実現させ、その地域はデンバーで最も人気の居住区のひとつとなっている（もしポールの話に触発されたなら、この柱の基本的な要素、つまり自分の長所と短所を知る手がかりとなる問いを巻末資料Eに記している)。

◆

ここまでは、どの柱も自分自身についてのものだった——自分の価値観、自分が情熱を燃やすもの、自分の願望、自分が欲する環境、自分の行動、世界に対する自分のリアクション。しかし真に自分を認識するためには、自分の**インパクト**、つまり**自分の行動が周りへどう影響を与えるか**も知らなければならない。日常生活のなかで、このことにまったく無頓着に見える人をよく目にする。たとえば部下たちの嘆きやため息に注意を払わず、金曜の午後に気まぐれに急ぎの要件を言いつけてくる上司。食料品店で双子用ベビーカーを押す母親が通れず困って待っているのに、通路全体を塞いでいる男。後ろに連なる車から大量に鳴らされるクラクションにも気づかない様子で、なぜか信号の左折矢印を二度も見逃して動かない女性。こうした人びとも自身の内面については深く理解していることもあり得るが、周りへの影響については、まったく目を向けていないに等しい。

驚くまでもなく、この最後の柱はリーダーにとって特に重要なものだ。エレノア・アレンは、身をもってそのことを学んだ。彼女は自分が受け取った一番予期せぬ、かつ何よりも変化のきっかけとなったフィードバックを生涯忘れないだろう。「あなたは立ち止まるべきだ」

ほんの数か月前、エレノアはこれまで以上の難題に立ち向かっていた。彼女は水インフラの大がかりで複雑な公共事業計画のプログラムマネジャーとなり、家族でプエルトリコに引っ越していた。手狭ではあるが設備の整った新しいオフィスで数日を過ごすと、この新しい仕事は想像を遥かに超えて難しいものになるだろうと感じるようになった。さらに恐ろしいことに、要求していたものが届いていないとか、届いたものも許容できるレベルではないと主張する各クライアントからの法律用語に満ちた手紙を次から次へと発見した。明らかに、エレノアのチームは任を解かれる寸前にあった。

燃え盛るビルに足を踏み入れたエレノアだったが、これまでの経験が耐火スーツのような働きをするだろうと確信してもいた。何といっても、訓練を受けたエンジニアである彼女は、世界中の困難なプログラムやプロジェクトに取り組んだ経験を持ち、真に大きな責任を負った仕事を通してしか育たないような問題解決能力を身につけていた。彼女は今回の事態と向き合って綿密に優先順位を付け、一〇〇人のチームに向けて指示を日々メールで放ち始めた。各人との関係構築の時間もぜひ取りたかったが、そんなことをやっている時間はなかった。そっちには火を消してから取り組もう、と彼女は決めていた。

数週間が過ぎた。しかしなぜか、事態は進展していなかった。エレノアが何度仕事を割り当てても、しかるべき日に仕事を完了してクライアントに提出されることはなかった。エレノアはいら立ちと孤立を感じながらも、なぜチームに必要な変化を起こせないのか理解できないでいた。

ある午後、腹を立てながら書類の散らばったデスクに座っていたとき、ついにエレノアは冷静さを失ってしまった。どうしてこんなに頭が良くて能力のある人たちが、すんなり動いてくれないわけ!?　彼女は爆発した。確実に私たちはクビになる！　まさにそのとき、オフィスのドアが勢いよく開いた。そこにいたのは彼女の補佐のエヴェリオで、血の気が多く、エネルギッシュで、鋭い知性を持つ現地のエンジニアだった。

「どうしたの？」。エレノアは尋ねた。「何か用？」

エヴェリオはバタンとドアを閉めた。「あなた！」。彼は、ほとんど叫びに近い声量で言った。

「あなたは立ち止まるべきだ」

「えっ？」。完全に不意をつかれ、彼女は言葉に詰まった。「何のこと？」

エヴェリオは一歩詰め寄った。「あなたのせいで私たちは気がおかしくなりそうだ！」と彼は言った。「誰もあなたのメールなんか読んじゃいない！　誰も優先順位が分からないんだ！」

「でも私は……」

「エレノア」と彼は言った。「私たちをクビに追い込んでいるのはあなただ！」

彼女はエヴェリオがケンカ覚悟で来たのだと悟った。しかしそのとき純粋で優れた自己認識の光が差し、彼女は深呼吸をして、彼の目を見て、こう言った。「分かった。じゃあ教えて。私はこれからどうすればいい？」

「パソコンから離れて」と彼は言った。「今すぐに。もう一通メール打たなきゃなんて考えないで」

彼女は言われた通り、両手をキーボードから離した。

「じゃあ立ち上がって。チームと一緒に話しましょう。これ以上の命令を下す前に信頼関係を築かねばなりません」

エレノアはためらい、立ち上がれずにいるようだった。

「一緒に来て」と彼は言った。「私があなたをプログラムし直します」

このときエレノアは自身が犯していた過ちに気づいたのだった。彼女はまったく間違ったやり方でチームとコミュニケーションを取っていた。そして自身のコミュニケーションがチームの士気や生産性に与える影響を考えていなかった。メールを送るごとに、チームには鬱憤がたまり、すでにあった不信を深めるばかりだった。どうやら、やっている時間がないと判断した各人とのコミュニケーションこそ、まさにチームが一番求めていることだったようだ。

それ以降、メールはすっかり止めにした。エヴェリオの助けを借りて、エレノアはきちんとチームを知ろうと努めるようになり、金曜日の集いを開催したり、「楽しい職場」委員会を作ったり、さらには私と協力して、チームのリーダーたちとオフサイトミーティングをおこなったりした。その上、ちょうどお茶やランチの時間にやって来たクライアントとは、あらゆる手を使ってカフェテリアで時間を過ごした。数週間もすると、明らかに信頼感が芽生え始めているのに気づいた。時を追うごとに、この絆は深まるばかりだった。いまでは、ちょっとした問題が起こると、素っ気なく通知するのではなく、解決してくれと声をかけてくるようになった。

半年もしないうちに、エレノアとチームは、プロジェクトを文字通り最低から最高の状態へと変えた。チームはプエルトリコで最も高いパフォーマンスを発揮するチームとなり、プロジェクトは期間内かつ予算内に終わらせた（しかも楽しんで！）。二年後、エレノアが別の役職に昇進すると、エヴェリオが難なくエレノアの跡を継いだ。エレノアは国際的な非営利組織「ウォーター・フォー・ピープル」のCEOとなったが、プエルトリコのエヴェリオたちのチーム以上に絆を深めた仲間は他にないという（その絆の強さは私も証言できる。たんに現地のモヒートで朦朧として、ぼんやりしていたからではない）。

周りへのインパクトに気づくには努力と鍛錬が必要ではあるが、身につけることはできる（そのための手がかりとなる問いについては、巻末資料F参照）。自身のインパクトを知るために身につけるべき重要なスキルは、**視点取得**《パースペクティブ・テイキング》、つまり他者の思考や感情を想像する力だ（これは実際に他人と同じ気持ちになる共感とは違う）。

他人の視点から世界を見ることが自分自身をより良く知る手がかりになるなんて、おかしなことを言っていると思われるかもしれない。「視点取得」がインパクトの理解に与える影響の大きさを見事に示す研究を紹介しよう。研究者たちはシカゴの一〇〇組以上の夫婦に対し、四か月ごとに一年間、結婚生活の満足度や、二人の親密さ、信頼、情熱、そして相手への愛について調査をおこなった。戸惑ってしまう結果だが、その研究期間を通して、夫婦たち（結婚年数平均一一年）

のあいだに、「結婚生活の質に著しい低下」が見られた。

研究者たちは、何をすればこの状況を変えられるのか探ろうと試みた。そこで参加者たちに結婚生活における揉め事について、二一分間書き出してもらうことにした。たんに揉め事について書き記した夫婦に比べて、その揉め事を「全員にとっての最善を目指す中立の第三者」がどう見ると思うかについて書けと指示された夫婦の方が、次の一年間の調査では、結婚生活の満足度の低下がずいぶん食い止められていた。自分の視点を超えて、問題を配偶者の視点から見ることによって、より冷静かつ、自己防衛的になりすぎずにいることができたのだ。このマインドセットは、自分の行動が配偶者に与えるインパクトをより良く理解する手助けとなり、それが結果的に、相手により良く接するきっかけとなるのだった。

しかし最大の皮肉は、最も必要としているときに、なかなか人は「視点取得」ができないという点だ。私は最近、飛行機で香港に向かおうとしていたが、機内に乗せられたり降ろされたりして何時間も過ぎ、最終的にフライトがキャンセルされてしまったことがあった。もちろん、五〇〇人の乗客には行かねばならない場所があった――嘆き、怒り、そして動揺が広がっていた。勇敢な空港ゲートの係員が、怒る私たちを航空会社の職員四人が待ち受けるカスタマーサービスのエリアまで連れていった。私の順番が回ってくると、聞きたくないことを告げられるのだろうと心配しながら、名札に「ボブ」と書かれた職員のもとへおずおずと向かっていった。「申し訳ありません、ドクター・ユーリック」とボブはつぶやいた。「本日はあなたを香港へお届けすることができません」

まさに怒りを爆発させそうになった瞬間、私はボブの目のなかに怯えを感じ取った。幸運にも、私は心理学者のリチャード・ワイスボードが発展させた「ズームイン／ズームアウト」という考え方を学んだばかりだった。かなり感情が昂った状況でも上手く相手の視点に立つために、まずは自分に「ズームイン」して、自分を理解するべきだとワイスボードは語る。そこで私は自分の状態にズームインしてみた。私はお腹が減っている、疲れている、そして航空会社の技術的な不備に腹が立っている。次は、「ズームアウト」して、相手の視点を考えてみる。ボブの立場を想像してみると、こんな風に感じた。気の毒なボブ。どれほど散々な一日だっただろう。

「今晩も働く予定だったの？」。私は聞いた。「いいえ、その予定ではありませんでした」、彼はすぐにそう答え、同僚たちを指差した。「四人とも家に帰っている途中で呼び戻されたんです。妻が出張だから、私が学校に子供たちを迎えに行く予定だったのに。きっと今日は夜一〇時までかかるだろうね」。私は自分がなんてかわいそうな目に遭っているんだと考えていたが、ボブの方がもっとかわいそうだと感じた。ほかの乗客たちから散々怒鳴られなかったかと聞いてみた。彼はうなずいて言った。「だいたい皆さんすごく怒っていて、こちらも人間だということを忘れていらっしゃいますね」

その日は、予期せず二つの教訓を得た。一つ目は、「ズームアウト」することで少し落ち着くことができ、自分中心に世界が回っているのではないと思い出すことができたこと（それを思い出すことはいつだって役に立つ）。二つ目は、ボブの視点に立つことで、自分の振る舞いのインパクトを理解するのに役立ったという点だ。そのおかげで自分の振る舞いをコントロールすることができた。

内から外、外から内へ――外的自己認識の重要性

ベンジャミン・フランクリンが人としての完成を目指して徳目の表を作ったとき、初めは一三項目ではなく一二項目のみだった。しかし、それを親しい友人に見てもらったところ、彼は何より大きな成長の機会を完全に見落としていたことを知った。フランクリンは、のちにこう記している。

［友人が］親切に言ってくれたのだが、私は一般に高慢だと思われていて、その高慢なところが談話のさいにもたびたび出て来る。何か議論するとなると、自分のほうが正しいというだけでは気がすまないで、おっかぶせるような、むしろ不遜《ふそん》と言ってもいい態度があるとのことで、その実例をいくつもあげたので、私もなるほどと思った。（『フランクリン自伝』松本慎一・西川正身訳、岩波文庫、一七二頁）

先に記したように、自己認識をめぐる大きな間違いのひとつは、「ひたすら自分の内側を見つめればいい」というものだ――つまり、内から湧き出るインサイトだ。**しかし自分自身の観察のみに頼っていると、誰より熱心に自己認識へ至ろうとする者でさえ、パズルの重要なピースを見落とす危険性がある。**たとえば、仕事仲間に何か冗談めかしたことを言ったあと、相手は心から楽しんでいるだろうか、それともあきれているだろうか？　パーティで出会ったばかりの男に身の上話をしているとき、彼は関心を持って聞いているだろうか、それとも心のなかでは酒を取りに行って逃げ出したいと思っているだろうか？　部署全体にプレゼンテーションをおこなった上司に対して建設的なフィードバックをしたとき、上司は「ありがとう、心にとめておく」と感謝しているだろうか、それとも真剣に聞いていないだろうか？

　真の意味で自分を知るには、たしかに自分を理解することも必要だが、周りがどう自分を見ているかも知る必要がある。そのためには、自分の内側を見つめるだけでは不十分だ。これから紹介するように、自分がどう見えているかについて、唯一信頼の置ける情報源は他人だ。自己認識とは、何かひとつの真実に至ることではない。自己認識とは、二つの異なる、そしてときに対立さえする観点からの情報が複雑に織り交ぜられたものである。内向きの観点（自身の内的自己認識）と、外向きの観点（外的自己認識／人からどう見られるか）の二つがある。そして忘れてならないのは、内的自己認識と外的自己認識のあいだにはほとんど、あるいはまったく相関関係がないだけでなく、片方だけがあってもう片方がない状態だと、良いことより悪いことの方が多いという点だ。

自分のことは分かっていると考えていながら、自分がどう見えるかについてはまったく分かっていない人の愚行を見たことがあるのではないだろうか。その反対に、周りに与える印象ばかりを気にして、自分にとっての最善を理解していなかったり、自分にとって最善な行動をしない人を見たこともあるだろう。

内的自己認識と外的自己認識を、水素と酸素だと考えてみよう。化学の周期表のなかで最も有名な元素のふたつだ。単体だと、水素は危険なものだ。自然発火する可能性がある（水素ガス爆発を起こした飛行船を題材にした映画『ヒンデンブルグ　第三帝国の陰謀』に覚えがあるだろう）。そして酸素自体は可燃性ではないが、過剰にあると、あらゆるものが燃えやすくなってしまう。しかし水素と酸素が正しい比率で結びつくと、命を支える水になる。自己認識も、これに近い。自分自身に対する明確な視点と、そこから離れて他人の視点から自分を見る力が組み合わさると、この魔法のコンビネーションは、とてつもなく素晴らしい力を発揮する。

しかし内的自己認識と外的自己認識は繊細なバランス関係にあるため、他人からのフィードバックより個人的な内省を通しての方が上手く築ける柱であったり、あるいは、その反対だってあるのでは？　この問いには少しあとでまた戻ってくるが、答えは条件付きのイエスだ。通常、自分自身の視点は、自己認識の柱のうち、価値観、情熱、願望、そしてフィットなど、「周りから見えない」ものにとって有益だ。たとえば、外からは充実して見える成功した会計士でありながら、密かにブロードウェイのダンサーになることを夢見ている場合、その夢を知っているのは自分だけの可能性が高い。自己認識の柱のうち、パターンや、リアクションや、インパクトなど、「周りから見えやすい」ものにとっては、逆のことが言える。こうした柱においては、この先に紹介する「自己認識にとっての障害」が客観的な自己評価を阻んでくるため、より良く自分を知るには他人の意見が必要になる可能性がある。しかし真実は、**七つの柱すべてにとって、一番大切なのは内側の視点と外側の視点の両方を持つこと**だ。それができて初めて、自分自身のことや、自分がどう見られているかを真に理解することができる。

例として、私の友人を紹介しよう。仮にジョーンと呼ぶその彼女は、自身の長所と短所をより良く理解するために、仕事仲間たちからフィードバックを募った。残念なことに、あまりオブラートに包むことなく、性格を変える必要があると言われてしまった（あらゆる客観的な指標から言えば、彼女は仕事でずば抜けた結果を残し、上司やチームから評価されていたにもかかわらず）。さいわい、ジョーンは内的自己認識を持ち合わせており、このフィードバックは仕事仲間からの妨害行為だと考えたが、実際その通りだった。これまでに学んでいた信頼できる自分像と照らし合わせて考えてみると、このフィードバックは、彼女自身が問題なのではないと気づくきっかけとなった――問題は、食うか食われるかの職場が彼女に合う環境ではなかったことだった。そうして彼女は以前より規模の小さな会社に移り、この上なく幸せな姿を見せている。これは内側と外側の認識のバランスが取れたときに起こる魔法の力を示す完璧な事例だ。

二つのタイプの自己認識のバランスを取るのは必ずしも簡単なことではないが、私たちの人生にはその機会があふれている。中国には「変化の風が吹き荒れるとき、ある者は壁を築き、ある者は風車を作る」という素晴らしいことわざがある。多くの人が避難のために身を隠したり逃げ込んだりするなか、自己認識ユニコーンたちは、生じる出来事を追い風にして内的自己と外的自己の理解に活かそうとする。特に、私たちの研究ではユニコーンたちが、**アラームクロック・イベント**（自分にとって重要な真実に目を開かせてくれる出来事）を認識し、そこから学ぶ独自の能力があることが分かっている。ときにアラームクロック・イベントは、新しい角度や違った角度から自分を見つめるきっかけとなり、内的自己への理解を増進させてくれる。そしてまた、自分が外からどう見えているかに関して、新たなデータをもたらしてくれることもある。

私はアラームクロック・イベントが主に三つの種類に分けられることを突き止めた。最初は**新しい役割／新しいルール**だ。仕事や人生で新しい役割を求められたり、新しいルールに則ることを求められたとき、私たちは安心した居心地の良い状態から一歩踏み出すことになり、いつも以上のことが求められるため、普段以上に自分を見つめることができる。仕事において、たとえば転職や、昇進や、配置転換や、異動や、新しいグループや組織に入る瞬間がアラームクロック・イベントに相当する。特に、初めてのリーダー経験はインサイトにとって絶好の機会だ――事実、アメリカ経営者協会（ＡＭＡ）が七〇〇人以上のＣＥＯを調査すると、リーダーとして駆け出しの頃の経験がキャリアに最も影響を与える学びの機会だったと認識していた。

しかし新しい役割やルールに直面するのは職場だけではない。大学に通うために実家を出るとか、地域コミュニティで新しい役割を受け持つとか、新たな恋愛関係を始めるとか、親になるといった私生活でも同じことが言える。そうした場面でも、最も強力なインサイトは初めの時期に訪れることが多い。たとえば、スタンフォードの研究者シャーナ・モランは、若者が自分について深く学ぶときというのは、「家族や文化から無批判に受け継いだ価値観や規範が揺るがされる」状況が多いことを突き止めた。

アラームクロック・イベントの二つ目は、**激震**だ。前の章で、会社をクビになってから自分に対する新たなレベルの知識を得たユニコーンのスーザンを紹介した。この出来事は「激震」の一例だ。その出来事の大きさや重さから、自分が芯から揺るがされるのである。そのほかには愛する人の死や病気、離婚や、大切な関係の終焉、そして深刻な失敗や行き詰まりなどが「激震」に分類される。こうした出来事はあまりに衝撃が強いものであるため、私たちは自分自身についての真実に向き合わざるを得なくなる。私の知り合いに、感情的で手に負えないと言われて夫に去られた女性がいる。彼女は打ちひしがれていた。しかし彼女はこの心くじけるような現実と向き合うほかなかった。それがきっかけで彼女は、自分がどのように振る舞っていたかを（そしてその振る舞いが自身の足を引っ張っていたことを）理解し、その振る舞いが、恋愛であろうとなかろうと、あらゆる関係に影響を与えていたことを知った。

しかし名が示す通り、「激震」は私たちを動けなくさせ、心の反応が鈍くなったり、自分自身についての情報を吸収するのが難しくなったり、その情報を生産的に活用することが少なくなるリスクもある。マネジメントの専門家モーガン・マッコールは、こうした状況は精神的に苦しいものであるため、人はその状況から距離を置きたがる傾向にあることを指摘している。防衛的になったり、他人を責めたり、悲観的になったり、過剰反応をしたり、塞ぎ込んだり、放棄してしまったりする可能性があるのだ。さいわい、これらを防ぐステップがある。最初にすべきは、マッコールらが言うように、「苦しみに反応するのではなく、受け入れること」だ。たとえばスーザンは、上司を非難し続けて、解雇は自分のせいじゃなかったと否定し続けることだってできた。しかし一番リアクションしたくなる状況に対しても、彼女はリアクションではなく理解をしようと努めた。だが、真実を受け入れるだけでは足りない。そうして得たインサイトを行動に移す必要がある。自らの過ちや限界を認めるだけでなく、それを修正するために尽力しなければならない。実際、スーザンは現状を受け入れると、もう二度と同じことを繰り返さないでおこうと誓ったのだった。

アラームクロック・イベントの三つ目は、**日々のインサイト**と呼ぶものだ。自己認識は、劇的で根本を揺るがされるような出来事を通してのみ得られるという考えが広がっているが、それはまったく間違っている。驚くべきことに、ユニコーンたちが最も大きなインサイトを得たと報告した状況は、より日常的な場面であることの方が二倍も多かった。そうしたユニコーンたちは、小耳に挟んだ会話や何気ない一言、さらには予期せぬ感謝の言葉などがきっかけで、突然自分の振る舞いを新たな観点から見ることができるようになったという。リーダーシッププログラムや、360度評価など、会社でのきっかけを挙げる者もいた。ごく日常的な、退屈ともいえる運動や掃除などの最中に「アハ」体験があったというユニコーンもいた。

たとえばスーザンは大学を卒業してすぐ、親友と暮らすようになった。台所用品の荷解きをしていたとき、スーザンは親友が食器棚のガラスのコップの前にプラスチックのコップを置いているのに気づいて激怒したことを覚えている。「プラスチックのコップなんかで飲むべきじゃない！」。彼女は声を荒げて言った。そのときの自分がどう見えていたかを聞くと、スーザンは気づいた。私は重要じゃないことに過剰な反応をしている。どうしてそんな指図をしてるの？　その瞬間、彼女は少し違った角度から自分を見つめることができるようになり、そのおかげでプラスチックのコップなんかより遥かに大切なインサイトがもたらされた。

私は日々のインサイトが、とても優れた便りだと思っている。一言で言えば、大変な時期と同じくらい、日々の暮らしのなかから自分についての知識を得ることができる。しかしいずれの場合にも、ユニコーンたちはただじっとして、自己認識が降りてくるのを待っているわけではない――ユニコーンたちは風車を作り、新しい情報をエネルギーに変え、真の持続的な変化に活かすのだ。

ここまで、自己認識を支える柱について紹介してきた。それぞれを強化する具体的な戦略に取り組み、自分の選択や関係を改善し、成功へとつなげていくことができるが、そうする前に、行く手に立ちはだかる二つの大きな障害について知っておく必要がある。

第3章

ブラインドスポット

――インサイトを妨げる目に見えない心のなかの障壁

自分を困らせるのは知識の不足ではない。自分を困らせるのは、分かっていると思い込んでいて、実のところ分かっていないものだ。

ジョシュ・ビリングス

キャリアのなかで最もタフなコーチングセッションが始まったとき、私が永遠とも思えるほど長く見つめていたのは、シニア・エグゼクティブのはげた頭頂部だった。その頭の持ち主はスティーヴと言い、経営状態が危うい建設会社の重役だった。彼が着任してから四か月足らずで、ＣＥＯは彼の手助けをしてやってほしいと私に依頼してきたのだ。

その朝、エレベーターに乗って八階に到着し、受付で待っていると、ようやくスティーヴの宮殿のようなオフィスに通された。私を呼ぶアシスタントの声は少し震えていた。私の後ろでドアが静かに閉まっても、スティーヴはパソコンから顔を上げず、私の登場には長いため息と攻撃的なクリック音の連続で答えるのみだった。そんなわけで私は立ち尽くし、気まずさを感じながら彼の頭を眺めつつ、ディスプレイ用の棚に目をやった。そこには破壊に使う鉄球を模した大きな記念品も置かれていて、それはこの状況を見事に象徴していた。

私は簡単にうろたえる人間ではないが、刻一刻と時が過ぎていくにつれ、これはこの先大変だろうと軽い吐き気を感じた。この男性がいかに怒りやすいかを伝える聞き取り調査のメモが詰まった赤いフォルダーを抱えていても、気休めにはならなかった。

「座ってもいいでしょうか?」。ようやく意を決して言った。

「どうぞ、ドクター・ユーリック」。彼はいら立たしげにため息をつき、なおも顔を上げない。

「ご自由にしていてください」

座ってフォルダーを開け、始める準備をしていると、スティーヴが椅子を後ろに引いた。ついに、彼は私を見た。「私のここでの仕事について、少しお話ししよう」。そこから、檻に入れられたトラのようなせわしなさで、机の向こうを動き回りながら、自社の事業に対する野心的なビジョンや、自身の厳しいリーダーシップ哲学を披露した。私は彼のエネルギーに舌を巻いた――と同時に、このセッションでは彼が持てる力をすべて尽くす必要があるだろうことを悟った。

スティーヴの部署は、彼いわく、苦境に陥っているとのことだったが、それは私もすでに知っていた。彼の前任者が解雇されたのはコスト超過のせいであり、スティーヴの赤字の事業部は成長を促進すると同時に、可能な限り効率性を見いだしていく必要があった。それは典型的なハイリスクの状況で、「飛行機が飛んでいる最中にエンジンを替える」ようなものだった。失敗が許される状況ではなかったが、スティーヴは自身こそ、この仕事にうってつけの人間だと疑っていなかった。彼は期待を高く設定すること、チームを一丸にすること、厳しいが公平であることといったリーダーシップ・スキルを持っていると自負していた。「今回の仕事で困難に直面することは知っている」と、彼は自信に満ちた様子で語った。「だが私はチームから最高のものを引き出す方法も知っている」

残念ながら、スティーヴは完全に思い違いをしていた。

彼の直属の部下たちへの聞き取りから分かったこと、そしてCEOが薄々感じ始めていたことは、スティーヴによる舵取りがすでに壊滅的なものであるということだった。彼が正式に就任してから一六週間のうちに、三人の社員が辞めていた。四人目も、最近「スティーヴ・ストレス」のせいで血圧の薬を飲み始めるようになっていて、辞めるのは時間の問題だった。チームにスティーヴの能力と経験を疑う者はひとりもいなかったが、全員がスティーヴのことを――彼らより柔らかい言い方をすれば――本当に最低な奴だと思っていた。チームにきつい調子で命令し、メンバーの能力を疑い、プロフェッショナルでなく脅迫的だと感じるような怒鳴り方をしていた。かたやチームも泣き言を言うような面々の集まりではなかった。熟練し経験豊富で、甘ったたれるような人びとではなかった。たんにスティーヴが無理強いをしすぎていただけだった。

　公平を期すために言えば、スティーヴは建築という荒々しい業界で育ち、偉大なリーダーとは「最も大きく声を張り上げる者」を意味するときもあると学んできていた。この厳しく迫るスタイルは昔は何とか通用してきたのかもしれないが、今回もそれが通じるという考えは、手痛い見込み違いだった。特に同社は協力的な企業文化を持っていたのだ。

　彼は新しいオフィスを歩き回りながら、誇らしげに事細かく、いかに自分がこの難しい時期に会社が求めるビジョナリー・リーダーであるかを語ってきたので、私は彼のあまりの認識不足に驚いた。彼の振る舞いはチームの士気やパフォーマンス、そして彼自身の評判を損なうものだった。しかし優秀な人材を数人失ってもなお、有能で尊敬されるリーダーという自己像が揺らぐことはなかった。一方でスティーヴのチームは彼の傲慢さにうんざりしていた。そしてどうにかして、私はそのことを伝える方法を考え出さねばならなかった。

スティーヴ病の蔓延

　まだ幼いハーレイ・ジョエル・オスメントがベッドに寝そべりピンクのブランケットをかけて、枕に頭を乗せている。彼はまじまじとブルース・ウィリスを見つめる。「僕の秘密を聞いて」、オスメントは切り出す。カメラは怯えるような表情の彼にゆっくりとズームしていく。

「死んだ人が見えるんだ」

「夢の中で？」とウィリスは聞く。オスメントは黙って見つめ返す。その悲しげな目は、夢の中で見えるのではないと語っている。「起きてる時に？」

「ふつうに歩いてる」。オスメントは答える。「その人たちは見たいものだけを見てる。死んだとは思ってない」

「よく出てくるかい？」

「しょっちゅうだ」

これはもちろん、映画『シックス・センス』のワンシーンであり、幼いオスメントは（※ネタバレ注意）実は本当に死んだ人が見える。しかし「死んだ人」という言葉を「思い込みの激しい人」に代えると、現代の世界に相応しいものになる。このシーンは「自己欺瞞」に陥った人（つまり自分が見たいものだけを見る人）というのは、そこらじゅうにいるということを思い起こさせる。

映画よりラジオがお好みなら、ユーモア作家でラジオ司会者のギャリソン・キーラーが創り出した架空の街「レイク・ウォビゴン」を例に出そう。そこに住む子供たちは全員が平均以上だ。「全員が平均以上」という統計的にあり得ない表現を聞いて笑うだろうが、それはこうした思い込みを職場や、教室や、ＰＴＡのミーティングや、食料品店や、自分の家ですら、どこでも目にするからだ。

そして社会に出て仕事をしたことがある人なら全員といっていいほど、スティーヴのような上司や同僚に出会ったことがあるだろう。読者のみなさんも知っているはずだ。かつて成功し、素質は十分で、頭が良いことは間違いないのに、自分がどう見られているかについてのインサイトが完全に欠けている人。自分は事細かく指示する良いマネジャーだと思っていながらも、実際には部下たちをいら立たせているだけの上司。自分は最高のパートナーだと思っていながらも、現実には一緒に働くなんて無理だと思われてしまっているクライアント。自分の子供たちには人種差別的な教育はしていないと信じていながらも、道の向こうから有色人種の人間が歩いてくるたびに子供の手を握って別の道へ渡っている父親。共通点は何だろうか？　こうした人びとはみな、自分の見解に完全なる自信を持っていて、しかもその見解がまったくもって間違っている。

行動経済学者でノーベル賞受賞者のダニエル・カーネマンによると、「自分の無知を棚に上げることにかけて私たちは、ほとんど無限の能力」を持っている。研究では、人間が自分のことを客観的な事実以上に賢く、面白く、細く、見た目がよく、社交性があり、運動神経があり、優れた学生で、優れたドライバーだと見なす傾向にあることが示されている。研究者たちは、このことを「平均以上効果」と呼んでいる。しかし本書で例に挙げた「人並み以上の」エグゼクティブに敬意を表して、私は**スティーヴ病**と呼ぶことにする。

もちろん、数学的に言えば、どんな計測であれ四九％の人は平均以上ということになる。しかし多くの場合、分布図のなかで言うと、自分が位置していると思う場所と、実際に自分が位置している場所が一致していることはほとんどない。金融業界、ＩＴ業界、看護業界など、さまざまな業界のプロフェッショナルたち一万三〇〇〇人以上を対象とした研究では、自分で評価したパフォーマンスと、客観的に評価されたパフォーマンスのあいだには、ほとんど何の相関関係もなかった。サンフランシスコのベイエリアで働く一〇〇〇人近くのエンジニアを対象とした調査では、三三パーセント以上の人が自らのパフォーマンスを上位五パーセントに位置づけ、勇敢にも自身を平均以下に位置づけたのはたったひとりだった。

研究で実証されたスティーヴ病は、アメリカ企業以外にも広がっている。ある有名な研究では、九四パーセントもの大学教授が、自分の仕事ぶりが平均以上だと考えていた。また別の、近々手術を受けようと思っている人は看過できないであろう研究では、外科研修医の技術に対する自己評価は、資格試験でのパフォーマンスと実質的に何の相関関係もなかった（だが、さいわいにも、だからこそ資格試験というものが存在しているのだろう）。

スティーヴ病の影響は広いだけでなく、深いものでもある。たとえば職場で従業員たちが自己認識を欠いていると、チームのパフォーマンスが下がり、平均で三六パーセントも判断の質が低下し、四六パーセントも協調性が低くなり、衝突が三〇パーセントも増す。全体としては、自己認識が欠如した従業員の数が多い企業の方が業績が悪くなる。数百の公開会社を対象とした研究では、収益性の悪い企業の方が、自己認識に欠けた従業員を多く抱えている割合が七九パーセントも高かった。

思い込みの強い上司と働いたことのある人なら誰もが分かるように、スティーヴ病は、特に管理職の人間たちに伝染しやすく、悲惨な結果を招く。先にも記したように、リーダーが現実から目を背けていると、失敗する可能性は六倍も高まる。自信過剰になるということは、部下たちの優秀さに目がいかないということも意味し、優れたパフォーマンスを発揮しているメンバーの貢献を低く見積もることにつながる。また、たいてい権力のある地位にいる人びとは自己認識が決して劣っていない状態からスタートしているはずなのに（そもそも人を率いるポジションに就くには相応の自己認識能力が必要とされるものなのに）、そうした人びとの妄信は、地位や社歴を重ねるにつれて増していく。キャリア初期の成功が有害なプライドとして邪魔をしてしまい、見えるはずであり見るべき真実を見えなくさせてしまうのだ。

そのうえ権力が増すにつれて、評価の過大さも増していく。たとえば管理職や現場のリーダーに比べて、重役たちの方が、自分の共感力や、順応性や、コーチング力や、協調性や、（皮肉なことに）自己認識の能力を実際よりも遥かに大きく見積もっている。だがさらにショッキングなのは、経験の少ないリーダーに比べて、経験豊富なリーダーの方が自身の能力を過剰に見積もる傾向にあるという点だ。同じように、年配のマネジャーの方が、若いマネジャーに比べて、自分の能力を上司からの評価以上に見積もる傾向がある。★

だが変じゃないだろうか。リーダーの経験や、年齢や、勤続年数は、インサイトを増すはずでは？　そうならない理由はいくつかある。第一に、上級職は複雑な業務であることが多く、パフォーマンスの評価基準が曖昧であるうえ、成功の定義も主観的だ。第二に、一定以上のレベル

★ 一般的に、自己評価は25～35歳のあいだの方が正確で、35～45歳になると正確性が下がっていく傾向にある。さらに、とてもショッキングなことに、ビジネス専攻の学生たちの方が、物理科学や、社会科学や、人文科学を専攻する学生よりも、客観的なパフォーマンスの評価と比較して自己評価を高く見積もる傾向にあった。

では、こうした主観的な要素に対するパフォーマンスを測定するにあたって、率直なフィードバックを得られる確実なシステムが存在しないことが多い。さらに悪いことに、力を持つ人びとの多くが、周りに友人やごますりを置くため、異議や反論を投げかけてくる人がいない。マンフレッド・ケッツ・ド・ブリース教授が言うように、「壁、鏡、そして嘘つき」に囲まれているのである。そして最後に、重役たちは思い込みを強くすることで得をしている。たとえば、自信過剰なCEOたちは周囲よりも高い給料を受け取る傾向にあり、しかも自身の給料が上がるに伴って、自信過剰の度合いも増していく。現実には、CEOの給料は才能やパフォーマンスというよりも、PRや印象と関係している。どんな役員会も平均以下のCEOなど求めておらず、だからこそ市場の予測より低い給料にしようとはしない。こうした企業はレイク・ウォビゴンに本社を構えているようなものだ！

しかし過大評価の度合いや、権力のある地位にいるかどうかに関係なく、間違った思い込みは家庭にも持ち込まれ、私生活にも同じような問題を引き起こす。研究によると、四人に一人が自身の性格や振る舞いに対する強気な思い込みが原因で、精神的に疎遠になっている人間関係があるという。自信過剰は子育てにも影響する。たとえば、母親や父親の大半は、言葉を発する前の子供たちに話しかける言葉の数を過大評価している（家でたくさん言葉を聞いた子供の方が、語彙が増え、IQが高くなり、学業成績も良くなる）。八二パーセントの親は、多くの借金を抱えていたり、長期的な貯蓄計画を立てていないのに、経済的にやっていけると自信を持っていて、しかも自分は子供にとって資産運用の優れた教師だと思っている。実際にそうである確率は、スティーヴが「上司・オブ・ザ・イヤー」を獲得するくらいのものだ。

そう考えると、こうした思い込みが子供たちに受け継がれていき、サイクルが永遠に続いていくことにも驚きはない。一〇〇万人以上の高校三年生の性格を調査した研究では、二五パーセントもの学生が自分自身を協調性という点で上位一パーセントに入ると位置づけた。自分を平均以下だと見なした数はどれほどだろうか？　二パーセントだ。★　そして多くの親が、大学に入ったとたんに自分の子供たちが奇跡的に自己認識を得ることを願っているものの、基本的にそういうことは起こらない。研究者たちが大学生に「礼儀」「責任感」「協調性」「成熟度」といった点で周りと比べて自分を評価してもらったところ、学生たちは四〇項目中三八もの項目で自らを平均以上に位置づけた。

さらに悪いことに、最も能力のない人びとが、自分自身の能力に最も自信を持っている傾向にあることが、スタンフォード大学の心理学者デイヴィッド・ダニングと当時大学院生だったジャスティン・クルーガーによって最初に報告された。二人の研究によると、ユーモア理解、文法、そして論理といったテストで下位だった人びとが、誰より自分の能力を過大評価しがちであることが分かった。たとえば、下から一二パーセントの点数だった人びとは、平均して自分は上位三八パーセントに位置していると考えていた。この現象は**ダニング＝クルーガー効果**として知られるようになり、運転や、学業や、仕事のパフォーマンスなど、その他さまざまな場面でも見ら

★この研究は1976年、ベビーブーム世代が大学生だった頃におこなわれたものであり、こうした特徴を先導してきたのは1980年代以降に生まれたミレニアル世代ではないことを示している。私はこれを、ミレニアル世代の人間として、まったく客観的に語っている。

れるものだ。

こうした例はつまり、人は根っこでは自分の力のなさを知っているものの、それを他人に認めたくはないということだろうか？　不思議なことに、「ダニング＝クルーガー効果」は、自分の能力を正確に評価したらインセンティブが与えられる場面でさえ生じる。そのため能力のない人びとが嘘をついて自己評価をしているようには思えない。より可能性が高いのは、そうした人びとが、デイヴィッド・ダニングの言うように、「間違った自信を持つことで恩恵を受けていて、認識らしきものを得て精神的に支えられている」ということだ。

まさにこの性質のなかに、厄介な矛盾が含まれている。「もし自分がスティーヴ病にかかっている場合、それに気づくことができるだろうか？」。オリヴァー・シェルドンとデイヴィッド・ダニングは独創的な研究を展開し、どれほど賢く、どれほど成功している人でも、自らの思い込みには無自覚であることを解き明かした。二人はまず、ＭＢＡの生徒たち（平均六年の勤務歴を持つ、知的でやる気に満ちたプロフェッショナルたち）を研究室に集め、こころの知能指数（ＥＱ）を測定した。ＥＱとは、これまでの章で紹介したように、仕事や人生で成功をおさめるために欠かせないスキルだ。賢い人びとにＥＱを向上させる必要があるという証拠を見せたら、進んで改善していこうとすると思うだろう。しかしシェルドンとダニングの研究結果はそうではなかった。ＥＱの向上法についての本を割引で買える機会を与えたところ、数値が最下層の生徒たち——つまり、その本を最も必要としている生徒たち——の購入率が最も低かった。

企業で講演をするとき、私はよくマネジャーの五〇パーセントは役に立っていないという統計を紹介している。世界中で何十回も講演をしてきたが、いつも返ってくる反応はまったく同じだ。初めのうち、客席の人びとは穏やかに微笑んでいる。そこで私は「これがどういう意味か分かりますか?」と尋ねてみる。それから、いつも長い間《ま》を取ったあとで、聴衆に左を見て、それから右を見るよう指示する。そうすると気まずい笑いが起こって、ようやく理解するのだ。ここで言われているひどいマネジャーとは、自分か、隣に座っている人のどちらかなのだということを! その期に及んでも、みなおずおずと周りを見渡しながら、こう思うのだ。まあ、自分のことではないから、隣に座っているこの男のことに違いない、よね?

ポイントは、思っているより自分が賢くもなく、技術もなく、こころの知能指数もない可能性を考えるのは気が進まないという点だ。結局、ダニエル・カーネマンの指摘を言い換えると、他人のミスや欠点を見つけるのは、自分のミスや欠点と向き合うよりも簡単で、しかも遥かに楽しいのである。しかし**自己欺瞞に陥ると、たいてい最後までその状態に気づかない**。スティーヴ病についての良い知らせとしては、治療が可能だということだ。治療法については、のちに紹介しよう。ここではまず、次の問いを考えていきたい。そもそも人はどうしてこんなに思い込むのだろうか?

自己認識をする能力はほぼすべての人間に備わっているが、生まれつき持ち合わせている者は誰もいない。幼児は、自分が世界の中心のように考えている。その年頃は、たいていは満たされる要求を泣きながらしてばかりの厄介な存在に他ならず、自分の欲求に応えるためだけに世界全体が存在しているかのように思える（私にも、世界が文字通り自分中心に回っていて、それゆえ自分が起きているときだけ世界が動いていると思っている幼い子供のようなクライアントがいる）。だから、自分を知る最初の大きなステップは、世界は自分中心に回っているのではないと理解することだ。

ハイハイから自力で立ち上がるほどたくましくなり、鏡に映った自分の姿を見かけると、鏡からこちらを見ている未知なるものに話しかけるようになる。しかし二歳頃になると、この人物が実際は自分であることを学び始める。自分が世界のすべてなのではない――自分は世界のなかに生きる数々の存在のひとつにすぎないのだ。この気づきは、お分かりのように、これまでの自分の立場が低下して失意に沈ませる可能性がある。そしてそうなると、恥や嫉妬といった穏やかでない感情を生む。

このとき、自分は他の自我に囲まれた「ひとつの自我」にすぎないと気づいていたとしても、まだ脳は客観的に自己を見つめる能力が育っていない。研究によると、たとえば幼い子供による学業成績の自己評価は、教師からの評価とはほとんど、あるいはまったく相関関係が見られないことが分かっている。つまり、まだ自分の願う姿と現実の自分の区別がついていないのだ。クラスで一番上手くて魅力的な野球選手でありたいと願う気持ちが、そのまま自分はクラスで一番上手くて魅力的な野球選手であるという認識につながる状態だ。この年頃なら可愛げがあるが、こうした過大評価は、それが間違っているのだと繰り返し告げられても続いていく（まだこの種の病を克服できていない大人をちらほら知っている人だっているだろうが、そのことについてはのちに触れる）。

思春期前の年頃は、新鮮な認識の風が吹き込み始める時期だ。ここにいたって、自分の行動の特徴を言葉にしてラベリングする能力が育ち始める（たとえば「人気」「人が良い」「協力的」など）。そしてより偏りのない自己像を持つようになっていく。つまり、自分も理想的とは言えない特徴をいくつか持ち合わせているという可能性と向き合うようになる。そうして、嵐がやってくる。嵐のような一〇代の日々のなかで、私たちは新たに無限とも思える内省の力を発揮する。明らかに相反する気分や感情を抱えながら、一貫した自己像を作り上げるというのは、とても苦しいものだ。そして自己像がバラバラかつ複雑になっていくのと同時に、とてつもない時間を他人からどう見られているか気にして過ごすようにもなる。この時期は混乱していて、ポジティブなことと同じくらい、おかしなまでにネガティブなことを考えてしまう。スーザン・ハーターの『自己の建設』（The Construction of the Self／未邦訳）は、その面白い時期の様子を見事に思い出させてくれる。

私はどのような人間か？　きっとあなたには理解できないだろう。私は複雑なのだ！

……学校で、私は真面目だし、勉強熱心とすら言える……［しかし］私は怠け者でもある。勉強熱心すぎたら、人気者にはなれないから……［両親は］どの科目でもAを取ることを期待していて、私にとても手を焼いている……だから普段の私は家ですごくストレスを感じるし、すごく意地悪くなったりもする……けど本当に分からないのは、どうしてコロコロ機嫌が変わって、友達と楽しく過ごしていたと思ったら、家に帰ると嫌な気分になって、イライラして親にきつく当たってしまうのかってこと。どっちが本当の自分なんだろう？

私たちの多くが何年もこうした二面性と向き合い、一〇代の自分の本質を突き止めようと躍起になる。ある者にとって、この自分探しは、周りの音が一切聞こえなくなるほど大音量の音楽をかけたりしながら、閉め切った寝室で何時間も思い悩むことだったりする（私の場合は、恥ずかしすぎて話せないほど長ったらしい日記という形だった）。他にも、万引きや、不登校や、いじめといった行動に現れることもある。

ありがたいことに、この世に生まれて二〇年目に差しかかると、こうした矛盾を抱えた自己像を、一貫した視点からまとめるようになっていく（知らない人に対してはシャイだけど、だからといって内向的というわけじゃない、といったように）。自分の性格や、価値観や、信念を理解し受け入れるようになり、自分には何ができないかについても見識を深めていくことが多い。そのうえ新たなレベルで将来の自分を思い描いていき、それが自分の指針になる。

しかし多くの人が自分を知っていく兆しを見せるものの、そのペースは人によってずいぶん異なる。それゆえに自分を知る旅はケンタッキーダービーのような競馬レースに近いところがある。同じスタートラインから出走するが、号砲が鳴ると、ゲートから勢いよく飛び出す者もいれば、ゆっくりだが着実に進んでいく者や、道中でよろめいたり動けなくなったりする者もいる。

自己認識を築く努力をしなければ、普通の人間は歳をとってもほとんど自己認識は高まらない。★しかし自己認識ユニコーンたちは違う。子供の頃は自己認識も周りと同じか少し進んでいるだけだが、そのペースは年を追うごとに加速していく。インサイトに向けたレースでは、そうした三冠ユニコーンは早々に周りを突き放し、人生の各段階においてリードを広げ続ける。

だが覚えておいてほしいのは、自己認識を獲得し維持していくのに必要な行動は、とても学びやすいものだということだ。何から始めるべきかを知ればいいだけだ――基本的には、自分を明確に理解することを妨げる障害物を知ればいい。そうした障害物には、私たち自身のなかに存在するものも、ますます妄信的になっていくこの世界から押し付けられるものもある。この章の残りでは、自己認識に向けた自分のなかにある障壁に焦点を当てる――人はどうやって、多くの場合は気づかぬうちに、自分の足を引っ張っているのかを考えよう。

★ 統計好きのために数値を示しておこう。私たちの調査における年齢と内的自己認識の相関係数はわずか0.16。年齢と外的自己認識の相関係数は0.05だ。

三つの盲点

私が何より気に入っている心理学の調査のひとつは、イギリス南部で服役する囚人たちを対象におこなわれたものだ。心理学者のコンスタンティン・セディキデスらは、大半が暴力犯罪で捕まった囚人たちに、九つの肯定的な性格の特徴を見せ、平均的な囚人と収監されていない平均的な地域の人びとの二グループと比較して自分をランクづけしてもらった。

- 道徳的
- 親切
- 信用
- 誠実
- 信頼
- 思いやり
- 寛大
- 自制
- 法の遵守

自分が、たとえば強盗で捕まって刑務所にいるとしよう。こうした性格の特徴を使って自分を言い表したりするなんて信じ難いことじゃないだろうか。しかし囚人たちはまさにそれをやった。実際には、周りの囚人たちより自分を上にランクづけしただけでなく、九つのうち八つもの特徴で、刑務所に入ったことのない地域の平均的な人びとよりも優れていると位置づけていた。例外だった残りのひとつは何かって？　九番目の特徴だ。セディキデスによると、どういうわけか「囚人たちは自らを地域住民と比べて同じくらい法を遵守していると見なしていた」（これについてはあまり考えすぎない方がいい、頭がパンクしてしまうだろうから）。

この研究は、いくらか滑稽ではあるが、いかに人が本来の自分から目を背けてしまうものかを見事に表している。私たちを何より成功から遠ざける内面の障壁には、自分の足を引っ張る三つの大きな要素がある。そしてこの**三つの盲点**に無自覚であればあるほど、そうした盲点は有害なものとなっていく。

デイヴィッド・ダニング教授（最も能力のない人びとが一番自分に自信を持っていると最初に紹介してくれた教授）は、キャリアの多くを通じて、人が自分のパフォーマンスをひどく見誤る原因を探ろうと努めてきた。満足のゆく統一的な答えはないものの、ダニングとジョイス・アーリンガーは、二人の呼ぶところの「トップダウン思考」の強い影響を突き止めた。これが最初の盲点であり、私はそれを**認識の盲点**と呼ぶ。一連の研究によって二人が発見したのは、特定の状況における自分の能力に対する見解は、実際のパフォーマンスというより、自分自身や自分のスキルに対する思い込みに基づいて形成されるということだった。たとえば、自分は地理が得意だと思っている人びとは、他の人びとと同じくらいの点数であっても、地理のテストで自分はいい成績をおさめたと考えてしまう。

皮肉なことに、自分が得意だと思えば思うほど、認識の盲点は有害なものになっていく。たとえば、ボストン・レッドソックスが手に汗握るワールドシリーズでセントルイス・カージナルスに勝利した二〇一三年を振り返ってみよう。シーズン開始前、ＥＳＰＮは生粋の野球専門家四三名による予想を発表した。いったい何人がレッドソックスかカージナルスがワールドシリーズに進出すると予想したと思うだろうか？　答えはゼロだ。『スポーツ・イラストレイテッド』誌が集めた専門家の意見でも同様だった。『ベースボール・アメリカ』誌の専門家たちも少しマシなだけで、一〇人のうち一人がカージナルスのワールドシリーズ進出を予想した。合わせて六〇人の、敬意を集める高給な野球界の権威たちのなかで、ワールドシリーズ進出チームを的中させた割合は恐ろしいほど低い〇・八三パーセントだった。それぞれが適当に二チーム選んだ方が、的中率は七倍も高くなる！

一見すると、これは変則的な出来事のように思える――めったにない異常な事態なのだと。しかしやがて分かったのは、スポーツに限らず専門家というのは思ったよりも間違いを犯すということだった。一九五九年、心理学者のルイス・ゴールドバーグは、傍目にはシンプルな調査をおこなって、エキスパートである臨床心理士たちによる診断と、心理士の秘書たちによる診断の正確性を比較して、診断における経験の重要性を探ろうとした。検証結果に驚くゴールドバーグの姿が想像できるだろう。精神障害の診断において、専門家たちと、経験のない者たちの結果に差はほとんど見られなかったのだ（それどころか、経験のない者たちの方が二パーセントも正確だった！）。

しかし専門家でなくても、自分の技術や才能に対する自信過剰はトラブルを招きかねない。自分には合っていない分野や専攻を選んでしまったり（「私は優れた宇宙物理学者になる。数学が得意だから！」）、私生活での過ちに気づかなかったり（「五歳の子供をひとりで歩いて学校に通わせても問題ない。私は最高の親だ！」）、あるいはよくよく検討しないままビジネスのリスクを負ってしまったりするかもしれない（「この業績破綻している会社を絶対に買収するべきだ。私は企業再建が得意なのだ！」）。

心のなかの障壁は、知っていると思っているものに対して盲点を作り出すだけでなく、自分自身の感じ方もねじ曲げてしまう。二つ目の**感情の盲点**を理解するために、次の質問について考えてもらいたい。

一から一〇の段階で、ここ最近の自分の人生はどれほど幸せですか？

この問いについてどう考えるだろう？　直感的に答えるだろうか、それとも人生のあらゆる要素をしっかり検討して、もっと慎重に判断するだろうか？★　多くの人は、じっくり考えてみると主張する——どうしたって、幸福度を正確に評価するのは簡単な作業ではない。実際に、どれほど幸せかと聞かれると、人は使えるデータをすべて検証して理性的に判断していると「信じてい

★ ダニエル・カーネマンは『ファスト＆スロー』（早川書房、2012年）のなかで、こうしたプロセスを、「速い思考」および「遅い思考」と呼んでいる。

る」ことが分かっている。しかし残念ながら、人間の脳は最小限の労力で済ますことを好んでいるため、必ずしもいつも協力的ではない。だから、ある問いに対してじっくり考えているつもりでも、実際には直感に近い決断を下していたりする。こうした理由により、幸福度を含め、私たちは自分の感情に対する判断が驚くほど下手なのである。ダニエル・カーネマンらによると、人間の脳は密かにシンプルに、「ここ最近の自分の人生はどれほど幸せか」という問いを、「いま自分はどんな気分か?」という問いに変えてしまうのだ。

　自分の感情が見えなくなっている状態を示すために、カーネマンは人生の満足度について調査をおこなってきたドイツの研究者ノーバート・シュワルツの例を紹介した。参加者たちには気づかれないように、シュワルツは実験グループの半分に対し、一〇セントに相当するドイツの硬貨を、実験室の外のコピー機のそばで見つけるように仕向けた。すると硬貨を見つけた被験者たちは知らぬ間に――たった一〇セントでも!――人生に対してより幸福で満足だと答えた。

　別の研究では、学生たちに二つの質問が投げかけられた。「最近どれくらい幸せですか?」と「先月何回デートをしましたか?」の二つだ。この順番で質問をしたとき、回答者たちの恋愛事情と幸福度に相関関係は見られなかった。しかし順番を逆にすると、回答者はデートの数を考えてから、どれくらい幸せかに思いを馳せることになり、デートの数が多いほど、幸せだと回答する傾向にあった。

　感情の盲点で一番危険なのは、重要な事柄であっても、気づきさえしないまま感情に影響されて決断を下すことが多いという点だ。高校最終学年の秋に、私は必死になって理想の大学を探していた。両親と私は数週の間隔をおいて二度東海岸へ向かい、八つの学校を見て回った。一度目の訪問時の天候は申し分なかった。どの大学も、学生たちが涼しく心地いい気温で紅葉の盛りのなか、外で元気よく駆け回っていた。しかし二度目の訪問は、ニューイングランド地方のひどい嵐にぶつかり、凍えるような雨が止まず、何日も空は灰色だった。当然ながら、大学を見に行っても、学生たちは濡れないように建物と建物のあいだを走って無駄な抵抗をするくらいで、楽しそうに駆け回ってはいなかった。

さて、どの大学が私のお気に入りになったかお分かりだろうか。ご想像の通り——最初に訪問した四校がリスト入りし、二度目の訪問からはゼロ校だった。当時は気づかなかったが、いまでは自分の感情がどれほど判断に影響していたかが分かる。人は決断にいたる思考プロセスを自覚することが得意でないと知って困惑するかもしれないが、どんな盲点でも、その存在をしっかり認識すればするほど、それを乗り越えるチャンスは高まる。

そこで最後の**行動の盲点**が登場する。これも私たちの多くが思っているより遥かに頻繁に生じている。数年前、私はエンジニアたちが集まるカンファレンスを締めくくる講演を依頼された。私も現実的な考え方をするし、三年間エンジニアリング企業で働いた経験もあったため、いつもエンジニアたちとはウマが合い、「わが同志のオタクたち《マイ・フェロー・ギークス》」と愛着を持って呼んでいた。しかしその日は、壇上に足を踏み入れた瞬間から、何かがおかしかった。どんなに頑張っても、説得力を持って語ることができず、ジョークは不発に終わり、自分が自分でないようだった。

講演中、私はどんどんパニックになっていき、心のなかでは自分の無能さを逐一嘆いていた。どうしてあのジョークで笑いが起きなかったの？　どうしてあれを言い忘れちゃったの？　なんでみんなつまらなそうにしているの？　さらに恐ろしいことに、私を呼んでくれたエージェントが最前列に座っていることを講演中に思い出した。ああ、終わりだ、と私は思った、彼はもうどこのクライアントにも私を勧めてはくれないだろう。

講演が終わり、可能な限りの早足でステージから去ると、私に会おうとステージ裏にやってきたエージェントと出くわした。結果に向き合うときだと思い、私は尋ねた。「どうでしたか？」。きっと彼はクライアントが払った金を返せと言ってくると思い、批判の数々がやって来るだろうと心構えをした。しかし彼の嬉々とした返答は、文字通り一番予想外のものだった。「もう、最高だよ。みんな気に入っていた！」

どうしてそんなことになるのか理解できず、「本当に？」と尋ねると、彼は真面目にうなずいた。そのときは、彼が必要以上に気を遣っている（つまり嘘をついている）と思っていた。しかしその日のあとになって、聴衆の何人かが私の月刊ニュースレター★に登録してくれたか調べてみると、これまでに話した聴衆のなかでも一番多くの割合で登録してくれたことが分かって驚いた。

どうして私はこれほどまでに読み違っていたのだろう？　かつて心理学者たちは、自分の行動を客観的に明確に見ることができないのは、視点の問題だと考えていた。私たちは文字通り、他

★こちらから登録できる。www.TashaEurich.com

人のように見晴らしの良い場所から自分を見つめることはできないというわけだ。この説明でいくと、私が自分の講演を正確に評価できなかったのは、観客と同じ視点から自分を眺めることができなかったからということになる。

しかしこの説明は、完璧ではないことが分かっている。ある研究において、参加者たちは数々の性格診断テストを受け、短いスピーチの様子をビデオに撮られた。参加者たちはそれから、そのビデオを見て、ノンバーバルの振る舞い（たとえばカメラに向けてのアイコンタクトや、ジェスチャーや、表情や、声量など）を確認するよう求められる。こうすれば他人と同じ視点で自分を眺められるため、研究者たちは自己評価もかなり正確なものになるだろうと予想していた。しかしショッキングなことに、正確な回答には賞金を出すとさえ言っていても、自己評価が客観的な評価と一致することはなかった（いまでは、お金をダシにして自己認識が促進することはほとんどないことが分かっている）。研究者たちは自身の行動がうまく認識できない真の理由の解明に向けて懸命に取りくんでいる最中だが、これから紹介するように、その犠牲者とならないために使えるツールがいくつかある。

勇敢かつ賢く——見えない状態から見える状態《インサイト》へ

自分のことが見えていない状態から、自分を見通す状態《インサイト》へと、ほとんど誰もが移行していけるのだということを示すために、私がコーチングを担当したスティーヴのことを再び取り上げよう。彼と一緒に取り組んでいくと、先ほど説明した各盲点が、まさに問題になっていることがよく分かった。そうしてみると、**スティーヴ病とは、実は三種類の盲点の組み合わせ**だと言える。スティーヴは自身のリーダーシップに対する認識の盲点により、自分は素晴らしいとばかり語る自信過剰となった。感情の盲点により、理性ではなく直感に基づいて判断を下すようになっていた。そして彼は、自分の行動がスタッフにどのような影響を及ぼしているかまったく見えていなかった。

三種の盲点がはっきりと現れているため、スティーヴへのコーチングはキャリアでも有数の難しい任務になると悟ったが、もちろん彼のような例は初めてではなかった。何と言っても、私の仕事の中心は、社員たちが告げるのを恐れる真実や、伝え方が分からない真実を、シニア・エグゼクティブたちに伝えることだ（そして誇らしいことに、そのことでクビにされたのは一度しかない）。そうするうちに、いくらか努力をすれば、たいていの思い込みは克服することができ、どんなにものが見えていない人間も、ちょっとした後押しが必要なときがあるとはいえ、目を開く方法を学ぶことができると知った。

スティーヴのケースでは、私がその後押しであり、いつもより力強い後押しをする必要があった。しかし自己改善など必要ないというスティーヴの頑なな抵抗に向き合う前に、そもそも私に口を出させまいとする彼の頑なな抵抗の方を何とかしなければならなかった。私は直接的なアプローチが必要だと考えた。彼の罵倒は一向に衰える気配がなかったため、目を逸らさず視線を送り続けると、彼はようやくペースを緩めた。「スティーヴ」と私は言った。「このままじゃどうしようもない。チームはあなたを嫌ってる」。もし私が立ち上がって、ずいぶん昔に生き別れたあなたの娘なんですと言っても、彼はこのときほどには驚かなかっただろう。調査結果の詰まったファイルを見ながら、彼は聞いてきた。「みんな何と言ってた？」。私は彼に告げるしかなかった。チームからは彼が短気だと聞かされていたため、伝えたら何が起こるかは分かっていた。荒げられる声。一文字に結ばれる口。脅すような目つき。首筋に浮かぶ血管。そして目の前の机の向こうで真っ赤になるスティーヴの顔。

「あいつらどの面下げてそんなこと言ってるんだ？　俺が怒鳴ってるだって⁉」

その後、自らの妄信に疲れ果てたかのように、彼は椅子に身を沈め、しばらく窓の外を眺めていた。少し前のスティーヴの沈黙は、私に対して力を誇示しようとするものだった。しかし今回の沈黙は、性質の異なるものだった。「つまり」、と彼はついに口を開き、私の方へ椅子を回転させた。表情は穏やかだった。「私はこういう働き方をこの四か月――あるいは二〇年？――続けてきて、誰も指摘してこなかったということ？」。事実、彼は自身の厳しい現実に目を向けるのではなく、幸福な無知の道を選んできていたのだった。その道は短期的には楽だが、長期的には破滅的な結果を招く。それが幸福な無知の問題だ。その無知は確かに効果を発揮するのである……すべてが露見するまでは。

多くの人は、このような「反省」の瞬間を経験したことがあるだろう――周りは自分と同じようには自分を見ていないという辛い現実に目を開いてくれるアラームクロック・イベントだ。こうした瞬間は予告なしに訪れることが多く、自信や、成功や、幸福に深刻なダメージを与えてしまう可能性がある。しかし早い段階で、しかも自分自身の力でこうした真実を手にすることができたらどうだろう？　周りとの関係を損ねたり、キャリアを台無しにする前に、自分の行動を明確に見ることができたら？　前向きな気持ちと、自己受容の精神を持って真実への旅を歩めたら？　**より勇敢に、かつ賢く**なれる方法を学べたら？

ギリシャ神話のイカロスは、いい例だ。イカロスは父のダイダロスが蝋《ろう》と羽で作った翼でクレタ島から逃げ出そうと試みる。ダイダロスは高く飛びすぎても低く飛びすぎてもいけないと忠告する。低すぎると海水によって羽が重くなり、高すぎると太陽が蝋を溶かしてしまう。そして忠告の通り、蝋が溶けて、イカロスは空から落下し、命を落とした。

自分を見つめるにあたり、翼を広げる勇気を持つ必要はあるが、高く飛びすぎない賢さも持たねばならない。そうしないと盲点が私たちを太陽の方へと高く舞い上げてしまう。真実を知ったときというのは、驚いたり、おののいたり、感謝が湧くことさえあるかもしれないが、どんな感情であれ、それは向上へのパワーとなる。

そのことをスティーヴに分かってもらう必要があったが、それはなかなか大変だろうとも理解していた。私たちは彼へのフィードバックを何時間も一緒に振り返った。はじめのうち彼は抵抗し、批判に対してあらゆる言い訳を探していた。しかし素晴らしいことに、彼は聞かされる言葉を徐々に受け入れ始めた。最初のセッションが終わる頃には、彼の新たな側面が見え始めた。

「私はリーダーとしての自分のアプローチを疑ったことはなかった」と彼は言った。「もう何年もね。どうして疑うことなんてあるだろう？　いつも万事順調に進んでいた。だがここ数か月は、何かがおかしかった。それが何なのか分からなかった。期待通りに進まなかったし、何より最悪なのは、その影響が家庭にも及んだことだ」と彼は悲しそうに笑った。

「いい知らせがあります。こういう問題は完全に改善可能です」。私は言った。「そしてあなたはたったいま大きな一歩を踏み出しました」

「本当に？　私が何をしたって言うんだ？」。彼はうんざりしたように尋ねてきた。

私は微笑んだ。「現実を受け入れたじゃないですか」

実際、現実を知り、それを受け入れるべく尽力するかどうかは、自己認識をしている人間と、いわば、ほかの全員とを分ける大きな違いのひとつだ。自分を知る人間たちは、大きな労力を割いて自分の盲点を克服し、本当の自分を知ろうと努めている。自分の前提を点検し、たえず学び、フィードバックを求めることを通して、インサイトへ向けた多くの障壁を乗り越えることが可能になる。盲点を完全に認識したり排除するなんて無理なことかもしれないが、自分自身についてや、自分の行動の影響をより正確に見極めるための手助けとなるデータを集めることはできる。

その最初のステップは、**自分のなかの前提を知る**ことだ。そんなの当たり前のことだと思うかもしれないが、残念なことに、自分自身についての前提や身の回りの世界を疑うことは、特に野心的で成功している人間にとっては稀なことだ。私は一週間のエグゼクティブ・プログラムを教えていたときに、この分かりやすい一例を目撃した。二日目の朝、参加者たちが研修室に入ると、それぞれの机に小さなビニールに入ったパズルが用意されている。そして五分でパズルを組み立てろと言われると、地位の高い参加者たちの多くは、なんてバカげた作業だと鼻で笑い、どうしてこんなことに貴重な時間を割かねばならないのかと考える。しかし私たちに付き合って、参加者たちはビニールを開け、パズルのピースを机の上に広げ、青に塗られた方の面を（表だと思って）上に向ける。数分経った頃、八〇パーセントほどしかでき上がっておらず、参加者たちは頭を悩ませ、他に良い言葉が思いつかないが、文字通り困惑《パズルメント》していた。まさに時間切れが迫る頃、ひとりの人物が、このパズルは青のピースのいくつかをひっくり返さない限り解けないことに気づく（繰り返すが、ほとんど例外なく、これに気づくのは約二〇名のシニア・エグゼクティブのうちわずかひとりだ）。

日常生活において、こんな風にパズルのピースをひっくり返すべきか自問する機会などほとんどない。ハーバード大学の心理学者クリス・アージリスは、必読書である彼の著作『リーダーの効果を増進させる』（Increasing Leadership Effectiveness／未邦訳）で、自分の望みや期待通りに物事が進んでいないとき、人は自分ではなく周りの環境に原因があると考えがちだと語っている。きっとパズル工場がミスをしたのだとか、足りないピースは箱から抜け落ちてしまったのだろうと考える。最後まで疑わないのが自分自身の考えや行動だ。同僚であるドナルド・ショーンと共に、アージリスはこの種の思考を、「シングルループ学習」と名づけた。自分自身や世界についての根本的な前提に対立するデータを見ようとしない思考だ。

反対に、**ダブルループ学習**というプロセスには、自分の価値観や前提を疑うこと、そしてさらに重要なことに、他者からも疑問を投げかけてもらう点が含まれる。エグゼクティブたちと取り組むなかで、アージリスはダブルループ学習は、「創意工夫し、生産的で、目標を達成すること」に慣れた成功をおさめる人間たちには特に難しいものだと突き止めた。そうした人びとは、いま持っている前提で成功をおさめてきたのだから、その前提に正しい部分があることは間違いない。しかしそうした人びとが気づいてないことが多いのは、成功を続けていくためには、慣れ親しんだパズルのピースをひっくり返すことがどれほど大切かということだ。

では、どうすればピースをひっくり返す方法を学ぶことができるのか？　そのひとつのアプローチが、**過去にした予測と実際の結果を比較検証する習慣を身につける**ことだ。著名な経営学者のピーター・ドラッカーは、自身も二〇年以上活用してきたシンプルで実践的なプロセスを紹介している。重要な決断を下すたびに、そのとき自分が考えた将来の予測を書き記しておくのだ。それから、何か上手くいかなくなったときに、過去におこなった予測と、実際に起こったことを比較する。

しかし過去を振り返ってではなく、リアルタイムで自身の前提を特定したい場合はどうすればいいだろう？　意思決定を専門とする心理学者ゲイリー・クラインは、また別のツールを提供してくれている。クラインは、次の質問に答えることで、彼の言う**事前検死**《プレモータム》（失敗の事前予測）を推奨している。「一年後の未来にいるとしよう――私たちは計画を現在のまま実行した。結果は散々だった。どうして散々な結果にいたったか、そのあらましを記してみよう」。このプロセスは、これをおこなわない限り気づくことが難しいような潜在的危険を察知するのに役立つ。このアプローチは、新しい街に引っ越すとか、新しい仕事を受けるとか、付き合っている相手との結婚を決めるといった、より大きな決断にも活用できる（ところで、巻末資料Gでは、自身の前提を知る手助けとなる問いや、ドナルド・ラムズフェルド元国務長官が言いそうなことだが、自分について「知らないと知らないこと」を発見するのに役立つ問いをいくつか紹介している）。

　盲点を最小化する二つ目のテクニックは、特に自分がすでによく知っていると思っている分野をひたすら**学び続けること**だ。一九九九年の記念碑的な研究で、デイヴィッド・ダニングとジャスティン・クルーガーは、能力が低くて自信過剰な人物でも、ある作業のパフォーマンスが向上するように訓練を受けると、実際に能力が向上しただけでなく、以前は自分に能力が足りていなかったことにも気づくことを突き止めた。心から継続的な学びに尽力すること（自分は分かっているという気持ちが増せば増すほど学びが必要になってくる、と自分に言い聞かせること）は、認識の盲点を乗り越え、自身の影響力を高める効果的な方法だ。

　そして最後に、**自分の能力や行動に対するフィードバックを求める**べきだ。これまでに紹介してきたすべてのツールのなかで、自分を見つめ、三つの盲点を克服する手助けとなる可能性が一番高いのが、客観的なフィードバックだ。それはなぜか？　のちに語るように、周りの人間には必ずといっていいほどいつも、こちらには見えないものが見える。そのため、職場であれ家庭であれ、自分に真実を告げてくれる人を周りに置いておく必要がある。自分がひどく思い上がってしまっているときに、（愛をもって）鼻っ柱をへし折ってくれる仕事仲間や、家族や、友人が必要だ。まさにこの理由から、スタンフォード大学のハヤグリーヴァ・ラオ教授は、「楽しみながらも正確な観察」という点で、一〇代の子供を持つリーダーたちが自信過剰に陥ることが少ないのだと考えている。ティーンエイジャーと暮らす者なら分かる通り、一〇代の子供たちは常にこちらをいぶかしんでいて、しかも何のためらいもなくあなたがどれほどすごくないかを告げてくる（そしてあなたに反論してくる人間が周りにいることは、リーダーとしての成功に向けた最も基本的な土台のひとつだ。偉大なリーダーたちは自分に指摘してくれる人間を周りに置いていて、失敗するリーダーはほとんどそれをしない）。

　フィードバックを求めるのは、何よりも怖く恐ろしいことであることはよく分かる。しかし信じてほしい、それによって得られるインサイトには、それだけの価値がある。あのスティーヴに尋ねてみるといい。最初のミーティングの終わりに、スティーヴは決断を下した。私の目を見ながら、彼は勇敢にもこう宣言したのだ。「聞きたくない情報だが、受け入れよう。そしてあなたの力を借りて、改善していくよ」。これもまた、正しい方向への大いなる一歩だった。

　この時点で、スティーヴは異なるアプローチをしようという「意志」を持ったが、そのアプローチに向けた「スキル」を育てる必要があった。そこで続く数か月、私は彼の意志を周りに伝える手助けをし、チームに対する彼の影響を観察し、彼に真実を告げてくれる人びとからのフィードバックを求めた。最初のミーティングから一か月ほどが経ったコーチングセッションでも、まだスティーヴはなぜ自分が周りから危険人物だと見なされるのか理解に苦しんでいた。そこで私は別のアプローチを試すことにした。「こないだのミーティングで私がチームからのフィードバックを伝えたとき、あなたはどんな反応をしたか分かっていますか？」。「もちろん」と彼は答えた。「そうは思えません」と私は言い、全力で彼の反応を真似した（威嚇するように彼を見つめ、声を荒らげ、口を一文字に結んだ）。そうして彼は自分の振る舞いがどれほど敵対的に見えるものだったかを悟った。「いつもこんな風だったとは思わないが」と彼は言った。「きっとチームと同じくらい家族も怖がらせていたはずだ」。自分の振る舞いが周りにどう影響するかを理解してからは、いつもとは違う、より効果的なアプローチを試し始めることができるようになった。

このプロセスは数か月続いた。こうした作業に取り組んでいる人間の例に漏れず、スティーヴも失敗の連続だったが、彼は前進を続けた。数か月後、彼の振る舞いには改善が見られ、新たな次元の自信を感じるようになった。やがて、チームも何かが変わったことに気づき始めた――それは家族も同じだった。みなが、この素晴らしい「新スティーヴ」という人間について語り始めた。そしてチームが高い目標を達成し、ＣＥＯもスティーヴの能力や決定を信頼し始めたのも偶然ではなかった。

スティーヴのエピソードは、自分自身についての真実に向き合うのはとてつもなく難しいということを物語っていると同時に、労力をかけて真実と向き合うことには間違いなく価値があるということを示している。自分の人生を左右する選択を下すとき、真実は大きな助けになる。その真実が耳に心地よい音楽であっても、黒板に爪を立てるような音であってもだ。尼僧のペマ・チョドロンは、「自分に対しておこなえる最も有害なことは、正直かつ丹念に自分自身を見つめる勇気と尊厳を持たずに無知でい続けることだ」と指摘している。さいわい、ユニコーンたちとそれ以外を分けるものは、先天的な能力とはほとんど関係がなく、意志と努力が大きい。これから本書では、正直かつ丹念に自分自身を見つめる勇気と尊厳を持つ手助けとなるような戦略を紹介していく。そして、キャリアにおいてさらなる成功をおさめ、いま以上に満足のゆく関係を築き、より充実した生活を送れるようになる戦略について語っていく。しかしその前に、大切なのは自己認識へ向けた二つ目の大きな障壁を理解し、乗り越えることだ。その障壁を私は「自分教というカルト」と呼んでいる。

第４章

自分教というカルト
——インサイトを阻む恐ろしい社会的障壁

私たちは自分自身の幻影《イメージ》に恋に落ちる。自分自身が作り出し、結果として自分の幻影となったものに。

ダニエル・Ｊ・ブーアスティン

ミネソタ州インターナショナルフォールズ市——土曜日におこなわれた試合は、セカンドピリオドで五ゴールが乱れ飛ぶなか、ペイセンの二ゴールによりアイスメンが四対二の勝利をおさめ、ドラゴンズのシーズンは終わりを迎えた。アイスメンはセカンドピリオド開始一分、ライトウイングのローデンが、ゴールキーパーのケルティのブロックを縫い、パックを浮かしてゴールに突き刺した。ドラゴンズも、カエデンとカイデンのパワープレーを起点に、同点に追いつく。ジャッコンがスティックを振り上げてブレコンの顔に当て、鼻から流血させてしまい一時退場となってペナルティボックスにいるあいだ、ドラゴンズはパワープレーを続けた。カエデンはゴールライン奥にいるカイデンにパスを送り、カイデンからパスを受けたコンスタンディーノが、ゴール付近のスロット内から楽々シュートを決めた。

オーケー、これは完全に創作したホッケーの試合のダイジェストだ。しかしひとつだけ創作していないのが選手の名前だ。意識していなかった人のために、もういちど振り返ってみよう。ペイセン、ケルティ、ブレコン、ジャッコン、コンスタンディーノ、そして、カエデンにカイデン（なんて奇遇な名前だろう?-）。二〇一五年のウェスタン・ホッケー・リーグで、ドラフト指名されたアメリカおよびカナダの高校生六八人からなる実在のリストから普通とは違う変わった名前を抜き出したのだった。ほかにはどんな名前があったか？　ケール（そう、あの野菜と同じ）や、ラッチ、それからドーソンという名前は四人もいた（ドラマでドーソンという役を演じたジェームズ・ヴァン・ダー・ビークも感無量だろう）。

これほど多くの変わった名前がホッケー選手の一グループ内にいるといっても、それはたんなる（数奇な）偶然に聞こえるかもしれない。しかしこのホッケー・リーグが異常なのではない。二〇一二年の『ペアレンツ・マガジン』誌による調査では、近年親たちが男の子ならブレイデ、ドレイヴン、イザンダー、ジェイディーン、そしてザイデン、女の子ならアニストン、ブルックリン、ラックス、シャーペイ、ゼリッカのような名前をつけていることが判明した。あなたも、きっと変わった名前と出くわしたことがあるだろう。

アメリカ人の名づけのトレンドに関する最大規模の調査のひとつにおいて、研究者のジーン・トウェンギとキース・キャンベルは、一八八〇年から二〇〇七年に生まれた三億二五〇〇万人以上の子供の名前を分析した。二〇世紀の前半は、子供に伝統的な名前をつける傾向にあった。たとえば、一八九〇年、一九〇〇年、一九一〇年、そして一九二〇年において、最も一般的な名前は男児がジョンで、女児がメアリーだった。それ以後の数十年間も、親たちはジェームズやマイケル、そしてメアリーやリンダなど、伝統的な名前をつけ続けた。

しかし一九八〇年代から、トウェンギとキャンベルは変わったパターンを目にするようになった。馴染みの名前を採用する親がどんどん少なくなっていったのだ。一九八三年から二〇〇七年にかけて、子供に一般的な名前を付けた親の割合は、毎年大きく低下していった――最も顕著だったのが一九九〇年代で、それから二〇〇〇年代に入っても低下を続けている。それをよく表したデータを紹介しよう。一八八〇年には、四〇パーセント近くの男児と、二五パーセント近くの女児が、人気ランキングトップテンのいずれかの名前だった――しかし二〇一〇年には、その数値は男児で一〇パーセントに、女児では八パーセントに落ちている。「親はかつて子供に一般的な名前をつけていました」とトウェンギは語る。「周りに溶け込めるように。でもいまは、子供が目立ってスターになれるような独自の名前をつけているんです」

私はそのことの可否を語りたいのではない。もちろん、親は子供に自分の好きな名前を付けることができる。私がこの話題を持ち出したのは、興味深いからということに加えて、この傾向が世界に起きている押しとどめられないある現象の一例であるからだ。そして、それは自己認識へ向けた大きな障壁でもある。

こちらが気づいていようがいまいが、強力なカルト宗教が勧誘を仕掛けてきている。カルトとは特定の人間や物に対して誤った、あるいは過剰な信仰を示すものである。そしてそのカルトが今回選んだ非常に魅力的な崇拝の対象が、あなただ！　正直に言って、**自分教というカルト**の誘い文句が、抗いがたい魅力を持っているのは想像に難くない。その宗教は、自分が唯一無二で、特別で、周りより優れているのだと思わせてくれる。そして自分の欲求が周りより大切なのだと思わせてくれる。他の人と同じルールには縛られないのだと感じさせてくれる。欲しいと思ったものは、それだけで手に入れる資格があると思わせてくれる。「自分教」というカルトが、隣人や、友人や、同僚たちの多くを勧誘してしまっても不思議ではない――もしかしたらあなたもすでに加入してしまっているかもしれない。前章では、自分の内側にある障壁について紹介した。本章では、この見えにくい社会的な障壁について紹介しよう。さらに重要なことかもしれないが、勧誘の言葉に乗らない方法、あるいはすでに勧誘されてしまったなら、そこから抜け出す方法をいくつか学んでいく。

潮流の変化――努力から自尊へ

戦後のベビーブーマー世代の多くがわずかなトゲを込めて指摘するように、昔は今とは違った。人類史という大きな時間軸でみると、「自分教」は、かなり近年の現象だ。何千年にもわたって、ユダヤ教およびキリスト教の価値観では、慎ましさや謙虚さ（自分教の価値観とは対極のもの）がよき暮らしの尺度として重んじられてきた。一八世紀には、アメリカ（現在「自分教」の熱心な信者を数多く持つ国）が、勤勉、やる気、不屈の精神という行動規範のもとに建国された。この**努力の時代**は数百年続き、一九〇〇～四五年生まれのいわゆる「サイレント・ジェネレーション」（沈黙の世代）と、二〇世紀前半の第一次世界大戦、大恐慌、第二次世界大戦といった出来事でピークに達したと言われている。努力の時代は、「自己賛美」を控える集団意識を育んできた。

しかし、二〇世紀半ばから始まった自己を大切にする運動によって、努力の時代は**自尊の時代**へと変わっていった。そうした種が最初に蒔かれたのが一九五〇年代から六〇年代にかけての人間性心理学の運動だった。たとえばカール・ロジャーズは、「無条件の肯定的配慮」を持って自分を見つめることによってのみ、人間は潜在的な力を発揮し得ると語った。おそらくより有名なのはアブラハム・マズローで、人間には欲求のピラミッドがあると提唱した。その頂点に位置しているのが自己実現の欲求だ――それが、真の幸福と充足だとされている。しかしマズロー自身も認めているように、自己実現の達成は極めて難しいものだ。都合の良いことに、自己実現のすぐ一段階下の欲求に「自己尊重」がある。そしてそれを達成するのに必要なのは、考え方を変えることだけだ。つまり、人は最高になる必要はなく、本当に必要なのは自分が最高だと感じることなのだった。

驚くまでもなく、自己尊重は山火事のように広まり始めた。一九六九年、臨床心理学者のナサニエル・ブランデンは、世界的ベストセラーとなった『自己尊重の心理学』（The Psychology of Self-Esteem／未邦訳）を出版し、そのなかで自己尊重は「人間の実存のあらゆる側面に深い影響を与える」ものであり、「不安や鬱、愛や成功に対する恐怖、そして配偶者への暴力および児童への性的虐待にいたるまで、あらゆる心理的問題のなかで、自尊心の低下が要因でないものは思いつかない」と断言した。ブランデンが自説を過大評価していたことは、アメリカ随一のセレブであるキム・カーダシアンはとても自分に自信を持っていると指摘するくらい明らかなことだ。

ナサニエル・ブランデンは自己尊重の父と見なされることが多いが、ジョン・ヴァスコンセロスという名の男は、その運動をまったく新しいレベルへと引き上げた。一九六六年にカリフォルニア州議員に就任した彼は、子供の頃に鬱になった経験を持ち、法律を学んで政治家になるとすぐに、七三万五〇〇〇ドルもの税金（現在のおよそ一七〇万ドル）を投入する「自己尊重と個人および社会責任を推進するカリフォルニア特別委員会」の設置に向けて法案の整備に着手した。

特別委員会の最優先事項は、高い自尊心が、犯罪、ドラッグやアルコールの乱用、一〇代での妊娠、子供や配偶者の虐待、福祉依存などを減らすと実証することだった。しかしそこにはたったひとつ、ちょっとした問題があった。実証ができなかったのだ。事実、特別委員会は報告書で自ら渋々認めざるを得なかった。「自尊心と、それを持つことで期待される効果の関連性は、まちまちであるか、取るに足らないほどであるか、まったくないと言える」。そして「自尊心と一〇代の妊娠、子供の虐待、ドラッグおよびアルコール乱用の大部分」には何の関連もなかった。誰も認めたがらなかったが、自尊心が人生における成功の予測材料になるという考えは、率直に言えば、まったくもって完全に間違っていたのだった。しかしヴァスコンセロスは、科学的根拠を著しく欠く発言をして特別委員会の報告内容を否定した。「人は直感的に、それが真実だと知っている」

ここで心理学者のロイ・バウマイスターに登場願おう。ジャーナリストのウィル・ストーが「アメリカの自尊心を砕いた男」というピッタリの称号を与えた人物だ。バウマイスターはキャリアの初期に自尊心について研究を始め、最初のうちは最も熱心な信奉者のひとりだった。しかし時とともに、彼のなかに疑いが芽生えていった。自尊心の低い人間が暴力的で攻撃的になるとヴァスコンセロスたちが主張する理由が理解できなかったのだ。そうした主張は、自分の実感とは正反対のものだった。しかし決して経験だけに頼る人物ではなかったバウマイスターは、科学的な検証を始め、チームとともに約三〇年にわたり一万五〇〇〇以上の調査を含めた自尊心についての研究をおこない、二〇〇三年に明確な反論を発表した。

バウマイスターらの報告は、自尊心と成功のあいだの相関関係は実質的に皆無であるという証拠に満ちていた。たとえば、軍士官候補生の自尊心は、彼らのリーダーとしてのパフォーマンスの客観的な評価とは何の関係もなかった。そして大学生に自尊心があるからといって、社交が周りより上手くなるわけではなかった。職場では、自尊心が高くても同僚との関係が向上するわけではなかった。ナサニエル・ブランドンと彼の弟子たちにとってさらに大きな打撃だったのは、成功していない人物が自尊心を高めると、パフォーマンスが向上するどころか低下するという指摘だった。バウマイスターらは、自尊心が「大きな判断材料でもなければ、ほとんど何の問題の要因でもな」く、成功や個人的な充足とは無縁のものだと明確に結論を下した。

一番ショッキングな部分はまだこれからだ。バウマイスターの研究は、「自己尊重」の運動が立脚していた根本的な前提を揺るがす不都合な真実を突きつけた。そもそも、アメリカ人の多くが苦しんでいる病は、実は「自尊心の低さ」ではなかったのだ。自尊心を高めるべきだと主張する者たちは「自己愛の欠如を嘆いて」いたが、自尊心のレベルは着実かつ手に負えないほど高くなっていたのである。本当の社会の病は、多くの人間が（たいていは何の客観的な根拠もなく）自分を高く見積もりすぎていることだったのだ。

それだけではない。バウマイスターによる報告では、自尊心が高い人間のほうが、より暴力的で攻撃的だとされていた。そうした人間の方が、恋愛関係で問題が生じたときに、別れたり、浮気をしたり、その他の破滅的な行動を起こす可能性が高い。自尊心が高い人びとの方が、騙したり、酒に走ったり、ドラッグを使用する可能性も高い。これらはすべて、特別委員会が主張してきた内容と文字通り正反対のものだった。

バウマイスターら研究チームが自尊心の欺瞞を突き止めてから数十年が経つものの、私たちはもっと自尊心を高めねばという強迫観念を振り払えないでいるようだ。それはなぜだろう？　要するに、**最高で特別な自分になるよりも、最高で特別だと思い込む方が遥かに簡単**だからだ。そしてギャリソン・キーラーが生み出した架空の都市レイク・ウォビゴンと同じように、子供たちに自分は最高で特別なのだと教え込み続けてしまう。

◆

イギリスの北西部、二つの古い川が合流する場所に、バローフォードという魔法にかけられた街がある。一七世紀、その地域は魔女の中心地として知られていて、一六一二年の温かい夏の日には、「ペンドルの魔女」一〇名がこの地で絞首刑となった。しかし現在、その緑に覆われた丘、谷、そして風の通る石畳のストリートのなかで、また別の怪しげな魔法が広まっている。

普通の訪問客にとって、バローフォードは高級なレストランやアンティーク・ショップが点在する何の変哲もない、ともすれば古風なベッドタウンに映るかもしれない。ほとんどの人間は、バローフォードにとても興味深い特徴があることには気づかないだろう。そこは、子供たちが決して悪さをしない街なのだ。信じられない？　では、バローフォード小学校の校長レイチェル・トムリンソンが学校には悪い子供などいないと主張しているのは、どう説明すればいい？　彼女は三五〇人の生徒それぞれが「特別でかけがえがない」と言う。まさにそんな理由から、教師たちは声を荒らげることも、規律を押し付けることもしない。トムリンソンによれば、罰則は「加害者と犠牲者から、必要なものを奪ってしまう」だけだ。少年少女たちから最高のものを引き出すのに必要なのは、罰則ではなく、それぞれが特別であるということを無条件かつ頻繁に思い出させることだという。

だがもし、万が一そんな「褒める」魔法が解け、子供が間違った行動をした場合、教師たちには矯正のための方法がたったひとつ授けられている。その子供を別のクラスへ移すことが許されているのだ。移った場合も、教師たちはただ「あなたのことは素晴らしいと思うけど、間違った行動をしたことから判断するに、こっちのクラスで時間を過ごすのが最善だと思う。こっちの子供たちがミスを犯さないよう手助けしてくれる」と言うくらいだ。面白いことに、教師たちの最終手段は（表面上は真面目な顔をして）「あなたは私の忍耐バケツを空にしてしまったの」と伝えることなのである。★

こうしてバローフォード小学校の子供たちは、クラスでの振る舞いはどうあれ、無条件に褒め称えられていて、学校を評価する査察官たちに生徒が語ったように「自分たちが最高の力を発揮していなくても、誰も問題にしない」。ある年、キーステージ2（七～一一歳）の生徒たちが全国統一テストの結果を受け取ったとき、学校はテストの成績だけでは子供たちの特別さや素晴らしさのすべてを測ることはできないということ、そして成績はどうあれ、校長のトムリンソン

★ ジャーナリストのアリソン・ピアソンは、こうした考えが第二次世界大戦時のイギリスの外交関係でも発揮されたらどうなっていたかを、ユーモラスに表現している。
ミスター・ヒトラーへ
あなたは我々の忍耐バケツを空にしました。どうかポーランドを返してください、さもなくばあなたは我々の幸福に深刻な影響を及ぼすことになります。
愛をこめて、イギリスより。

は生徒たちが「大変な一週間のなかで全力を尽くした」点を誇りに思っているということを記した手紙を持たせて家に帰した。

そしてこうした自尊心の焚き付けは、何か奇跡的な達成を実現することもなく、この魔女の街で一六一二年に絞首刑となったあわれな女性たちと同じような惨状を生むだけだった。二〇一五年九月、この学校は査察によりイギリス政府から最低評価の「不適格」を言い渡された。その他の専門家たちも、バローフォードの教育哲学に「空想」という烙印を押している。こうした批判に対するトムリンソンの回答は、思い込みの例として貴重なものだ。彼女は失望を見せながらも、同時に「とてもポジティブで、将来が楽しみだ」と語ったのだ。

バローフォードの誤ったアプローチは、何としても自尊心を守ろうとする子供たちを生み出すような設計になっていた。そういう意味では、この学校に限ったことではない。似たような例を誰もが耳にしたことがあるだろう。毎シーズン三五〇〇近くの賞を与える（つまり少なくとも一人に一つの賞が与えられる）アメリカン・ユース・サッカー・オーガニゼーションのように、誰もが勝者であるようなスポーツチーム。または、生徒たちが「負ける」ことを防ぐべく、他人と競うスポーツを禁じるアメリカやヨーロッパの学校。あまりに「ネガティブ」だからという理由から、落第や赤ペンでの指摘が禁じられていたり、生徒たちが毎日「自分を愛する」訓練をおこなう小学校。卒業生総代が三〇人もいるような高校、そして「成績のインフレ」という問題がますます加速する大学。

若者の自我を丁重に扱う傾向は、アメリカ有数の権威ある選ばれし機関ですら健在である。たとえば二〇〇一年には、ハーバード大学の九一パーセントもの学生が優等で卒業しており、二〇一三年には、すべての成績づけのうち少なくとも半分がAだった。しかし二〇一五年、調査した生徒のうち七二パーセントが成績のインフレを問題だとは見なしていなかった。妹がイェール大を卒業した誇らしい姉として、私はこの問題を嬉々として追っていたが、イェール大学も同じような問題を抱えていることを知った。二〇一二年に開かれた成績づけに関する特別委員会では、すべての成績のうち一九六三年ではわずか一〇パーセントだったAとAマイナスが、六二パーセントになっていることが判明した。面白いことに、イェールの学生や教授たちの多くは、この傾向がたんに「より優れた学生が着実に集まってきた」結果だと考えていた。

これらはまさに、私が**フィール・グッド効果**と呼ぶ、広く蔓延した問題を裏付ける証拠だ。このフィール・グッド効果の影響は、何だか機嫌の良さそうな名前からは想像できないほど有害なものだ。たとえば職場において、自分は特別で素晴らしいのだと考えている人間は、一緒に働く人びとをいら立たせるだけならまだ良い方だ。最悪の場合、そういう人間はほんのわずかな批判にも向き合う備えがまるでなく、ほんの少しの失敗で挫け、当然だと思っている「最高」への道のさなかで些細な障害に行き当たっただけで打ちひしがれる。コメディアンのジョージ・カーリンは、この点について的確な例を語っている。「近頃の子供たちは、人格の形成に欠かせない、こんな言葉を耳にすることがないんだ。『お前の負けだ、ボビー。お前は負け犬だ、ボビー』」。

子供たちは必要以上に優しくされることに慣れていて、二〇代になって初めて自分自身についての真実を聞くことになる。上司がオフィスに入ってきて、こう言うのだ。「ボビー、さっさと机を片付けて、ここから出て行け、この負け犬め！」

笑えると同時に辛辣だが、カーリンは実に素晴らしい点をついている。現実の世界では、全員が優等の成績で卒業しているわけではない――そして現実に、自分のスキルや能力への思い込みが強いほど、成功する可能性は低くなる。ある研究では、現実的に物を見る学生に比べ、自分の頭の良さに過剰な自信を抱いている大学一年生は、学生生活を通して幸福度が低く、学校の課題に取り組むことも少ないことが判明した。

このフィール・グッド効果は、人間関係にも悪影響を及ぼす。この効果の代償に関する最大級の包括的な調査において、研究者たちは大学生一〇〇人が考える性格の自己評価を集め、それらを経験ある心理学者たちによる評価と比較した。心理学者たちは、正確な自己認識を持つ若い男性たちには、「誠実」や「聡明」という評価を下した。一方で、非現実的なまでに自己評価が高かった男たちには、「ずるくて、嘘をつき、信用ならない人物で、エゴを守ろうとする脆さを持っている」という分析を下した。同じように、正確な自己認識を持つ若い女性たちは、「単純でなく、興味を引かれ、知的」に見られるとし、非現実的なまでに自己評価が高かった女性たちは「防衛的」で「神経過敏」に見られるとした。さらに、思い込みが激しい人間と自分を知っている人間の違いを察知しているのは、経験を積んだ心理学者たちだけではなかった。その自信過剰な学生たちの性格を評価してほしいと頼まれると、友人たちですら「人を見下している」とか「敵対的」、あるいは「自滅的」といった評価を下していた。反対に、現実的な自己評価を下した若者たちは、「魅力的」だとか「落ち着いている人」だと見られていた。

自分自身の本当のスキルや能力を見えなくしてしまうフィール・グッド効果は、その瞬間は心地がいい《フィール・グッド》ものでも、長期的に見ると実に有害な人生の選択を招く可能性さえある。リアリティ番組でよくありそうな例を挙げよう。医学部進学課程の学生が最終試験をすっぽかし、同じ日におこなわれる歌のオーディションに一〇時間かけて車で向かう。しかしかなり困ったことに、彼女はひどい歌手であり、一次選考にも通らない。結果的に、彼女の自信過剰が招いたこの選択は、遥かに堅実な未来を台無しにするものだった。

しかし、もし思い込みではなく、単にポジティブなだけだったらどうだろう——世界をバラ色のメガネを通して眺めているとしたらどうなのだろう？　楽観的な性格は粘り強さにも通じるため、起業家は普通の勤め人より楽観的な傾向があるのも驚きではない。だがこうした楽観が無根拠なものであるとき、バラ色のメガネはまったく視界を曇らせる。たとえば、小さなビジネスが起業から五年間生き残る可能性は三五パーセントだ。しかし八一パーセントの起業家が、自分の成功確率は七〇パーセントかそれ以上だと信じていて、驚くべきことに三三パーセントは「絶対確実に」成功すると信じていた。

そしてあろうことか、こうした根拠のない楽観は、冷酷で厳しい現実に直面しても続く。経営学の教授トーマス・アステブロとサミール・エルヘドリは、起業家のアイデアを実現させる支援をおこなう非営利組織カナディアン・イノベーション・センターが収集したデータを調査した。この組織は新しいビジネスプランを検証し、AからFの評価を与える。平均して、現実社会での失敗率と似通った七〇パーセントが、DかFの評価となる。しかしそうした評価を受けた起業家の半分近くは、とにかく進んでいく。多くは間違った思い込みで、倍の努力をすれば、実行不可能なビジネスが実行可能なものに改善されると考える。しかし文字通りどのケースでも、改善はされなかった。

◆

　ここまで、自身の欠点を見ないでいると失敗につながることを紹介してきた。しかしながら、私たちが研究した自己認識ユニコーンたちは、驚くべきパターンを示していた。限られた特定の状況においては、戦略的に「バラ色のメガネ」をかけ、具体的なプラスの効果を得ていたのだ。そうしたユニコーンのひとりの言葉を紹介しよう。心を挫かれるような病気の診断を受けたばかりの聡明なプロジェクト・マネジャーだ。「拒絶の村に立ち寄ることはあるけれど、そこに家を築くことはできない」★。彼女は、自分が病気だと知ったとき、その新しい現実に向き合うエネルギーを蓄えるために、数日間その情報を意図的に無視する必要があったと語った。しかしその

★本書において、ユニコーンの言葉は、ほぼ一言一句変えずに引用している。ほんの少し加えた修正も、意味を変えずに読みやすさを向上させるためのものだ。

後、力を込めて立ち上がり、ホコリを振り払って、勇敢にも現実との戦いを始めるのだった。

どうすれば、色メガネをかけるべきときと、外すべきときを見分けることができるだろう？目安としては、**絶え間なく挑戦を続けてきて気力を養う必要があるときや、粘り強く続ければ成功できる場合は、フィール・グッド効果が役に立つ**。これはオーディションなどで落とされることが日常茶飯事の役者のような仕事に特に当てはまる。さらに、「出版するか、消え去るか」の科学の世界にも当てはまる。ダニエル・カーネマンは、「ありとあらゆる失敗が繰り返され成功はめったにない、というのが大方の研究者の運命である。自分の研究の重要性について妄想を抱けない人間は、そうした状況に直面したらすっかり気落ちしてしまうにちがいない」と語った。しかしここにはひとつ極めて重要な注意事項がある。色メガネをかけて自分の道に固執する前に、その道が実際にどこかへ行き着くものであるかを確かめなければならない。先の例で言えば、もし自分が単にひどい役者であるなら、どれほど頑なに自分の道を進んでも、ブロードウェイの舞台にはたどり着かないはずだ。自分の道がどこにもたどり着かないものなら、行き止まりを察知して、道を変える備えがなければならない。

もうひとつ、一時的に色メガネをかけることが効果的な場面がある。自己認識のワークショップをおこなっていたとき、私はケイティと出会った。シャイで、メガネをかけた会計士で、ワークショップのあいだじゅう真面目にメモをとっていた。しかしワークショップの終わりに、彼女はここで学んだフィードバック収集のテクニックを実践に移すのをためらっているような素振りを見せた。何か深いわけがありそうだと思った私は、ワークショップ後に話しかけた。すると分かったのは、ケイティがサービス会社の共同経営者であり、先月はとても大変だったということだ。会社は新たな共同経営者も招き入れ、その人物は断固として彼女を批判していくつもりらしかった。ケイティはまた、まさに家族が争っている両親の不動産の管財人に指名されたばかりでもあった。ごくシンプルに、彼女は人生にさまざまなことが起こりすぎていて、自己改善に集中する余裕などなかったのだ――彼女がひたすら願っていたのは、この危機を無傷で切り抜けることだけだった。

ときに、人生はバラ色のメガネをかけなければ切り抜けられないほど厳しい試練を与えてくる。私たちのユニコーンも、この点で意見を共にしている。ある者は、予期せずクビになって自己認識の旅を一旦中止した。別の者は、離婚で打ちひしがれるあまり、その辛さを戦略的に忘れることで最悪の時期を切り抜けた。しかしユニコーンたちは折に触れてわずかな期間妄想に浸ることはあるものの、それは一時的なことにすぎなかった。準備が整うと、ユニコーンたちは勇敢にも現実と向き合い、自己認識の旅を再開するのだった。

最後のポイントとして、フィール・グッド効果と戦略的な忘却には微妙な差があるということは記しておく必要があるだろう。たしかに色メガネをかけることが最善の選択肢となる状況はいくつかあるとはいえ、その他ほとんどの状況（特に新しい職場、大きな昇進、会社の再生、合併や買収、愛する人と激しいケンカをしたとき）は、何があろうとメガネを外す必要がある。**失敗できない状況で**

は、目を背けて気を休めるという贅沢はできない。残念ながら、これから紹介するように、そんな繊細なバランスをさらに崩しかねない病が蔓延している。

私、ワタシ、わたし（のセルフィー）

それは記憶にある限り最高の朝の始まりだった。半年間休みなく働き詰めだった私に、夫がサプライズで誕生日のハワイ旅行を用意してくれていたのだ。二人とも忙しくて休みは三日しかなかったが、ビーチ沿いのカバナ（天蓋付きチェア）に落ち着いて、できたてのオムレツを前にしていると、まるで永遠に天国へ迷い込んだかのようだった。青空に、私たちを包む暖かい陽気、そしてクチナシの甘い香りと海の潮のにおい。私たちはただただ座って、何にも遮られることなく、青い海が白い砂に打ち寄せる風景を眺めていた。

急速に私のポイントを稼ぎ出した夫に微笑みかけていると、突然私たちに影がかかった。おかしい、と私は思った。さっきまで雲なんてなかったのに。空を見上げる暇もなく、甲高い笑い声が聞こえた。二〇代前半の見た目のいいカップルが、私たちの前で立ち止まっていた。私たちが穏やかに楽しんでいた風景のまんなかで二人がタオルを敷いても、私たちは何も言わなかった。二人がショーツとTシャツを脱ぎ、引き締まって日焼けした身体のシャレた水着姿を披露すると、私はオムレツに軽く舞ってきた砂に少しいら立ちながら首を振った。

数分のあいだ海をぼんやり眺めたあと、女性の方がさっと立ち上がった。どうやら、きっとみなさんお馴染みの行為に取りかかる時間らしい。ビーチでのセルフィーだ。大げさに髪をかきあげたり、サングラスを鼻の頭にずらしたり、まさにありがちなアヒル口をやる彼女を見て、夫と私は苦笑を禁じ得なかった。

それから、事態は笑えるという一線を越え、不快なものになっていった。彼女はお尻を後ろに、胸を前に突き出して、気取ったポーズをとり、三〇秒ごとに画面を見ては映りを確認していた。「早く止めてほしいね」。私は朝食から砂を取り出しながら夫につぶやいた。「五分かな」。「二〇分だな」と彼は予想した。二人とも間違いだった。彼女は（たっぷり一五分後に）自撮りを止めると、何事もなかったかのように元の位置へ座り、呆然と口を開けて見つめる周りの人間たちなどまったく意に介さず、敷いたタオルに横になって眠りについた。

このビーチ・セルフィー・ガールの振る舞いは、彼女だけがこうなのではなく、ソーシャルメディアの隆盛によって「自分教」が勢いを増していることの一例にすぎない。ユニコーンのひとりは、一日に四〇～五〇のセルフィーを撮るという友人のことを教えてくれた。その彼と夕食に出かけたときなどは、食事のあいだじゅう自分の写真を撮っていたという。しまいには、席を外してトイレに行き――さらに自撮りをして、インスタグラムに投稿してからテーブルに戻ってきた。

誰しも知り合いに**セルフィー症候群**がいるだろう。その症状には、考えられないほどに自己陶酔した結果、自分が朝に何を食べたとか、今日は子供のハーフバースデーだとか、人生で一番のバケーション中であるとか、（これに限らず）周りの人間は自分のことを知りたがっていると妄想を抱くことなどがある。あらゆる点で、多くの人間にとって、セルフィー症候群は蔓延する軽めの自己陶酔症《ナルシシズム》だと言った方が正しいかもしれない。もちろん、ほとんど誰もが職場や私生活で、本格的なナルシストと出会ったことがあるだろう。お分かりの通り、そういう人間たちは自分が世界の中心だと信じて疑わないので、自分以外の周りの人間が見えなくなるようだ。

　しかし私たちの多くが気づいていないのは、**自分に集中しすぎると、周りが見えなくなるだけでなく、**逆説的に**本当の自分を見つめる力も損なわれる**ということだ。研究によると、自分のことをどれほど特別だと考えているかと、どれほど自己認識できているかは一般に逆相関関係にあるという。よく探さずとも、そうした例はあふれている。たとえばフェイスブックにセルフィーばかり投稿する人は、その行動が周りにとってどれほど不快かにほとんど気づいていないように思える。

　ソーシャルメディアの「非人間的なまでに個人的」な性質を鑑みれば、ナルシシズムがはびこっているのも理解できる。大半のオンライン・コミュニケーションでは、相手の反応や表情を目にすることがなく、そのため簡単に突き放したり、自己中心的になったり、無分別になったりする。極めて瞬間的なオンライン上のやり取りが早急で表面的な思考を招き、自分や他人を狭い視点でしか見られなくなる。それを研究者たちは「モラル狭窄説」と呼んでいる。

もちろん、自撮りをしたりソーシャルメディアを使う全員がナルシストだと言っているのではない。しかし科学的に言えば、それらが関係していることに疑いはなく、ナルシシズムが上昇傾向にあるという十分な証拠がある。たとえば、アメリカの大学生数万人を対象にした調査において、ジーン・トウェンギと彼女のチームは、一九八〇年代半ばから二〇〇六年にかけて、「もし自分が世界を支配すれば、もっといい世界になる」とか「自分はいつも行動に自覚的だ」、「自分にふさわしいものをすべて手に入れるまでは満足しない」といった発言によって計測されたナルシシズムが、三〇パーセントも増加していることを突き止めた。

加えて、この傾向はミレニアル世代に固有のものではない。このパターンを示したのは、一九八〇年から九九年のあいだに生まれた人間だけではないのだ。「自分は重要な人物だ」という問いに対する高校生の回答を長期間調査した別の研究では、一九五〇年代にはイエスと答えたのはわずか一二パーセントだったが、一九八九年（つまりX世代が高校生の頃）には、この数値はおよそ八〇パーセントにまで跳ね上がった。さらに、前章で紹介した研究も思い出してほしい。その調査では、高校生になったベビーブーマー世代の二五パーセントが、他人とうまく付き合う能力について、自分を上位一パーセントに位置づけていた。

セルフィー症候群は、ある世代固有の現象でも、自分のことに囚われがちだと言われる思春期限定のことでもない。「自分」に対する関心の高まりは、現代文学からソーシャルメディアにいたるまで、そして大統領執務室にさえも見て取ることができる。一七九〇年から二〇一二年の一般教書演説を分析した研究では、「彼・彼女（his/her）」や、「隣人（neighbor）」といった他者に関連する言葉の使用が減少し、「私」に関連する言葉（I, me, mine）の使用が増加していた。同じように、グーグル・Nグラム★を使って一五〇〇万の書籍を調べると、「私（me）」という単語の使用は一九〇〇年から一九七四年にかけては五〇パーセント近く減少したが、一九七五年から二〇〇八年には八七パーセント以上増加していた！

いま、みなさんは特にナルシスティックなフェイスブックのフレンドや、自分好きの有名人を想像しているのではないだろうか。しかし自分がソーシャルメディアをどう使っているか振り返ってみることもお勧めする――フェイスブックでも、インスタグラムでも、LinkedInでも、ツイッターでも、スナップチャットでも、本書の出版以後に生み出されたどんなものでもだ。自分に、こう問いかけてみよう。自分最高のバケーションの写真を投稿するとき、自分は何を考えているだろうか？　どんな自分のイメージを演出しようとしている？　どんな効果を狙っている？　ソーシャルメディアにおける自分の習慣を、こうした理性的もしくは分析的な言葉で振り返る人はほとんどいない。実際、そうした習慣はあまりにも自然なものであるため、それについて意識していないが、まさにその意識していないという点こそ問題なのだ。

するとより大きな疑問が浮かんでくる。そもそも、なんで人はソーシャルメディアを使っているのだろう？　ソーシャルメディアとは「ソーシャルな」ものであるはずだが、二〇一五年の調査では、「人との関係を維持するため」という動機は、各種プラットフォームの使用にあたって

★グーグル・Nグラムとは、1500～2008年のあいだに出版された8カ国語の本に登場する単語やフレーズの使用頻度が検索できるウェブ上のサーチエンジン。

最も低い動機であることが多かった。動機のトップは自分自身についての情報をシェアすることであり、これはしばしば**セルフ・プレゼンテーション**（自己呈示）と呼ばれる。さて、セルフ・プレゼンテーション自体は必ずしも悪いものじゃない。だがそこには興味深いパターンがあり、セルフ・プレゼンテーションが増加するにつれて、共感が減少してしまうのだ。二〇〇〇年以降、マイスペースやフレンドスターなど、フェイスブックの先駆けとなるプラットフォームが急増した頃から、人びとは共感的でなくなっていき、より「自分」中心になり始めた。研究では、一九八〇年代前半の大学生と比較して、現代の学生は「私はたいてい優しく、自分より恵まれない人びとの気持ちを慮る」や「私は相手の視点から物事がどう見えるかを想像することで友人たちをより良く理解しようと試みることがある」といった問いにイエスと答える割合が一一パーセント減少していることが分かっている。

こう語ると、これは「鶏が先か卵が先か」の話ではないかと考える人がいるかもしれない。どうしてソーシャルメディアが自己陶酔を「生んでいる」と言えるだろう？　単純に、ナルシスティックで自己認識が不足している人間がソーシャルメディアを多く使っているだけという可能性だってあるのではないか？　こう問うことは重要であり、どちらも正しいという証拠がある。まず二つ目の問いからいこう。ナルシストの方がソーシャルメディアの使用率が高いのか？　西洋文化圏と東洋文化圏のどちらの研究でも、実際にナルシストの方が膨れ上がった自己像を表現する場としてソーシャルメディアを利用し、より多くの時間を費やしてセルフィーなど自分のアピールを投稿していることが分かっている。

では次に最初の問いに戻ろう――ソーシャルメディアが自己陶酔を生んでいるのだろうか？これについても、それを裏付ける根拠がある。ある研究では、無作為に抽出した参加者たちを二つのグループに分け、それぞれ三五分ネットをして過ごしてもらった。最初のグループはＳＮＳ「マイスペース」上のページを編集して時間を過ごしてもらった（本当に懐かしいでしょ？）。一方でもう一つのグループは、グーグルマップ上で自分の通学路をたどってもらった。両グループの自己陶酔度を測ってみると、マイスペースを編集して過ごした参加者たちの方が遥かに高い数値を示した。それはつまり、ソーシャルメディアはナルシシズムを高めるうえ、ほとんど即効性があるということを示唆している。

もちろん、セルフィーを愛していたり、子供に特徴的な名前をつけるからといって、それだけでナルシストだというのではない。ナルシシズムは人格障害の一種でもあり、自分は重要な人間だと極端に思い込んだり、権力や称賛を求めたり、他人の要求が理解できないといった特徴を持っている。研究では、ナルシストたちは一時的だが濃密な友情関係や恋愛関係を持つが、相手がナルシストたちの本当の姿を知ると関係が終わってしまう傾向にあることが分かっている。ナルシストたちは自分が手に入れていないものも、自分にはそれを得る資格があると信じているうえ、批判に耐えることができない。

仕事の世界では、自己陶酔的なリーダーは明確なビジョンを持った自信のあるリーダーともなり得るが、自らのパフォーマンスを過大評価しがちで、意思決定プロセスを独占し、過剰に評価を求め、共感を見せることが少なくなる傾向にあり、そのうえ非倫理的な行動を取ることが多くなる。さらにリーダーとしての自分の能力をとても高く見積もっている一方で、チームからはリーダーとしての力を誰より低く評価される。自己陶酔的なCEOは特に、そうでないCEOに比べて、自身への客観的なフィードバックに対して改善に取り組むことが少なく、しばしば致命的な結果を招く。ある興味深い研究では、チャールズ・ハムらのチームがS&P500（大型株500社）の証券取引委員会への提出書類におけるCEOのサインの大きさを（ナルシシズムの指標として）調べた結果、サインが大きいほど、その会社のパフォーマンスは多くの項目で低くなっていた（特許数や特許引用数が少なく、総資産利益率が低く、過剰投資で、将来の収益や売上の増加が少なかった）。

社会や仕事への影響に加えて、もっと低いレベルでの（もっと見分けのつかないレベルでの）ナルシシズムも、少しずつ自信を削り取っていく可能性がある。ネット上で見せている自分の姿を振り返ってみよう。多くの人と同じなら、あなたは自分を加工して、人生を実際以上に良く見せる「理想の自分」を投稿しているのではないだろうか。こうした傾向はフェイスブックの投稿から、マッチングサイトのプロフィール、そして選挙を戦う議員のツイッターのつぶやきにいたるまで、さまざまな場所で見られる。たとえば、ソーシャルメディアでは他の形態のコミュニケーションに比べてネガティブな言葉を控える傾向にあり、アップデートの半分は好ましい印象を持たれることを目指して投稿されている。

しかし逆に、理想の自分を絶え間なくアピールし続けると、自我の崩壊を招く可能性がある。「現実の自分」と「理想の自分」にギャップがあるときは特にそうだ（「私のパリでの休暇の写真は確かに完璧だけど、夫と私は旅行中ずっとケンカしていて、私は離婚したいとも思っていることは誰も知らない」）。自分はこんなにも成功しているとか、幸せだとか、魅力的だと思ってもらいたくて必死になっているときというのは、周りを騙そうとしているのではない。本当は自分がどれだけ成功していなくて、幸せでなくて、魅力的でないかを思い知っているのだ。

ソーシャルメディアで自分を膨らませることがどれほど自己認識を損ねるものであるか、一八歳のオーストラリア人モデル、エセナ・オニールの例を見てみよう。彼女は最近、「自分教」反対運動のイメージキャラクターのようになり、ソーシャルメディアをやめると発表して、何百万というインスタグラム、YouTube、タンブラー、そしてスナップチャットのフォロワーたちに衝撃を与えた。オニールはファンたちに、自分は長い間フォロワーたちからの注目や、承認や、手にした地位に執着していて、他人が憧れるものばかりを追いかけてきた結果、自分というものにまったく自信が持てなくなってしまったと述べた。投稿すればするほど、より完璧を求めるようになり、そしてそうなると、完璧でないことにますますいら立つようになっていったという。「何時間もネットで完璧な女の子たちを眺め、彼女たちのようになりたいと願っていた。でも自分が『そっち側の人間』になってからも、決して幸せを感じたり、満足したり、心穏やかになることはなかった」

オニールは「ゲームチェンジャーになろう」(Let's Be Game Changers)というサイトを立ち上げ、彼女の言うソーシャルメディアの「虚飾」を浮き彫りにする情報をキュレーションしている。これを書いている時点では、そのサイトに彼女の写真は一枚もなく、「私って?」という彼女の短いキャッチコピーだけが載っている。彼女のように、自分教から離れる人は、思いもかけない人だったりする。ここからは、誰もが離れられる方法について紹介しよう。

自己陶酔から自己認識へ——自分教に抗う

前章を読んだ人には驚きではないかもしれないが、多くの人が自分は自己陶酔的ではないと考えている。良い知らせなのは、ナルシストと正式に診断されるのは人口のわずか四パーセントだということ。そして悪い知らせなのは、残りの九六パーセントも、少なくとも多少はナルシスト的な振る舞いを見せるということだ。本書はひとえに勇敢なる決意で自分自身についての真実と向き合うことが目的であるため、自分がどれほどそうした行動をしてしまっているかを知るチェックリストを巻末資料Hに用意した。しかし自分のスコアがどれほどであろうと、自己陶酔を抜け出して自己認識へと向かいたければ、次の三つの戦略を検討してみる価値がある。その三つとは、「インフォーマー」になること、謙虚さを養うこと、自己受容に励むことだ。

日々の生活のなかで、どれほど「自分自身」に時間と労力を注いでいるだろう?　それはきっと自分が思っている以上だ。ある研究では、人は口にすることの六〇パーセント近くが自分のことであり、それがソーシャルメディアになると八〇パーセントにも達するということが分かっている。しかし私たちが研究したユニコーンたちは違う。驚くべきことに、ユニコーンたちの会話は（オンラインでもオフラインでも）自分以外のもの――友人や、仕事仲間や、より広い世界で起きている出来事に関心を置いていることが多い。あるユニコーンが上手く表現していたように、「世界は自分中心に回っているのではない」のである。また別のユニコーンは、他人との関わりには「自分以外のものに対して好奇心を持つ」という面があると教えてくれた。

しかし、ソーシャルメディアのほとんどが自分をアピールするという目的のためだけに存在するように思われる状況のなかで、そもそも自分以外の人に関心を持つのは可能なのだろうか？まずは広い視点で考えてみよう。ソーシャルメディアを利用する人は、基本的に以下の二つのどちらかに分類できることが研究で分かっている。利用者の八〇パーセントが、いわゆる「ミーフォーマー」で、とにかく自分のことを周りへ知らせるために投稿をしている。そして残りの二〇パーセントが「インフォーマー」で、自分とは関係のない情報（役に立つ記事、興味深い考察、笑える動画など）を投稿する。ミーフォーマーに比べ、インフォーマーは友人が多く、豊かで満足度の高い関係を築く傾向にある。

ユニコーンたちはひとり残らずインフォーマーだったと言っても驚きはないだろう。しかしこのトピックについて掘り下げていくと、ユニコーンたちの方が多くの時間（およそ二〇パーセント以上）をソーシャルメディアに費やしていることが分かって驚いた。ただし、その時間の使い方が大きく違った。ログインしてセルフィーや、まもなく向かうバケーションについてや、最新の仕事の成果について投稿するのではなく、ユニコーンたちは他人と真に関わり合い、つながりを維持するためにソーシャルメディアを利用していた。五〇代の起業家であるユニコーンは、私たちにこう語った。「ソーシャルメディアは私が大切に思っている人たちが何を考えているかを見せてくれるものです。私はフェイスブックに多くは投稿しませんが、気持ちを高めるものや、笑えるものや、特別なものを週に数回シェアするように心がけています。写真を投稿するときは、木にとまるワシや夕暮れの写真が多いです。周りとシェアできる美しいもの、ということです」。他のユニコーンたちと同様、彼女のソーシャルメディア上の目標は、「いいね」を得ることではなく、情報を提供《インフォーム》し、楽しませ、インスピレーションを与えることだ。四〇代半ばのユニコーンは、こう語っていた。「ときに、世界のカニエ・ウェストは、『そう、あなたは偉大だ』という人びとからの承認を必要とする。自分には、そういうことは必要ないと思っている」

　ここでのメッセージは明快だ。自己陶酔を脱して自己認識へと至るには、**インフォーマーになろうと励むこと**――つまり、自分への注目を減らし、他人と関わり、つながっていくことだ。次の二四時間は、オンラインでもオフラインでも、自分がどれだけ自分のことを話していて、どれだけ自分以外のことに注意を払っているか観察してみよう。「ミーフォーマー」になりたくなる会話のトピックや投稿があるときは、自分にこう問いかけよう。「これをしてどんな効果を狙ってる？」」。気をつけてほしい、これは初めのうち簡単なことではない。本書に取り組み始めてから、私はこのテクニックを使い始めたものの、自己陶酔への引力がずいぶん強くて驚いた。この問いかけのおかげで、これまで気づかなかった多くの行動が明らかになった。それからというもの、私は特にオンライン上で、自分の見せ方を変えようと努力した。数日のあいだ実践してみれば、必ずや驚くようなことを発見できるだろう。

一方で、他人へ関心を向けること自体は、「自分教」と戦う助けにならない。関心を向けるだけでなく、自分自身の能力に対する、より現実的な視点が必要になる。言い換えれば、**謙虚さを養うこと**だ。自分の弱点を理解し、正しいあり方から目を逸らさないでいることを意味する謙虚さは、自己認識にとって不可欠な要素だ。

幼い頃、アンジェラ・アーレンツはファッションデザイナーになることを夢見ていた。母親が持っている雑誌のきらびやかな写真を何時間も食い入るように眺めたり、自分の服を縫ったりしていた。幼い頃の夢を現実にすべく入った大学で、彼女はなぜ周りのファッションデザイナー志望の学生の方が、自分より才能があるように見えるのか疑問に思い始めた。ある日、ひとりの教授が彼女を呼び出して助言をした。それは善意からではあったが、耳の痛いものだった。ファッションについて語ることはできるけど、生み出すことはできない人がいる。「私たちは」と教授は彼女に言った。「それを商人と呼ぶ」

公平を期して言うならば、多くの野心的な学生は、夢を叶えるには純粋に能力が足りないと言われたら、自己欺瞞の渦へと飲み込まれていってしまう。「あの教授に、自分の何が分かる?」。誰かれ構わず、こう言いたくなるだろう。「いつもこっちに難癖をつけてきてさ」。しかしアーレンツは、そういう思考にならなかった。インディアナ州ニュー・パレスティーンで六人の子供のひとりとして生まれた彼女は、勤勉に働き、謙虚でいることを教えられた。その結果、彼女はきちんとした自己認識を持ち、教授は素晴らしい助言をしてくれたと考えたのだった。

そして彼女は、それを行動に移した。ファッションの商人になったのだ。二〇〇六年には、バーバリーのCEOになった。彼女はそのラグジュアリーブランドのデザインや、小売りや、デジタル上での存在感を高めるための改善に着手し、世界的な不況のただなかで見事に業績回復を成し遂げたのだった。その過程で、『フォーブス』誌の「世界で最もパワフルな女性１００人」に五年で四度選出されたり、『フォーチュン』誌のビジネスピープル・オブ・ザ・イヤーにノミネートされたり、オラクルから優秀リーダーシップ賞を贈られるなど、挙げればきりがないほどの、自慢に値する栄誉にあずかった。

しかしアーレンツは、こうした達成を自慢するような人ではない。アップル社のオンラインと小売部門担当の上席副社長に就任するべく、CEOのティム・クックと面談していたとき、彼女はクックに、自分はテクノロジーの天才でもなければ、電化製品業界で働いた経験もないことを強調した。しかしクックは、アップルの苦戦している小売部門を好転させるのに必要なのは、テクノロジーの天才でも、小売の専門家でもないことを分かっていた。彼が必要としていたのはチームプレイヤーだった。周囲と関わり合い、インスピレーションを与えるエゴのないリーダーだった。

では、その新しい仕事に就いたアーレンツの最初の数か月は、どのようなものだっただろう？自己陶酔的なリーダーなら、会社にとって正しいのか正しくないのかも分からない攻めたビジョンで周りをあっと言わせたくなるようなところを、アーレンツは一〇〇以上の小売店、コールセンター、そしてバックオフィスを訪ね回り始めた。たったひとつの目的は、耳を傾けることだった。彼女は次のステップとして、六万の小売部門の部下たちに毎週自分からのメッセージを送り始めた。自分自身についてや、この部門に対する自身のプランを伝えるためではなく、世界に影響を与える決定にもっと参加してもらうためだった。アーレンツが促したのは、従業員たちが自らを「エグゼクティブ」だと見なすことだった。「（アップルが）何年もかけて生み出した製品を通して顧客と接してきたエグゼクティブたち」だ。

驚くほどエゴがなく、周りを包んでいくスタイルの彼女のリーダーシップは、メディアのなかにも戸惑う人びとがおり、『フォーチュン』誌のジェニファー・レインゴールドは、「アンジェラ・アーレンツはアップルで一体何をしているのか？」というタイトルの記事を書いたほどだった。しかし彼女の功績は、結果が物語っている。二〇一五年度は、経営的な観点からすると同社史上最も成功した年であり、売上は前年比二八パーセントアップの二三四〇億ドルとなり、彼女の部門の従業員定着率は八一パーセントと、同社で歴代最高の数値にまで跳ね上がった。それから、彼女は現在、地球上で最も人気と価値のある企業のひとつにおいて最高額をもらっている社員であり、その額は年俸二五〇〇万ドル以上と言われている。

間違いなく、アンジェラ・アーレンツのような謙虚な人びとの方が客観的に見ても成功している理由のひとつは、周りに焦点を置く人の方が周りからの好意や敬意を得られるからだ。そして勤勉で、いまの状態を当たり前のものとは見なさないからだ。答えを持っていないときは、答えを持っていないと認めるからだ。自分の意見に固執するのではなく、他人から積極的に学ぼうとするからだ。そうした結果、謙虚なリーダーがいるチームのメンバーの方が、仕事により積極的に関わり、仕事への満足度が高くなり、職を離れにくくなる。これはシニアリーダーたちに特に当てはまるもので、そうした役職では自己陶酔を抑える方法を知らない場合、特に危険だ。

しかしこの「自分教」の社会では、ビジネスの内外を問わず、「謙虚」という美徳は、みなが持つものというより例外的なものだ。この悲しい現状には三つの理由があると考えられる。一つ目は、謙虚さを自尊心の低さだと混同する人が多く、それゆえに謙虚さを望ましくないものだと考えてしまうからだ。本当はその正反対だというのに――謙虚さとは、自分の弱点を理解し、正しいあり方から目を逸らさないことであり、自己認識にとって不可欠な要素だ。謙虚さを目にすることが少ない二つ目の理由は、自分教の発生源にいる強力な「エゴ」という野獣を飼いならさねばならないからだ。そして最後の理由は、謙虚さとは多少の不完全さを受け入れることであり、目標達成志向の「タイプA」の人びとの多くにとって、それを受け入れるなどほとんど許せないことだからだ（自分の謙虚さの度合いを手早く診断したければ、巻末資料Iを参照）。

では謙虚であるとは、どうしても誤ってしまう自分を嫌うことなのだろうか？　それとも、うぬぼれないために自分の弱点を繰り返し伝えて回るべきということなのだろうか？　さいわい、果てしない自尊の裏返しは、そうした自虐ではなく、**自己受容**だ——自分教と戦う三つ目のアプローチである。「自尊」というのは、客観的な現実はどうあれ自分は素晴らしいのだと考えることであるのに対し、自己受容（自己への慈しみ《セルフ・コンパッション》と呼ぶ研究者もいる）は、**自分についての客観的現実を理解し、その自分を好きになろうと決めること**だ。完璧であろうとするのではなく（あるいは自分は完璧だと思い込むのではなく）、自己受容する人びとは、自分の不完全さを理解し、許すのである。

喜ばしいことに、自己受容すれば、自尊から得られるとされている恩恵を、ほとんど代償を払わぬまま得ることができる。どちらも幸福や楽観の指標であるものの、自己受容度が高い人びとだけが、自分に対して外部の基準に頼らずポジティブな見方をしている割合が高かった（つまり、そういう人びとは、大げさな賛辞や、フェイスブックの無数の「いいね」や、自分自身や自分のしたことに自信を持つための勲章のようなものを必要としていないのだ）。

そして自己受容は、理論的に良いだけではない——成功や幸福度にとって、極めて現実的な効果がある。クリスティーン・ネフと彼女のチームは、就職活動中の学生たちに、「本当に、心から行きたい（行きたかった）」仕事の模擬面接への参加を依頼した。面接官から一番の弱点を語ってくれと尋ねられたとき、自己受容度の高い人びとの方が、緊張度や自意識がかなり低いということが分かった――実際の就職面接であったなら、結果として遥かに良い成果を残していたことだろう。

では、どうすれば自己受容を高めることができるのか。そのステップのひとつは、**心のつぶやきを意識すること**だ。組織心理学者のスティーブン・ローゲルバーグと彼のチームは、一週間のリーダーシップ・プログラムに参加したシニア・エグゼクティブたちを研究し、自分の心のなかの会話を理解することがどれほど役に立つものかを示した。プログラムの最後に、各参加者は未来の自分に向けて、プログラムで学んだことや、変えていきたいことを手紙に綴った。研究者たちは、それぞれの手紙を自己受容的なもの（ローゲルバーグらの言葉で言えば「建設的」なもの）と、自己批判的なものに分けた。自己受容的な言葉を用いていたエグゼクティブたちの方が、自己批判的なエグゼクティブよりも成果が高く、ストレスが低かった（そして面白いことに、自己批判的なリーダーは創造性も低かった）。

この点については、次の章で、繰り返し思い悩む「反芻《はんすう》」の状態を認識し、その思考の止め方を語る際に改めて言及するが、ここでは、特に自分に対して悪い感情（罪悪感や、不安や、怒りや、限界など）を抱いているとき、自己批判的になっているのか（「ほら目覚ましをセットするの忘れてる！何なんだ自分は？　どうして遅刻しないなんていう、すごく基本的なこともできないんだ？」）、あるいは自己受容的であるか（「ミスをしてしまった――まあ自分も人間だし、こういうことだってある」）を意識するといい。役に立つ問いかけとしては、次のようなものがある。「いま自分に言ったことを、自分が好きで

尊敬している人にも言えるだろうか？」★

謙虚さを持って決断し、慈悲深く自分を受容するには勇気がいる。建築家として教育を受け、現在はグローバル・テクノロジー・ディレクターを務めているユニコーンのひとりは、こう語る。「ポイントは、自分自身を知ることではなく、発見した自分という人間を愛することだ」。そのプロセスは、苦しいこともあるのでは？　そういうときもある。しかし多くの場合、苦しさは前進していることの証だ。キャリア中盤のマーケティング・マネジャーである別のユニコーンは、こう語っている。「自己認識を手にしようと取り組めば取り組むほど、共感や寛大さが自分のなかに広がっていくのを知る」

謙虚さと自己受容については、近代の歴史上最も敬意を集める大統領演説のひとつだとされているジョージ・ワシントンの辞任演説以上の好例は少ないだろう。建国に尽力した国へ人生の晩年に別れを告げながら、ワシントンは、こう語った。「故意なくしておかした誤りに気付くすべはないが、だからとて決して自分の欠点に盲目ではなく、わたしは多くのあやまちをおかしたかも知れぬと思う」。彼は自分に向けていたのと同じ寛容の精神を、アメリカ国民からも向けてもらいたいと乞う。「祖国がわたしのあやまちに、いつまでも寛容なる眼を注ぎ、（中略）わたしの力足らざるための欠点は、やがて忘却のかなたに葬り去られることを望み、その望みを死後の世界にまで、いだきゆきたく思う」

これまで、自己認識をする際の目に見えない障壁を見てきた――その障壁は自分自身を明確に

★自己受容を高める方法に関心がある方は、クリスティーン・ネフのウェブサイト内のhttps://self-compassion.org/category/exercises/を訪問することを強くお勧めする。

見つめることを妨げる盲点でもあり、思い込みというケモノにエサを与える社会的な力でもあった。ここからは、自己認識を高める方法について学んでいこう。読んでいけば分かるように、そのためには「自己認識」に対する既存の考えを多く捨て去っていく必要がある。そこで次の章では、内的自己認識に関する最も一般的な迷信や誤解のいくつかを暴き、代わりに何をすべきかを学んでいく。

第2部　内的自己認識——迷信と真実

第5章

「考える」＝「知る」ではない

――内省をめぐる四つの間違った考え

短気を出さずに、本当に僕たち自身を吟味しながら、僕たちのうちに現れるそれらのものが一体何々であるかを、ゆっくりともう一度見直してみるべきではないか。

プラトン

（『テアイテトス』田中美知太郎訳、岩波文庫、四八頁）

火曜日の夜一一時頃だった。暗いオフィスに籠もり、明かりはPCモニターの光だけで、私は出てきたばかりの分析データを眺めていた。私は困惑していた、という言い方では足りないくらいだった。数週間前、チームと私は、幸福度やストレスや仕事の満足度と内省の相関関係を探る調査をおこなっていた。あまり意外性のある結果にはならないだろうと高を括っていた。自分自身と向き合う時間と労力をかけた人間は、当然ながら自分自身について、より明確な理解を得ていると思っていたのだ。

しかし心底驚いたことに、集めたデータはまったく正反対のことを示していた（はじめにそれを目にしたとき、分析の仕方を間違ったのではないかと思ったほどだ）。結果は、内省で高い数値を示した人の方がストレスを感じたり、落ち込んだり、不安を感じていて、仕事や人間関係への満足度が低く、自己陶酔的で、自分の人生をコントロールできていないと感じていた。しかも、こうしたネガティブな状態は内省をすればするほど悪化していた！　いったい何が起きているのだろう!?

当時は分からなかったが、そのとき私は自己認識をめぐる、驚きの迷信を目の当たりにしていたのだった。その迷信は研究者たちも薄々気づき始めたばかりのものだった。数年前、シドニー大学でコーチング心理学を研究するアンソニー・グラントが同様の調査をおこなったところ、自分についての優れたインサイト（彼の定義で言えば自分についての直感的な理解）を得ている人は、より強固な関係を築き、より明確な目的意識を持ち、心身の状態や、自己受容や、幸福度も他より高かった。その他の似たような研究でも、インサイトを得ている人の方が自分自身の人生をコントロールできているという感覚を抱き、より大幅な個人的成長を見せ、よりよい関係を築き、より穏やかで満足感を抱いている。ここまではとても良さそう、ですよね？

しかしグラントは内省とインサイトには何ら相関関係が無いことも突き止めたのだった。**自分について考える**という行為は、**自分について知ることに何の関係もなかった**。それどころか、いくつかのケースでは、反対の結果が確認された。内省に時間をかければかけるほど、自己認識が低下したのだ（読み間違いではありません）。言い換えれば、人は内省に無限の時間を割くことができるが、内省を始めたとき以上のインサイトを得ることはないのだ。

この「内省」という能力は人間独自のものだ。チンパンジーや、イルカや、ゾウや、ハトでさえ鏡に映った自分の姿を認識できるが、人間だけが**内省**という能力を持っている――つまり、**自分の思考、感情、意志、そして行動を意識的に検証する**力のことだ。★何千年にもわたって、内省は実りある、害のない行為だと考えられてきた。たとえば一七世紀には、哲学者のルネ・デカルトが、価値ある知識というのは自分自身を見つめることで得られると語った。二〇世紀の初頭には、心理学のパイオニアであるヴィルヘルム・ヴントが、認識や意識の研究における中心要素として内省を取り上げた。より現代的な例で言えば、科学的とは言えないものの、最近テイクアウトした食事に付いていたおみくじ入りのクッキーには、こう記されていた。「思考を内に向け、自分を知れ」

おみくじは別にしても、内省は自己認識への道として最も広く推奨されているものだろう――少なくとも、この章で取り上げる内的自己認識にとってはそうだ。だいたい、自己認識を高めるためには、自分の内に目を向け、自分の経験や感情を深く掘っていき、いまの自分のありようを理解すること以上に良い方法などあるだろうか？　そうやって自分を見つめながら、自分の感情を理解しようと試みたり（なぜ自分はあのミーティングのあと、あんなにいら立つんだ？）、自分の信念を

★「内省」という言葉は、「自省」などの同義語として使っている。

疑ってみたり（自分はそれを本当に信じているだろうか？）、将来のことを考えたり（どんなキャリアなら本当に幸せだろう？）、ネガティブな結果やパターンの原因を突き止めようとするのではないのか（どうして些細なミスでそんなに自分を責めてしまうんだ？）。

しかし私の研究結果は――グラントらの研究と同じく――、この種の内省がよりよい自己認識につながらないことを明らかに示している。さらに、内省に関する文献のなかへ飛び込んでみると、私の発見は氷山の一角にすぎないことが分かった。たとえば、エイズでパートナーを亡くしたばかりの男性たちがその事態とどう向き合い、その結果どのように適応したかを検証した研究がある。内省（パートナー抜きでどう人生を過ごしていくか、など）をした人びとの方が、喪失を経験した翌月は高い意欲を示していたが、一年後には落ち込みが大きくなっていた。一万四〇〇〇人以上の大学生を対象とした別の研究では、内省が幸福度の低さと関係していることが分かった。その他の研究でも、自己分析をする人の方がより不安を抱き、社交に対してポジティブでなく、自分自身に対してネガティブである傾向にあった。

その原因を理解するために、三七歳の不動産業者カレンの例を見てみよう。仕事の上では成功しているにもかかわらず、カレンは私生活で苦しんでいた。まだ一九歳の頃に、彼女はミュージシャンと恋に落ちて、二週間後に結婚した。しかし結婚からほんの一年で、夫は突然去ってしまった。やがてカレンは再婚し、今度の相手は仕事を通じて知り合った同業者だった。二度目の結婚は一度目より長く続いたものの、結局は離婚することとなり、彼女は自分のどこが悪かったのか悩んでいるのだった。

自分の人生を入念に振り返るたび、カレンは何度も子供の頃の大きなトラウマに立ち戻っていく。わずか生後一週間にして、生みの親が彼女を養子に出したのだ。里親には大切に育てられたものの、カレンは捨てられたという気持ちを拭うことができないでいた。彼女は何度も自問する。なんで生みの親は私を手放したのだろう？　計り知れないほど長い内省のあと、カレンは自分の現在の問題（人生と人間関係の問題）は、生みの親による拒絶に原因があると考えるようになった。そうした思いを握りしめ、カレンは自分の人間関係は生い立ちの産物であり、それゆえにどうしようもないものだと結論づける。

カレンのように、多くの人間は自分に関する謎の答えは自分の奥深くに眠っていて、それを掘り当てるのが自分の仕事だと信じている――自分自身の力で、あるいはセラピストや愛する人の力を借りて。しかし私の研究で明らかになったのは、**内省が自己認識を生むという前提は迷信だ**ということだった。事実、内省は自己認識を曇らせたり混乱させる可能性があり、さまざまな意図せぬ結果を招いてしまう。疑うまでもなく、カレンが内省に取り組んでいたのは、自分をより良く理解しようという真摯な目的からだった。しかし彼女の気づかぬうちに、その行為は自己認識を研究するティモシー・ウィルソンの言葉を借りれば「破壊的」なものになっていた。生みの親はどうして自分を手放したのかと自分に問いかけ続けるのは、間違った問いだ。この問いは心がかき乱されるだけでなく、カレンが健やかなる方向へと前進する手助けにならない非生産的な動揺を生んでしまう。

さらに内省は、カレンがそうであったように、自分は真の問題を特定したという間違った確信を抱かせることになる。しかし仏教を学び伝道するタルタン・トゥルクによると、自分を見つめる場合、必ずしも自分が見ているものを信用できるとは限らないという。彼は言う。自分の「イメージのなかで信じているものが原因で、自身の本質から目が逸れてしまう……（そして）自分自身を明確に見ることを妨げてしまう」。彼は見事なたとえを用いて語る。内省するとき、私たちの反応はネズミを目にした飢えたネコのようなものだ。つまり、何であれ見つけた「インサイト」に、その妥当性や価値をろくに検討しないまま夢中で飛びついてしまうのだ。また、役に立ちそうに思えるインサイトでも、それ単体では内的自己認識を向上させるのに役立たないことがある。

もしあなたが内省を大切にしているなら（セラピストがいたり、物思いに耽りながら長い散歩をしていたり、ただ自分とよく向き合うことにプライドを抱いていたりしたら）、こうした研究結果を受けて不安を抱くかもしれない。しかし絶望する必要はない。**内省の問題は、その行為自体に効果がないのではなく、多くの人がまったく間違った形で実践しているということだ。**この章では、内省をめぐる四つの大きな迷信、あるいは間違いを払拭し、その四つが私たちの思っているようには効果を発揮しない理由や、ほんの少し内省へのアプローチを変えるだけで自分自身についての深いインサイトを得られる理由を解き明かす。

間違った考え1——南京錠のかかった地下室という迷信（あるいは私たちが自分の無意識を掘り起こせない理由）

ベティ・ドレイパーは彼女を担当する精神分析医のオフィスに入り、スカーフとコートを脱ぎ、ゆっくりと黒い革のソファに腰を下ろす。言葉を交わすことなく、分析医はソファの後ろのアームチェアへ厳かに座り、手元にはメモを持っている。ベティは深くため息をつき、しばらく間を置いてから、迫りくる感謝祭の休暇についての気持ちと、それがどれほど神経の参ることかを話し始める。ベティの視界の外では、セラピストが話を遮ることなくメモに目をやっている。ベティが気持ちを吐露するあいだ、「うんうん」と相づちを数回挟むだけだ。

「この治療だって心の支えになってる」。ベティはキッパリとそう言ってセッションを締めくくる。これは一九六一年が舞台の、テレビドラマ『マッドメン』シーズン1のシーンだ。ベティは弱まることのない不安に対処するため精神分析医へ相談していた。治療に入ってから数か月、彼女には何の改善も見られず、夫のドンはベティに進展が見られないことにいら立ち始めている。「大事なのはプロセスです」と分析医はドンに言い聞かせる。「プロセスを信じなさい」

心理分析の父ジークムント・フロイトも、ドン・ドレイパーに同じことを伝えただろう。一八九六年に確立し、それから四〇年のあいだ実践した彼の有名な理論を支えているのは、自分の意識下に隠された心理が存在しているというアイデアだった。そこは自分についての重大な情報を巧妙に抑え込んでいる場所だ。分析医の仕事とは、深く徹底した分析によってときに苦痛を伴うインサイトを掘り起こすことであり、それには何年もかかることだって多い（ベティ・ドレイパーの場合は、分析医のソファに次の一〇年も座り続けていたかもしれない。分析医がベティの夫に治療での会話の内容を報告していることを知りさえしなければ。当時ですら、その行為は倫理的に許されないことだった）。そしてこれから記すように、セラピーに通っていようがいまいが、フロイトの精神分析的なアプローチは、内的自己認識に対する最も強固な迷信を生み出してきた。

フロイトの理論は二〇世紀には多くの敬意を払われてきたものだが、二一世紀はそれほど優しくはなかった。たとえば心理学者のトッド・デュフレーヌは、フロイトの意見に反対し、「語ってきた重要な事柄のほぼすべてに関して、彼ほど徹底的に間違っているのは歴史上他にいない」と言い切った。フロイトは自分の理論を科学的に検証していないという批判を受けており、自分の理論に合致するよう患者のカルテを書き換えたとして彼の非倫理的な行為を責める者もいる。多くの人が、彼の方法論は良く言っても効果がないものであり、実際には患者の精神的健康をさらに悪化させていた可能性さえあると主張している。フロイトが「治した」という有名な「狼男」セルギウス・パンケイエフを例に出そう。残念ながらパンケイエフは「治った」とするフロイトと同じ意見ではなく、さらに六〇年間精神分析を受け続けることになった自分の人生に対するフロイトの影響を「大災害」だと語った。

フロイトの仕事の多くは疑問符がつけられているものの、内省に対する私たちのイメージに彼が長らく影響を与え続けてきたことは、どれだけ強調してもし足りない。多くの人は、セラピーを通してであれ、その他の熱心な自省であれ、心を深く掘ることでインサイトを得られるという、いまや間違いであることが暴かれた考えをいまだに信じている。★フロイトは無意識の存在を特定したという点では正しかったが、無意識の機能についてはまったく見当違いだった。具体的に言えば、フロイトは無意識の思考や、意志や、感情や、行動は精神分析で知ることができると信じていたが、どれほど懸命に試みても、人が無意識を知ることは不可能だと研究で明らかになっている。無意識とは南京錠のかかった地下室の奥に隠されているようなものであり、フロイトはその鍵を見つけたと信じていたのだった。しかし現代の科学者たちは、鍵など存在しないことを明らかにしてきた（『マトリックス』で言われる「スプーンなんかない」というセリフに似ている）。**つまり、人の無意識は、南京錠のかかった扉というよりも、密閉された保管庫に秘められている**ようなものなのだ。

　ではフロイトの手法でインサイトが得られないなら、セラピーを筆頭とした、無意識を掘り下げてインサイトを得ようとする試みもすべてムダだということなのだろうか★★？　もちろん、セラピーは配偶者や家族が互いをより良く理解したり、鬱や不安への対処など、多くの場面で活用されている。しかしある種の研究結果を見ると、セラピーが例外なく自己認識を向上させると考えるのは待った方がいいと思わざるを得ない。まず、プラシーボ効果はセラピーの効果の半分を説明するものだろう——つまり、これが効くのだと考えるだけで、効果があるということだ。さらに、カウンセリング心理学者のジェニファー・ライクによると、診断が上手くいくための最も重

★公平を期すために言えば、精神分析学も進歩しており、21世紀の多くのアプローチでは、地下室の南京錠を開けようと試みるのではなく、患者がより統合的な自己像を持てるように取り組んでいる。実はこれは、第６章で紹介する「ライフストーリー」のアプローチと似ている。

★★ここで重要な注記を。私がセラピーと言うとき、そこにはリーダーシップ・トレーニングや、エグゼクティブ・コーチングなど、第６章で解説する問題解決指向のアプローチは含まれない。

要な要素は、セラピストが使うテクニックではなく、そのセラピストと患者の関係性だという。しかしながら、実際にインサイトにいたる道としてセラピーを見事に活用している人びともいるため（私たちが研究したユニコーンたちの二〇パーセントを含む）、セラピーを完全に無視するべきでもない。

そこで、正しい問いは「セラピーに効果はあるのか？」ではなく、「どうすれば、なるべくインサイトを得られるようにセラピーを活用できるのか？」になるだろう。★ 実際にセラピーは助けになり得るのだ——特定の状況において、ある程度は。そして特に、限界を知りながら賢くアプローチするときは。

内省を活用する第一原則は**適切なアプローチを選択すること**だ。内省というプロセスに重きを置くのではなく、インサイトを得ることに焦点を置いたアプローチだ（たとえば価値観、リアクション、パターンといった七つの柱に関するアプローチ）。ロサンゼルスに拠点を置く臨床心理士のララ・フィールディング博士は言う。「セラピーで内省しすぎるのが危険なのは、自分を行き詰まらせるような物語を作り出してしまうからです」。言い換えれば、自分がどれほど辛いかを言葉にしようとするよりも、そこから何を学び、どう前進できるかに焦点を置くべきだということだ。そうしたアプローチのひとつが、認知行動療法（ＣＢＴ）だ。ＣＢＴを専門とするフィールディングによれば、この療法の目的は、自らの非生産的な思考や行動パターンを理解し、今後はより良い選択をできるよう「巧みな内省」をすることだと説明している。たとえばカレンがこのアプローチを用いた場合、養子に出されたトラウマを認識してから、そこへの執着を弱め、自分の

★ これは虐待や、鬱や、不安といった大きな問題とは対照的に、もっと日常的な問題に対するインサイトを求めるセラピーのことも想定している。

ためにならない行動パターンを変え、理解と目的意識を持って前進する助けになるはずだ。

もうひとつのコツは**柔軟なマインドセットを持つ**ということだ。それはセラピストのオフィスの中でも外でも言える。柔軟なマインドセットとはつまり、よくフロイトがしていたように、すべての感情や行動を説明するひとつの根本原因を探すのではなく、複数の真実や解釈にオープンであることだ。そのためには、トルコの心理学者オメル・シムシェキが言う**絶対的な真実への欲求**を抑えることが必要だ。疑うまでもなく、内省に共通するモチベーション（あるいは本書のような書籍を買うモチベーション）は、これを機に、自分自身についての絶対的な真実を知ってしまいたいという気持ちだ。

しかし逆説的に、自分自身についての疑いようのない確かな真実を求めることこそが、内的自己認識にとっての敵である。なぜか？　そうした欲求は、自分がどう考え、どう感じ、どう振舞い、周りとどう関わっているかについての細かいニュアンスを見えなくしてしまうからだ。シムシェキは、そんな欲求があると「問題に対する別の視点を探したり作り上げたりすることが妨げられるため、自省の有用性が削がれかねない」と語っている。唯一無二の真実を求めるとインサイトが得られる可能性が減るだけでなく、落ち込みや、不安や、考えすぎといった意図せぬ結果を招く可能性もある（これについては後で詳述する）。さらに意外にも、私たちの調査では、セラピーを受けていようがいまいが、こうした真実への欲求を抑えた人の方が自己認識を得ていくことが分かっている（自分が絶対的な真実を求めているかどうかを手早く診断したければ、巻末資料Jを参照）。

では、内的自己認識に対するセラピーの役割とは何だろうか？　おそらく最適なのは、自分を探究する際に新たな観点をもたらしてくれるツールだと考えることだろう。あるユニコーンが言っていたように、セラピストの良い面は、「自分の思考、感情、そして行動を映す鏡を掲げてくれること」だ。もう少し普通の言い方をすれば、内省はオープンで好奇心に満ちた探究であるべきであり、決定的な回答を探すものではないということだ。中学の理科の教師であり、のちに紹介するユニコーンでもあるケルシーは、自己認識への旅を宇宙探索になぞらえている。「自分が知っていることはあまりに少ないが、だからこそ探究に胸が躍る」。ポイントは、この複雑な世界において何らかの出来事に対するたったひとつの原因を見いだすことなど実質的に不可能だということ。自分自身の散らかった思考、感情、そして行動においてはなおさらだ。絶対的な真実への欲求を手放すことこそが、自己認識に向けた下地となる。

間違った考え2――なぜか「なぜ」を考える

大好きな映画か、本か、テレビ番組を想像してほしい。なぜ好きかと尋ねたら、あなたはどう答えるだろう？　最初は、なかなか言葉にならない。「なぜだろう――『グレート・ギャツビー』は本当に良い本なんです」。しかし少し考えると、いくつかの理由を思いつくかもしれない。「キャラクターが興味深いんです」。「フィッツジェラルドの文章はキレがあって知的なんです」。

「それに昔からロングアイランドが大好きなんです」。いま挙げた理由について、本当にそう思っているのかと聞き返したら、あなたはおそらく、もちろん、と答えるだろう。しかしその自信は間違っている可能性が高い。多くの人は、自分の思考、感情、行動については自分が誰より分かっていると考えるが、人はずいぶん自分を見誤ることが多いことを示す証拠が、世の中には驚くほどあふれている。

笑えると同時に示唆的な研究において、ハーバード・ビジネス・スクールの教授二人は、男子大学生にスポーツ雑誌をふたつ読み比べてもらった。ひとつは「トップ10アスリート」のランキングをテーマとし、もうひとつは水着の女性たちの写真をテーマとした。ふたつの雑誌は、取り上げられるスポーツの数や特集記事の数に違いをつける。参加者の半分には、「トップ10アスリート」の号に比べてスポーツの数が多く取り上げられた水着号を渡し、もう半分には、特集記事が多く含まれる水着号を渡した。それから研究者たちは参加者たちに、どちらの号が好きか、そしてどんな基準で決めたのか（たとえばスポーツの数や特集記事など）を尋ねた。「誰も驚かない結果」として、男子学生たちは驚くほど多くが水着号の方を選択した。

しかし理由を尋ねてみると、面白いことが起きた。彼らは雑誌の他の箇所（どこでもいい）の素晴らしさを誇張して、自分たちの（明らかにホルモンに促された）選択を正当化しようとしたのだ。特集スポーツの数が多い水着号を手に取った場合、彼らはスポーツの数の多さを理由に挙げた。特集記事が多い水着号でも同じ事が起こった。好みで選んだのにもっともな理由をつけようとする傾向は、面白いが害のないものだと思われてしまわないために言っておくと、固定観念で男性の仕事だとされる職種には女性より男性が選ばれがちであり、そうした人生を左右するような状況でも似たようなことが起きる。

しかし水着号を好んだり、女性より男性を雇ったりするのは、自分も本当の理由は知っていながらも、それを他人には認めたくないだけという可能性はないのだろうか？　その答えについては、心理学の有名な研究を見てみよう。この研究は人がいかに自分の振る舞いの原因が分かっていないかをよく教えてくれる。一九七〇年代に、心理学者のドナルド・ダットンとアーサー・アロンは、カナダのバンクーバーにあるキャピラノ・リバー・リージョナル・パークで創造的な実験をおこなった。研究対象は、この公園を訪れて二つのうち一つの橋を渡ったばかりの観光客だった。一つ目の橋はしっかりしていて特別怖そうなところはない。二つ目の橋は高さ七〇メートルの上空にかかる吊り橋だ。写真のような橋を歩いていくときの気持ちを想像してほしい。

ダットンとアロンはそれぞれの橋の渡り切った地点に魅力的な女性

を立たせた。女性は男性の通行人に声をかけて短い調査をおこない、その後「もっと話したくなった場合に」と言って、電話番号を渡す。ダットンとアロンが知りたかったのは、調査後に実際どれほどの男性が彼女に電話をかけてくるかということだった。彼らは、吊り橋を渡った人の方が、感情の昂りを女性と結びつけ、電話をかけてくる確率が高いのではないかと考えていたのだった。そしてまさにその通りのことが起こった。しっかりとした橋を渡った人びとの一二パーセントに対し、吊り橋を渡った人の五〇パーセントが電話を手に取ったのだった。

しかし電話をかけた理由を尋ねたとき、「揺れる吊り橋を渡っていると自律神経が覚醒するが、鼓動が早くなり、口が渇き、手が汗ばんだ原因を、転落死の恐怖と結びつけるのではなく、橋の向こうにいた女性と間違って結びつけてしまった」なんて答えた人がいたと思うだろうか？もちろんいない。「電話したのは彼女が可愛かったからだ」といったコメントが多かった。当然ながら、この女性の協力者はどちらの橋の終わりに立っていても外見は変わらないため、こうしたコメントだけでは説明にならない。しかしおそらく、「可愛かったから」というのが一番理性的で論理的な説明だと感じたため、男性たちは、それ以上考えることのないまま、その解釈に飛びついたのだ。かつてベンジャミン・フランクリンは、こう言った。「理性のある動物、人間とは、まことに都合のいいものである。したいと思うことなら、何にだって理由を見つけることも、理屈をつけることもできるのだから」（『フランクリン自伝』六七頁）

大切なのは、人が**なぜと問うとき**、つまり、**自分の思考、感情、行動の原因を検証するとき**、一番簡単でもっともらしい答えを探してしまうものだという点だ。でも悲しいかな、いったん答えを見つけると、たいていそこで他の選択肢を見ることを止めてしまう――自分が見つけた答えが正しいか間違っているかを確認する方法など持っていないのに。ときに、これは自分が信じている考えを裏付ける理由をでっち上げてしまう「確証バイアス」が原因となる――そして答えは自分が認識する自己像を反映したものであるため、それを真実だと受け入れてしまう。私が自分を文学的だと思っていたら、『グレート・ギャツビー』を好きな理由にフィッツジェラルドの洒脱な文章を挙げるだろうし、自分を真に人間の心理に通じた人間だと思っているのなら、フィッツジェラルドが作り出すキャラクターの複雑さなどを理由に挙げるだろう。これは、「なぜ」と問いかけた瞬間に問題がややこしく不明瞭になって、だからこそ目についた「インサイト」らしきものに自信を持って飛びついてしまうという一例だ。

「なぜ」と問うと、サボりがちな脳に私たちをミスリードさせてしまう可能性がある。パートナーとの関係がいまのような形である理由をすべて挙げてくれと尋ねられたとする。そして前日の晩、あなたの配偶者が会社の飲み会で帰るのが予定より遅くなり、自分が一人で、いくぶん気まずい義理の両親のために夕食を作ったとする。「新近性効果」と呼ばれるものによって、これが自分の関係に対する一番際立った見解となり得る。つまり、関係がいまのような形である理由について尋ねられたとき、あなたの脳は一番手近な説明に誤って飛びつく可能性があるのだ（「彼は家でろくに時間を過ごさずに、私に自分の両親の相手をさせる」）。たとえその行動が、実際には例外的なことで、普段の性格からは考えられないものであってもだ。同じように、ひとりで義理の両親の相手をさせるのではなく、サプライズで週末の旅行にでも連れて行ってくれていたとしたら、脳はあなたをミスリードして、配偶者との関係を実際より良いものと考えるだろう。

「なぜ」と問うことは、決断の質をも低下させる可能性がある。ある研究では、バスケットボールの専門家を自認する人びとに、学生の全国トーナメントの結果を予想してもらった。半数は、事前に理由を分析してから予想をしてもらい、もう半数はたんに予想だけを問われた。驚くべきことに、考えてから選択した人びとの方が、そうでない人に比べて優勝チームを予想する割合が低かった――物事を考えすぎてしまうと、専門知識もすっかり役に立たなくなるのだ。その他の調査でも、なぜその選択をしたのか考えることは、自分がした選択の満足度を低下させることが分かっている。

なぜと問うことが破壊的なことである最後の理由は、精神衛生に与える悪影響だ。ある研究では、知能テストだと聞かされていたものに不合格となったイギリスの大学生たちに、なぜいまのような気分になっているか書くよう指示した。対照群に比べて、そうした学生は直後から落ち込みが大きく、一二時間後でさえも同じ傾向が続いていた。原因を考え始めたことで、健康的で生産的な方法で前進するのではなく、問題にこだわって自分を責めてしまっていたのだ。

なぜと問うことが、自分の真の思考や感情の理解につながらないのだとしたら、何を問えばいいのだろう？　心理学者のＪ・グレゴリー・ヒクソンとウィリアム・スワンによる研究は、驚くほどシンプルな答えを出している。大学生の集団に、学期の初めに受けた「社交性、好感度、人を惹きつける力」に関するテストをもとに二人の評価者が全員の性格を評価すると伝え、それから学生たちに評価の正確性を判定してもらった（実際には、評価は全員同じになるようにした。ひとりの評価者がポジティブな評価をし、もうひとりの評価者がネガティブな評価をした）。正確性を判定する前に、ある参加者たちは「なぜ」自分がいまのような自分であるかについて考える時間を持たされ、別の参加者たちは自分が「どんな」人間であるか考える時間を持たされた。

「なぜ」と考えさせられた学生たちは、ネガティブな評価に抵抗を示した。そうした評価を受け入れたり、検討することもなく、「評価を否定するために理屈づけし、自分を正当化し、間違っている理由を探そうと」していた。「どんな」と問われた学生たちは、反対に、ネガティブな評価を受け入れることが多く、自分をより良く理解する手助けになるかもしれないと考えるのだった。ここでの教訓は、「どんな／何」と問うことによって、自分についての新たな情報を発見することに対してオープンになれるということだ。たとえその情報がネガティブなものであったり、いま自分が信じていることに反するものであってもだ。「なぜ」と問うことは、その正反対の影響がある。

こうしたすべてを踏まえると、私たちのユニコーンが「どんな／何」を頻繁に問い、「なぜ」とはほとんど問わない理由もよく分かる。事実、私たちがおこなった聞き取り調査の書き起こし原稿を分析すると、「なぜ　why」という言葉が登場したのは一五〇回未満だったが、「何　what」

という言葉は一〇〇〇回以上も登場していた！　四二歳の母親であり、弁護士としての道には自分の楽しみがないと悟って勇敢にもそのキャリアを離れたユニコーンは、見事な説明をしてくれた。

なぜと問うと、人は被害者のメンタリティになってしまうんです。だから永遠にセラピーへ通うことになる。心の平穏が乱されたとき、わたしは「何が起こってる？」と自分に声をかけます。「自分は何を感じてる？」。「自分のなかでどんな会話が繰り広げられてる？」。「どんな風にすれば、この状況を別の観点から眺められる？」。「よりよく対応するためには何ができる？」

そのため内的自己認識においては、**なぜではなく何**というシンプルなツールが、かなり大きな効果をもたらし得る。具体例を見てみよう。最近、私は友人のダンと話していた。長年自分でビジネスをしてきたダンは、豊かな暮らしを送っている。大金を稼ぎ、巨大な家に住み、異国へ旅行していないときは週に数時間家で仕事をする。だからこそ、彼がこう言ったので驚いた。「自分はすごく不幸だ。会社は売った方がいいと思ってる。でも自分が他に何をしたいのか分からないんだ」

この状況はチャンスだった。オタク的な喜びを持って、私はダンに、新しく考案したツールを試してみてもいいかと尋ね、同意してもらった。最初に「なぜいまの状況を変えたいと思ってるの？」と聞くと、ダンは深く絶望的なため息をつき、個人的な欠点を滔々《とうとう》と語り始めた。「僕はすぐに飽きてしまうんだ。それに悲観的になってる。自分が世界に違いを生み出せているかも分からない」。「なぜ」の質問は、予想通りの影響をもたらした。有益なインサイトが得られなかっただけでなく、ダンは、言うなれば、なぜ心の火が消えてしまったかを探ろうとして余計に混乱してしまったのだ。そこで私はすぐに軌道修正した。「自分のしていることの何が嫌い？」。彼はしばらく考えた。「パソコンの前に座って、遠くから会社を動かしていることだ――それから時差については言うまでもない。自分は燃え尽きて、周りとのつながりが断たれているように感じる」

「分かった、それは参考になる」と私は答えた。「じゃあ何が好き？」。ためらうことなく、ダンは答えた。「話すこと。僕は本当に話が好きだ」。彼は聴衆の前に出ると、すぐに影響を与えることができると語った。彼の心に火が灯るのが分かった。この気づきによって、ダンは霧が晴れたようだった――自分のいまの立場を、もっと自分のメッセージを広めるために活用できないかと考え始めたのだ。

ダンに「なぜ」という質問を何時間だってすることもできたが、そうすると彼は結局何のインサイトも得ないまま終わっていた可能性が高い。それに、始めたときより嫌な気分で終わっただろう。しかし「何」の質問をしたら五分も経たないうちに、価値の高い発見や、問題に対する解決策となり得る案が引き出された。ダンのエピソードは見事に物語っている。「なぜ」の質問は自分を追いつめ、「何」の質問は自分の潜在的な可能性に目を向けさせてくれる。「なぜ」の質問はネガティブな感情を沸き起こし、「何」の質問は好奇心を引き出してくれる。「なぜ」の質問は自分を過去に閉じ込め、「何」の質問はよりよい未来を作り出す手助けをしてくれる。

事実、**「なぜ」から「何」への変化は、被害者意識から成長への変化**だ。以前紹介したエグゼクティブであり、ユニコーンであり、地域の活動に従事するポールは、ドイツで勤めたあとにアメリカへ戻り、小さな陶器製造会社を買収した。機材は老朽化していたが、彼の調査では買収しても良いだろうという結果だった。その会社は不況を乗り切り、終身雇用の人員がたくさんいることを誇っていた。しかし買収後まもなく、従業員たちはポールが始めた改革に抵抗し、ただでさえ赤字の会社の足を引っ張る遅延が生じた。ポールはすぐに、予算も現金の準備も見積もりが甘すぎたことを知った。

この時点で、ポールには「なぜ」という危険な道に進んでしまう可能性があった。なぜ事態を好転させることができなかったのか？　なぜもっと上手く財務予測が立てられなかったのか？　なぜ従業員は自分に耳を貸さなかったのか？　しかし彼は、こうした問いが生産的でないことを知っていた。そこで、代わりに「このあと何をしよう？」と問いかけた。ポールはどれも心引かれない三つの選択肢について検討した。貯蓄を切り崩すか、巨額のローンを抱えるか、事業から撤退してしまうか。彼は事業の撤退を選択した。それから彼は再び「何」を自分に問いかけた。

事業撤退のために何をする必要がある？　顧客への影響を最小にするためには何ができる？　この事業の価値を最大化するためには何ができる？

こうして得たインサイトを手に、ポールはプランを作成し、それに着手した。彼が明晰であり続けたため、事業を縮小しつつ、他人に役立つことをする創造的な方法を考えつきさえした。たとえば、未仕上げの陶器製品の在庫は、色塗り体験をおこなう近所の陶器屋数軒に提供し、思いがけない贈り物で大喜びさせた。ポールは機材の多くも学校や非営利組織に寄付した。ポールは心くじかれる「激震」の出来事となりそうな状況を、自分の人間性を示す機会へと変えたのだった。

「なぜではなく何」を問うことは、問題に対するインサイトを得る手助けになるだけでなく、自分の感情をよりよく理解し、コントロールするためにも活用できる。一七世紀の哲学者スピノザは、次のように語っている。「受動という感情は、我々がそれについて明瞭判然たる観念を形成するや否や、受動であることを止める。（感情をよりよく認識するに従って感情は）それだけ多く我々の力の中に在り、また精神は感情から働きを受けることがそれだけ少なくなる」（『エチカ　下』畠中尚志訳、岩波文庫、一〇三頁、傍点原文）

たとえば仕事を終えて最悪な気分だったとしよう。「なぜこんなふうに感じているのだろう？」と問うのは警戒すべきだ。そうした問いは、「月曜日が大嫌いだから！」とか「たんに自分がネガティブな人間だから！」といった助けにならない答えを引き出しがちである。では代わりに、

「自分はいま何を感じてる？」と問いかけたらどうだろう？　自分は仕事で余裕がなかったのだとか、疲れ果てているのだとか、お腹が空いているのだと気づくだろう。感情へむやみに反応するのではなく、一息ついて、夕食でも作って、友人にでも電話して仕事のストレスにどう対処するべきかアドバイスを求めてから、さっさとベッドに入ろうと考える。

「なぜ」ではなく「何」を問うことは、**感情に名前をつける**ことを迫るものだ。そのプロセスは多くの研究で、効果的であることが示されている。感情を言葉に落とし込むというシンプルな行為は、感情に身を浸しているだけの場合に比べて、闘争か逃走かを指令する扁桃体の活性化を食い止め、それによって自制を保つ助けとなる。この説明がシンプルすぎると感じるなら、一週間自分の感情に名前をつけてみて、何が起きるか見てみよう。

しかしここまで語っても、「なぜ」ではなく「何」と問うという考え方は、特にビジネススクールに通い、根本原因解析などのテクニックを叩き込まれた人には納得しがたいかもしれない。『ビジョナリー・カンパニー３——衰退の五段階』（日経ＢＰ社、二〇一〇年）のなかで、あのジム・コリンズすらも、自分たちが「どんな」企業かにとらわれて、「なぜ」自分たちはいまのような形になっているのかを考えないでいると、会社は消滅のリスクがあると語っている。これは、この考え方の大切な例外を示している。ビジネス上の難題を切り抜けたり、チームや組織の問題を解決しようとする際は、「なぜ」と問うことが重要になる。たとえば、従業員が重要なクライアントのプロジェクトで失敗を犯したとき、「なぜ」それが起きたかを検証しないと、再び同じ問題が生じるリスクとなる。あるいは、新しい製品が失敗に終わったときは、その製品をより良くしていくために、失敗の原因を知る必要がある。大まかな目安としては、**「なぜ」という問いは基本的に自分の周りを理解する際に役立ち、「何」という問いは基本的に自分を理解する際に役立つ。**

間違った考え3——日記をつける

チャーリー・ケンプソンは五〇年以上日記をつけ続けている。毎朝日が昇る前に、この元教授である画家は、過去や、信条や、家族や、自身の欠点にすら思いを馳せ、少なくとも一〇〇〇語ほどをしっかりと入力する（長らく続けてきた手書きは一九八〇年代に止め、百貨店シアーズでブラザーのワープロを衝動買いしたのだ）。その途方もない労働の産物は、合計およそ一〇〇〇万字が印刷され、括《くく》られ、カンザス州マンハッタンの大きな保管庫にファイルで保管されている。ケンプソンによれば、このプロジェクトはおこなうこと自体が目的だという。「自分の人生を理解するのに役立つと思うし、それに日記を書くと単純に気分が良くなって、（その日を）より良い気分で始めることができるんだ」。しかしケンプソンは（その他の日記愛好家たちと同様に）、彼の変わらぬ習慣が実際は自己認識を向上させるものではない可能性があると知ったら落胆することだろう。

ここまで読むと、私がムチャクチャなことを言っていると感じる人もいるかもしれない。

こんな風に思う人もいるだろう。常識だろ、日記は自分の内面を知るのに最も適した方法のひとつじゃないか！　しかし、ますます多くの研究が、日記を通した内省には驚くべきワナがあり、インサイトを正しく引き出すのを阻んでいることを明らかにしている。たとえば私の研究でも、日常的に日記をつける人が、日記をつけない人に比べ、のちほど紹介する些細だが重要な例外をのぞいて、内的（または外的）自己認識が優れている事実はなかった。別の研究でも、日記をつけているという学生たちは、他と比べて内省は多くしていたが、インサイトは少なかった——おまけに、日記をつけている人びとの方が不安が大きかった。

しかしそうでありながら、私たちのユニコーンのうち三五パーセントが日記をつけていた。この奇妙で矛盾して見える発見をどう考えればいいだろう？　**解決策は、「日記をつけるのが正しいのかどうか」を疑うのではなく、「日記を正しくつける方法」を探ることだ。**

心理学者のジェームズ・ペネベーカーは、彼が呼ぶ**こころのライティング**に関して数十年単位の研究をおこなっており、日記のつけ方を知るにあたって有力な方向性を示してくれている。こころのライティングとは、一度に二〇～三〇分、「自分の人生に大きな影響を与えてきた問題に対する一番深い部分の思考や感情」を書くことだ。三〇年以上このエクササイズを通して人を導いてきたペネベイカーは、この方法が大きな難題に直面したほぼすべての人に役立つことを発見した。自分の苦しみについて書くことは短期的に見ればストレスを感じる人もいるものの、長期的に見ればほぼ全員が気分や幸福度の点で改善が見られた。

ペネベイカーらによれば、「こころのライティング」に取り組む人びとの方がより良い記憶力を持ち、成績平均点が高く、仕事を休むことが少なく、仕事を辞めても次の仕事を得るのが早かった。こころのライティングは、大学のテニス選手たちの技術向上の手助けにさえなっていた。そして面白いことに、身体への効果は精神への効果と同じくらい劇的だ。ある研究では、ペネベイカーの日記エクササイズをわずか四日だけおこなった学生でも、免疫システムが強化され、二か月が経っても、比較グループに比べて医師を訪ねる回数が少なかった。

直感的には、日記でポジティブな出来事を検証すればするほど、その出来事から精神的なメリットを得られると思うはずだ。しかし、これもまた迷信である。ある研究では、参加者たちに三日間、一番幸せだった出来事のひとつを一日八分書かせた。参加者の一部には、その出来事を詳しく分析して書くよう伝え、残りには単にのびのびと振り返るよう伝えた。すると分析して書いた人びとの方が、個人的成長や、自己受容や、幸福度といった点で、単に振り返った人びとより劣っていた。G・K・チェスタトンが鋭く指摘したように、「幸せとは宗教と同じように神秘的なものであり、決して理屈づけるべきではない」――つまり、ポジティブな瞬間をあまり詳しく分析しすぎると、その瞬間から喜びが奪われてしまうのだ。逆に、幸せな瞬間を再体験することだけに集中すれば、比較的このワナから逃れやすくなる。そのため、日記をつけてインサイトを得るための最初のポイントは、**ネガティブな出来事は検証し、ポジティブな出来事については考えすぎない**ことだ。

こころのライティングでネガティブな出来事を検証するとき、それを学びと成長の機会だと捉えれば、基本的に大きな見返りを得ることができる。ぺネベイカーは、日記をつける人のなかでも「出来事を何度も同じ形で語り続ける人には向上が見られない。自分の体験への見方に成長、変化、あるいは区切りがあるべきだ」と語っている。たとえばケンプソンは、自身のアプローチを進化させていた。彼いわく初期の日記は「気取ったもの」で、内省的すぎたという。いまは、感情や出来事をより良く理解する手助けとなる「短い物語風のシーン」を書いている。こころのライティングで多くのメリットを得ている人は、書き始めは問題に対する認識が未整理で定まっていないが、最後には一貫した意味を持つ物語を書いて終える★（これについては次の章で詳しく解説する）。その点で、日記はセラピーに似ている。分析の手段（自分の姿を映す鏡）として使えば、過去や現在を整理し、より生産的に未来へと前進していくことができる。

もうひとつ、日記をつける人びとが陥る可能性のあるワナは、ひたすら感情のはけ口として活用することだ。興味深いことに、「こころのライティング」の多くの効能は、出来事に関する事実と感情の両方を書くときにのみ現れる。どちらかだけでは、効果的にインサイトをもたらすことはできない。論理的にも、これは腑に落ちる。感情を分析しなければ、出来事を完全には消化しきれないし、事実を分析しなければ、非生産的なスパイラルに陥るリスクがある。真のインサイトは、**自分の思考と感情の両方を消化するとき**にのみ生まれる。

しかし日記をつけることが自己陶酔になってしまわないように気をつける必要もある。ユニ

★ さらに、日記をつける人たちがネガティブな出来事を検証する際に、「infer 推測する」「reason 理由」「understanding 理解」「realize 気づく」といった、原因やインサイトに目を向けた言葉が多い場合、日記をつける効能は飛躍的に増す。

コーンたちは、（ソーシャルメディアでも対面のコミュニケーションでも）より多くの時間を自分以外の物事に関心を向けて過ごしていることを忘れてはいけない。同じことは日記についても言える。先ほど、私たちの研究で日記をつける人びとと、日記をつけない人のあいだで、内的自己認識に何ら差が見られなかったが、ひとつだけ例外があると記したはずだ。その例外とは、真に自己認識をしている人物は、多くの人が自分の内面を探索する機会だと考えている日記を、周りへの影響を理解する手がかりになるものだと考えている点だった。そのため、よく日記をつけるユニコーンたちは、日記で他人の観点を検討すると語っていた。ある女性のユニコーンは、友人と言い合いになり、自分には理解できないような理由を友人がわめき散らしたときのことを教えてくれた。彼女は少し時間をおいて、心の準備をしたうえで、友人の視点からその会話について書いてみた。それによって彼女にたちまちインサイトがもたらされ、友人の反応を理解する手助けとなり、より客観的な視点を手に入れた。

日記をつける際に気をつけておくべき最後の点は、ケンプソン以外のすべての人にとっては朗報だ。日記の効能を最大限に得るには、おそらく**毎日書かないこと**が最善だ。これは本当のことで、ペネベイカーらは、数日おきに書く方が何日も続けて書くよりも効果的であることを明らかにしている。ペネベイカーは言う。「散々な出来事について、二週間以上書くべきかどうかすら疑わしい。考え込んだり自己憐憫のサイクルに陥る危険があるからだ。ただし、折に触れて立ち返り、自分が人生のどの位置にいるかを見定めるのはとても大切なことだ」。そして実際、毎日日記をつけているユニコーンはほとんどいなかった。数章前に紹介した建築家から起業家に転身したジェフは、難しい決断にのぞむときだけ日記をつけると語っていた。他のユニコーンたちと同じように、ジェフは日記をつけるという行為を、日々の心の探究よりも、より広い次元で、自分の人生を見極めるために活用している。

もちろん、自分が日記をよくつける人物であるなら、この正しいアプローチをするには多少の抑制が必要になる。しかし少しだけ自制すれば、簡単に書くのを減らして、より多くの学びを得ることができる。いま毎日書いているなら、まずは一日おきにしてみることから始め、それから三日おき、そして徐々に週に一度にしてみよう。カレンダーに日記を書く日の印をつけて、付箋でも使って書きたいトピックを覚えておこう。

間違った考え４――内省の双子の悪魔

マルシア・ドンジガーに起きた最悪の出来事が、わずか二七歳のときに卵巣ガンのステージ３と診断されたことだとするなら、彼女に起きた最高の出来事は、手術と化学療法によって回復したときに受けた、家族や友人たちからのあふれんばかりの愛と優しさだった。そしてマルシアはそうしたサポートにこの上なく感謝していたが、それほどの愛と優しさには驚きの副作用があることを知った。マルシアは親切にしてくれたすべての人に感謝せねばならないというプレッシャーを感じ、全員に近況を報告し続けねばならないと義務感を抱いていた。ひっきりなしに電話をかけ、本当は休みたいのに繰り返し同じことを話して疲れ果てていた。ありがたいことに、マルシアは全快した。しかし予期せぬ重責も忘れることなく、愛する人たちに近況を報告し続けた。

数年後、マルシアの親しい友人もガンと診断され、その友人は友達や家族と連絡を取るためのシンプルだが効率的なウェブサイトを作った。それを見てマルシアはひらめいた。すべてのガン患者が、カスタマイズされた無料のサービスにアクセスし、近況を投稿したり、メッセージを受け取ったり、情報を得たり、治療を組み立てたり――それをひとつの場所でおこなうことができたら？　そうしたサービスは患者の友人や家族が集まりやすくなるだけでなく、患者が回復にあてる時間やエネルギーを確保できる。

マルシアはアイデアを実現させ、非営利組織 MyLifeLine.org を設立し、現在では数十万の登録者数を誇っている。すぐに彼女は、非営利組織を運営していくには寄付集めに奔走しなければならないことを悟り、寄付を募るスピーチもよくおこなった。さいわい、マルシアは先に述べた個人的な事情を踏まえながら、いつも見事なスピーチができていた。しかしそんな認識も、ある暖かい春の午後、ケンタッキーダービーでの年に一度の寄付イベントで講演をおこなうときまでだった。その前の年、彼女のスピーチは轟くようなスタンディングオベーションを受けていた。

しかしこの日、マルシアはどこかいつもと違うと感じていて、ガンガン響く頭痛も足を引っ張る要素だった。壇上に立ち、ミントジュレップを飲みながら期待している四〇〇人のゲストたちを目にすると、口が乾き、頭が空っぽになった。

ここで私が、彼女の心配は頭のなかだけのもので、実際は大成功のうちに終えたと言うと思うなら、考え直してみてほしい。そのスピーチは惨事に他ならなかった——早口すぎて、言葉を間違い、さらに一度などは自分が何を言っているか、まったく見失うこともあった。ようやくスピーチを終えると、優しいまばらな拍手はブーイングや野次のように感じられた。そしてマルシアがスピーチのあとゲストたちと歓談するときは、誰もスピーチのことには触れなかった（一年前は、ほぼ全員がスピーチを称えてくれたのに）。彼女もそれを肌で感じていた。自分は組織の期待を裏切ってしまったのだ。

その晩、マルシアはそのことを家族に話しながら涙を流した。そして何週間も、その人前での恥ずかしい経験を引きずった。毎朝、目を覚ましては恥を感じ、スピーチを（そして聴衆の気まずそうな反応を）頭のなかで何度も思い出した。それほど悪いものじゃなかったとボーイフレンドは何度も元気づけてくれたが、マルシアはずっと自分を責め続けた。

かつてジョン・ミルトンは、心は「地獄から天国を、天国から地獄を作ることができる」と言った。きっと、あなたもこの種の切りのない内省で行き詰まった経験があるだろう——ほとんど全員あるはずだ。何らかの会話が頭のなかで繰り返し再生され、自分がやったこと（あるいはやらなかったこと）について自分を責めたり、なぜ思い描くような自分になれないのかを考えすぎて塞ぎ込んでしまったりする。あれだけの人数の前でなんて恥ずかしいことをしてしまったんだ。何でこんなひどい関係を続けているんだ？　どうしてこんなクッキーを食べるのをやめて、休暇中に増えた体重を減らせないんだろう？　このサイクルにはまったことがある人なら誰でも知っているように、こうした問いを自分に投げかけるのは、一度や二度や三度ではない――何度も何度も、ほとんど他のことが考えられないくらい自分に問いかける。

こうして自分の恐怖や、欠点や、不安にひたすらこだわる状態には名前が付いている。それは**「反芻」**と呼ばれ、それは**内省の双子の悪魔**だ。★ お分かりかもしれないが、反芻は精神的な負担となるだけでなく、インサイトへの大きな障壁にもなる。そしてマルシアが知ったように、一度この穴に落ちると、そこから這い上がるのは大変だ。反芻を止められないという反芻をしてしまうことさえある！

誰の心にも、悪魔が潜んでいる。反芻する人は、自分の選択をすぐに疑い、自分には力が足りないのだと考える。この悪意に満ちた姿の見えない悪魔に負のスパイラルへと蹴り落とされると、ちゃんと頭ではダメだと分かっているのに、止めるのは無理だと感じてしまう。しかし、もっと危険なのは、反芻は「生産的な内省に取り組んでいるのだ」と人に勘違いさせてしまう点だ。まあ、そうじゃなかったら、インサイトも得られないのに反芻をして自分を精神的に責める理由などないだろう。たとえばマルシアのケースでは、反芻は有益な目的のためだったと信じてしまいやすい。自分のダメなところが分かれば、次はもっとうまくできる、と考えたのだ。

★ところで、多くの研究者たちは反芻を、不安とは別物だと考えている。反芻が基本的に過去や現在の出来事にこだわるものであるのに対し、不安は主に将来を心配するものだ。

「反芻」を「内省」と同じような意味で使っている人もいる（「それは面白い質問ですね、数日のあいだ反芻してみます」）。だからこそ、反芻は間違った考えのなかでも最もたちが悪い。インサイトを確実に妨げるのみならず、生産的な自省のように見えてしまうからだ。★ **そして自己認識にとって、内省は破壊的なものだが、反芻は破滅的なものだ。**

こうした行動に心当たりがあるかもしれない。それは誰しもやっているものだが、周りより多くやっている人たちが存在する（自分がどれほど反芻をしているか、確認してみたければ巻末資料Kを参照）。何についても反芻はできるが、研究では自分にとって特に大切な分野で力不足を感じるときに最もよく反芻がおこなわれることが分かっている。長年のお人好しは、親友を怒らせたことで反芻するかもしれない。仕事中毒の人間は、人事評価の低さについて反芻するかもしれない。熱心な母親は、一〇代の娘に最悪の母親だと言われたことを反芻するかもしれない。

しかし「普通」のものでも、そうでなくても、反芻は思っている以上の代償を払うことになる。私の調査でも、よく反芻する人は自分の生活や関係に満足している割合が低く、自分の運命をコントロールできていないと感じ、全体に幸福度が低かった。その他の研究でも、反芻は成績の低さや、問題解決能力の低下や、気分の悪化や、質の悪い睡眠と結びついていることが示されている。

そして精神の健康について言えば、反芻は悲惨で有害なサイクルとなり得る。たとえば、鬱になっている人は反芻する思考パターンに陥りやすく、より自分の落ち込みに目がいくようにな

★「通常の」内省に取り組んでいるとき、脳の「デフォルト・モード」と呼ばれるものが活性化する。しかし最近スタンフォードの研究者J・ポール・ハミルトンは、人が反芻をしているときは、脳の別の部位も活発になり、それはとりわけ悲しみを処理する部位――脳梁膝下野（のうりょうしっかや）であることを明らかにした。反芻するとどちらの部位も活発になるという事実は、反芻が内省と間違われやすい理由と、インサイトを得る脳の力を阻害する原因を説明するものとなっている。少しかっこ悪いが、反芻をしていたら、「また脳梁膝下野が自分を落ち込ませて、インサイトを得る邪魔をしてる！」と言うといい。

り、結果として気分が悪化してしまう。反芻は、鬱でなくてもストレスや不安を高めやすい。ストレスをめぐる過去最大級の調査において、一七二か国三万二〇〇〇人以上を検証したところ、人生で起きたネガティブな出来事の数と深刻さが心の問題における最大の予測材料ではあるものの、受けているストレスと不安の大きさを予測するうえでは、反芻の度合いも重要な材料となっている。

前に、内省はインサイトの障害になる可能性があると指摘した。もしそうだとするなら、反芻は一五メートルもの高さの障壁だ。反芻しているとき、人は上手くいっていない部分を検討することにエネルギーを使うあまり、インサイトの柱を探究する精神的なエネルギーが尽きてしまう。ユニコーンのひとりは、こう語っていた。「もしバックミラーに映ったものばかりを見て時間を取りすぎると、きっと信号機にぶつかっちゃうよ」。それを裏付けるように、反芻という行為はたえず感情を分析し続けているにもかかわらず、自分の感情を特定する正確性が低いことが研究で示されている。出来事や、反応や、自分の弱点に心がはっきりフォーカスされすぎて、もっと大きな視点で見ることができないのだ。

反芻がインサイトの敵であるもうひとつの理由は、反芻が回避戦略であるからだ。これは妙だと思うかもしれない。反芻は自分の問題と絶えず向き合うものじゃないかと。しかし実際は、ネガティブな出来事の原因や意味にこだわっているとき、その出来事から生じる感情には取り合っておらず、そのことの方が反芻という行為そのものよりも痛手になることが多い。事実、反芻と、飲酒のような回避型対処戦略には相関関係がある。アルコール依存のリハビリプログラムを終えたばかりの人びとに対しておこなわれた調査では、反芻をする人の方がしない人に比べて、以前の飲酒レベルに戻ってしまう割合が七〇パーセントも高かった。反芻をする人びとは、反芻を招きかねない人や状況に対して、正面から向き合うのではなく、それらを避けることが明らかになっている。

こうした理由から、反芻は明らかに内的自己を正確に見極める力を阻害する。そしてこの行為は大部分が内面に焦点をあてたものであるとはいえ、外的自己認識にも悪影響を与える。ひとつ例を挙げると、反芻をする人びとは自分を責めるのに忙しく、自分が周りからどう見えるかを考えることを忘れている。基本的にフィードバックを避けるか無視をするかして、反芻の穴に落ちないようにしようとする。それゆえに「視点取得」が上手くできないだけでなく、よりナルシスティックになったり、自己陶酔したりしてしまう。

ならば、自己認識ユニコーンたちは、反芻という有害な病を見事に克服しているのだろうと考えたくもなる。だって、ユニコーンなんだから。しかし、確かに私たちよりも反芻をすることはずいぶん少ないが、完全に免疫を持っているわけではない──まったくやらないと答えたのは、わずか七パーセントだった。しかし私たちは、ユニコーンが少し違った二つの戦略を活用していることを発見した。

第一に、ユニコーンたちは反芻が忍び寄ってくるのを察知するのが上手く、しかも反芻を食い止めるのが上手い。実際、およそ四分の三のユニコーンが、のちほど語る反芻撃退戦略を活用していた。第二に、ユニコーンの方が反芻に際し、自己受容の姿勢が高かった。元教師で、四人の子供を持つ専業主婦であるユニコーンは、こう語った。「目標は反芻をゼロにすることじゃない。それは人生の一部だから。私の目標は反芻しているということをできる限り素早く認識して、そこから脱する戦略を用いること、そして反芻している自分に腹を立てないことかな」。別のユニコーン（正直に言えば、次の章で紹介する私の妹アビー）は、こう語っていた。「反芻は嵐のようなもの。やって来ると、すべてに雨が降り注ぎ、去っていくと、現れるのは青い空。変な言い方だけど、私の対処法は、反芻を気にしないこと！」

マルシアのスピーチの惨劇を振り返ってみよう。前には言っていなかったが、マルシアもまたユニコーンであり、このスピーチが彼女の自己認識の旅において決定的な分岐点となった。マルシアは反芻の穴に落ち込んでいたものの、そのパーティでMyLifeLine.orgのチームは必死に寄付を呼びかけていた。実際の寄付額が集計されると、CEOは会議室にスタッフを集めた。「では、正直に言いましょう」とCEOは思わせぶりに言った。マルシアは気分が悪くなった。自分のせいで散々な集計額が、まさにチーム全員の前で伝えられる心構えをした。

そんな心構えとは裏腹に、彼女が聞いたのはこうだ。「今回は歴代で一番成功したチャリティイベントになりました」。その瞬間マルシアは、ハッと気がついた。自分はずっとスピーチの失敗にとらわれていたが、ほかの皆はそんなことなどすっかり忘れてしまっていたのだ——なにしろ、チームの面々には考えるべき遥かに重要なことがあったのだ。そして彼女の素晴らしいとは言えなかったスピーチも、そのパーティの成功を掻き消したりはしなかった。

これに気づいてから、マルシアは穴に落ちてしまいそうなとき、自分にこう問いかけるようにした。周りの人は、このことを私と同じくらい気にしてる？　答えがノーのとき、彼女は忘れようと試みる。実際、**たいてい周りは、こちらのミスについてこちらが思っているほど気にしていないのだと思い出すこと**は、ユニコーンたちが最もよく採用する反芻撃退戦略のひとつだった。

反芻の撃退に役立つもうひとつのマインドセットは、最初一九八〇年代に児童心理学者のキャロル・ドゥエックとキャロル・ディーナーによって発見されたものだ。ドゥエックとディーナーは問題解決のエクササイズに取り組む小学五年生を観察すると、子供たちは大きく分けて二つのマインドセットのどちらかで作業に取り組んでいることを発見した。ある子供たちは自分のパフォーマンスの方を気にしていて（「うまくやる」子供たちと呼ぼう）、別の子供たちは学びと向上に重きを置いていた（「うまく学ぶ」子供たち）。うまくいっているとき、どちらのグループも真剣に取り組み、満足していた――これは特に驚くべき結果ではなかった。

しかしうまくいかなくなってくると、劇的な差が現れ始めた。「うまくやる」タイプの子供たちはいら立ち、失敗を自分の力不足だと責めた（つまり反芻する人間がはびこっていた）。それに加えて、「こんなのつまらない、こんなのやめて家に帰る」といった感じの反応がさまざまに起こり、他のことなら自分はうまくできると自慢したり、スタッフにもう飽きたと伝えたりしていた。そして反芻というものを知ったいまでは、三分の二が結果的に問題解決能力の低下を示したことも驚きではない。

反対に、うまく学ぶ子供たちは、自らの失敗に対してまったく違った反応をした。そもそも、その子供たちは失敗を失敗だと考えていなかった。ある子は「チャレンジが大好きなんだ」と両手をこすり合わせ、唇を舐めながら楽しそうに言っていた（それは想像し得る限り最も愛らしい仕草でもある）。そしてうまくやる子供たちが自分を責めるスパイラルに陥ってしまう場面でも、うまく学ぶ子供たちの自信はなんと向上していた。ほぼ全員が問題解決能力を保ち、多くの子供たちには大きな上昇が見られた。

うまく学ぶというマインドセット――つまり、**パフォーマンスではなく学びに焦点を合わせること**――は、優れた反芻撃退策になるだけでなく、大人も仕事のパフォーマンスを向上できることが分かっている。たとえばある研究では、このマインドセットは医療用品販売担当者が難題に負けず切り抜ける手助けとなっていた。「うまくやる」のマインドセットに比べて、「うまく学ぶ」マインドセットの人たちの方が四半期の営業成績は遥かに良かった。

物事がうまくいかないとき、あなたは「うまく学ぶ」人だろうか、それとも「うまくやる」人だろうか。穴に落ちてしまう人だろうか、それとも立ち上がってホコリを払い、再び作業に取り組むだろうか？（興味のある人に向けて、巻末資料Lに診断法を載せている）。願っているよりも自分が「うまくやる」寄りであった場合も、良い知らせがある。数多くの研究で、人にはマインドセットを変える力が備わっていることが示されている。あるユニコーンは、その過程が分かる見事な例を語ってくれた。長らく製薬会社のエグゼクティブを務めるティムは、特に注意を払うことなく上層部のマネジャーを雇っていた。そのマネジャーが大失敗してしまうと、ティムはそのことで何日も自分を責めた。さいわい、彼と家族（高校時代から付き合っていた妻と、大人になった息子二人）は、翌週から一〇日間のクルーズを予約していた。

絵に描いたように美しい朝に、ティムは家族より早く目が覚め、デッキを散歩することにした。しかし爽やかな海の風に包まれているときでさえ、ティムは再び自分のミスをくよくよ悩んでいた。反芻が彼の一日を乗っ取ろうとしていたまさにそのとき、彼は海を見渡して、ある気づきを得た。ミスはしたけれど、それで世界が終わるわけじゃないし、二度と同じミスを犯さなければいい。そこに、完璧な比喩が降りてきた。こんな悩みは海の藻くずにしてしまおう！　そうして彼は悩みを海へと葬った――その結果、残りの日々は家族と楽しむことができ、前にも増して頭の切れるリーダーとして仕事に復帰した。

反芻を撃退する三つ目の方法は、気晴らしのテクニックだ。この行為――私は**一時停止**と呼ぶ――は、あるものが本当に自分を悩ませているときに一番すべきでないように感じるものだが、最もシンプルな反芻撃退法のひとつだ。疑念を何度も脳内で再生するのではなく、そこから離れて、考えなくて済むようなことをすればいい。研究者によれば、最も効果的な気晴らしとは、たとえば掃除をするとか、友達に会うとか、エクササイズなど、すぐにポジティブな結果が見える種類のものだという（個人的には、晴れた美しいコロラドで自転車に乗れば、反芻しそうな出来事のほとんどはやり過ごせると信じている）。永遠に大変な出来事から逃げ続けることを良しとするわけではないが、一時停止は、時間をおいて、より冷静な状態で問題と向き合うことができる。少し距離を取れば、動揺が少なく、より解決可能なものに思えてくる——そもそも問題だとすら思わなくなっていく場合もある。

四つ目のツールは、なぜか役に立つ**思考停止**という方法だ。一時停止と似ているが、こちらは距離を取るという行為を伴わない。その代わりに、こちらは自分の内部でおこなわれるものだ。ある研究では、精神疾患の患者に繰り返し頭に浮かんでくる物事を反芻し続けてもらった（その研究における反芻の実例を紹介しよう。虫歯になっている、嘔吐物を触ってしまった、女性のおしりについて考えるのを止められない——そういう普通の、よくある悩みだ）。それから、セラピストが「ストップ！」と声を上げながら、突然音を立てる。不意に音がして、患者たちの反芻はその場で停止する。セラピストがそばにいて叫んでくれない場合は、大きな「止まれ」の標識を思い浮かべたり、自分に「ここからは何も得ることはできない、こういう思考を止めにするときだ」と言い聞かせたりするといいかもしれない。

思考停止は、私が呼ぶ**決断後の反芻**（PDR：post-decision rumination）を撃退する際に特に役立つ。難しい決断を下したとき、反芻する者たちは次のような質問を好んで自分に投げかける。「本当に正しい決断をしたの？」、「もし間違った選択をしていたら、大変なことになるって知ってるの？」」。しかしＰＤＲはこうした自己不信を巻き起こすことによって、前進すべきときや、決断をきちんと実行すべきときに私たちの身動きを止めてしまう。結果として、事業の売却や、転職や、離婚などの大きな決断をしたときに、ＰＤＲが特に危険なものになるだろうことは容易に想像がつく。そのため難しい決断をするときがきたら、何としてでも、必要なだけその決断について悩むといい——賛成と反対意見を天秤にかけ、さまざまなシナリオを思い描き、アドバイスを求めるといい。しかしいったん決断したら、それを信じて前進するのだ。これは決断の結果を無視しているのではない。むしろ、ＰＤＲを止めてこそ、非生産的な心のつぶやきに惑わされることなく決断の結果と向き合うことができるのだ。

あとひとつ、恥ずかしいが分かりやすい私の個人的な話を通じて、最後の反芻撃退ツールを紹介させてほしい。**事実確認**だ。しばらく前に、私はあるクライアントに向けて一年がかりのリーダーシップ養成プログラムをおこなっていた。半年が経ち、このプログラムにどんな感想を抱いているか、どんなところを気に入っていて、改善できる点はないかを知るために調査をおこなった。結果は驚くほどポジティブなものだった。ありがたいことに、改善できる点を隠さずに伝えてくれ、多くの生産的な提案を目にすることができた。とても良い気分だったが、それもこれを読むまでのことだった。

このプログラムでの最大の学びは、コンサルタントというのが、ありふれた、つまらない、人をおだてるような、リサイクルされて装いだけを変えた通俗心理学や常識的な概念を、革新的なリーダーシップ・トレーニングだと言って提示することで大金を得ているということだ。

これは痛い、でしょう？　最初に私から出たのは笑いだった。本当はほんの少しも面白くはなかったのだけれど。それから誰かにお腹を殴られたかのように感じた。彼の言っている通りなのだろうか？　私は疑い始めた。他の人たちも同じ意見なのに、言うのが忍びなかったのだろうか？　それから完全なパニックが訪れた。私はこのプログラム中ずっと役に立っていなかったの!?　反芻が何週間も消え去らなかった。このコメントが頭で再生されるのを止めることができなかった。クライアントに会うときや、スピーチをするとき、それが再生された。あなたの考えはありふれた、つまらないものだ。今すぐこの仕事を降りろ。恥をさらすな。

数週間苦しみ、少しばかり遅すぎたかもしれないが、ようやく私より遥かに優れたコンサルタントである友人に電話することにした。「そんな意見を聞いちゃってかわいそうだね」、彼女はじっと私の話に耳を傾けたあとで、そう切り出した。「私が最初に思ったのは、この男の人がかわいそうってこと。あなたはものすごく素晴らしいコンサルタントだし、彼のコメントは、あなたの問題というより、彼の問題だと思う」。私は動揺のあまり、そういう可能性すら考えていなかった。「でも」と彼女は続けた。「とにかく彼のフィードバックにも役立つところがあるんだって考えてみようよ。あなたの考えが独自のものじゃないっていう客観的な証拠はある?」（ところで、この問いかけは、また別種の優れた反芻撃退ツールだ）。

彼女の問いかけによって、たちまち私のマインドセットは、自分はなんて仕事ができないんだ、というものから、ここから学べることがあるかもしれない、というものに変わった。私は意を決して言った。「まあ、リーダーシップという観点で言えば、新しい物事は多くないし、もちろん自分は世界で一番クリエイティブな人間ってわけでもない。でも私の長所のひとつは、曖昧な概念を分かりやすく実行しやすいものにすることだと言われるから、リーダーシップに関して人が知らないことばかりを語る必要はないの」。それから、目もくらむほど自明な解が私に降りてきた。「プログラムのはじめに、そのことを伝えればいいんだ」。それ以来、私はそうしている。

あのきついコメントを書いた人は、ほぼ確実に私のためを思って書いたわけではなかっただろうが、友人による「事実確認」によって、とにもかくにも私はそのコメントから学びを得ることができた。私たちのユニコーンは、ほとんどひとり残らず、反芻に囚われているときにできる最良の行動のひとつは、信頼する誰かに事実確認をしてもらうことだと言っている。それをおこなえば、たいてい希望と学びが待っている。

これで内省をめぐる四つの間違った考えを知ったはずだ。南京錠のかかった地下室を開ける鍵はない。自分に「なぜ」と問うことは無意味かつ危険だ。日記は必ずしも自己認識を向上させるものではない。そして内省の姿を装った反芻は、想像以上の悪影響がある。それから反芻に陥らないための、すぐに活用できる反芻撃退法も五つ知ったはずだ。自分が思うほど周りはこちらのミスを気にしていないのだと意識すること、うまく学ぶマインドセットを育むこと、そして一時停止、思考停止、事実確認だ。次の章では、より効果的な内的自己認識の三つのツールを紹介しよう。

第6章 本当に活用可能な内的自己認識ツール

今を生きている人は少ない。来《きた》るべきものをずっと待ち構えるか、過ぎ去ったものを思い返している。

ルイス・ラマー

デンバーの自宅から車を運転して三時間が過ぎた頃、妹のアビーと私は、ルーズベルト国立公園の細い砂利道を進み、シャンバラ・マウンテン・センターへと向かっていた。ようやくそこの砂まじりの駐車場に着くと、私は「もう帰りたい」と愚痴をこぼした。アビーは私の不機嫌に、輝く笑顔で答えた。「もう待ちきれない」と彼女は言い、鼻から空気を吸い込んだ。「週末二人でひたすらゆっくり、コロラドのロッキー山脈でマインドフルネス・

プラクティスができるなんて！」

「でも家に帰りたい」。私は繰り返した。今回は大げさにめそめそしながら。

「やめてよ、ターシャ。ここには世界中から瞑想しに集まってくるんだから」とアビーは言った。

「そして偉大なる愚か者《ザ・グレート・ステューピッド》を訪ねるってわけだ」。私は自分の下手くそで、妙にトゲのあるジョークに笑いながら言った。

「偉大なる仏塔《ザ・グレート・ストゥーパ》だよ」と彼女は言った。「ザ・グレート・ストゥーパ・オブ・ダーマカヤ」。車のドアに手を伸ばしながら、彼女は神妙に言った。「マインドフルネス瞑想の施設には何年も来たかったの。お姉ちゃんのせいで台無しになんてさせないから」

私の車（ハイブリッド車や、泥にまみれたスマートカーが並ぶなかで唯一ガソリンを大量に消費する車）のトランクから荷物を降ろしていたとき、私は黙っておこうと心に決め、緊急用の精神安定剤「ザナックス」を後ろのポケットに忍ばせているから大丈夫と自分に言い聞かせた。

妹のことはすごく愛しているが、互いにまったく異なる性格をしている。分かりやすく言えば、私が荒れ狂う冬の嵐なら、アビーは暖かい夏の日だ。私はネガティブになるつもりなど本当になかった――ただマインドフルネスや瞑想に対する批判的な先入観を振り払おうとしているだけだった。近年では実質的にすべてのアメリカ人がマインドフルネスをおこなっているようにも思えるが、現実的な科学者として、私はどこか「オカルト」のようなものだと感じていたのだ

（たとえば、大きな主張をしていながら、科学的根拠に欠けている、といった感じで）。

しかし私たちが調査したユニコーンの七〇パーセントが何らかの形のマインドフルネスを実行していることを知り、実際どんなものかと渋々ながら確かめざるを得なくなった。それにはシャンバラ・マウンテン・センター以上にうってつけの場所などあるだろうか？　チベット仏教の師であり瞑想を実践していたチョギャム・トゥルンパ・リンポチェによって一九七一年に創設され、彼を称えたあの有名な一〇八フィート（約三三メートル）の供養塔《ステューパ》が置かれたこの施設は、ウェブサイトによると、次のような場所だという。「瞑想をおこなう隠れ家……リラックスして自分の美点に身を浸し、バランス感覚を取り戻し、この世の神聖さを理解するオアシス」

アビーと私が荷物を引きながら、長く寒い道を受付センターまで歩いていると、ブラックのヨガパンツを穿いた色っぽくて魅力的な女性たちに出くわした。これは彼女たちにとって初めての瞑想旅ではないようだった。彼女たちは通り過ぎる私と、私のデザイナーズ・スーツケースを品定めするように眺めていた――明らかに、彼女たちはそのスーツケースのなかに麻で作られた服など一切入っていないと思ったようだが、それは確かに正しかった。私より一〇歳若いアビーだが、彼女は人の心を読み取ることに長けており、立ち止まって私を元気づけてくれた。「マインドフルネスの意地悪女《ミーン・ガールズ》のことは無視して。ちゃんと試してくれたら、この週末はきっと素晴らしいものになる。それこそが求めるものでしょ」

「そうね」。私はついに認めた。「ちょっとイラっとしただけ。気にしてちゃダメね」

「二四時間試してみてよ」。屈託なく笑いながら彼女は言った。「絶対好きになるから」

前の章で、内省についての間違った考えや、内的自己認識を向上させるために、そうした考えを回避する方法を学んだ。ありがたいことに、そこにはたくさんの効果的なアプローチがある。たとえば、仏教徒たちは瞑想（自己認識が大いに向上すると示されているもの）を、数千年にわたっておこなってきた。そしてあなたが洞窟に暮らしているのでなければ、いま巷《ちまた》で瞑想が隆盛期を迎えていることに気づくはずだ。しかし瞑想は内的自己認識への最古の道のひとつかもしれないが、唯一の道ではない。この章では、自分に対するインサイトを劇的に向上させるために、三つの別々ではあるが補完し合う戦略を紹介する。ひとつは「現在」の自分を知るもの、もうひとつは「過去」に根ざしたパターンを精査するもの、そして最後は自分を見つめて得たものを「未来」に活かすものだ。まずは現在の自分を理解する手助けとなる有名なツールから始めよう。それがマインドフルネスだ。これは瞑想をするものと、瞑想を伴わないもののどちらも指す。

◆

内省が自分の思考、感情、そして行動を分析するもので、反芻がそうした分析に非生産的な形でこだわってしまうものだとすれば、**マインドフルネス**は、その正反対のものだ。**判断を下したり、反応したりすることなく、ただ自分の思考、感情、行動に気づくこと**である。しかし一般に信じられているのとは違い、マインドフルネスと瞑想は必ずしも同義ではない。マインドフルネスはヨガ行者や、僧院や、沈黙瞑想などと結びつけて考えられがちだが、近年では、もっと広範な（そしてありがたいことに、もっと多様な）活動も含むようになってきている。これは、一九七〇年代からマインドフルネスについて研究してきたハーバード大学の心理学者エレン・ランガーの貢献が小さくない。彼女の著作は、マインドフルネスを「禅の瞑想という洞窟から、日常の活動という明るい光のもとへ連れ出した」。

　多くの人はマインドフルネスを単に瞑想することだと勘違いしているが、ランガーはマインドフルネスについて遥かに幅広い実践的な定義をしている。マインドフルネスは、「新しい物事に気づき、既存の考えを手放し、（中略）新たな知見をもとに行動していくプロセスのことだ」。そのため、瞑想はマインドフルネスを実践する「ひとつの」方法ではあるが、「唯一の」方法ではない――それに、万人に使える方法というわけでもない。実際、インタビューで瞑想について問われたランガーは、こんな冗談を返したことがある。「私の知ってる人たちは五分だってじっと座ってられないんだから、四〇分なんてなおさらね」

　その気持ちは分かる。正直に言えば、リラックスして今この瞬間に身を浸すという考えは、私にとってはストレスだ。せっかちな「タイプＡ」行動パターンの人の多くと同じように、私の涅《ね》槃《はん》の境地とは、日々のやることリストをすべて消化した果てに到達できるものだ。私はあまりにも生産性や仕事に取り憑かれていて、新婚旅行のときは、夫が文字通り私の手からブラックベリーの携帯を引きはがして、ホテルの金庫にしまったほどだ。

もちろん、こんな中毒者は私ひとりではないはずだ。一一におよぶ一連の実験で、研究者のティモシー・ウィルソンらは、参加者たちに携帯電話を持たずに六〜一五分のあいだ、考えるしかやることのない部屋でひとり過ごしてもらった。驚くまでもなく、参加者たちはそれを楽しむことはできず、多くが実に不快だったと答えた。★この結果を受けてウィルソンは、人は自分の思考だけに向き合うことをどれほど避けているのだろうかと疑問を抱いた。そこで彼は追加の実験を設け、参加者に心と静かに向き合う時間と、客観的に見て心地いいとは言えない行為（軽めの電気ショック）のどちらかを選んでもらった。驚くべきことに、半数以上の参加者が、たった五分の静かな時間に耐えるよりも、自分に電気ショックを与える方を選択した。ウィルソンと彼のチームが達したのは、かなり興味深い結論だった。「人は何もしないより、何かする方を好む。たとえその何かが［不快なことや、かなり苦痛を伴うもの］であってもだ」

しかし、どうしても何かをしたくなってしまうにもかかわらず（あるいは、そうだからこそ）、マインドフルネス（特にマインドフルネス瞑想）は、現在流行を迎えていると言える。アンジェリーナ・ジョリーや、アンダーソン・クーパーや、エレン・デジェネレスといった有名人たちが何かを良いと言えば（いや、ツイートすれば）、ほとんど瞬間的に大衆は飛びついてくる。そうやってマインドフルネスにも大衆が飛びついた。そしてマインドフルネスに夢中になったのは有名人たちだけではない。グーグル、マッキンゼー、ナイキ、ゼネラル・ミルズ、ターゲット、エトナといった

★ 念のため言っておくが、年齢や、学歴や、収入や、ソーシャルメディアの利用度合いに関係なく、参加者たちは等しく不快だと答えた。

企業が、生産性と幸福度を向上させるというマインドフルネスを活用している。さらにマインドフルネスは数多くの教室にも持ち込まれ、東海岸の名門高校から貧しい地域の公立高校にいたるまでアメリカの三〇万人以上の学生が体験している。アメリカ海軍や、ボストン・レッドソックスといったプロのスポーツチームも、瞑想やその他のマインドフルネスを実践している。その結果、一〇億ドル近い産業が生まれ――その規模は拡大する一方のように思える。

だがマインドフルネスが流行しているにもかかわらず、マインドフルネスが上手く実践できるようになってきたと言える人は多くないと思う。ともすれば、その逆のことが起きているようにも思える。これはほんの一例だが、私が最近空港で列を待っていたときのことだ。楽しみというか気晴らしのために、私は搭乗ゲートの何人がスマートフォンをスクロールしているのかを数えることにした。聞いても驚きではないかもしれないが、四二人全員が（ひとり残らず）小さなスクリーンに目を釘付けにしていた。それはエレン・ランガーが**マインドレスネス**と呼ぶ典型例だった。いま目の前のことに身を浸すのではなく、Eメールや、携帯メールや、フェイスブック、インスタグラム、ポケモンGO、あるいはその時々の最新の流行に時間を使って気を散らす方が遥かに簡単だ。驚きのデータがある。三八〇〇万以上のアメリカ人が、トイレに座りながらスマートフォンで買い物をすると認めている。みなさん、これは問題だと思いませんか。

しかもマインドフルネスを邪魔してくるのは、ポケットのなかにあるコンピュータだけじゃない。私たち自身の頭も、同じくらいマインドフルネスを妨げている。ハーバード大学のランガーの同僚であるマシュー・キリングスワースとダニエル・ギルバートが、日常生活を送る二〇〇〇人のリアルタイムの思考を調査したところ、仕事をしていようが、テレビを見ていようが、子供の世話をしていようが、おつかいをしていようが、ほとんど何をしていても、いましていることとは別のことを考えて気が逸れると回答した人が半数近くいた。事実、追跡した二二個の活動のうち二一個で、三〇パーセントもの被験者が、過去や、未来や、人生の「もしもの物語」など、別のことを考えていたと報告した(あまり驚くことではないが、ひとつ例外だったのが、セックスだ)。

では具体的に、マインドレスネスはどんな被害をもたらし、特に自己認識をする力にどんな悪影響があるのだろうか？　ひとつには、注意力散漫だと幸福度が下がるということがランガーの研究で分かっている。さらに、自分の思考、感情、そして行動を監視したりコントロールする力がなくなる――そしてこれにより、実質的に自己認識が不可能になる。ある研究では、ダイエット中の人びとに気が散るオオツノヒツジの動画か、自分自身の動画のどちらかを一〇分見るよう求めた。その後、好きなだけアイスを食べてもらった。どちらの方が夢中でアイスを貪ったか？もちろん、注意を削がれた方の人びとだ。自分がやっていること以外のものに気がいってしまうと、自身への認識が低下し、自分をコントロールできなくなる。この法則は、アイスを食べるといったことでも、仕事仲間との難しい状況への対応や、大きなキャリア上の選択や、その他のどんなことでも発揮される。さいわい、正しく実践すれば、マインドフルネスは、この問題に対するかなり直接的な対抗手段となる。このアプローチについての、より一般的な見方から確認していこう。

◆

じっとしていられない人間の典型である私は、シャンバラ・マウンテン・センターに行ったら場違いな人間だろうと分かっていた。私はきっと浮いてしまうだろうから、家庭内のユニコーンの象徴である妹についてきてもらうことにした。ずいぶん都合の良いことに、アビーは瞑想に熱を上げ始めたばかりだったのだ。

しかし妹が、瞑想を「絶対」「好きになる」と保証したちょうど二四時間後、私はヒステリックに笑い出すか、叫びながら逃げ出すかで迷っていた。二〇人の大人の集団が、完全に静かな部屋で、輪になってゆっくり、ゆっくり歩いている光景を想像してほしい。みんなが背を丸めて前かがみになり、手は（ろくな説明もされないまま）極めて具体的な形を指示され、片方の手は親指を立てて拳を握り、もう一方の手でその拳を包み、へその真下あたりに押し付けている。

誰もがこの歩行瞑想を極めて真面目に取り組んでいた──少なくとも、私以外の全員が。ゆっくりと歩き、そろり、そろり、そろりと、ぐるぐる輪を描いて歩いた。二〇分だったようだが、二時間のように思えた。私は自分が密かに鼻で笑っていたような、コロラド州ボルダーに住んで、とてつもなく熱心に、とてつもなく迷惑なまでに健康に気遣ってオルタナティブなライフスタイルを追求する人たちのことを思わずにはいられなかった。私はそんな人間のひとりにはなりたくなかった！

しかし私は週末をかけて様子をみてみようと決めた。研究者として、私はどんな結論に導かれることになろうとデータに従うよう訓練されており、しかも私にとってはとても歯がゆいことに、マインドフルネス瞑想が示す結果は、明白かつ説得力のあるものだった。研究では、マインドフルネス瞑想を実践している人の方が幸福で、健康で、創造的で、生産的で、偽りがなく、行動がコントロールでき、結婚生活に満足していて、リラックスしていて、攻撃的でなく、燃え尽きておらず、そうした人びとの方がスリムであることさえ分かっている。鼻で笑っていながらも、私は自分が論理的でない偏見に影響されて、実践してみることもないまま、勝手に判断を下してしまっていることくらいは自覚していた。

それに加えて、（この本の）締切が迫っており、今回の瞑想トレーニングの旅は、自己認識に関するリサーチの重要なピースだった。巻にはマインドフルネス瞑想が、前章で紹介したような内省や反芻という罠から人を救うことができるという証拠が次々と出てきている。ある研究では、瞑想の経験がない人びとを一〇日間のマインドフルネス集中トレーニングへ連れていくと、トレーニング直後も、数週間経ってからも、参加者たちは対照群と比べて内省が減った。反対に、対照群の内省は増加していた。マインドフルネスの訓練を受けた参加者たちは、怒りや落ち込みも少なくなり、記憶力や集中力の持続時間さえも向上していた。

マインドフルネスと自己認識の直接的な関連は調査が始まったばかりだが、先行研究は多くを物語っている。精神衛生の専門家たちへの調査のひとつでは、その専門家たちがマインドフルな状態であるほど、自己認識の度合いが高い傾向にあることが示された。マインドフルネスがストレスや、不安や、落ち込みを減らすのは、マインドフルネスが自己認識を向上させるからだと主張する研究者たちさえいる。

もちろん、マインドフルネスだけでは自己認識を得るには十分でない――何はともあれ、真に己を知るには、さらにもう少し深く掘っていく必要がある――しかし、確かにマインドフルネスは、内省という落とし穴を避けながら自分の反応に気づき、コントロールする手助けになる。マインドフルな状態にあるとき、人は考えすぎたり過剰反応したりすることなく自分の感情を生きており、いまのこの感覚が永遠に続くわけではないことも心得ている。イェール大学医学大学院の精神科学部で臨床准教授を務めるミーガン・ワーナー博士は、こう語っている。「マインドフルネスは、自分の思考や感情や痛みに引きずられない方法を提供してくれる」

マインドフルネス瞑想は、ビジネスという実際的な世界においても効果をもたらし得る。マーク・ターセックは、環境保護ＮＧＯ「ザ・ネイチャー・コンサーバンシー」の会長兼ＣＥＯに任命されると、すぐに身をもって効果を知った。ゴールドマン・サックスのマネージング・ディレクターおよびパートナーとしての華麗なキャリアから転身した彼は、ウォールストリートを去ったとき、大きなプレッシャーのかかる生活からは逃れられたと思っていた。しかしマークは、二〇〇八年の金融危機の直後に就いた新しい仕事の数か月で、いくつかの難しい決断に直面した。ところがその危機を「ネイチャー・コンサーバンシー」が乗り切ったあとでも、まだマークには仕事上も個人的にも何かがおかしいという感覚が残っていた。そこで彼は私たちの共通の友人であり、世界屈指のエグゼクティブ・コーチであるマーシャル・ゴールドスミスに助けを求めた。マーシャルはマークの組織のエグゼクティブ・チーム、役員たち、そしてマークの家族にも聞き取り調査をおこなった。どうやら、マークの猪突猛進なスタイルが職場で何人かを怒らせていて、そんなスタイルが家でも多少続いてしまっていたようだ。

マークは驚いた。大変な時期だったとはいえ、衝動に基づいて素早く決断する自分の傾向が、これほど周りに影響を与えているとは気づいていなかった。マーシャルの助けを借りて、マークは三つのことに取り組んでいくと誓った。より良い聞き手になること。よりポジティブなマインドセットになること。そして小さな物事を気にしないことだ。その後数か月で事態は少し改善されたが、マークが望んでいたほどではなかった。マーシャルのサポートとマークの努力にもかかわらず、マークにはこの膠着状態を突破する方法が分からなかった。

そんなとき、マークはマインドフルネスに関心を持った。彼は毎朝一〇分の瞑想を始めた。そして朝早く起きられなかったら、ちょっとオフィスから抜け出して、呼吸に意識を集中させ、よりポジティブなマインドでいられるようにした。日を追うごとに、マークは幸福で穏やかになっていっただけでなく、ほどなくいくつかの予期せぬ効果にも気づき始めた。瞑想をした日では、マーシャルと立てた目標に向けて目に見えた進歩がみられたのだ。数週間前には乗り越えられないと思われた膠着状態を抜け出したのである。

すぐにマークは、感情を抑えて別の選択をする必要がある瞬間を、より良く見極められるようになった。以前よりも立ち止まって耳を傾けることができるようになった。過敏になり、批判的になり、防衛的になることが少なくなった。彼はようやく「リアクション」の柱をコントロールできるようになった。マークは、この比較的ささいな毎日の儀式が家庭に生み出す違いにも喜んでいた。瞑想をした日には、子供たちがこう言うのだった。「パパ、何があったの？　最近すごく優しいね！」。「なんだ、その言い草は」と彼はふざけて冗談を言う。子供たちは機転を利かせて答える。「違うよ、パパ、昔も優しかったけど、いまはすごく優しい」

マークは、研究者たちも真実だと知っている点に気がついた。マインドフルネスは自分の思考や感情に対する認識向上の助けとなるため、より良く自分の行動をコントロールし、より賢明な判断をリアルタイムで下せるようになるのである。そしてマインドフルネスは内的自己認識を求める人びとに好評だが、外的自己認識にも驚くほどの効果がある。自我を鎮めることによって、他人からのフィードバックに対してオープンになれるのだ。

心理学の教授ホイットニー・ヘップナーと彼女のチームは、この効果をかなり創造的な実験によって突き止めた。チームは学生たちに自分についてのエッセイを書くよう求めた。そのエッセイは、他の参加者たちが続いて実施されるコンピュータでの作業パートナーを選ぶ際の材料にするとされていた。三分の一の学生たちは、他の参加者からパートナーに選ばれたと伝えられ（受容グループ）、別の三分の一は、誰からも選ばれなかったと伝えられ（拒絶グループ。体育の授業でペアができず最後まで残される人に等しい）、残りの三分の一は、マインドフルな食事瞑想で五つのレーズンを食べてから、誰からも選ばれなかったと告げられた★（マインドフルネス／拒絶グループ）。

コンピュータを使った作業のあいだ、研究者たちは参加者に、競争している周りへ向けて好きなだけ騒音を立てて良いという選択肢を与えた。研究チームは、拒絶グループの方が怒っていて、それゆえに自分たちを選ばなかった人びとに対して厳しく牙をむくだろうと予想した。少なくともマインドフルな状態でない拒絶グループに関して、予想はまさに的中した。しかしマインドフルネス／拒絶グループも同じく周りから拒否されたというのに、そのグループは三分の二も攻撃的でなかった――実際、そのグループの反応は、統計的には受容グループと見分けがつかないものだった。マインドフルネスは、批判的なフィードバックや失敗を受けても、防衛的になったり怒ったりすることを防ぐものであるようだった。周りが自分をどう見るかを理解するのも重要だが、周りの視線が完全にあなたを規定してしまうわけでもないのだ。

瞑想抜きのマインドフルネス

ここまで、マインドフルネス瞑想が自己認識や幸福度を劇的に向上させる可能性があることを

★何のことかと思う人のために、マインドフルにレーズンを食べるとは、次のようなことだ。「レーズンを初めて見ると思ってください……次に、レーズンをゆっくりと唇に転がして、感触を確かめてください。それから、レーズンを口に入れて、舌の上でゆっくり転がしてください……そしてほんの少しだけ齧って……ではゆっくりと噛んで……」

見てきた。しかし、マインドフルネスの定義は単なる瞑想よりも広い。そのため、もし私のように瞑想に対して相反する感情を抱いているなら、マントラ（瞑想へと導く言葉）をひとつも使わずにできるマインドフルネス法も、数多く科学的に効果が実証されていると知って喜ぶだろう。たとえば、瞑想をしない数人のユニコーンたちは、単に外で時間を過ごす――ハイキングや、ランニングや、サイクリングや、長い散歩をする――ことで、現在に集中することができると語った。こうした活動が、自己認識にあたって最も重要なツールだと考えている者さえ数人いた――ときに数分の真に静かな時間が、魔法のように自分の思考や感情へ触れさせてくれることもある。ユニコーンたちは、そうした静かな時を（書くだけで落ち着かないが）一定時間携帯を切ることで手に入れていた――多くは夜から早朝にかけてのあいだに。祈りを通して似たような平穏を得ていると語ったユニコーンたちもいた。

瞑想を用いないマインドフルネスへと進む前に、重要な点を指摘しておこう。**マインドフルネスは、リラクゼーションとは違う**。二つは似ているものの、その効果は大きく異なる。ある研究では、無職の男女に三日間のマインドフルネス瞑想プログラムか、マインドフルネスのフリをした三日間のリラクゼーションプログラムを受けてもらった。どちらのグループも同じ活動を多くおこなったが、前者のプログラムのみ、本当のマインドフルネスに関するテクニックを使った。たとえば、どちらもストレッチをおこなったが、リラクゼーションのグループはそれをやりながら互いに会話することを勧められ、マインドフルネスのグループは、「不快さ」であれ何であれ、自分の体の感覚に注意を向けるよう指示された。

　プログラムの終わりには、どちらのグループも同じようにリフレッシュし、職探しのストレスを上手くコントロールできるようになったと感じていた。しかし研究者たちが脳をスキャンしてみると、そのMRIの結果は異なる物語を示していた。マインドフルネスのグループだけが実際に以前より集中し、より穏やかになっていた。四か月後、参加者たちの「インターロイキン6」（ストレスのサインとなる炎症を起こす物質）のレベルを調べると、リラクゼーションのグループは二〇パーセント以上増加した一方で、マインドフルネスのグループは二〇パーセントほど減少していた。ここから何が言えるか？　内面に集中するために何をする場合でも、単に心に目を向けるのではなく、積極的に新しい気づきを得るように時間を費やすべきだということだ。

　では、瞑想を抜きにしたマインドフルネスの実践法を学ぶにあたっては、もう一度、エレン・ランガーによるマインドフルネスの定義を振り返ってみるといいだろう。ランガーによると、新しい区分けをするというプロセスこそ、「マインドフルネスの核心」だ。しかし新しい区分けをするとは一体どういう意味だろう？　それは要するに、自分自身と世界を新たな形で見ることだ。ランガーは、旅行を例に挙げている。見知らぬ場所にいるとき、私たちは自分自身や周りの世界（景色、音、人）について新しいことに気づく傾向にある――一方、日常では、馴染みがあるものに意識がいき、すでに持っている観点を利用する傾向にある。とはいえ、こうした効果を得るために遥か遠くの土地まで出かける必要はない。自分自身や周りに関する新しい物事に気づけるマインドフルな習慣を身につければ、自己認識は劇的に向上する。

そのためのひとつの方法が**リフレーミング**だ。これはシンプルに、自分の状況や、振る舞いや、関係を新しく違った角度から眺めるという意味だ。ユニコーンであり、二児の母であり、ワイヤレス通信業界でマネジャーを務めるアヴィアナの話を紹介しよう。彼女は勇気を持って自分の状況をリフレーミングしたことで、より良い自己認識を得る大きなきっかけとなった。それどころかリフレーミングは彼女のキャリアを救いさえした。一番下の息子を生んでから数週間後、彼女は打ちひしがれるような知らせを受けた。この一一年、彼女が働いていた（いや、働くのが大好きだった）コールセンターがまもなく閉じられることになり、彼女も含めて全員が職を失うというのだ。さらに悪いことに、夫もそこで働いていたため彼女の家族は文字通り一晩で、共稼ぎから稼ぎゼロへと変わってしまうことになる。

アヴィアナはパニックになり不安を抱いた。夜も眠れず、天井を見つめながら、これから、どうしよう、と考えていた。彼女はなるべく多く貯金をしておくため、産休を早めに切り上げることに決めた。しかしオフィスに戻っても、同僚たちの反応は、気持ちが休まるものではなかった。「この仕打ちはひどい」と誰もが嘆いていた。その後数日間、皆の話を聞いてさらにいら立ったところで、アヴィアナは、この状況を別の角度から見ることはできないものかと考えた。失うものにばかり目を向けるのではなく、何が得られるかに目を向けたら？　確かに、自分は間もなく仕事を失うが、これは成長の機会でもあるし、今より良い仕事を得るチャンスかもしれない。

この新しい観点を持ったことで、すぐにアヴィアナは、とうに気づいておくべきだったことに気がついた。高校を出てから大学に数学期通ったものの、関心を失った彼女は仕事の世界へと目を向け、それ以来振り返ることはなかった。それが間違いだったのだ、と彼女は気づいた。今はそれを正すチャンスだ。それに、学校へ戻らなかったら、長期的な職の展望に深い影を落とすことだろう。アヴィアナはオンラインの大学で一一年ぶりに授業を受けながら、同時に自社の別部門に応募した。

気がつくと、職場での最後の日がやってきた。その午後、彼女は同僚が飲み会を企画していることを知った。楽しそうではあったが、みなに支払われたばかりの契約解除金を考えると危険なことだった。社員証を返却して、会場へ向かおうとしていたところで、電話が鳴った。それは人事のマネジャーからで、空きのあるポジションについての電話だった！　マネジャーがオファーについて語り終えぬうちに、アヴィアナは叫んだ。「やります！　月曜から行けます！」

その新しいポジションは新鮮で、彼女のキャリアにとってまったくの成功だった。それ以降、アヴィアナは二度の昇進を果たした。そして会社の授業料返還プログラムのおかげで、まもなく組織リーダーシップの学位を取得する。

無力感にさいなまれたマインドセットのままでいるのではなく、職を失うことをチャンスだとリフレームした彼女の柔軟さは、キャリアと人生を劇的に向上させた。しかし興味深いことに、リフレーミングは厳しい状況のときにだけ役立つものではない。物事が上手くいっているときにも、リフレーミングをすることで貴重な観点を得ることが実によくある。前の章で、夫に去られてしまった友人を紹介した。彼女は夫が去った理由もまったく分からないといった様子だった。もし彼女が「結婚生活はとても上手くいっているようだけど――実は上手くいってないとしたら？」と考えていたら、手遅れになる前にいくつかの問題を発見できていたかもしれない。もちろん、自分や周りを疑う嫌な奴になれと言っているのではない。私が言っているのは、**良いことも悪いことも、複数の角度から見ることは、インサイトと成功を最大化する助けになる**ということだ。

難しい状況にいるときは、こう問いかけよう。どんなチャンスを見いだすことができる？　自分の短所は、長所にならないだろうか？　人生やキャリアを振り返ると、自分は大変な状況でどんな成功をおさめてきただろうか？　最も大変な人間関係や仕事関係から得たものは何だろうか？

同じように、物事が上手くいっているときは、こう問いかけよう。潜在的なリスクは何であり、どうすれば避けられるだろう？　自分の長所で、短所に変わり得る部分はないだろうか？　過去の成功のなかに、改善できる部分はないだろうか？　最高の人間関係や仕事関係のなかでひとつリスクがあるとすれば何であり、どうすればそれを軽減できるだろうか？

もしあなたが私と同じく舞台好きなら、劇ではときおり登場人物がシーンから抜け出して、直接観客に語りかけたり、そのシーンを外から観察したりすることがあるのをご存じではないだろうか。多くのユニコーンたちが示してくれたように、これと同じテクニックを使い、**自分の体験を、より客観的な角度からリフレーミングする**ことで、私たちは貴重なインサイトを得ることができる。あるユニコーンは、夫と意見が食い違ったとき、精神的に自分自身から距離を置いて、その状況を「見る」という――怒りっぽい配偶者になるのではなく、観察者になるのだ（「視点取得」を思い出す人がいるかもしれない。しかし視点取得は相手の観点に立つもので、こちらは状況をもっと引いた、客観的な角度から観察するものだ）。交渉術の専門家ウィリアム・ユーリーは、「バルコニーから見下ろす」と見事な比喩で表現しているが、言い方はどうあれ、この種のリフレーミングは、極めて貴重なものになり得る。

瞑想を用いないマインドフルネスの二つ目のツールは、**比較と対比**だ。比較や対比をするときには、これまでの自分の経験や、思考や、感情や、行動のなかで共通する点や異なる点を探す。これは特に、過去には気づかなかったようなパターン（インサイトの七つの柱のひとつ）を知る最善の方法だ。しかし、こんな疑問を持つかもしれない。マインドフルネスは現在を知るものであるなら、どうして過去を振り返ることが役に立つのだろう？　いま、まさに起きていることと過去の経験を比較・対比することは、現在に対する驚くほど明快な視点をもたらしてくれるからだ。たとえば、「先週の仕事はとても満足だった――こんなひどい気分になってる今週は、何が違うのだろう？」。あるいは、「大学で専攻を決めたとき、自分はビジネスに関連する授業を何より楽しんでいたように思う。いまの仕事に同じ情熱を持てているだろうか？」。あるいは、「色んな仕事で同じような困難に直面してきたということは、何を意味しているのだろう？」。

私のキャリアにおける最も重要な「アハ体験」が訪れたのは、この比較・対比のおかげだ。私は大学を卒業してから最初の五年間はアカデミックな環境で、研究者および非常勤講師として働きながら、博士号を取得した。しかし根っからのビジネスパーソンである私は、自分ができるコンサルティング業は何でも引き受けた――最初は大学院の教授の指導のもとで。それからデンバーの小さな会社のコンサルタントとして。博士号の取得後、ビジネスの世界と恋に落ちた私は、社内付きの組織心理学者として数々の会社に勤務した。やがて、私は自分の夢だと思っていた仕事を得た。愛するチームと、会社に役立つと思うものは実質的に何でも自由にやらせてくれる上司のいる素晴らしい会社に職を得たのだ。

しかし二年もしないうちに、モヤモヤとした気持ちを抱き始めた。はじめ、私はこうした気持ちを振り払って、自分は今の環境に感謝しなくなってきているのだと言い聞かせていた。しかしどれだけ頑張っても、モヤモヤした気持ちはどんどん膨らんで無視できなくなっていった。

ある晩、私はこの苦しみについて夫と話し合った。夫は言った。「記憶が正しければ、きみは前の仕事でも二年が過ぎようとする頃まったく同じ感情を抱いていたと思うよ」。自分では気づいていなかったが、彼は正しかった。私が感じていたのは、いわゆる不満足ではなかった――そうではなく、私が感じていたのは、代わり映えのしない人や、プロジェクトや、社内の力関係が続いていくことによる息苦しさだった。出勤しながら、前の日と同じ道を同じオフィスへ同じ時間に向かっていることに対する大きな不安がよく襲いかかってきた。

こんな経験を、前の仕事でもしていたの？　私は考えた。教えたりコンサルティングをしているときに、そんな感情を抱いた覚えはなかった。なぜなら学期ごとにクラスが新しくなるうえ、白紙の状態で新たなクライアントに会うため、ルーティンに落ち着きすぎることがなかったのだ。さらに、誰かのもとで働くよりも、自分のために働いているときの方が遥かに幸せだったのも明白だ（これは今となってはよく分かる。私は代々起業家の家系で、指示されるのが嫌いなのだ）。しかしそんな風に自分に問いかけるのは初めてだった。そうした問いの答えは必ずしも自分にとって都合のいいものではなかったが、まったく新たな次元の明快な視点をもたらしてくれた。

衝動的に行動するタイプでない私は、こうした戸惑うような結論を数週間頭のなかで転がしていた。するとある晩、オフィスから自分の車へと歩いているとき、みぞおちを殴られるかのようにに答えが飛んできた。私は自分の会社を立ち上げるべきだ——以上。それしかない。それも今すぐに。そうじゃないと五〇代になっても、なんで思い切る勇気を振り絞れないのだろうかと、目を覚ましては思い悩むことになる。この気づきは穏やかなものではなかったが、私は大きな解放感と目的意識を得た。快適な会社という場所から去るのは簡単ではなかったが、今は仕事をかつてなく楽しんでいると心の底から言える。そしてこの気づきがどこから来たのかといえば、数週間にわたって自分のキャリアの良い点から悪い点までを比較・対比したからだった。

比較・対比というツールは、仕事にとっての天啓となるだけではない。私生活を行き詰まらせているパターンを発見する手助けにもなる。本人の言葉を借りれば「実に長い有給休暇」を与えられた六六歳の独身コンピュータ・プログラマー（かつユニコーン）であるジェドを例に取ろう。勤める会社が大きな人員縮小をおこなったとき、ジェドは社会保障付きで退職金を支払うと提案された。つまり彼はついに仕事から離れる時間を手に入れたのだ。彼の言う「休暇」に入ってから数か月後の早朝、彼は目を覚まし、かすむ目で天井を眺めていた。ジェドの新しい生活は、居心地の悪い（しかし極めてポジティブな）副産物をもたらしていた。自分の人生のなかで満足していない物事に向き合う自由時間だ——たとえば、いまだに独身であるという事実に。しかし反芻するのではなく、彼はこれまで失敗してきた恋人付き合いに、何か共通点はないかと自分に問いかけ始めた。

当時、ジェドはフローベールの『ボヴァリー夫人』を読み終えたばかりだった（彼はこの休止期間を、若い頃に読めなかった古典小説を読む機会にしようと決めていたのだった）。『ボヴァリー夫人』において、シャルル・ボヴァリー医師は、自分の患者の娘であるエンマと結婚する。はじめ、エンマはシャルルとの結婚を喜んでいるが、すぐに彼に愛想を尽かし——そして（※ネタバレ注意）そんな自分の感情に心をかき乱されたエンマは文字通り命を落としてしまう。ある文章が、ジェドの関心を引いた。

だが、雲のように形を変え、風のように渦を巻くつかみどころのない不安を、どうして口にしたらいいのだろう？　つまり彼女には言うべき言葉が見つからず、その機会もなく、その思い切りもつかなかった。（中略）。シャルルの話ときたら、平板で通りの歩道のようで、そこをだれもが思いつく思想がいつもの平服に身を包んで練り歩くのだから、感動や笑いや夢をそそるわけがない。（『ボヴァリー夫人』芳川泰久訳、新潮文庫、七二頁）

これを読んだとき、ジェドはハッとした。これまでの関係における共通点って「自分」なんじゃないか？　自分が「平板で通りの歩道のよう」だったのでは？　答えを探るため、彼は過去の関係における自分の振る舞いの共通点を考えてみた（とくに、パターン、リアクション、そしてインパクトの柱を）。するとインサイトが舞い降り、どの関係においても、自分が感情を抑えすぎていたことに気がついた。何か腹が立ったときも、彼は何かを言ったり、行動を起こしたりはしなかった。ただシャッターを下ろすだけだった。この拒絶が、彼を「平板」にし、それ以上の深いつながりを阻んでいたのだった。

その頃、彼は二〇年来の知り合いだが、ここ一〇年は連絡を取っていなかった知人と再会した。二人は一緒にダンスのレッスンへ通い始め、なんと恋愛へと発展した。二人は一年後に結婚し、ジェドは今回の相手には違う自分で接することができるようになっていた。たとえば彼にとって面白くないことが起きたとき、昔のジェドなら黙ってやり過ごしていただろうが、新しいジェドは、たとえ難しかろうが気まずかろうが、自分の感情にもっとオープンになる必要があることを知っていた。彼の結婚生活は完璧なものではなかったが（完璧な結婚生活などあるだろうか？）、しかし彼はかつてないほど幸せだった。

比較・対比を試したければ、手始めにいくつかの質問をしてみよう。どの質問も、仕事や、キャリアや、周りとの関係など、自分が理解したいものにほとんど何でも適用できる。Xは、過去と比べて何が同じで、何が違うだろう？　Xの変化に伴って、ポジティブなものでもネガティブなものでも、自分の気分に何らかのパターンはあるだろうか？　Xについての感情は、過去の状況のどんな感情に似ているだろうか？　Xに関する過去の感情に比べて、今日はXについてどれほど満足、あるいは充足感を抱いているだろうか？　自分の人生におけるXを振り返ってみて、物事は良くなっているだろうか、悪くなっているだろうか？

では、最後のツールを見てみよう。研究によると、私たちが経験から学ぶことができない理由のひとつは、自分が発見したことをじっくり振り返ることがほとんどないからだという。このせわしなく、気が散ることの多い世界において、自分自身を定期的に点検する時間を取るのは驚くほど難しい。しかし**日々のチェック**は、時間を取らない（日記と同じで、多くやれば良いというものではない）。実際、ユニコーンたちの多くが、短い、的を絞ったチェックをおこなう習慣があると語っていた（ベンジャミン・フランクリンのように）。建築家から起業家となったあのジェフは、自身のプロセスについて、こう語った。「批判的な第三者の立場になって、こう問うんだ。『今日の自分はどうだった？　今日の過ごし方を自分はどう感じる？』」

内省（あるいは、もっとひどく、反芻）に時間を費やすのではなく、日々のチェックは、その日に下した選択を振り返り、パターンを検討し、上手くいった点といかなかった点を観察することに使うべきだ。このささやかな儀式は、自分の感情や自信にのみならず、行動や結果にも大きな効果をもたらす。たとえば、ある研究では、毎日ほんの数分自分を振り返る時間を取ったコールセンターの研修生は、平均で二三パーセントもパフォーマンスが向上した。

毎晩五分の時間を作ってみよう――帰宅中の車のなかでも、食後にゆっくりしているときでも、ベッドに入ったあとでもいい。意識的に自分にこう問いかけてみよう。**今日は何が上手くいった？　何が上手くいかなかった？　何を学び、明日からどのように賢くなれる？**　人生が変わるような答えである必要はない。そのときは大切とは思えないインサイトが、徐々に自分を向上させていくということはよくある。しかし、毎日ほんの少しずつマインドフルになり、自己認識を増していけば、積み重なったインサイトの効果は計り知れないものになる。

人生の物語――星を眺めるだけでなく、星座表を作る

私の夫は生粋のオタクで、まさにそれが彼と結婚した理由だ。日中は、エンジニアリング会社の情報処理技術者として打ち込み、夜は、何にも増して、天文学に打ち込む。数年前、彼は自分があまりに本気で趣味に打ち込んでいるため、同じくらい本気の望遠鏡が必要だと考えた。こう

した機器はとても高いため、彼は八人ほどの身内を仲間に引き入れ、各自に寄付をしてもらい、ほどなく「人生最高の誕生日プレゼント」を受け取ることとなった。そのお気に入りの望遠鏡を使うたび、儀式のように、セッティングをして、調整し、ときにはカメラをつけて、空にいつ何があるかを調べたりしている。それから、子供のように楽しそうに、屋上のデッキで木星の赤い斑点や、月のクレーターや、土星の環を眺めて何時間も過ごす。

ある週末、コロラドの山地にある私たちの小屋にいた。天気のいい爽やかな夜で、私はすぐにでも望遠鏡が取り出されるものと思っていた。裏口のドアが閉まるのが聞こえ、そのうち裏のデッキから「ねえ、ちょっとこれ見て！」という声が聞こえてくるだろうと待っていた。しばらくしても、そんな声が聞こえてこなかったので、私は外に出て、様子を見に行くことにした。驚いたことに、夫は望遠鏡を横のキャリーケースにしまったまま、ただ座って星を眺めていたのである。

「望遠鏡、壊れたの？」。私は恐る恐る聞いた。

微笑みながら、夫は壊れていないと言った。「外に出たら、目が慣れてね。色んな星座を見ていたんだ――今日は天の川がとても美しくない？」。まだ私が困惑しているのを見て、彼は言った。「ときどき一歩引いて、もっと広い視野で見るのはとても良いことなんだ」

同じことは、自分を見つめる際にも言える。これまで読んできたマインドフルネスのツールは現在の自分自身を理解するのに役立つが、**ライフストーリー**のアプローチは、**自分を振り返っ**

て、過去の自分の総和が、いかに自分を形作ってきたかを知るのに役立つ。人生におけるそれぞれの出来事を星とするなら、ライフストーリーは星座だ。そして望遠鏡で個別の星を見てばかりいると、空に散らばる星座の明るさや美しさは理解できない。その意味で、ティモシー・ウィルソンの言う「自分の人生の伝記作家」になるプロセスは、自分自身や、自分の来歴や、自分の可能性を知るために極めて効果的であると同時に、驚くほど活用されていないアプローチだ。

心理学の教授ダン・マクアダムスらが、三〇年以上にわたってライフストーリーの研究を数多く進めてきた。マクアダムスは、参加者にライフストーリーを作ってもらう際に与えたアドバイスは、以下のようなものだ。

一冊の本であるかのように自分の人生を考えてください。その本を、人生の重要な各段階を構成する章に分けてください。その各段階のなかで、五〜一〇の具体的な人生のシーン（良い瞬間、悪い瞬間、ターニングポイント、幼い頃の記憶、子供の頃の重要な出来事、大人になっての重要な出来事、その他の自分を決定づけたと思う出来事）を考えてください。それぞれの出来事について、以下の点を少なくとも一段落、記入してください。

1　いつ、何がありましたか？　関わったのは誰ですか？

2　あなたや周りは何を考え何を感じ、この出来事の何が自分にとってそんなに重要でしたか？

3　この出来事は、いまの自分についてや、自分がこれまでにどう成長してきたかや、これからの自分について、何を物語っていますか？

すべてを書き終えたら、一歩引いて、ライフストーリー全体を見返してみてください。

1　あなたの物語では、どんなメインテーマや、感情や、教訓が見て取れますか？

2　あなたのライフストーリーは、あなたがどんな種類の人間であり、どんな人間になっていくことを示していますか？

3　あなたのライフストーリーは、あなたのどんな価値観、情熱、願望、フィット、パターン、リアクション、そして周りへのインパクトを示していますか？

数万人のライフストーリーを集めると、マクアダムス教授らは、そうした物語には大抵一貫するテーマがあることを発見した。そして、それらのテーマを特定することは、矛盾して見える自分のさまざまな側面をひとつの視点から理解する手助けになる。仕事を愛し、非営利組織の資金調達をおこなう内向的なチェイスの例を紹介しよう。彼の内向的なパターンと、よく会話を交わす必要のある仕事への情熱は、一見矛盾しているように思える。しかしチェイスが自分のライフストーリーを検討してみると、自分の良い瞬間には必ず自分よりも恵まれない人びとに対して「善い行い」をしていることに気づいた。彼の仕事は内向的な人が好む以上の付き合いや交流が必要であるものの、その仕事は彼にとって一番大切な価値観である人助けに貢献するものなのだ。そのためなら少しの社交くらい、チェイスは喜んでするのだった。

自分の人生の伝記作家になって真のインサイトを引き出すための、具体的な方法をいくつか見てみよう。研究では、自己認識のある人びとは、人生の重大な出来事に対して比較的**複雑な記述**をする傾向にある。それぞれの出来事をさまざまな観点から、複数の解釈を含めて記し、複雑かつ矛盾さえする感情を探究する。あらゆる面で、この複雑さは、前の章で学んだ「絶対的な真実への欲求」と正反対のものだ。シンプルで、一般化できる事実を求めるのではなく、自己認識を持つ人びとは、人生における重要な出来事の複雑な性質をよく理解している。おそらくそんな理由から、複雑なライフストーリーは将来にわたって何年も続く継続的な成長や成熟と関連しているのだろう。

同時に、**一貫したテーマ**も見つけたい。複数の重要な出来事にまたがった一貫するテーマを見いだせると、驚くほどのインサイトを得ることができる――チェイスが、自分のテーマは「善い行い」をすることだと発見したように。よくあるテーマとしては、達成（たとえば個人的成功）、関係（たとえば他人との関係の形成や継続）、そして成長（たとえば人生を発展と向上の機会だと捉える）などがある。その他にも、マクアダムスが尽力してきたテーマも、特に興味深い。それが救済というテーマだ。「汚染過程」にいる人には、良い物事が悪い物事に変わっていくパターンが見られ、「救済過程」にいる人は、悪い物事は良い物事に変えられると信じている。

自己認識を研究するティモシー・ウィルソンと彼のチームは、良い成績を取れずに苦しんでいるデューク大学の一年生たちを研究して、「救済過程」の効力を示した。明らかに、学生たちの成績の低さは、「良い学生、素晴らしい学校、明るい未来」という自らの発言とは大きく対立するものだった。ウィルソンらは、学生たちを二つのグループに分けた。ひとつは、学生生活に慣れたあと、いかに成績を向上させたかを語る上級生の動画を見せたグループ──つまり、自分たちの苦境を説明してくれる新しい別の視点を聞いたグループだ。もうひとつのグループは、そうした解説を与えられなかった。その効果は甚大だった。一年後、「新しい視点」を得た学生たちは、成績評価値ＧＰＡが平均で０・１１向上した（「昔のままの視点」の学生たちは、若干ＧＰＡが落ちていた）。そして落第する率が遥かに低かった（学業を放棄したのは「新しい視点」の学生がわずか五パーセントだったのに対し、「昔のままの視点」の学生は二五パーセントだった）。

「救済過程」の特に心を打つ例のひとつは、マクアダムスの研究対象となった若者──ここではジェームスとする──で、彼の人生は困難に満ちていた。レイプの結果できた子供だったジェームスは、刺されて瀕死に陥ったことを含めて、次々と苦難に直面した。しかし多くの人間が暗闇と絶望しか見いだせないところで、ジェームスは希望を見ていた。「私は一度死んだが、医者たちが生き返らせてくれた（中略）。自分の人生哲学は、どんな状況に直面してもネガティブでなくポジティブになることだ。ポジティブな考えでいれば、前に進める。ネガティブな考えに陥ると、溺れてしまう」。ジェームスのことを、底抜けの楽天家なのだとレッテルを貼ってしまうのは容易い。しかし、彼のような人物についての研究は、明快な観点をもたらしてくれる。難題を正しく認識すると同時に、救済の機会だと見なせば、どんなにひどい体験であっても、学び、成長し、向上するきっかけとなり得るのだ。

そのため自分のライフストーリーを書くのであれば、きれいで整然としたハリウッド映画のような語りは避けよう。複雑さや、曖昧さや、矛盾を受け入れることは、その美しい混沌のなかにある内面の真実を知るのに役立つ。

ソリューション・マイニング――問題から成長へ

これまで本章では、自分の現在をより良く理解するツール（瞑想／非瞑想マインドフルネス）について、過去をより良く理解するツール（ライフストーリー）について語ってきた。そうすると、残る重要なトピックはひとつだ。どうすればもっと内的自己認識を得て、将来の成功につなげられるだろうか？　あるユニコーンは、こう語った。「自分を知るだけじゃ足りない。目標を設定して、本当に自分が求める人生を生きるために必要な変化を起こさねばならない」。自分を見つめる作業に取り組み始めると、かなり多くの場面で、今の自分と、将来なりたい自分やなる必要のある自分との落差を知る。マインドフルな比較・対比をすることで、自分が働いている会社が自分に合うものではないと気づいたとしよう。あるいはライフストーリーを書くことで自分の人生における家族の重要性に気づいたものの、週八〇時間も働く現在の仕事は、その価値観に見合っていなかったとしよう。そこで、**新しく発見したインサイトをもとにして行動するかどうかが、成功と停滞を分ける**。

たとえば、マットは聡明で、野心を持った金融マンだった──業界の知識があるだけでなく、上司、同僚、そしてクライアントたちから、その勤勉な働きを称えられていた。私は彼が勤める会社のポテンシャルの高い人材に向けた育成プログラムを担当していて、そこで初めて彼に会った。そして彼のポテンシャルはすぐに見て取れた。

マットは事業部長を長期的に務めていくことを前提に雇われたばかりだった。会社のCEOによれば、マットは三年ほど部長のもとで働いて仕事を覚え、それから部長が辞める際にスムーズに仕事を受け継ぐという計画だった。しかし、よくあることだが、物事は計画通りには進まなかった。マットが勤め始めてから一年後、部長は突然体調を崩し、会社を去る羽目になった。少なくともひとまずは、外部から代わりの人材は雇わないとCEOが決めたため、扉はマットに開かれた。

しかしCEOは、マットを後任に指名したいと思っていたが、マットの準備ができているのか定かではなかった。そのためマットは何だか変な位置づけとなっていた。マットを指導する者がいなくなり、誰もグループを引っぱっていく人物は任命されず、誰かが一歩踏み出して、空白となったリーダーの座を埋めねばならなかった。そこでマットはＣＥＯに連絡を取り、より持続的な解決策を見つけるまで、自分がその地位を埋めることを提案し、ＣＥＯも了承した。マットは成長痛を感じるだろうと思っていた。チームを鼓舞したり、パフォーマンスを管理したり、結果を出したりといった、どんなリーダーも直面する難題に加えて、いまの同僚たち数人にとっての非公式な上司という複雑な立ち位置でいなければならなかったからだ。しかし尻込みするのではなく、マットは問題を解決策へと変える完璧な機会だと考えることにした——つまり、部長職を得るために必要なスキルを育てるという目標を立てたのだ。

難題にぶつかったとき、解決策を見つけることが一番生産的な選択であることは、多くの人が直感的に知っている——だから上司たちは「問題を持ってくるな、解決策を持ってこい！」とわめき立てるのだ——しかし特にビジネスの世界では、とてつもなく多くの時間を問題に注いでいて、その解決に割いている時間はずいぶん少ない。しかし**解決策に焦点を当てること——ソリューション・マイニング**と呼ぶテクニック——は、何よりも早く目標にたどり着く手助けとなるだけでなく、考え込むことを抑えて理解を増すという驚きの効果がある。たとえば、ある研究では、目標を設定することと、達成への進捗を記録することに焦点をあてた三か月のライフコーチング・プログラムを受けてもらった。すると参加者たちは記録的な速さで目標を達成しただけでなく、内省の減少と、自己認識の向上を示した。ほかの研究では、こうした効果がおよそ八か月後まで続いた。ついでに言えば、ソリューション・マイニングは反芻の強力な対抗手段となる。

ソリューション・マイニングに関するデータはあまりに説得力があるため、心理学という分野は、解決策に焦点を当てることがインサイトや、幸福や、成功を生むという前提に立ってすべてを構築してきた。スティーブ・ディ・シェイザーとインスー・キム・バーグという夫婦が一九八〇年代に開発した解決志向ブリーフセラピー（短期療法）は、うつ病や、常習的な犯罪や、ストレスや危機管理、それから親や、犯罪者や、問題行動を起こす思春期の子供たちや、医療従事者や、結婚生活がうまくいっていないパートナーなどの心理的および社会的機能を劇的に向上させることができる。そして本書に引きつけて言えば、このアプローチは大いなるインサイトと、心理的成長に関係している。

問題ではなく解決策を掘っていく能力を増すための、シンプルかつ強力なツールとは**奇跡の質問**《ミラクル・クエスチョン》だ（チップ＆ダン・ハースの『スイッチ！――「変われない」を変える方法』（早川書房、二〇一三年）からの参照だとお分かりの人もいるかもしれない）。ディ・シェイザーとバーグが開発した奇跡の質問は、職場だろうが、家庭だろうが、セラピストの部屋のソファーだろうが、どこでもインサイトを生む。ゴルファーのパターのイップス（たとえばストローク時の震え）を軽減させる手助けにさえなった。では、奇跡の質問とは具体的にどのようなものだろう？

今夜眠りにつくと、あなたの人生に奇跡が起こるところを想像してください。その奇跡のような瞬間は、あなたの問題を完全に解決し、あなたの人生の他の領域にまで広がって無限に向上させていきます（中略）。しばらくのあいだ、考えてみてください（中略）。人生はどのように変わっていくでしょう？　詳細に語ってみてください。朝目を覚ましたあなたは、まず何に気がつくでしょう？

マットの例に戻ろう。チームから、最大の問題は束ねる力だとフィードバックを受けたマットは、この奇跡の質問を活用して、解決策を探ることにした。マットは考えた。もし自分の問題が魔法のように解決したとしたら、その最初の兆候は、人へ助けを求めることを弱さだと見なさなくなることだろう。きっとそれを、チームが積極的に関わり、向上し、繁栄するための方法だと受け止めることだろう。

そんなふうにマットは問題を解決した理想の姿を熱心に思い描き続けた（ハース兄弟は『スイッチ！』のなかで、これを「目的地の絵はがき《デスティネーション・ポストカード》」と呼んでいる）。自分の精神的な負荷を減らして効率性を上げ、チームの積極性とパフォーマンスを向上させる姿だ。そしてマットが考えた解決策はシンプルにしすぎた単純な行動（「もっとうまく人を束ねていこう」）ではなかったことに注目してほしい。シンプルにしすぎるのではなく、自分と部下たちが深いレベルでどのように変化するかをしっかりと思い描いたのだった。

そして実際に、奇跡の質問がこれほど効果的なものになり得る理由は、その質問によって、自己認識の重要な柱である「願望」について、より広い観点から考えることができるからだ。私たちが調査したユニコーンのひとりも、同じような見解を示した。エミリーは食べていくのが精一杯の、子供が八人いる大家族で育った。自分の家族のような失敗は繰り返すまいと、彼女は厳しかった子供時代を、仕事での成功のモチベーションにした。

　自己認識は目標抜きには生まれません。私は何を達成するべきかを考えます――たとえば、会社に入ったばかりのときは、強力な関係を作り、信頼を得る必要がありました。それを達成する唯一の方法は、チームからの信用を勝ち取り、私を信じてもらえるようにすることでした。一歩でも踏み間違えれば、私にとっては問題が起きる。だからいつも自分に問いかけていました。この行動は私の目標にどんな影響を及ぼすだろう？

しかし内的自己認識の向上においては、目標を立てれば何でもいいというわけではない。キャロル・ドゥエックとディーナーが指摘した「うまく学ぶ」子供たちと同じように、**目標を、自分がどう学び成長するかという観点から表現したとき、まったく新しいレベルのインサイトと達成への道が開ける**。ある研究では、大学生たちに人生の大きな目標と、それを達成するための方法について二段落の文章を書いてもらった。興味深いことに、学びや成長という観点を絡めて目標

を書いた学生たちは、およそ四年後に自己認識や、成熟度や、幸福度が向上していた。★

マットの例では、より効果的にチームを束ねていこうと単純に誓うのではなく、不安を乗り越えて周りに助けを求め、チームに刺激や力を与えることを通して、より深いレベルで変化することができた。続く数か月、マットは機会が訪れたときに部長を引き継げるよう、必要なスキルの向上に取り組み続けた。やがて、CEOは正式にマットを昇進させた。そしていま、一年以上が経ち、期待以上の成果を上げ続けている。彼が見事に物語っているのは、問題をどう成長につなげられるかと考えることができるようになれば、たちまち主体的になり、望むものを手に入れやすくなるということだ。

◆

さて、私のマインドフルネスへの旅の結末や、そこからどう生還したか気になっている人がいるかもしれない。瞑想コースの最終日、私たちのグループは、雪のなかをずいぶん歩いて、ザ・グレート・ストゥーパ・オブ・ダーマカヤへと向かった。カラフルな祈祷旗が結びつけられた優雅な木製の橋を渡りながら、高くそびえる塔を見上げた。二つの白く大きなアーチの突端に、円すい型の金が輝き、雪のかかる松に囲まれた自然の円形劇場に鎮座している。私は意外にも感動した。

★ドラマ「24」のファンなら、この研究の第一著者の名前を知って関心を持つかもしれない……そう、その名は……ジャック・バウアーだ。

畏怖に打たれつつ、外から素晴らしい光景をじっくり眺めたあと、私たちは靴と冬用の上着を脱いで、仏塔のなかに入った。「ワオ」、中に入りながら、私はアビーにささやいた――私たちは首を伸ばし、精巧に塗られた明るい青の天井の下にそびえる黄金のブッダを見た。

驚いたことに、私はこんなことを考えていた。「ここで瞑想してみたい」

そして実際にやってみると、私はついに瞑想を体験することができた。それは、誰よりも私が驚きだった。その週末ずっと、私の心は泥入りのグラスの水をかき混ぜたみたいだったのに、それがいまや、数分のあいだ、すっかり澄みきっていた。私の「タイプA」の、心配性で考えすぎな脳が時速一〇〇万マイルで動くのを止め、完璧なる平穏が訪れていた。そのときに、なぜこんなに流行しているのかを理解した。

シャンバラから戻る車のなかで、私は妹と穏やかな静寂のなかで肩を並べているのを幸せに思った――これまでには一度もなかったようなことだ。すべての瞬間をおしゃべりや音楽で埋める必要はないのだと、私は喜びに打ち震えるようにして悟った。アビーと二人で魔法のような空間から騒がしい都会へと戻りながら、私は瞑想用のクッションを買って、オフィスの半分をマインドフルネスのメッカに作り変えようと考えていた。

街に戻った翌日、私は嬉々として瞑想に取り組んだ。その次の日も、瞑想に取り組んだ（二キロになる愛情に飢えたプードルのせいで、ずいぶん苦労したものの）。しかしその翌日は、瞑想をしなかった。その翌日も。さらにその翌日には、オフィスを作り変えるのも、しばらく先送りすることにした。正直に認めてしまえば、それ以来瞑想をしていない——それは瞑想に可能性を見いだせなかったからではなく、瞑想を活用しないテクニックの方が自分に合っていると気づいたからだ。

ポイントは、内的自己認識へ向けたアプローチはたくさんあるということ（過去を精査するライフストーリー、いまを知るための瞑想／非瞑想のマインドフルネス、そして未来を形作るためのソリューション・マイニング）。どれも試す価値のあるツールだが、人によって合うツール、合わないツールがあるだろう。インサイトを得る過程とは、自分にとってどのツールが一番合っているかを理解していく過程でもある。

第3部　外的自己認識——迷信と真実

第7章
めったに耳にしない真実
――鏡からプリズムへ

向こうから近づいてくる赤の他人は、チラッと見ただけであなたのすべてを見抜き、あなたを品定めし、生涯を通して自分と付き合ってきたあなたさえできないような、あるいは決してしないような形であなたを認識する。(中略)だからこそ、何よりもまず自分をよく知るべきだ。

ウォーカー・パーシー

科学的にも裏付けられた古い格言がある。「酔っているときの言葉は、酔っていないときに考えていること」。ある土曜の夜遅く、地元の混み合ったバーで、私もこの格言がどれほど真実を言い当てているかを思い知った。

はじめのうちは、何の問題もなかった。デンバーの繁華街にある人気のレストランでのことだ。夫と私は、彼の昔からの友人六人と共に、素晴らしい食事とワインを大いに楽しんだところだった。私は（運転する予定だったので）炭酸水を飲み続け、酔っ払っていないにもかかわらず、とても良い気分だった。テーブルを囲む面々とは一〇年以上の仲で、まさに完璧な夜といった感じだった。友人たちはウィットをいかんなく発揮し、笑いすぎてお腹が痛かった。会計が来ると、楽しすぎて帰るにはもったいないということになった。

「セルティックはどう？」。テレサが言った。「ずいぶん行ってないし！」

「あのアイルランドのパブ？」と夫は目を大きくして言った。「あそこは最高だ！」

一時間後、ただでさえ酔っていた面々が、さらに強烈なノスタルジーに酔っていた（セルティックとは、みなが二〇年以上前によく通っていた店だった）。大きな音楽が鳴り響くなか、ハイテーブルをいくつかくっつけて、みなで思い出話を始めた。私は立派な中年の社会人たちが、若者のようにふざけ合っているのを見ながら笑っていた。

それぞれ小さなグループに分かれて会話が始まると、テレサが椅子を近づけてきた。「ターシャ」と彼女はうっとりと言った。「本当に嬉しいの、デイヴが私たちとあなたを出会わせてくれて」。なんて素敵なの！　夫が私と仲間を出会わせてくれたことを同じように感謝しながら、私は思った。しかし私が返事をする前に、彼女は続けた。「しかもあなた、初めて会ったときに比べて、ずいぶん良くなった」

私は固まって、たちまち動揺した。「ど、どういう意味？」

次に起きたことを私は一生忘れないだろう。混み合うバーの喧噪のなか、テレサは立ち上がり、私の頭を力強い手でつかんで、躍起になって首から上をねじ切った。もちろん、彼女はそんなことしていないが──私にはそんな風に感じられた。詳細については控えるが、博士課程を終えたばかりですべてを知っていると思っていた二六歳当時の私は、かなり傲慢で我が強かったのだろう。

「どうも」と私は何とか答えた。「正直にありがとう、テレサ。すごく参考になる」

「どういたしまして」。彼女は微笑みながら言った。

私は彼女を椅子から蹴り落とすのを我慢することしかできなかった。

怒りが収まると、これは真にアラームクロック・イベント（目覚ましとなる出来事）で、実は貴重なチャンスだと気づいた。テレサが言っていたことがまったく見当外れだと証明するきっかけになればと願った。しかしいずれにせよ、もう少し精査してみる必要があった。

そこで家に帰る車のなかで、助手席に座る浮かれた夫に、先ほどの会話のことを詳しく話した。

「どう思う？」

「どう思うって？」

「彼女が正しいと思う？」

「う〜ん、これは何かの罠？」

「違うから――続けて」。私は彼を安心させ、できるだけ平然として聞こえるように言った。「あなたにもテレサが言ったことが分かるのか知りたくて」

彼はしばらく間を置いてから、言葉を発した。「まあ、ね……彼女が言わんとすることは分かる」。私が言葉をこらえて深呼吸をすると、彼は続けた。「ほら、まだ仕事に就いて半年も経ってないのに、きちんとした個室のオフィスが欲しいと言ったの覚えてる？」

「そうだっけ？」。私は忘れたフリをして言った。

「いや、実際は要求したって感じだ」と彼は言った。「あれなんか、僕から見たらずいぶん度を越してる」

その当時の私は、同僚がみな個別のオフィスを持っているのに、自分にはないなんてまったくの不公平だと頑なに思っていた。しかし突然、別の角度から状況を眺めることができた。新しく雇われた切れ者気取りの博士号取得者が、ぐずる子供のようにオフィスを要求している。夫に言われて振り返ると、それが周りにどのように映っていたか分かった。そして自分が恥ずかしくなった。

何週間も、さまざまな感情が心のなかに渦巻いた。若かりし頃の自分の真実を耳にして驚いた？　もちろんだ。自分の振る舞いに恥ずかしくなった？　当たり前だ。でも何より、私が傷ついていたのは、誰も――一、人、た、り、と、も！――そのことを一〇年近く私に言わなかったことだ。

さいわい、私はその一〇年のあいだに向上したようだが、二六歳の私にこうした傾向があったという事実は、現在の私にも変わらず戒めであり続けている。そしてこの貴重なインサイトを得たおかげで、自分の振る舞いが他人からどう見えるか、より客観的に見つめるようになった。酔っていたみんなの言葉が、酔ってないときに知ったなかでも有数の真実を明らかにしたのだった。

内的自己認識が自分の内側に目を向けてインサイトを得るものなら、外的自己認識は外に目を向けて自分がどう見られているかを理解することだ。そしてどれだけ懸命に試みても、一人でおこなうことは純粋に不可能だ。だが残念ながら、**周りが自分をどう見ているかを普段知ることができないのは、ひとつのシンプルな事実による。最も近しい人たちでさえ、そうした情報を進んで伝えてくれることはない**という事実だ。ちらほらと（口を軽くする酒の力があろうがあるまいが）意見を聞くことはあっても、それを明るみにだそうとする意識的な努力がないと、たいていは、法廷で誓う言葉を借りれば、「すべての真実を、そして真実だけを」得ることはできない。

事実、私たちは周りが基本的に自分についての真実を告げてくれない世界に生きている。真実を知るのは気まずくて、尋ねるのも気が進まないため、知らないのが幸せだということにしてしまう。多くの人は、周りが自分をどう見ているのかを知ったときのことを考えるだけで、大きな恐れや不安を抱く（「そのジーンズだと本当に太って見えるね」、「あなたのプレゼンは、まとまりがなくて、面白くなかった」、「あなたは二六歳のとき、耐えがたいほど傲慢だったね」）。周りからどう見られているかを知るのには怖さや、恐れや、どうしようもない痛みを伴う可能性はあるが、知らないよりも遥かに良い。

想像してほしい。いまあなたは月曜のオフィスにいる。午前半ばのちょっとしたトイレ休憩のあと、トイレットペーパーの長い切れ端を靴の裏にくっつけたまま、オフィスに戻ろうとする。まったく周りが見えていないという証拠だ。オフィスへ戻りながら、周りはクスクス笑い始める。「あれ見た？」と互いに言い合っている――しかしあなたには、誰も何も言わない。そしてほとんどの人は、あなたが大切なクライアントとのミーティングに向かっていることを知らない。

あなたが意図せぬアクセサリーを着けたまま会議室に入ってくると、クライアントは笑みを浮かべながら困惑しているようで、黙ったままだ。結局、そんなことがなければ成功していたかもしれないミーティングのあと、クライアントの女性は、あなたが注意力散漫でだらしない人間だと結論づけ、これ以上仕事を任せまいと決める。一人でも周りが声をかけていたら、この恥ずかしく代償の大きな体験をせずに済んでいたはずだ。

もちろん、今回はあえて滑稽な例を挙げたが、がさつなマネジメントスタイルであれ、対人スキルの低さであれ、緊張すると口ごもる傾向であれ、人は誰しもそういう比喩的なトイレットペーパーを、靴の裏にくっつけて歩いている。そして大抵、それに気づくのは自分が最後だ。

自分が部屋を出たら周りは何と言い出すか気にならない人はほとんどいない。しかし知りたいという衝動に突き動かされるのではなく、多くの人たちは頑なに目を背けて知らないフリをする。

誰も何も言ってこないんだから、自分は（仕事のパフォーマンス／結婚生活／リーダーシップの能力について）知るべきことはすべて知っているに違いない、そんな風に考える。もちろん、この思いは理解できる――これまで見てきたように、厳しい真実とは聞き入れにくいものなのだ。しかしそんな真実を避けていると、好ましくない二つの結果を招くリスクがある。一つ目は、成功を遠ざけている行動についての真実を知ることができず、見えないトイレットペーパーを靴にくっつけて歩き、後ろで周りに笑われることだ。そして二つ目は、結局いつか――たまたま会話が耳に入ってきてしまったり、「反省会」だったり、安い酒場でのアルコールに後押しされた告白などで――不意をつかれたり、手遅れで何も対処ができない形で真実を知ってしまうということだ。「フィードバックはギフトだ」という言葉は本当に耳が痛いものであるから、人はそれがどれほど的を射た言葉であるかを忘れがちだ。そして私たちがこのギフトを必要としているのは一つのシンプルな理由からだ。**基本的に、あなたのことはあなたより他人の方が客観的に見ている。**心理学者のティモシー・スミスらは、互いに心臓病の検査を受ける三〇〇組の夫婦を調査し、このことを見事に明らかにした。チームは被験者たちに、自分とパートナーの怒り、敵意、論争性――どれも心臓の病気の強い予測材料――のレベルを評価してもらったところ、自己評価はパートナーからの評価に比べて遥かに不正確なものだった。また別の研究では、一五〇〇人以上の海軍士官と部下たちに士官のリーダーシップスタイルを評価してもらうと、部下たちだけが正確に上司のパフォーマンスと昇進の可能性を評価していた。他人は、本人よりも正確に、本人のこれからの行動を予測しさえしていた（友人から明らかに似合っていない新しい恋人を紹介されて、関係は長く続かないだろうと予想して当たったことがある人なら、それが証拠だ）。

実は、まったくの他人――つまり、一度も会ったことのない人――すらも、戸惑うほど正確にこちらのことを判断できる。デイヴィッド・ファンダーらは、大学生たちに対する近しい間柄の人びと（親、友人、ルームメイト）からの評価と、それなりに知っている人びと（大学や地元の知人）からの評価と、まったく知らない人（対象学生の動画を五分見せられただけの他人）による評価をおよそ七〇項目でおこなってもらい、比較した。この三つのグループの評価は驚くほどに正確だった。三つの項目をのぞき、すべて一致していた！　各グループは、対象者をどれほど知っているかに関係なく、似たような特徴を感じ取る傾向にあった。驚くべき発見は、**あなたが知らない人でも、貴重なフィードバックの情報源になり得る**ということだ。

しかしここまで言っても、自分のことは他の誰より自分が一番よく知っていると考えたくなるものだ（なんといっても、自分は毎日自分自身と暮らしているのだから）。この本で前に使った比喩を持ち出せば、鏡に映った自分を見るとき、これが唯一の、それゆえに最も正確な自分自身の姿だと結論づけることは容易い。そんな姿を見つめている方が、他人は自分と同じようには見ていない可能性があると考えるより遥かに簡単で安心だ。しかし、真のインサイトにとって、自分の内側に目を向けることは必要だが十分な条件ではない。

組織のマネジャーたちと話しているとき、私はよく「部下たちが、あなたのリーダーシップについて、あなたと同じ意見であると自信を持って言える人はいますか？」と尋ねる。およそ半分くらいの手が上がる。そこで私はレベルを上げてみる。「その意見に、退職後の貯蓄を賭けられるという人は手を上げたままにしてください」。こう言うと、大抵の人は考え込む顔をしたあと、おずおずと手を下げる。しかし一方で、誰の意見が「正しいか」（自分たちか、部下たちか）と問うと、自己認識ができていると思われたいからか、多くのマネジャーは力強く「部下たち！」と答えるのだった。残念ながら、答えはそんなにシンプルではない。鏡に映った自分の姿を見るだけでは真のインサイトを得られないのと同じように、他人の目だけを通した姿も、自分の全体像を提示するものではない。

それゆえに真の自己認識を表現するのに適した比喩は、鏡ではなく「プリズム」になるだろう。小学校の理科の実験で覚えているかもしれないが、プリズム（ガラスの三角柱）に白い光を通すと、光が屈折して、七色に分離して反対側に照射される。周りが自分をどう見ているかについて新たな観点がひとつ増えるということは、この全体像にうまく色が追加されるようなものだ。単調な白い光を見るだけでなく、プリズムを通せば、もっと豊かで複雑で厚みのある形で自分が見えるようになる。

私たちの自己認識ユニコーンのひとりであるジェレマイアは、こうした他の色がどれほど重要かを最近思い知った。これまで彼の自己認識における転換点は、もっと内的な性質のものが多かった——たとえば、最初の職業選択は自分にフィットするものではなかったと気づき、学校に戻ってブランドマネジメントに情熱を注いだ。そしてジェレマイアは、自分のことをよく分かっているると知っていたものの、外部の視点の大切さについては、会社のコーチング認定プログラムに参加して初めて知った。

それまでは、いつも物事に――それがビジネス上の決断であれ、キャリアの選択であれ、仕事仲間との会話であれ――自分がやっていることは「正しい」か「間違っている」かのどちらかだというメンタリティで臨んでいた。しかしコーチングを学んでいくにつれ、ジェレマイアは「唯一の正解」がある場面などめったにないことに気がついた。彼は、クライアントが最善の道を見つけるための手助けとなる最高のツールは、自分が相手にどんな影響を与えているかを理解することだと悟った。たとえば、同じことばかり話しているクライアントにいら立って、意図せずそれが伝わってしまったら、相手は防衛的になり、良い思考を妨げてしまう。さらにもう少し広い観点から言えば、自分がどう見られているかを真に理解するためには、周りからのインプットを求め、尊重する必要があることに気づいた。彼は次のように語った。

周りが自分のことをどう思っているかを知るときというのは、周りから鏡を掲げられているときで、その鏡は自分の鏡とは別の姿を映していることがある。それぞれの現実は少しずつ違っているけど、そのうちのどれかひとつが唯一の現実、というわけじゃない。

つまり、**自己認識とは、唯一の真実があるものではない**。自己認識は、自分についての自分の見解と他人の見解が複雑に織り交ざったものだ。実際、この分野についての研究によると、この二つの異なる観点は、重複する領域の情報を集めているというより、自分の別々の側面を捉えていると言える。前にも紹介したように、内的自己認識か外的自己認識のどちらかしかないときというのは、パズルの大きなピースが欠けているのに等しい。そのため周りの意見は真剣に考慮するべきではあるが、同時に、その意見で自己を規定したり、自己イメージを完全に覆したりするべきでもない。ポイントは、これから紹介するように、受け取ったフィードバックを精査し、そのフィードバックに対応するか（しないか）を決める方法を知ることだ。

この章では、対応するべき正直なフィードバックを得る方法や、自分がどう見られているかをより良く知る方法をいくつか学んでいく。まずは、外的自己認識を得るにあたって最大の障壁となる二つのものについて語る。それから、そうした障壁を乗り越えるために、職場でも私生活でも適切なフィードバックを得る手助けとなる三つの方法を紹介する。

マム効果（あるいはグレン・レスターに何も知らせない理由）

消費者の好みに関する調査に参加を依頼されたとしよう。会場となる部屋に着くと、男性用の消臭剤について意見を聞かれるのだと知って、少し楽しくなる。研究者（仮にローゼン博士としよう）

は、さまざまなブランドの製品が並んだテーブルへあなたを連れていくと、今日は各製品について色やにおいなど複数の要素を評価してもらいます、と大げさに宣言する。ローゼン博士は、内容を伝え終わると、感謝を述べて、部屋から去る。

少しすると、彼が急いで戻ってきて、こう尋ねる。「すみません――あなたはグレン・レスターさんですか?」（あるいは女性なら「グウェン・レスター」と尋ねる）。あなたは首を横に振る。ローゼン博士は言う。「そうですか、グレンも来ているはずなんですが。彼宛に電話がかかってきまして――彼から連絡がないか様子を見てきます」。するとまたしばらくして、ローゼン博士が戻ってきて、重々しく言う。「グレンが来たら、すぐに自宅へ電話をかけるよう伝えねばなりません。どうやら家族に関して何かとても悪い知らせがあるようで、すぐに知らせる必要があるのです」。あなたはどんな知らせだろうかと考えながら、会ったこともない男に同情し、不意に人前で大変な知らせを知ることになるなんてどれほど辛いことかと思いを馳せる。ではここで、難しい質問を。ほどなくグレンがやって来たとき、あなたならどうする？　彼に大切な知らせがあるようだと伝える？　もし伝えるなら、悪い知らせのようだということまで知らせる？

この巧妙な実験は、ジョージア大学の心理学者シドニー・ローゼンとエイブラハム・テッサーが一九六八年におこなったもので、おそらくお分かりのように、男性用消臭剤の好みを尋ねる調査ではなかった。ローゼンとテッサーが知ろうとしていたのは、人は良い知らせよりも悪い知らせを伝えることをためらうのかという点だった。そして結果はまさにその通りだった。グレンの「知らせ」が良いものだった場合──別のグループの参加者たちには、グレンに良い知らせがあるという電話があったと伝えていた──、グレンが部屋に入ってくるなり、半数以上がすぐさま状況を伝えた。しかし悪い知らせだった場合、概要をすべて伝えた人は五分の一だった。さらに、その「グレン」（実はこのプロジェクトに関わる研究者）が、どんな種類の知らせなのか教えてくれと迫っても、八〇パーセントもの人が答えるのを拒否した。何度も求めたあとでさえ、およそ二五パーセントは決してどんな種類の知らせかを告げず、あわれなグレン・レスターは何も知らされないままだった。

この傾向をローゼンとテッサーは**マム効果**（MUM Effect）と呼んだ。MUMは、「**望ましくないメッセージについて沈黙を保つ**（Mum about Undesirable Messages）」の頭文字から来ている。二人は──後世のさまざまな研究で裏付けられているように──相手を動揺させ得る情報を持っている場合、人は最も負担の少ない道を選ぶ傾向にあること、つまり単に何も言わないという選択をする傾向にあることを明らかにした。

マム効果は、グレン・レスターに伝えなかった個人的な知らせだけに当てはまるものではない。人の失敗や弱点についての気まずい情報を伝える際にも当てはまる。最近私は、マネジャーが突然辞職したチームについての話を聞いた。辞職の知らせを受けて、五人の部下たちは自分がマネジャーを継ぐことになると考え、自分のほぼ確実な昇進をはやる思いで待っていた。しかし、その昇進は実現しなかっただけでなく、チームのシニアマネジャーは外部から代わりの人材を雇った。どうやら、五人の知らないところで、全員上司を満足させるような働きぶりではないと判断されていたらしく、昇進などもってのほかだったのだ。しかしそんな不満をリーダーは――あるいは他の誰かは――五人に伝えていたのだろうか？　もちろん伝えていなかった！　もし部下たちがフィードバックを受け取っていたら、改善するチャンスはあったかもしれない。気まずさを避けたマネジャーは、部下たちの昇進の可能性を損ねただけでなく、チーム全体の機能も損ねていた。

さらに悪いことに、人は相手をどう見ているか本人へ正直に伝えることをためらう一方で、本人以外の人に伝えることは意に介さないようだ。一九七二年、当時ジョンズホプキンス大学で心理学を学ぶ大学院生だったハーブ・ブルンベルグは、この現象を研究するための調査をおこなった。彼は女子大学生たちに自分の知る四人――一番の親友、その次に親しい友人二人、そして嫌いな人――を思い浮かべてもらい、それぞれの長所と短所を書き出してもらった。それからブルンベルグは、書き出した特徴を、この四人の誰かに伝えたことはあるかと尋ねた（たとえば、「あなたは親友のジーナを傲慢だと思っているようですが、その意見をジーナに伝えたことはありますか？」）。

結果は驚くべきものだった。参加者たちは、たとえばジーナは傲慢だといった意見を、他人には（嫌いな人にさえ）気兼ねなく語っているが――本人にはほとんど言ったことがないと回答した。ブルンベルグは鋭い考察で、私たちの社会は「他人が自分のことをどう思っているかを知りすぎないように作られている」と結論づけた。

この研究は、私たちの多くが静かに恐れていたことを裏付けてしまうものだ。つまり、部下や、仕事仲間や、友人や、家族は、おそらくこちらについての意見を共有している──ただ本人に伝えていないだけなのだ！

この恐ろしい現実は、職場で考えるともっと恐ろしい。上司に呼び出されて、改善点を告げられたのはいつが最後だろう？　チームで（積極的に、自発的に、自分たちで音頭をとって）集まって、向上のために互いを指摘し合ったのはいつが最後だろう？　人事が主導する勤務評価以外で（あるいはその勤務評価で）正直かつ批判的なフィードバックを受け取ったのはいつが最後だろう？　え、そんなことあった記憶がない？　それはあなただけじゃない。

次のようなエピソードのほうが、馴染みがあるのではないだろうか。バーブはチームに向けて、明らかに準備不足の新しいプロジェクトについてプレゼンをする。プレゼンが終わると、部屋は驚くほど静まり返り、「良かった」「良いプランだ」「もっと知りたい」という形だけの言葉がいくつか発される。その日、ミーティングの後にまた別の非公式ミーティングが（バーブを除いて）開かれ、そこでチームの面々は、しばしば冷酷に、彼女のプレゼンテーションに対する「本当の」思いを話し合う。このエピソードは、とてもありふれたものだ。なぜなら、現代の組織はフィードバックやパフォーマンス管理においてリップサービスをするが、自分の仕事ぶりについて適切な瞬間に、正直な意見を得られる人はほとんどいないからだ。

黙っていようとする傾向は、進化論的な観点から見ると理にかなっている。集団に属することに生存がかかっていた人類の初期段階においては、社会の調和を乱すことは、仲間から追放され、一人で生きていくことを意味していた――つまりは、文字通りの死を意味していた。そのため、本能的に熱いストーブから手を放すのと同じように、人は本能的に自分の社会的な地位を脅かすような行動は避けるのである（それを裏付けるように、社会的に拒否をされたときに反応する脳の部位は、肉体的な痛みに反応する部位と同じだ）。

ここまで、人は気まずい情報を伝えるより沈黙するのを好むということを見てきたが――人が徹底して嘘をつく場合はあるのだろうか？　以前に紹介したプログラムマネジャーから非営利組織のCEOに転身したエレノア・アレンは、補佐のエヴェリオのサポートにより、自己認識を向上させた。見事に活躍を続けていたが、多くのエンジニアと同じように、エレノアは内向的であり、キャリアを通して人前でのスピーチに苦労することが多かった★。特に駆け出しの頃は、プレゼンをするたびに苦しんでいた――そしてプレゼンを終えると、よくプレゼンの出来を悩んで反芻のループに陥っていた。

プエルトリコでの仕事のあと、エレノアらは、別の大きな水道インフラのプロジェクトに入札した。二チームの最終候補に残ったと知ったとき、彼女が最初に思ったのは、どうしよう……最終審査でプレゼンしなきゃいけない、ということだった。しかし彼女はできる限りの準備をして懸命に本番に臨んだ。そして普段とは違い、プレゼンを終えたあとも反芻はなく落ち着いていた。

★もちろん、内向的な人がみな人前でのスピーチを苦手としているわけではなく、内向的な人にとって、人前でのスピーチは特にハードルの高いものであり得るという意味である。

しかし残念なことに、エレノアのチームは仕事を獲得することができなかった。外的自己認識の熱心な信者として、彼女は自分のプレゼンが落選に影響したのかを確かめるべく、フィードバックをもらうことに決めた。もしかしたら自分には何かが欠けていて、同僚たちならそれを特定できるかもしれない。そこでエレノアはチームのメンバーのひとり――フィルとしよう――に、最終選考のプレゼンをどう思ったか尋ねた。「ああ、素晴らしかったですよ！」。フィルは力を込めて答えた。「どうして受からなかったのか分かりません」。エレノアは安堵のため息をつき、この大きな敗北には別の理由があるに違いないと結論づけた。

そして数日後、まったく突然に同僚から電話がかかってきて、落選への労いを告げられたときのこと。声を潜めて、その女性の同僚はエレノアに尋ねた。「最終選考はどうだったんですか？」。エレノアはプレゼンテーションはうまくいったと伝えた。「そうですか、フィルは別のことを言っていましたよ」と彼女は答えた。「フィルは言っていました、プレゼンが散々だった、って！」

エレノアは驚きのあまり電話を落としてしまいそうだった。彼女はフィルを指名して意見を聞いたにもかかわらず、フィルはまったくの嘘をついて、真実を伝える気まずさを避けていたのだ。そして残念ながら、フィルだけが特別なわけではない。研究によると、**人はどうしても、厳然たる真実を告げるより、優しい嘘をつきたくなる**。ある賢明な研究において、ベラ・デパウロとキャシー・ベルら研究者は、研究室に被験者たちを呼び、いくつかの絵画を評価してもらった。その後、それらの作者であるアーティストたちを部屋に呼び入れて、参加者たちに、いま言った意見をフィードバックのためにアーティストへ伝えてくださいと指示した。すると驚くことに、参加者たちは本当の気持ちをオブラートに包んで話し、多くの人間はまったくの嘘をついた――アーティストが、この作品は個人的に重要なものだと言ったときは特にそうだった。ある参加者は、「醜い。実に醜い！」と感想を言っていたが、アーティストには「良かったです。見たなかで二番目に好きでした」と伝えていた。

デパウロとベルが結論づけたように、私たちは「親切の実践者」であるがために、フィードバック相手に嘘をつきやすい。相手が個人的に労力をかけたものに対してフィードバックするときは特にそうだ。そう、私たちは、我らの先祖たちと同じ理由で嘘をついているのだった。人が積み上げたものを台無しにしたくないのである。そうやって、相手が掲げている「顔」（つまり、自分は周りにこう思われているだろうというイメージ）を受け入れて、その姿を揺るがすような情報を与えることを避ける――与えた方が、結果的には相手のためになるとしてもだ。

エレノアの場合、フィルの優しい嘘は、決定的なインサイトを得る「アラームクロック・イベント」となった。「どうだった？」と単純に尋ねるだけでは十分でないと知り、それ以来エレノアは、自分に真実を告げてくれる人から具体的で重点的なフィードバックを積極的に集めるよう心がけた。そして彼女は飛躍的に成長を遂げた。ほんの一例だが、世界規模の非営利組織「ウォーター・フォー・ピープル」のCEOとして、最近エレノアは「TEDx Mile High」でフィルを驚かすほど見事なトークをして話題を呼んだのだった！　自分に対する周りの真の意見を求めるにあたっては、「求めなければ、手に入れることはできない」という格言ほど真理をついたものはない。

しかしエレノアや、エレノアのような人びとがよく実感しているように、自己認識は特に重要だが、自分が上司である場合、途方もなく難しい作業になる。研究では、自己認識をしているリーダーの方が成功し昇進しやすいという結果が出ており、自己認識こそがリーダーとしての成功を予測する唯一最大の材料だと主張する研究さえある。問題なのは、企業内で上位に立てば立つほど、自己認識をしている可能性が低くなること、俗に言う**CEO病**だ。マネジメントのスタイルのせいで人を遠ざけてしまっているとか、人員配置を変えたせいで摩擦が起きているとか、クライアントから口うるさいと思われているなどと、上司に進んで伝えたい人などいるだろうか？　事態を複雑にしているのは、第三章のスティーヴで見たように、過去の成功からくる自信過剰によって、リーダーたちがフィードバックに耳を傾けて受け入れるのが難しくなっていることだ──そしてそのために、部下たちはさらにフィードバックをしようとしなくなる。

ピクサーの社長エド・キャットムルは、真実を語りたがらない現象がまさに現れている瞬間を目の当たりにした。自身の会社を共同設立してディズニー・アニメーション・スタジオの社長となる何年も前、彼はユタ大学にできたばかりのコンピュータグラフィックス科で学ぶ若き博士課程の大学院生だった。彼はそこの教授たちや同期の学生たちとのつながりを気に入っていた──

厳しい上下関係もなく、それぞれが独立して作業し、基本的に全員仲がいい。キャットムルはこの環境があまりに気に入って、卒業後初めてとなる仕事でも、似たような組織を作ろうとした。ニューヨーク工科大学の小さなCGアニメ調査チームのトップとなった彼は、頭が切れる人びとを雇い、公平にメンバーと接し、各自の自主性に任せた。その結果、キャットムルは状況をほとんど把握することができた。メンバーたちと会社外でも交流を持ち、仲間の一員といった感じだった――それは居心地がよかった。

しかしルーカスフィルムの新しいコンピュータ部門のトップとして雇われると、キャットムルは自分のマネジメント法を見直す必要があると悟った。新しいチームはもっと大きく、人材が豊富で、注目度も高い。ハリウッドにコンピュータ・テクノロジーを導入するというジョージ・ルーカスの野心的なビジョンを実現するために、キャットムルはマネジャーが各グラフィック、動画、そしてオーディオ部門を管理する、きちんとした階層構造を導入する必要があるだろうと考えた。そしてそれを実行すると、ほとんど瞬間的に、何かがうまくいかないと感じるようになった。いつ部屋に入っても、日常だった気軽な会話がなくなっていた。基本的に良い知らせばかりで、悪い知らせをほとんど耳にしなくなった。そしてチームは会社外での集まりに、彼を招くことがなくなった。

キャットムルは、この状態を好ましく思わなかったが、こうなった原因も理解できないでいた。ユタ大学の頃からも、ニューヨーク工科大学の頃からも、自分が変わったようには感じていなかった。しかしこの問題について何か月も考えたすえ、彼は「ザ・上司《ボス》」という新たな役割と、大学界隈で知名度が高くなってきていたことが相まって、自分に対する周りの見方が変わったのだということに気がついた。「自分が変わっていなくても」と彼は言った。「気づいたんだ、そう、こういう事態になることはあって、それは時間と共に悪化していく」。キャットムルの場合、「こういう事態」とはマム効果のことで、彼自身のパフォーマンスだけでなく、チーム全体の自己認識の大きな障壁となっていた。詳しくはのちに触れるが、キャットムルはマム効果に対処することを最優先事項に置き、リーダーとしての自分についてだけでなく、会社が直面している難題や問題についての嘘のない真実を得ることを目指した。そのおかげで、大きな違いが生まれた。しかしいまから紹介するように、特にリーダーにとって、マム効果を乗り越えることは、戦いの半分にすぎない。

現実逃避の三本柱

「周りがなかなか真実を言ってくれない」ことが外的自己認識における最初の障壁だとすれば、第二の障壁は「こちらもなかなか聞こうとしない」ことだ。私たちの多くは、少なくとも頭のなかでは、いまより多くのフィードバックをもらうべきだと分かっている。しかし、何かをやるべきだと論理的には分かっていても、感情が私たちを踏み留める。フィードバックを求めるのは気が進まないものであるから、そこに目を向けないことを正当化する理由を探してしまう。

私の経験上、耳を傾けない言い訳は主に三つある。そしてそれらは現実を見ないで居心地よくいることが目的であり、私はそれらを**現実逃避の三本柱**と呼んでいる。しかしさいわい、こうした言い訳を振り払うことはもちろん可能であり、必要なのはたったひとつのシンプルな決意だ。それは、「真実を他人の善意の（だが沈黙なる）手に委ねるのではなく、主体的に求めようとすること」だ。

最初の言い訳「自分はフィードバックを求める必要がない」からいこう。マム効果の箇所でも語ったように、私たちは、この言い訳が――特にリーダーたちにとっては――まったく間違っていることを知っている。それを裏付けるには、ビジネス史を振り返るだけで十分だろう。

一九七一年にペール・ユーレンハマーがボルボの会長に就任したとき、この自動車会社の未来は、塗装したばかりの車と同じくらい明るく輝くもののように思えた。この三六歳の神童は、ビジネス界の王族に生まれた人物だった。父のペール・ユーレンハマー・シニアは、スカンディナビア最大の保険会社スカンディアのＣＥＯだった。スウェーデンの有名なルンド大学とスイスの産業研究センターで学んだペール・ユーレンハマー・ジュニアは、勤勉で、自信を持ち、人脈を最大限活用することに長けていた。事実、彼は父からスカンディア社のＣＥＯを継いだ数か月後に、義父からスウェーデンが誇る自動車メーカー「ボルボ」を引き継いだのだった。

最初から、ユーレンハマーは控えめでいることにはほとんど関心がなかった。彼は毎朝誇らしげにカスタム仕様の一九七九年型２４４ターボや、Ｂ２１ＥＴエンジンを搭載した一九八〇年型２４０シリーズや、一九八一年型の２６２クーペなどでオフィスに乗りつけた――どれも特注で鮮やかな赤に塗り、内装も豪勢にしていた。ボルボの他の車にこのような色はなかったが、ユーレンハマーは自分の車を「大胆」で「挑発的」で「強烈」なものにすることを求めた。それは彼の経営法と同じだった。

そしてそれは機能しているように見えた。少なくとも初めのうち、彼はボルボの革新的なチームベースのクラフトマンシップモデルを生み出して成功をおさめた。しかしこの成功が、彼の破滅の種を蒔くこととなった。やがて、ユーレンハマーは会社の利益追求に固執するようになり、「皇帝」とあだ名されるようになった。彼の尊大さや自信過剰、そして頑なに周りの助言に耳を貸さない態度が原因で、儲けが少なくリスクが高い契約を交わすようになり、しかもどういうわけか、そうした契約をメディアによく自慢していた。後年、ボルボが損失と工場閉鎖を発表したときも、ユーレンハマーは北欧で最高額をもらう重役だった。そして彼がボルボの役員を、自分のミスを責めないと分かっている個人的な友人で埋めていたせいで、彼のどんな決断にも異議が出ないだろうことは確実だった。

一九九三年九月、ボルボはフランスの国営企業ルノーとの合併を発表した。それは世界第六位の自動車メーカーが生まれることになる合併だった。その合併企業の会長を自認する人と言えば？　そう、もちろんペール・ユーレンハマーだ！　ルノーのＣＥＯルイ・シュヴァイツァーと共に、両企業は分け隔てない新事業計画の概略を描いていった。

しかしボルボのマネジャーや従業員たちは、合併を聞いたときからまったく乗り気でなかった。これはビジネスとしても悪手であるだけでなく、自分たちを裏切って窮地に追い込むものだと感じ、ある人は密かにこの状況を「理解不能な錯乱」と名づけていた。しかしユーレンハマーは従業員たちの嘆きを無視し、この交渉に驚くほどの自信を見せ続けていた。ある時点で彼は、この契約により節約される額が四八億ドルでなく七四億ドルになったと、そんな過大な見積もりを裏付ける新しい情報など何もないのに発表さえした。

ユーレンハマーが耳を傾けることに何の関心もないことが十分明らかになると、従業員たちは自分たちの見解をメディアに流すことに決めた。時を同じくして、少数株主たちも合併への反対を表明し始めた。同様の意見は、スカンディア株式会社（そう、彼の父の会社）のような大株主たちからも聞こえてきた。ある大株主は、こう語った。「ミスター・ユーレンハマーに、これほど個人的な敵が多いとは知らなかった」

この周りが見えない「皇帝」にとっては青天の霹靂であったに違いないが、ボルボの株主たちはやがて結束し、役員会は合併の提案を撤回した。同日に、ユーレンハマーも辞職した。従業員からのフィードバックを聞きたがらなかったこと、最も身近なアドバイザーたちからも意見をもらうのを拒んだこと、そして自分が抱いている前提を疑う力がなかったことで、株主たちの一一億ドルが失われる結果となった。同社は五年後にフォードに買収され、ユーレンハマーの輝かしいキャリアは、彼が盛大に経営を誤った会社とともに凋落していった。

この種の企業がひとつの要素だけで倒れることはほとんどないが、このユーレンハマーの思い上がりと自己認識の欠如は、大きな要因だった。それがよく分かる例がある。冗談のようだが、まだ思い込みが解消されていなかったようで、ユーレンハマーは数年後も、買収の失敗の原因は自分への「嫉妬による復讐」だと考えていた。

数百万ドル規模の企業を経営していようがいまいが、自分は正しくて周りが間違っていると決めつけ、脆《もろ》いエゴを守ろうとすることは、良い方に転んでもリスクであり、悪い方に転ぶと壊滅的な事態になる。さいわいなのは、この現実逃避の三本柱の最初の柱を振り払う方法は、かなりシンプルだということだ。心を決めて現実を直視し、**インサイトを得るには、自分の意見と同じように、他人の意見も重要だ**ということに気づけばいい。

フィードバックをほしくなるときは確かにあるが、フィードバックを求めるのは自分の弱さを見せるに等しいとか、かなりの代償が伴うものだと不安を抱く人がいる。しかし、この第二の言い訳「**フィードバックを求めるべきではない**」もまた、根拠のないものだ。ある研究では、高い成果を出す一流のリーダーたちの八三パーセントが、定期的にフィードバックを求めていた。それに対し、パフォーマンスの低いリーダーは、フィードバックを求める割合がわずか一七パーセントだった。むしろ、**批判的なフィードバックを求めた方が、社会的にも職業的にも見返りがある**。フィードバックを求めるリーダーは、自らの上司たちだけでなく、同僚や部下たちからも、より優れたリーダーだと見なされている（興味深いことに、ポジティブなフィードバックばかりを求めるリーダーは、優れていないと見なされることが多い）。そして予想通り、私たちのユニコーンの約四分の三が、真実を告げてくれる人から積極的に意見を聞くことにしていると語っていた。ユニコーンたちに倣って実行する勇気を持てば、自分について知り、自分を向上させるための新たな観点を手に入れることができる。

最後の言い訳「**フィードバックを求めたくない**」は、おそらく最も分かりやすいものだ。組織心理学の学位を持っておらずとも、フィードバックが耳に痛いことは理解できるだろう。頭ではその価値が分かっていても、ただただつらそうだからという理由で恐れている。私はキャリアを通して、何百ものプレゼンテーションやワークショップをおこなってきたが、今日にいたっても、じっくりと聴衆のアンケートを読むときは、胃がキューっと痛くなる。みなさんもこの気持ちは分かるだろう――上司との勤務評価に向かうときや、結婚生活についてのカウンセリングの席につくときや、友人や同僚と衝突したあとで初めて会話を交わすときなどの恐怖だ。

多くの人はフィードバックを恐れているが、ユニコーンたちが、それを喜んで求めていると知れば、勇気が出るのでは？　ユニコーンたちだって、私たちと同じような恐れを抱いていることが分かっている（未確認生物のような名前だが、ユニコーンたちも人間なのだ）。ある営業の重役は、こうふざけて言っていた。「冗談じゃないよ！　自分が完璧じゃないなんて聞くのは本当に嫌だ！」。しかしユニコーンたちを真に特別な存在としているのは、そうした恐怖や、防衛的な姿勢や、脆さを抑えて、何とか努力している点だ。アメリカ第三二代大統領フランクリン・デラノ・ルーズベルトがかつて述べたように、「勇気とは恐れがないのではなく、恐れがあろうが、他にもっと大切なものがあると判断することだ」。私たちの例で言えば、「恐れよりも大切なもの」がインサイトにあたる。

明らかに、「現実逃避の三本柱」の餌食になることは、外的自己認識にとって恐ろしく危険だ。しかし、それは乗り越えることができる。フィードバックがやって来るのを待っているばかりで不意打ちを食らったり、さらには現実から目を背けたりするのではなく、私たちは**自発的に真実を学ぶという選択ができる**。そこで、自ら真実を学ぶ三つの実践的な戦略を見ていこう（現在自分がどれくらいフィードバックを求めているかを知るため、巻末資料Mに用意した短い質問表を埋めてみることをお勧めする）。

360度評価

最初の方法である**360度評価**は、現代の組織に広く普及しているように見える。一九五〇年代から歴史を持つこの制度は、マネジャーだけでなく、直属の部下や、同僚や、クライアントや、役員といったさまざまなグループから自分がどう見られているかを知ることを目的として作られている（あらゆる方向から情報を得るため「360度」と呼ばれている）。近年の技術の発展によって大小さまざまな企業の従業員たちが360度評価を受けやすくなったことや、私の専門である組織心理学の発展によって、知名度が高まっている。そして最近では、誰に聞くかにもよるが、およそ三〇〜九〇パーセントの組織が何らかの形で、このツールを活用している。しかし360度評価はビジネスパーソンだけのものではない。家庭や、学校や、コミュニティ運営者などに活用しても大きな効果をもたらし得る。ある研究では、（友人、親、教師から）360度評価を受けた科学技術学部の大学生たちは、質の高い課題を提出し、コースの成績まで良かったという。

360度評価についてはたくさんのものが書かれている——それにあなたも、一度は受けたことがあるのではないだろうか。そのためあまり多くは掘り返さないが、外的自己認識を向上させるにあたっての利点と欠点について少し触れておく（受けたことがない人は、巻末資料Nを参照してほしい。いくつか無料の診断法を紹介している）。360度評価の大きなメリットのひとつは匿名性だ。回答は平均化されるため、復讐される恐れを持たずにフィードバックをおこなえる。この匿名性は、正直になりすぎることを恐れる部下を持つリーダーにとって、特に役に立つ。ありがたいことに、フィードバックが自分のものだと特定されないとき、基本的にマム効果は消え去る。

360度評価の二つ目の利点は、自己イメージと周りからのイメージを比較できる点だ。たとえば、自分のことを誠実で勤勉だと思っていても、上司は同じ意見ではないかもしれない。あるいは自分ではそうは思ってないのに、同僚はあなたがコミュニケーションや人をつなぐことに優れていると思っている可能性もある。しかし、どんな内容であるにせよ、複数の人が同じことを指摘しているときは、「ああ、彼より先に昇進したから妬んでるんだな」とか、「彼女は痛い目にあってるから、優れたコミュニケーションスキルの何たるかなんて分かりっこない」などと言い逃れすることは難しい。最近３６０度評価を受けたマネジャーは、こう語った。「何か批判的なことが書かれていたら……私の最初の……リアクションは、『この人は何を言ってるんだ？』というものだけど、繰り返し書かれているときや……複数の人が言っていたら、その指摘と向き合うべきだ。それは純然たる真実か、真実と同じくらい重要な、周りからの認識のどちらかだから」

明らかな利点がある一方で、３６０度評価には「これひとつですべてが片付く」外的自己認識のツールになれない欠点がいくつかある。何よりもまず、３６０度評価の多くが数値で表されるため、意味のある形で、もしくは行動可能な形で結果を受け止めるのが難しい場合がある。なるほど、関係構築の項目は5段階評価で2だったぞ、でも、これは一体どういう意味だろう？　行動を変えるには何をすべきなのだろう？　私はデータや数値が大好きだが、この種の情報はインサイトへと変換するのが簡単ではない。この欠点を避けるひとつの方法は、私がエグゼクティブ・コーチング指導の際に好んで活用しているものだ。私はそれを「定性的３６０度評価」と呼んでいる。私は受験者に結果を送り返すだけにはせず、会って話をする。そして結果を伝えるときは、具体的なテーマや、分かりやすい例を提供する。

もちろん、こうした欠点があるから３６０度評価を止めてしまった方がいいというのではない。そうではなくて、その他のアプローチと組み合わせて使うべきだ。特に、360度評価は自分のパターンや、リアクションや、他人へのインパクトといったインサイトの柱を学ぶ最初のステップとして極めて役に立つ。では次に、360度評価を補完するようなアプローチについて見ていこう。これは紹介するなかでも最も効果的なフィードバックツールのひとつだ。

適切なフィードバック

ある寒い冬の午後、私は騒々しいコーヒーショップの席で、新たなクライアントであるキムがドアを開けて店に入ってくるのを待っていた。彼女の上司であるグレッグが、かなり不可解な出来事が続いた末に、キムの自己認識を向上させるため、私を雇ったのだった。グレッグによると、コンプライアンス部門を率いるキムは、最近の360度評価で受けた厳しいフィードバックへの対応に苦労しているという。彼女は神経質になっていった――先月だけでも、グレッグは他の部門のマネジャーたちから彼女に対する苦情を二件も受けていた。

物事には常に両面があるものなので、私はキム側の考えをぜひ聞きたかった。ドアが開き、冷たい風が吹き込んできて顔を上げると、そこにはモジャモジャした茶色の髪の、とても小柄で、きちんとした身なりの女性がキョロキョロしているのが目に入った。その鋭い目が、やがて私の目と合った。「ターシャ?」と彼女は言った。私はうなずき、こちらへ手招きした。いくつか挨拶の言葉を交わすと、彼女は進んでここにやって来たのではないことが見て取れた。「さっそく取りかかりましょう」と私は言った。「どうすれば私が良い手助けをできるか、少し教えてくれませんか？」

キムは深いため息をつき、彼女の考えを語り始めた。彼女の部署を統括するためにグレッグが雇われてから数か月して、グレッグはチーム開発セッションを開くことに決めたという。その一環として、彼は全員に360度評価を受けて、仕事仲間や部下たちからどう見られているかフィードバックをもらうよう指示した。ほとんどいつもそうであるように、結果は驚きに満ちたものであり、キムにとって、その驚きは喜ばしい種類のものではなかった。そこで知った事実は、彼女の世界を――そして認識を――根底からひっくり返した。「私のサポートのために、グレッグがあなたを雇ってくれたことはとても嬉しいです」と彼女は言った。「でも正直に言うと……とてもつらくて、どう対処していいか困っているんです。まずはすべてを整理してみることから始めるのがいいかもしれません」

何かポジティブなものから始めるべく、私はキムに、360度評価で嬉しい驚きだったことはなかったかと尋ねた。憂鬱だった彼女の表情は、笑顔らしきものに変わった。「チームからは、私が自主性を促していると言われて嬉しかったです」と彼女は言った。「自分としてはすごく大切にしていることですから。あと全体的に、私はビジネスにとって何が適切な行動かを第一にして、戦略的に考える人だと思われているようです」

「そのうち一つの評価を得るためだけに必死になっている人もいるんですよ」と私は答えた。

「じゃあ、ショックを受けたのはどんな部分でしたか？」

彼女は「３６０度評価の結果」と書かれた新品同様のマニラフォルダをカバンから取り出した。結果の冊子を引き抜いて、恐る恐るテーブルの上に置き、なじるようにたっぷり三〇秒は見つめていた。彼女があるページを開くと、そこには余白いっぱいに走り書きのメモがびっしり書き込まれていた。「一緒に働いている人たちは、私のことを厳しくて、攻撃的で、自信過剰だと思っているみたいなんです。ある人は、ミーティングで私が、事業にとって悪い選択をしたメンバーを厳しく責めたと言っていました。別の人は、私が周りを質問攻めにして、決断を急ぎ、人の気持ちを考えないと言うのです」

私は、これまでに似たようなフィードバックを受けたことはあったかと尋ねた。「一度もありません。なぜこれにダメージを受けているかというと、いつもすごく不安になるからです――誰かが自分のことを、うぬぼれていると感じているかもしれないなんて……それは、すごく心が痛みます」。彼女は力なく言った。

私は心からキムに同情した。同じ地位にいる数多くのクライアントと仕事をしてきた私は、自分が思っている自分と、周りが見ている自分は必ずしも一致しないと理解することがどれだけ難しいことかが分かる。これほど不意打ちを食らったようにショックを受けている理由は、彼女が正しい種類のフィードバックを求めてこなかったこと――率直に言えば、いかなる種類のフィードバックも求めてこなかったことにあった。明らかに、これから私たちには困難な作業が待ち構えていた。しかし私は彼女が踏み出した大きな一歩を称えた──その一歩は、彼女のキャリアにおいてターニングポイントだったと言えるものになるだろうと確信していた。

最初のミーティングを咀嚼する期間を少し空けたあと、これから数か月取り組んでいく具体的な目標をいくつか決めるために再び顔を合わせた。しかし何かがまだ彼女を苦しめていることが分かったので、それは何かと尋ねてみた。「よく分かっているんです」と彼女は言った。「自分は良い結果を出すことに時間を注ぐあまり、関係性という点をなおざりにしている。でもどこでそういう印象を生んでいるのかが分からないんです。どこを変えればいいのか分からないのに、向上なんてできないでしょう?」

それは、フィードバックについての困った真実を浮き彫りにする鋭い指摘だった。**どの行動に対するフィードバックか分からなければ、より良い選択をするための力を発揮することができない。**さいわい、私にはすぐに提供できる解決策があった──私がただ心配していたのは、その策をキムがすぐには受け入れないだろうことだった。

「あなたにはもっと良いデータが必要なんだと思う」と私は切り出した。「そのためには、あなたが自ら何人かにもう少し直接尋ねてみるしかない」。予想していた通り、キムはそんなことをしたら、弱さを見せることになるのではないかと心配した(「現実逃避の三本柱」の二つ目の言い訳を思い出してみてほしい)。しかし少し説得すると、試してみることを了承してくれた。

自分がどう見られているかについてインサイトを得るために、私はキムに頼んで、**適切なフィードバック・プロセス**をとることにした。すべてのフィードバック（およびフィードバックした人間）は、どれも同質ではない。そのため適切な人びとを選び、適切な質問をして、インサイトに繋がる実行可能な情報を得るための適切なプロセスを踏まなければならない。

ユニコーンたちを研究し始めたとき、彼らは誰からもフィードバックを求めているのだろうと思っていた。仕事仲間や、友人や隣人、そして食料品店で隣に並んだ人からも。しかし驚いたことに、ユニコーンたちは正反対のアプローチを取っていた。フィリピンでカスタマーサービス部門のマネジャーを務める若く聡明なユニコーンは、こう語った。「いつでもフィードバックを受けているけど、誰からでももらっているわけじゃない。真実を伝えてくれると信頼を置いている少数のグループに頼っているんです」。そしてお分かりのように、それはこのユニコーンだけではない。事実ユニコーンたちは、フィードバックをもらう人を選んでいるという点で、驚くほどの一致を見せていた。ユニコーンたちは質が量に勝ること、そしてすべてを網羅すればインサイトが得られるわけではないことを知っている――だからこそ、ユニコーンたちは**適切な相手**を選んで取り組むのだ。

では、その適切な相手とは誰なのかを見る前に、誰にフィードバックを求めるべきでないかを見ていこう。最初のタイプは、**愛のない批判者**だ。こちらのなすことすべてを批判してくる人物である。嫉妬心を持つ同僚や、恨みを持つ元恋人や、理不尽なまでに厳しい上司などが該当する。

こちらに成功してほしくない、こちらを信用していない、ただただ不当に批判的であるなど、原因はどうあれ、そうした人びとのフィードバックは、客観的に現実を反映していることはほとんどない。

避けるべき二つ目のタイプは、その反対で、**無批判な熱愛者**だ。愛のない批判者はこちらのなすことすべてを否定する一方で、無批判な熱愛者は自分の命がかかっていてもこちらを批判してこない。このグループには、あなたのことを不可能を可能にするとか、何をしても正しいと思っている人間（たとえば母親）や、あなたに真実を伝えることを恐れる人間（たとえば八方美人や怯える部下）などが含まれる。そして無批判な熱愛者のフィードバックはいつだって耳に心地いいけれども、必ずしも信用できるとは限らない。リーダーシップを研究するジョン・ジェイコブ・ガードナー教授は、こう語った。「愛のない批判者と無批判な熱愛者に挟まれたリーダーは気の毒だ」

愛のない批判者と無批判な熱愛者にフィードバックを求めるべきでないなら、誰に求めればいいのだろう？　答えは**愛のある批判者**だ。正直でありながら、心底こちらのことを思ってくれる相手だ。しかしこの理想の相手は、明らかにそうと分かる人物だとは限らない。最も近しい人（パートナーや親友など）が、一番の愛ある批判者だと考えがちだが、こちらを一番よく知っているというだけでは、この役には不十分だ。考慮すべき要素が、他にもいくつかある。

そのひとつが**相互信頼の度合い**だ。愛ある批判者は、あなたが死体を埋めるのを手伝ってくれたり、深夜二時に刑務所から逃げるのを手伝ってくれたりする相手である必要はない（そんなことをしてくれる友人が必要にならないことを願う）。しかし愛ある批判者は、心からこちらのことを思ってくれているであろう相手でなければならない。自分に近しいからといって、必ずしも信頼できるわけではない。相手のことを長く知っているほど、そして実際に関わり合いがあるほど、関係は複雑なものになる可能性がある（「友のフリをした敵《フレネミー》」という言葉は、特にこの状況を言い表すために生まれたものだと思う）。長く複雑な関係の歴史を持った相手を選んだからといって、必ずしも役に立つフィードバックが得られないというわけではないが、必要以上に複雑な対話となり、感情に負荷がかかる可能性がある。

その意味では、ほとんど知らない相手でも、たとえば同僚やちょっとした知り合いのなかに、心からこちらの成功を願い、成功へ向けて大いなるサポートをしてくれる人がいる。キムの場合、愛のある批判者のひとり――私見では、キムに最も有益なフィードバックを与えた相手――は、何年も一緒に仕事をしながらも特にキムと親しくはない同僚だった。二人は会社の外で一緒に過ごすことはなかったものの、キムはこの同僚の女性が自分の成長に力を貸してくれると感じるほどには付き合いがあった。

愛のある批判者を特定するのは簡単ではないが、この点では、言葉よりも行動が雄弁だ。その相手は、わざわざあなたの成長を手助けするために尽力してくれるだろうか？　その相手は、あなたが成長し成功するために時間やエネルギーを割いてくれるだろうか？　ピクサーの社長エド・キャットムルの駆け出し時代の話は、愛ある批判者を見つける方法を示した完璧な事例だ。

先にも記した通り、ピクサーを創設する遥か昔、キャットムルはユタ大学でコンピュータ・サイエンスを学ぶ博士課程の学生だった——そして論文を書く時期になって、彼は神経質になっていた。彼はコンピュータが三次元の物体の深度情報を保存しておく「Zバッファ」という画期的なアルゴリズムを考案していたものの、人生で論文などというものを書いたことがなかった。

ようやく大作を仕上げたキャットムルは、論文委員会に提出し、査読の結果を待ちわびた。最初の査読者の反応は、驚くほどの称賛だった。自分が書いたものはそんなに悪くないのかもしれない、とキャットムルは考えた。その週の後半、別の査読者からのフィードバックが届いた。この人物はたまたま学部長だった。しかし彼のフィードバックは優しいものではなく、回りくどい言い方は抜きに、正直に言って、この論文はひどいものだと記されていた。何日も、キャットムルは頭をかきむしって、この矛盾して見える反応に折り合いをつけようと試みた。

するとある午後、褒めてくれた査読者が突然キャットムルのオフィスに現れ、彼の論文の間違っている点を長々とけなし始めた。そのフィードバックは学部長のものと内容はほとんど同じだったが、キャットムルの反応は、まったく違うものだった。何なんだこいつは？　彼は腹立たしげに思った。そのフィードバックが正しくないと思っているわけではなかった。気に食わないのは、この相手の動機だった。こいつは僕をサポートしたいんじゃない。キャットムルは思った。ただ学部長に良い印象を与えたいだけだ。彼を査読者から外すことに悩む必要はなかった。

その元査読者はこちらのためを思っているのではなかったが、学部長はこちらのためを思っていると感じた。その直感は正しかった。とても忙しい学部長が、彼を自宅に招いて、論文を向上させる方法について話し合い、丸一日を割いて内容を読み、改訂に付き合ってくれたのだ。完成した論文は素晴らしい出来だった。口頭試問も大成功で終えただけでなく、コンピュータグラフィックスの分野で歴史的に最も重要な論文のひとつだと見なされている。しかしその経験からキャットムルが得た重要な教訓はこうだ。批判的なフィードバックをして逃げ出すだけなら誰でもできる――だから大切なのは、あなたが本当に信頼を置け、やり遂げるのを近くで支えてくれる人からのフィードバックだ。

しかしながら、フィードバックという点で言えば、善意だけでは十分でないときがある（「地獄への道は善意で舗装されている」という言葉もある）。真に役立つインサイトを得るためには、**自分がフィードバックをもらいたい行動を相手が十分目にしていること、そして理想像がどのようなものかハッキリ分かっていること**が必要だ。たとえば、私の親友のひとりは弁護士をしている。彼女は私のためを思っているということを何度も示してくれているため、愛のある批判者の有力な候補にはなり得る――しかしすべての事柄に対して良き批判者になれるわけではない。たとえば、私の人前でのスピーチ技術についてフィードバックをしてと彼女に頼んだとき、二つの問題が生じる。一つ目は、彼女が私のスピーチなどほとんど聞いたことがないため、実のあるコメントをするにはデータが足りないであろうこと。もう一つは、彼女が人前でのスピーチという世界（そのトレンドや作法など）に詳しくないため、フィードバックが正直で誠実なものであったとしても、とりたてて有益なものにはならない可能性があることだ。一方、社交の場で私がどう見えているかを理解するにあたっては、彼女の助けが途方もなく役に立つことだろう。この分野では、彼女も私の振る舞いをたくさん見ているし、私の知るなかで最も社交に精通した人物のひとりであるから、彼女の見解は大きな重みを持つことだろう。

愛のある批判者を見つける三番目にして最後の要素は、**こちらに対して残酷なまでに正直になる意志と能力**があるかどうかだ。それを測る一番のものさしは、相手がこちらに厳しい真実を告げてくれたことがあるかどうかだ。しかしそうした体験がなくても、別の状況でそれを推し量ることができる。自分の考えを伝えることを恐れない人物は、そうすることが気まずさを生む場合でも、愛ある批判者となる可能性が高い。キムが、先ほど紹介した同僚を選んだ理由も、その同僚がミーティングで厳しい議題を持ち出すのを目にしたことがあったからだった。

しかしながら、これらすべてを頭に入れたうえで、自分の直感にも耳を澄まさねばならない。マルコム・グラッドウェルが『第１感──「最初の２秒」の「なんとなく」が正しい』（光文社、二〇〇六年）で指摘しているように、直感というのも驚くほどの情報源となり得る。フィードバックを得る相手に関しても、直感は大切だと言える。もし「愛のある批判者」の候補者が、どこかしっくりこなければ、その人物は適切でないということなのだろう。

愛のある批判者を選んだら、次はその相手に投げかける**適切な質問**を見極めよう。あなたはまだ、実際にフィードバックを得る会話がどのようなものかは知らないはずだ（のちほど紹介する）。

ここでは、純粋にその会話を自分がどう進め、あなたが世界に提示している「自分」をより良く理解するためにその会話をどう活用するかを考えてみるのだ。

適切な質問の最も重要な特徴は具体的であることだ。これについては、科学のことを考えてみるといいかもしれない。科学者たち――もしくは化学者、物理学者、それから、心理学者でもいい――が理論を立てるときは、研究している現象に対する具体的な仮説を検証していく。同じように、周りが自分をどう見ているかについて一つか二つ仮説があれば――たとえば、「自分にはクライアントに会うとき、臆病で頼りない印象を与える傾向があると思うのですが、あなたもそんな風に思いますか?」――その仮説はフィードバックの会話に具体的なフレームワークを与え、その自分の疑念が事実であることを確かめたり、疑念を掻き消したりする手助けになる。

スタート・ストップ・コンティニュー・モデルのような、多くの組織でおこなわれているフィードバックに共通した「自由に議論をおこなう」形式に慣れている人は、質問を具体的にと言われると戸惑うかもしれない。★この方法にもメリットはあるが、私たちが導入するには、幅が広すぎる。まず、何の制限や具体的な条件もつけずに愛のある批判者へ大雑把なフィードバックを求めると、フィードバックをする側は混乱するだろうし、あなたの役にも立たない。たとえば、もし私がクライアントに「私の仕事ぶりについて、どんな意見も歓迎です」と言ったとしたら、クライアントは何と言っていいか分からないはずだ。私は、コーチングセッション中に自分が良い質問をできたかどうかについてのフィードバックをほしいのだろうか?　私のジョークが

★ このモデルを初めて聞く人に説明しておこう。これは、「今はしていないが始めるべきことは何か」「うまくいっておらず、やめるべきものは何か」「成功に向け、続けていくべきことは何か」を問うことだ。

面白いかどうかについてフィードバックがほしいのだろうか？　それとも、私がオシャレかどうかについて？　曖昧な質問は、たがいにとってフィードバックを居心地の悪いものにしてしまう。プロジェクトでの自分の働きぶりを知りたいと思っているのに、メイクの色が間違っているのではないかというフィードバックが返ってきたらどう思うだろうか（ちなみに、これは私の友人と大学院の教授のあいだで実際に起きたことだ）。ポイントは、答えてほしい質問を投げかけられるかどうかは、自分にかかっているということだ——そして一般に、質問が具体的であればあるほど、あなたと愛のある批判者のやり取りは摩擦なく、うまくいくことだろう。

さて、具体的な仮説から適切な質問が生まれることは説明したが、その仮説はどのように立てればよいのだろうか？　そのひとつの方法は、特定の柱（願望、パターン、インパクトなど）のことを思い浮かべるか、過去に受け取ったフィードバックを思い返してみることだ。キムの例を見てみよう。より責任ある地位に就きたいという「願望」に照らして、彼女は自分がぶっきらぼうであるとか攻撃的であると見なされていては成功できないと分かっていた。この点について360度評価の結果から改善すべきであることは明らかだったが、もっと情報が必要だった。そこでキムは、こんな作業仮説を立ててみた。私は職場や、特にミーティングでトゲのある振る舞いをしている。周りがそのように感じているということはすでに分かっていたので、この仮説は事実だと裏付けられることは想定していたが、私たちが本当に知りたかったのは、彼女の行動の何がこんな印象を生んでいるかという点だった（キムの仮説は、自分の性格を責めるものではなく、むしろより良く理解したい具体的な行動に焦点をあてたものだ）。

一般に、**一度には一つか二つの仮説だけに絞るのが得策だ**。多くの物事と同じように、一度にたくさんのことをやろうとしすぎると、すぐにキャパシティを超えて、防衛的になる（「メイクの色が間違ってるだけじゃなくて、私はミーティングで全員の居心地を悪くさせる人間嫌いに見られてるっていうんですか⁉」）。基本的に、自己認識や自己改善において、私は現実主義を大いに支持する。人は一夜にして変革などできないし、すべきでない。そして実際、私の知る最も劇的な改善を見せてきた人びとは、一度にひとつのことに集中する人が多い。

キムの話に戻ろう。彼女は愛のある批判者たち（適切な人）を見つけ、作業仮説を立てた（適切な問い）。今度は**適切なプロセス**を築くときだ。まずキムは、望ましい三人の愛ある批判者（一番分かりやすい味方である私と、彼女の同僚二人）に協力を求めた。そして対話の時間をそれぞれ一五分設け、まずは背景知識を伝えることから始めた――自分の３６０度評価の結果を伝え、もっと知りたい情報があることを説明した。ミーティングでの自分（や、他の場面における人との交流）を観察して、トゲがあるときとないときについて教えてほしいと具体的に要求した。そのうえ彼女は、はやる気持ちを抑えて、自分がしているのはちょっとしたお願いというわけではないから、答えてくれるかどうかを、まずは考えてみてほしいと提案した。これによって、ただ単に親切心から引き受けてもらうことを避けた――そして考えた末、翌日には全員喜んで引き受けた。

ここまでくると、残された作業は黄金の卵（フィードバック）を取り出す確かなプロセスを実行することだ。まずは準備期間。キムの愛ある批判者たちは、いくつかのミーティングでの彼女を見て、十分に観察する期間が必要になる――一か月あれば足りるだろう。次に、そのデータを収集する。キムは三人の愛ある批判者たちに、これから三か月、月に一度三〇分電話することを了承してもらった。のちに分かるように、三人それぞれと電話した合計たった四時間半が、かけがえのない見返りを生むことになる。

その後の三か月で、キムは熱心に同僚二人とフィードバックミーティングを開き、私とも月に一度会い続けた。彼女が入念に用意をしていたため、そこでのフィードバックは、とても円滑だった。フィードバックの内容が耳に心地いいものだったと言っているのではない。キムにとってはショックな指摘もたくさんあったが、重要なのは、彼女がそれらを克服しようと尽力していることだった。たとえば、私が観察した最初のミーティングでは、キムがネガティブな物事（不満や、うまくいってないことに対する指摘など）にこだわっている時間が多いと気づいた。私はそれをフィードバックし、気づいた行動の具体的な例を読み上げた。そして彼女は防衛的になることなく、こう言った。「自分がそんなことしてるなんて、全然気づかなかった」。私が参加した次のミーティングでは、彼女はよりニュートラルにアプローチするようになっていて、ポジティブな面を引き出そうとしていた。

別の愛ある批判者は、キムが必要以上に率直な物言いだった瞬間を指摘し、それもまた彼女にとって「アハ体験」となった。周りに比べてずけずけと物を言う家庭に育っていたキムは、自分にとっては普通のことが、周りには不快に思われることがしばしばあると知ったのだった。彼女は、自分ではなく相手の視点に立って人と接する必要があった。

愛ある批判者たちのおかげで、キムは自分の振る舞いがどう見えているかを、よく知ることができた。新しい行動を試して、より社交的になってみると、関係が改善されたのみならず、余計な問題を起こさずスムーズに自分の意図を伝えることができるようになった。周りが自分のことを恐れなくなったため、前よりもずいぶんうまくコミュニケーションをとれるようになったことを彼女は実感した。

おそらくキム最大のターニングポイントは、自分を負のスパイラルへと陥れる「きっかけ」を認識したときだ。そのきっかけとは、自分の知識が疑われていると感じたときだ。それが分かると、そんな感情もコントロールできるようになった。かっとなったときの自身の反応をコントロールする方法を色々と試し始め、シンプルに心の声に語らせることが、自分にとっては役立つことを発見した。いま自分は攻撃されてるとか批判されてると感じてるみたいだ、と考えるだけで、その感情を受けてすぐに行動したくなる誘惑から脱する手助けとなった（感情に言葉を与えることで救われる！）。それから、少しでも準備の時間を取れば、落ち着いていられることにも気づいた。負のスパイラルに陥るきっかけとなりそうなミーティングへ向かう前には、彼女の言う「心の安定剤」を服用することにしている。その架空の薬は、落ち着きと開かれた心をもたらしてくれ、相手を叱りつけるのではなく、より良く理解するための質問ができるようになる。

キムと私が二人での作業をすべて終えてから約一か月後、私は彼女の上司のオフィスに呼ばれた。私は彼女が昔の振る舞いに逆戻りしつつあるのではないかと心配した。しかし彼のオフィスに入ると、普段は寡黙なグレッグが、大きなハグをしてくれた。個人的に気づいた劇的な変化について語ってくれただけでなく、他部署からのクレームもなくなったと教えてくれた（それからもう二年以上経つが、彼から再び電話がかかってきたことはない）。キムのギスギスした人間関係は、柔らかく、そして深くなっていった。彼女のストレスも減り、より自信が持てるようになり、職場でも家庭でも以前より満足している。グレッグはひとたび彼女を信頼しだすと、彼女に多くのチャンスを与えるようになった──そして彼女はその期待に応えた。いまやキムは最も貴重なメンバーだ、と最近グレッグは言っていた。それは私が知るなかで最も目覚ましい変革のひとつだった。インサイトが効果を発揮した、真に奮い立たされるような例だ。

真実のディナー

経験上、適切なフィードバック・プロセスは、思いのままに外的自己認識を手に入れるにあたり、最も効果的なものかもしれない──職場においては特にそうだ。しかし外的自己認識が重要なのは職場だけではない。多くの人は、私生活でも自分が（友人や、隣人や、地域の人びとや、家族に）どう見られているか関心があるのではないだろうか。もちろんこれについてのフィードバックにも先に紹介した「適切」の方法論は活用できるが、私的な場面で自分がどう見られているかを知るにあたっては、もう少しシンプルな方法もある。私はそれを**真実のディナー**と呼んでいる。少し胡散臭く聞こえるというなら、確かにそうだ。しかし、試してみれば、真実のディナーは外的自己認識だけでなく、個人的に重要な関係においても驚くほどの影響をもたらし得る。

いつになく晴れていた太平洋岸北西部の午後、ジョシュ・ミズナー教授は子供たちを車に乗せて学校から家に帰っているところだった。古いフォード・ピックアップトラックのフロントベンチシートに身を寄せ合って座った三人は、元気にそれぞれの一日を報告していた。それはミズナーが大いに楽しみにしている、日々の喜ばしい瞬間のひとつだった。「グッド・メン・プロジェクト」の中心的なメンバーであるミズナーは、極めて現代的な父親という特別種であり、自分の心をしっかりと理解し、学識の深い勤勉なコミュニケーション学教授としての仕事に増して、さらに真剣に、子育てという仕事に取り組んでいると誇りを持って公言している。

子供たちが語り終えると、彼はコミュニケーションの授業に利用しようと思っていたエクササイズのことを話し出す。その授業のトピックは、偶然にも、自己認識だった。ふと、ミズナーはそのエクササイズを試すのにもってこいの機会が目の前にあることに気がついた。やはり、進んで密なコミュニケーションをとりたい相手は、子供たちをおいて他にいなかった。それに、年齢こそ低いものの、良いデータが取れるとも思っていた――子供たちには思った通りのことを口にする才能があるのだ。

「ねえ、新しいエクササイズを試すのに協力してくれないかな？」

「もちろん、いいよ！」。七歳の息子パーカーと一〇歳の娘ベラは勢いよく返事をした。

「ありがとう、助かる！」。彼は微笑んだ。「じゃあ……父さんの一番ムカつくところはどこ？」

ミズナーは父親でいることを愛していた。うまくやっているとも思っていた。自分の子供たちが不快に思うことなんてあるだろうか？　あっても大したことじゃないだろう、彼はそう高を括っていた。

「まあ、父さんに意地悪なことを言いにくいのは分かるけど、怒ったりはしないから。考えていることを本当に知りたいんだ。何でも言って」

長く、重い沈黙が車のなかに流れた。「父さん」。七歳の息子が弱々しく切り出した。「すごく怒鳴るときが嫌い」

パーカーの声は震えていた。息子の目に涙があふれているのも見えた。「僕のことをもう愛してないみたいに感じちゃうから」と彼は続けた。「それに自分の部屋に隠れたくなっちゃう」

ミズナーは驚きで打ちのめされた。表情に出すまいと必死になりながら、彼が娘に目をやると、彼女はこう付け加えた。「私も怒ってくるときが嫌い。傷つくし涙が出る」

先にも触れたように、配偶者や、子供たちや、親や、親友たちなどの最も近しい人との関係は、仕事仲間との関係よりも、厄介で、複雑で、感情が絡むものになりやすい。そしてミズナーが身をもって知ったように、愛する人びとからの建設的なフィードバックは、より深く突き刺さってしまう可能性がある。しかし私は、だからこそそうしたフィードバックは重要なのだと考えている（このことについては、次の章で厳しいフィードバックへの対処法を紹介する）。

痛みを伴おうとも、ミズナーは自分の考案したエクササイズを続けることにした。深く息をついてから、質問を投げかけ始めた。「何について一番怒鳴っているのかな？」。「それは自分にどんな影響がある？」。「父さんはどういう風に変わればいいだろう？」。それから彼は、怒ったり防衛的になったりすることなく答えに耳を傾けた——がしかし、彼によると、それは簡単な作業ではなかった。

車内での会話が新たな旅の始まりとなった。その旅はまず子供との関係を変え、それから必然的に、彼自身を変えた。子供たちのフィードバックは、耳を傾けることと、忍耐強くあることの重要性を深く思い知らされるものだった。彼はもっと子供たちの気持ちに寄り添うようになった——そして子供に腹を立てたときは、かっとなることで子供たちをどれだけ傷つけてしまうかを思い出すことにしている。いまでは、自分の言動や行動に以前にも増して注意を払っている。この独創的なエクササイズは、ミズナーの人生に多くのポジティブな変化をもたらした。そして真実のディナーは何度も大きなインサイトをもたらしてきた。

では、具体的に、真実のディナーとは何なのだろうか？　やり方はこうだ。

親しい友人か、家族か、よき助言者——あなたのことをよく知っていて、あなたが関係を深めたいと思っている相手に連絡を取ろう。その人物を自分との食事に誘うのだ。その食事中に、あなたの一番嫌なところを尋ねてみよう。でもその前に、そんなことを聞く理由を伝え、踏み込んではいけない点などないこと、そして防衛的になったりせず、開かれた心と頭で耳を傾けるのみであることを告げよう。

さて、これを実践した人間として、そこで聞く回答は耳に痛いものだと言っておこう（これを、研究に関して私が試さないものはないという証拠だと思ってほしい）。私は二度実践したが、どちらのときも、その会話に臨むのは歯医者へ行くときよりも恐ろしかった（私は歯医者に行くのが心から嫌いなのだ）。ミズナーが教える学生たちの反応も、基本的には同じだ。「このエクササイズのことを伝えると、学生たちの顔から血の気が引いて、口をあんぐり開けるのが分かる」とミズナーは言った。ミズナーも、これが勇気を必要とするエクササイズであることは十分承知している──しかし数多くの学生がその効果を語り、改善を遂げている。

付け加えると、食事（理想としてはディナー）をしながらこの会話を持つことを勧めているのには理由がある。「一緒に食事をすることには、不思議な力があるんです」とミズナーは言う。「食事とは親密な行為です。そこには信頼が伴います」。そのうえ、正直に言えば、聞くに忍びない真実も、神経を鈍くする大人の飲み物があれば、ずいぶん飲み込みやすくなる。★

しかしうまくやれば、そこでの会話も思っているよりはスムーズなものになる。長い時間をか

★しかし１杯以上は、「リアル・ハウスワイブス・オブ・ニュージャージー」のような、テーブルをひっくり返すほどの事件を引き起こしかねない。

けて、ミズナーはエクササイズを実践する自分の生徒たちへの貴重なアドバイスを蓄積してきた。まず、**心の準備がカギ**だと彼は言う。時間を取って、どんなことを言われるかを想像して、最悪のシナリオを覚悟しておこう。第二に、**どれほど「深く」掘り下げたいかを決めておこう**。選んだ相手が近ければ近いほど、より多くのインサイトを得られるが、恐ろしい会話になってしまう可能性もある。

第三に、ミズナーは生徒たちに、自分が選んだ相手は、すぐあなたに心のうちを開いてくれるとは限らないという点を忠告している。開いてくれない場合は、相手からのフィードバックを**自分の成長の糧にするつもりであることを念押し**し、自分はただ、どう思われているのかを確認したいんですと伝えることを勧めている。そうすれば相手に、慎重で丁寧ではなく、正直で率直になる許可を与えたことになる。そしてディナーの相手がフィードバックを語り始めたら、あなたがすべきは会話を続けていくことだとミズナーは言う。たしかにこの種の話はできる限り早く断ち切りたくなるのはよく分かる。しかしこのエクササイズの効果を最大限に引き出すには、このエクササイズを子供たちと初めて試したときと同じように、必要な分だけ**質問をして事態を明らかにする**ことをミズナーは勧めている。

はじめは恐ろしく感じるかもしれないが、同時に、自分が大切にしている人が自分をどう見ているのかを知るのは、実に刺激的なことであり、とてつもなく有益なことだと分かって驚くだろう。そして言うまでもないかもしれないが、同じことは、この章で紹介した他のすべてのツールにも当てはまる。自分の内側を見つめている方が安全ではあるが、思い込みという安全で温かい繭のなかが快適であるあまり、そんな繭に包まれていることにすら気づかなくなる可能性がある。だからこそ、私たちにはフィードバックが必要だ。愛のある批判者を選んで、計画を立てて、新たなインサイトを得る準備をしよう。

しかし360度評価や、適切なフィードバック・プロセスや、真実のディナーを介して、周りにどう見られているかを知ることは、外的自己認識への最初のステップにすぎない。フィードバックは目を見開くほど驚きのものかもしれないが、そのフィードバックを人生の向上につながるインサイトに変えたければ、同じくらい重要なスキルをいくつか伸ばしていく必要がある。寛大にフィードバックを受け止め、フィードバックと向き合い、フィードバックを受けて賢く行動するスキルだ。ここからは、フィードバックを実際に活用する方法を見ていこう。

第８章 予想外の厳しいフィードバックを受け止め、向き合い、行動に移す

他人の知識から教えを受けて賢くなりたいというのに、しかも現在の考えを固執《こしゅう》するようなことを言っては、議論を好まぬ謙遜で思慮ある人なら、おそらく間違っていてもそのままにしておいて直してはくれないだろう。

ベンジャミン・フランクリン
（『フランクリン自伝』松本慎一・西川正身訳、岩波文庫、三三～三四頁）

私が長い時間をかけてひとつ学んだのは、心理学界の大人物であっても、ときに心理学を大きく必要としているということだ。ある学期に、私は敬意を集める心理学の教授のアシスタントと

して働いていた。残念なことに、彼女と学生との関係は、はじめのうち良好とは言えなかった。学生たちは講義を曖昧で分かりにくいものだと見なし、人と距離をとる彼女の付き合い方は学びの妨げになると受け止められていた。そしてそれは私も認めざるを得なかった。幾度となく、学生たちは自分たちの声を届けてほしいと私に頼んできたが、そんな話を持ち出すところを想像したら、じんましんが出てしまいそうだった。それにそんな声を届けるのは無意味なことだっただろう――むしろ事態を悪化させさえしていたかもしれない。

数週間が経ち、ゆっくりと痛ましい数か月が過ぎていきながらも、私は傍観していることしかできなかった。彼女は、この状況でも頑張っていたが、特別に何かを考えている様子はなく、学生たちはさらに愛想を尽かしているようだった。そんなある晴れた春の朝、オフィスにいた私は彼女から次のようなメールを受け取った。

今学期も終わりに近づいているので、一緒に仕事をしたうちの大切な何人かに連絡をとって、フィードバックを頂ければと思っています。私がうまくやれていること、そしてもっとうまくやれることについて、率直な意見を頂きたいです。あなたのフィードバックを一緒に振り返るミーティングも設定させてください。

私は驚いた。このメールを受け取るまで、彼女は自分が授業でどう見られているかなんて、まったく気にしていないのだと思っていたからだ――しかもその彼女が、勇気を持って積極的にフィードバックまで求めている。やがてショックが収まると、心から希望がわいた。この教授は、もし私がきちんと答えれば、将来の学生たちの学習経験を向上させ得る機会をくれたのだ。これは一回限りのチャンスだと思い、私は全力でミーティングの準備をした。ミーティングを設けた週には、少なからぬ時間を費やして、学生たちから聞いたことと私の観察を擦り合わせた。ようやく「印刷」ボタンを押したとき、その仕上がった資料は、自分で言うのも変だが、見事に練り上げられ、具体的で、公平なものだった。

ミーティングの朝、目を覚ますと胃がキリキリしていた。教授のオフィスの外に立ち、プリントした資料を握りしめて入れと言われるのを待ちながら、弾む心が急速に恐怖へ変わっていったのをいまでも覚えている。手のひらに汗をかきながら、私は資料をテーブルに置いて教授の前に差し出し、入念に準備した言葉を切り出した。

「どの学生も、あなたの深い知識と経験を心から貴重なものと考えていますが、近寄りがたいと受け取られる可能性があるときがあります」と私は彼女に告げた。

彼女の眉間に皺が寄った。「もちろん」と私は急いで続けた。「あなたの力なら、どんな形であれ学生のサポートができることに疑いはありません。ですが、周りからの見え方がいくつか障壁になって、学生たちから最高のものを引き出すことを妨げているのです」。眉の皺は、しかめ面に変わっていた。「たとえば、私が聞いた学生の話では、講義中に言ったことが聞き取れなかったので尋ねると、あなたはただ教科書のページ番号だけを伝えたそうです。教科書を見ても彼はまだ分からなかったようですが、それをもう一度尋ねるのは気が引けたそうです。結局、彼はそのままにしてしまい、テストで二項目の得点を落としました」

この頃にはもう彼女は目に見えて落ち着きをなくしていて、ヤマアラシの上に座っているかのように、体を前後に揺らしていた。しかし、このプロセスに苦しみながらも向き合う彼女を見て、私は以前にも増して敬意を抱いた。そこで私はフィードバックを続け、敬意は持ちながらも率直であろうと最大限に心がけながら、しっかりと記録した具体例を伝えていった。ついに伝え終えると、私は安堵のため息をつき、来るに違いない感謝の言葉を待った。

次に起こったことは、いまでもフラッシュバックのように思い出す。教授はテーブルの上を滑らせて資料を突き返してきて、平板な声で言った。「参考になりました。でもこれ全部あなたの意見じゃない？」

そのとき私は気づいた。最初から彼女は私の率直なフィードバックなど求めていなかったのだ――彼女が求めていたのは、正直なフィードバックを歌舞伎にしたものだった。つまり、客観的な現実からは遠く離れていたとしても、彼女はよくやっている、学生はみな彼女を愛している、と伝えることを求めていたのである。

この話のポイントは、外的自己認識を得るにあたって、真実を求めることは必要だが、それだけでは十分ではないということだ。**真のインサイトを得るには、真実を聞く方法を学ぶ必要**

がある——ただ単に「耳を傾ける」のではなく、本当の意味で「聞く」必要がある。これを簡単なこととは言わない。実際、私がおこなうコーチング指導においても、フィードバックに対するありとあらゆるネガティブなリアクションを目にしてきた。叫び、涙、沈黙、拒絶、挙げればきりがない。人は自己イメージに固執することで精神的な安らぎを得るという間違った行動をとってしまうため、怒って防衛的になったり（スティーヴを覚えているだろうか？）、逃げ出したくなったりする（文字通りの意味でも、耳を傾けないとか、やりすごすとか、なかったことにするという意味でも）。ユニコーンたちですらも足をすくわれる。しかし言い訳をしたり、言い逃れをしたり、フィードバックを八つ当たりだとか偏見だと責めたりするときというのは、ただただ自分が損をしている。結局のところ、自分の観点にばかりこだわっているとき——プリズムに光を通すのではなく、鏡のなかばかりを見ているとき——は、必ずしも自分が見ているものが正しいとは限らない。

この章では、うまくフィードバックを受け止めて（Receive）、それに向き合い（Reflect on）、行動（Respond）する方法に焦点をあてる。この3Rモデルと呼ばれるツールを通して、フィードバックを否定したくなる誘惑に打ち勝ち、予想外の厳しいフィードバックを開かれた心と耳で聞く方法を学んでいこう。この章で紹介するように、私たちが耳にするフィードバックには、いくつかの形があり得る。批判的で驚くようなフィードバックかもしれない。批判的ではありながらも、既存の認識を強化するものかもしれない。あるいは、こちらの長所を認めたり、こちらも気づいていない長所を指摘して目を見開かされるポジティブなフィードバックですらあるかもしれない。そしてフィードバックを受け止めてはじめて、真の挑戦が始まる。慎重に情報を天秤にかけ、何が貴重な情報かを見極め、そのフィードバックをもとに、どう行動するか決めるのだ（何でも受け止めて手当り次第に対処するべきだというのは、もちろん単純化しすぎである）。しかしどんな場合でも、うまく行動に移せるかどうかは、フィードバックへの理解度にかかっている——自分の「インサイトの柱」について、周りの見解と自分の見解を並べてみるのだ。まずはこの点から説明しよう。

◆

第一章で、ナイジェリアのビジネスウーマンであり、政治活動家であり、ユニコーンであるフローレンスを紹介した。ナイジェリアの首都アブジャで石油ガス会社のマネジャーを務めている彼女は、幸運にも上司と強固で協力的な関係を築いてきた。しかしある日、意図せず伝わってしまった上司からのフィードバックが、彼女を心底動揺させた。

フローレンスが参加する予定だった研修の準備として、上司は彼女の働きぶりについての調査に記入を求められていた。その提出日に、フローレンスはミーティングのため、上司のオフィスで彼が戻ってくるのを待っていた。暖色系の壁に丁寧に飾られた家族の写真を上司のデスク越しに見ていると、何かが視界に入った。それはフィードバック用紙だった。しかも記入済みの。

フローレンスは必死に視線を家族写真の方に戻し、読むべきではないものを読むのではなく、上司の子供たちの愛らしさに意識を集中しようとした。しかし集中できず、携帯をチェックすることにした。それにも集中できないと、目を閉じて鼻歌を歌い始めた。通りすがりの人たちから変な奴だと思われると心配して、彼女は再び目を開けた。そして結局、彼女はその状況ならほとんど全員がやってしまうだろうことをやった。用紙をのぞき見たのだ。フローレンスは質問事項を見た。「参加者のことを、どのような人だと説明しますか?」。その下に、上司はわずか二単語で、こう答えていた。「とても野心的」。アゴが床に落ちるほど驚いたが、もちろん良い意味ではなかった。

さて、一般的な西洋人にとって、このフィードバックは問題というほどでもない。それどころか、野心的というのは賛辞である可能性が高い。しかしナイジェリアでは、強い社会規範があり、野心的に「なってよい人」というのが決まっていて、それは男性だけだった。女性にとって、野心的であるということ——つまり、仕事で成功したいとか、自立したいとか、自分で稼ぎたいと願うこと——は、母親として、妻として、専業主婦として社会が求めてくる役割に反してしまう。そのため、野心的な女性は同時に傲慢であるとか、高慢だとか、威圧的だとか、求められている役割を意図的に避けていると見なされる。

フローレンスはショックのあまり、そのフィードバックを読まなかったフリさえできなかった。人生を通して、彼女は自分のことを傲慢だとか横柄だとは考えたことがなかった。しかしこの「目覚まし」となる瞬間に、彼女は選択肢を突きつけられていると悟った。防衛的なモードになるか、インサイトへのチャンスとして活用するか。簡単ではなかったものの、フローレンスは驚きの新情報を掘り下げて、より勇敢で賢くなろうと心に決めた。そしてユニコーンたる彼女は、**3Rモデル**を完璧に体現する形で取り組んだ。それは私が長年周り（と、実を言えば自分）をサポートするために活用してきたモデルで、フィードバックを**受け止め**（Receive）、**向き合い**（Reflection）、**そして行動に移す**（Respond）ためのものだ。このプロセスはエゴや、これまでの自己像を脇に置いて、目の前にある情報にだけ集中して、「闘争か逃走か」の本能に抵抗し、フィードバックを自己認識への機会に変える手助けとなる。

　このプロセスは**フィードバックを受け止める**ことから始まるが、フローレンスはその才能を持っていた。野心的だと見られていることを知ってショックを受けたものの、感情に流されてしまわないよう意識してもいた。しばらく間をあけて深呼吸してから、彼女は自分がどんな感情か、自分に問いかけた。私は動揺してる、と彼女は認めた、でもこのフィードバックには、私にとって貴重なものが含まれているかもしれない。上司からのフィードバックに**インサイトが含まれていそうなので掘り下げる**というシンプルだが効果的な判断によって、私のどんな振る舞いが彼にそんなことを思わせているのだろう、とフローレンスは考えた。この問いのおかげで彼女はすぐに助手席でなく運転席に乗り換えたかのように主体的になり、このフィードバックへの認識を、厳しい試練から実態調査のミッションに変えた。

しかしフィードバックを受け止めるとは、受動的に聞き入れるということではない。積極的に質問を投げかけて理解を目指すという意味だ。そうすることで先に進むにあたってより良い情報が得られるだけでなく、かっとなったり、うかつにも否定モードに陥ったりすることを防げる。彼女は意を決して、上司へ穏やかにいくつかの質問を投げかけた。「『野心的』という言葉が何を意味しているか、もう少し詳しく教えてくれませんか?」。「いくつか例を挙げて頂けますか?」。「そんな振る舞いに最初に気づいたのはいつですか?」。上司が答えるあいだ、彼女は後から振り返られるよう、上司の言葉を正確に走り書きした。上司に感謝を告げて、彼女はオフィスに戻った。

それから数日、フローレンスは上司からのフィードバックを頭のなかに寝かしておいた。なぜなら、感情に流されている状態では、上司の言葉の意味も、ましてやそれに対してどんな行動を起こせばいいかも、考えることなどできないからだ。興味深いことに、**フィードバックと向き合うとき**（3Rモデルの二つ目のステップ）、ユニコーンたちはすぐに取りかかることを巧みに避けている。多くのユニコーンが、本当に驚くような、もしくは動揺するようなフィードバックを聞いたあとは、数日か、ときには数週間も置いてから戻ってくると語っていた。

やがて、フローレンスはこの未知なるフィードバックの意味を探り、それに対処する方法を考える準備が整った。フィードバックの意味を理解するために、彼女は自分に三つの質問を投げかけた。一つ目。**自分はこのフィードバックを理解しているだろうか?**　最初にフィードバックを聞いたときよりも動揺は少なかったが、いまだに最初と同じくらい戸惑っていた。そこでフローレンスは数人の愛ある批判者たちと話すことにして、さらに多くのインサイトを集めるうちに、上司が実際は何を伝えようとしていたのかを理解し始めた。フローレンスの直感的な反応では、このフィードバックを「ネガティブ」なものにラベリングしていたが、すぐに彼女は、愛のある批判者たちが微妙に異なる見解を持っていることを知った。彼女の自信は、少なくとも知り合って間もないうちは、たしかに人との摩擦を生むときもあるが、相手が彼女のことを知っていくと、彼女が偉そうでも押し付けがましくもないことに気づく――そして、自信は彼女に独自の強みを与えていると考えていた。

これを受けて、フローレンスは自分に問いかけた。**このフィードバックは、私の長期的な意味での成功と幸福に、どう影響するだろう？**　思い出してほしい。すべてのフィードバックが正確であるとか重要であるということはなく、前にも触れたように、どのフィードバックを考慮するかに関して、ユニコーンたちは驚くほどに選択的だ。結局のところ、ローマの哲学者マルクス・アウレリウスが言うように、「私たちが耳にするすべてのものは一つの意見であり、事実ではない。私たちが目にするすべてのものは、一つの視点であり、真実ではない」のだ。聞く価値のあるものを見極めるためのポイントは、その特定の行動がどれほど広く確認されるかを調べてみることだ。一人からのフィードバックは、一つの視点だ。二人からのフィードバックはパターンだ。だが三人かそれ以上からのフィードバックとなると、事実に近い可能性がある。フローレンスは実に多くの人たちから「野心的」だとハッキリ耳にしたため、それに耳を傾けざるを得なかった。しかし彼女は気づいた。文化的には望ましくないかもしれないが、自分の長期的な成功にはネガティブな影響を与えていない――それどころか、目標達成の助けになっていた。

この気づきによって、フローレンスは最後の質問に進んでいった。**このフィードバックに対して行動を起こしたい？　もしそうなら、どんな風に？**　フィードバックを理解し、それが大切なものだと認識しても、すぐには対処しないと決めることだってある。結局のところ、何らかの変化を起こすことが、そこにかける時間と労力に見合うかどうかを判断するのは、あなた次第だ。

フローレンスは、**フィードバックを行動に移す**ことに決めた（３Ｒモデルの最後のステップ）。しかしそれは、思いもかけぬ形でだった。行動に移すにあたって、彼女が気づいたのは、ナイジェリア文化における女性としてであっても、自分はしおらしくしている必要はないということだった。彼女は自分が持つ謙虚さと自信という独特の組み合わせは、弱みなんかじゃないと気づき始めた。この二つこそ、まさに自分のさまざまな達成を支えてきたものだった。そしてつねに周りの気持ちや感情を気にかけながら、彼女は自分の思う人生を歩んでいった。

そこで、**自分を変える**かわりに、フローレンスは、まずは自分から、**認識を変える**ことにした。自分の野心は欠点でないと理解した彼女は、その言葉についての文化的な先入観を捨て去り、ありのままを受け入れた。「いつだって、『そんなに高く登るんじゃない――落ちてしまうぞ』と言ってくる人はいる」と彼女は言う。「でもそんな人たちの声は聞かないことにしたの」

フローレンスは、紙切れに書かれた二単語をのぞき見たことで、数々の発見をした。それは彼女の外的自己認識を向上させただけでなく、世界にさらなる影響を与えるための土台形成に一役買ったのだった。これはとても強力な教訓だ。寛大にフィードバックを受け止め、勇気を持って向き合い、目的意識を持って行動に移せば、およそ想像もつかないような場所から、想像もつかないようなインサイトを掘り出すことができるのだ。

自己肯定──スチュアート・スモーリーを越えて

チェスのチャンピオンを想像するとき、どんな姿が頭に浮かぶだろう。静かで生真面目な人かもしれないし、チェスボードの前で背中を丸めているボビー・フィッシャーのようなイメージかもしれないし、スーパーコンピュータと対戦するタートルネックとツイードのジャケット姿のインテリタイプかもしれない。その姿がどのようなものであろうと、あなたが想像したチャンピオンは、どちらの性別だった？　かなりの確率で、そのチャンピオンは男性だっただろう。そうイメージしたのは、あなただけじゃない。これは、どれほど見識が広い人物でも否応なく持ち合わせている無意識のステレオタイプの一例にすぎない。だが私たちは他人についてのステレオタイプにはある程度自覚的であるのに、もっと驚くような種類のステレオタイプについては認識を欠いていることが多い。それは**自分自身や、自分がどう見られているかについて、実際よりも低く**

見積もって思い込んでしまうような思考だ。気づいていようがいまいが、人はみな、この固定観念を持っている。

しかしこうしたステレオタイプが、フィードバックへの向き合い方と、外的自己認識の向上にどう関係があるのだろうか？　すでに不安に思っている部分に関して厳しいフィードバックを受けると、ナイフのように鋭い痛みが走る。フローレンスが上司から受けたフィードバックは（少なくともはじめは）批判的で予想外のものだった。しかし一方で、フィードバックは批判的であると同時に既存の見解を強化するものである場合もある――つまり、自分が持っているとすでに信じている弱点を裏付けるようなフィードバックだ。そして残念なことに、既存の見解が追認されると、気分が塞ぎ込んだり、無力感を覚えたり、すべてを放棄してしまったりする可能性がある。ここでは、こうした反応を防ぐシンプルなツールを紹介する。しかしまずは、自分の可能性を制限する思考がどれほど有害なものであるかを見ていこう。

二〇一四年、心理学者のハンク・ロスガーバーとケイティ・ウォルシファーは、チェスの選手は男であるというステレオタイプが、女性チェスプレイヤーのパフォーマンスに影響を与えるかどうかを探ろうとした。アメリカ合衆国チェス連盟のデータを活用し、二人は一二の小・中・高校の学生チェストーナメントの戦績を分析し、男性と女性の学生たちが、対戦相手の性別によって何らかのパターンを見せるのか調査した。すると二人の予想通り、男子学生と対戦した女子学生のパフォーマンスは、女子学生同士の対戦時に比べて著しく（二〇パーセントも）悪かった。★

★この傾向が現れるには、弱い相手ではなく、中～高レベルの男性と対戦する必要があった。

なぜだろうか？　人は自分の能力についてネガティブなステレオタイプ――この場合で言えば、男子の方がチェスが得意という女子学生たちの固定観念――を持っているとき、そのステレオタイプを追認されてしまう恐怖が、実際にはフィードバックを受け取らずとも、自己成就的予言となって機能し得るということだ。

この現象は、心理学者のクロード・スティールとジョシュア・アロンソンによって**ステレオタイプ脅威**と名づけられ、広範な分野で立証されてきた。スティールとアロンソンの研究のひとつでは、アフリカ系アメリカ人の学生たちが、知性を測るものだと言われて共通テストを受けると（この点でヨーロッパ系アメリカ人たちよりも劣るというステレオタイプが広まっており）、まさにその通りの結果になった。しかし知性を測るものだと言われなければ、どちらのグループも同じような点数を示した。別の研究では、学業成績が劣るというステレオタイプがある大学のアスリートたちに、「運動バカ」な一面を思い出させると、運動をしていない学生に比べて大学院ＧＲＥテストで一二パーセントもスコアが低くなった。

ステレオタイプ脅威は個人のテストや作業のパフォーマンスを低下させるだけではない。私たちの長期的な意味での成功も大きく制限しかねない。女性の社会進出が進んでから何十年も経つが、科学の分野では性差が存在し続けている（能力には何の遺伝的な違いがないにもかかわらず、アメリカでは理工学系の仕事に就いている女性の比率はわずか二一パーセントである）。多くは、文化的要請や文化規範で説明しようとする。しかしシェリル・サンドバーグが『LEAN IN（リーン・イン）　女性、仕事、リーダーへの意欲』（日本経済新聞出版社、二〇一三年）を出版するまさに一〇年前から、ジョイス・アーリンガーとデイヴィッド・ダニングは、別の要素を発見していた。二人は男性と女性の大学生に、自分の科学的思考力を評価してもらった。数週間後、二人は同じ学生たちを招き、前回とは無関係なものとしたうえで、科学的思考のテストに参加してもらった。この二つの実験の結果、女性は男性より自分の能力への評価が平均して一五パーセント低かった。テストでどれだけ良い結果を出していようと、だ。この調査が示唆しているのは、女性が自分の能力を限定的に考えてしまっていること、そしてその結果別の職業を選んでいることが、科学の分野における性差の大きな要因だろうということだ。

　ありがたいことに、こうした自己抑制に対抗するための方法がある。それがクロード・スティールの言う**自己肯定**だ。自分の力を限定的に考えてしまう分野でフィードバックを受けたときは、**少し時間をとって、脅かされている部分とは別の重要なアイデンティティを思い返してみる**と、「心理的免疫システム」を強化することができる。目標の数字に到達しなかった厳しい一年に対する勤務評価が控えているとしよう。この迫りくる脅威に対して自分を守る一つの手段は、自分が愛情深い親であるとか、熱心な地域のボランティアであるとか、善き友人であると思い出すことだ。

　あまりにシンプルで空想的に聞こえるかもしれないが、これは研究でも裏付けられている。たとえば、心理学者のジェフリー・コーエンは、ステレオタイプ脅威を抱えている可能性のあるアフリカ系アメリカ人の七年生たちに、学期の初めにほんの一〇分間、自分が大切にしている価値観について書いてもらった。すると学期の終わりには、七〇パーセントの学生が、このエクササイズをおこなわなかったグループに比べて高い成績をおさめた。この成績の上昇は、人種間の成績差を四〇パーセントも減少させるものだった。興味深いことに、自己肯定は脅威に対する肉体的な反応も和らげることが分かっている――ストレスホルモン「コルチゾール」が減少することで、より理性的に考え、大局を見失わないための助けとなるのだ。★

「サタデー・ナイト・ライブ」でアル・フランケンが演じたキャラクター「スチュアート・スモーリー」を観たことがある人はいるだろうか。黄色のセーターを着た小太りな男が、鏡の前で、自分に向かって穏やかな抑揚のない声で言う。「私は素晴らしい。私は賢い。なんてこった、みなが私を好いている」。表面だけを見ていると、ひたすら自分は素晴らしいと言い聞かせる行為は、フィール・グッド効果と同じだと言えないだろうか？　自己肯定は、厳しいフィードバックを取るに足らないものだと考えて、言い逃れしているだけでは？

これはまったくもって事実とは異なる。スチュアート・スモーリーは「サタデー・ナイト・ライブ」の視聴率に大きく貢献したかもしれないが、彼がコミカルに演じすぎたために、自己肯定という科学は迷惑を被ってしまった。自己肯定についての厳密な研究は、自己肯定が難しいフィードバックを取るに足らないものと認識するどころか、実はそうしたフィードバックに対してよりオープンになる役割を果たすことを明らかにしている。さらに自己肯定自体はフィール・

★ ある研究では、自己肯定のエクササイズをおこなったステージ１と２の乳がん患者のほうが、おこなわなかった患者に比べて、３か月後でもうまくストレスに対処することができていた（肉体的な症状さえも少なかった）。

グッド効果に変わっていく可能性はあるが、自分を支えるために戦略的に活用すれば、厳しい真実にも耳を傾ける助けになる。研究者のデイヴィッド・シャーマンによると、自己肯定は私たちを「痛すぎて受け入れられないような考えに対してよりオープン」にさせてくれる。自分はもっと素晴らしいのだということを思い起こせば、脅威に見える情報も適切な観点から受け止めることができるのだ。

こうした教訓は、私も数年前に身をもって学んだ。本書に取り組み始めてすぐの頃、私は高校の旧友が開く休日のパーティに参加することになっていた。控えめに言っても、その頃はとてもきつい日々だった。私は執筆中、二つの対極的な感情をぐるぐる行き来している。舞い上がるほどの興奮と、身動きが取れないほどの疑念だ（夫はこれをＡＢＤと名づけた。著者双極性障害［Author Bipolar Disorder］の略語だ）。それまでにいくつかの中心的な断片は書いていたが、研究で発見したことを一つの議論としてまとめるのに苦労していた。その週の前半、百万回にも感じるほど無数の失敗を繰り返したあとで、ついにいくつかの視点をまとめることができた。しかし私はうまく展開できていないのではないかと不安だったため、意見をもらおうと出版の世界で働く友人のひとりに送ったのだった。

恐ろしいことに、その彼の反応は私が想定していた以上に悪いものだった。ただでさえかなり不安だったのに、彼の意見によってさらなる疑念のスパイラルに陥っていった。しかも、そのフィードバックを受け取ったのは、パーティに出かける直前だった。当然ながら、私はふてくされて、パーティに行くべきかどうかさえ悩んだ。もうどうにでもなれ、パーティに行けば、少なくとも数時間は本のことを忘れられる。

温かくて居心地がよく、窓ガラスが曇ったレストランに到着すると、ジュークボックスからクリスマス・キャロルが流れていて、何年も会っていなかった馴染みの顔がたくさん見えて私は高揚した。一応伝えておくと、私の高校時代は珍しくポジティブなものだった（ありがたいことに、良い成績を取ったり、演劇をしていたからといって、ロッカーに押し込まれていじめられたりすることはなかった。そんなことになっていたら私も困ったことになっていただろう）。旧友たちと昔話をする晩は、まさに私が必要としていたものだった。そして自分でも驚いたことに、私は本のことを一度も思い出さなかった。

その夜家に帰ると、ずんとした、ノスタルジーの甘い痛みに襲われた。あの頃は本当によかった、私は昔を振り返りながらそんな思いに浸った。しかし同時に、執筆に苦しんでいることに対して喜ばしい思いも芽生えていることに気づいた。高校生の私は、困難を前にしても決して怯《ひる》むことなどなかった。いまの自分だって変わらないはずでは？　その夜、私は心が晴れるような穏やかな気持ちで眠りについた――明日は悩ましい本の問題を解決しよう、何があっても――そして久しぶりによく眠れた。

翌朝、私はベッドから這い出て、コーヒーを持って、オフィスへと歩いて行った。その週によく感じていた不安がまた襲ってきた。今日こそ解決するんだ、私はそう自分に言い聞かせ続けた。そしてまたも絶望という反芻に陥ってしまいそうになったとき、自分のなかで何かが噛み合った。突然、行き詰まっていた部分を新たな観点から見ることができた――それも、はるかに筋の通る形で。その日が終わるまでに友人に改訂版を送って見てもらうと、とても気に入ってくれて安心した。あのパーティはたんに旧友と過ごした楽しい夜だっただけでなく、強力な自己肯定ももたらし、友人からのフィードバックを――私の一番深い恐れや不安に触れていたフィードバックを――大局的な視点から見る手助けになったのだと分かった。その自己肯定は、自分を制限してしまうような考えを脇に置き、新たな気持ちで難題に取り組むよう促してくれたのだった。

私の体験談のみならず、近年研究者たちは**過去の回想は実際に自己肯定の効果的な方法**であることを明らかにしている。たとえば、研究者のマシュー・ヴェスと彼のチームは、心理学専攻の大学生たちに、過去のポジティブな記憶を思い出してもらってから、推論のテスト結果に対するネガティブなフィードバックを与えた。過去を振り返った人びとの方がフィードバックに対して防衛的でなかったのみならず、意外にも、自分の能力について妄信してしまう可能性も低かった。その他の研究でも、過去を思い出すことは反芻を減らし、幸福度を高めることが明らかにされている。

過去を振り返ることで自分を肯定しても、大切な価値観を思い出すことで自分を肯定しても、フィードバックの恐怖への備えができ、なるべく防衛的にならずに耳を傾けることができる。しかしどんな方法であれ、**自己肯定は恐ろしいフィードバックを受け取る前におこなうのが一番効果的**であることが研究で分かっている。フローレンスの場合のように、突然忍び寄ってくることもあるが、特に自分で積極的に求めている場合は、厳しいフィードバックが来ると予測できることも多い。だから厳しいフィードバックが来そうだと分かっているときは、まず数分かけて自分を強化しよう。自己肯定は保険のように考えておくといい。あなたが耳にするのは破滅的なフィードバックではないかもしれないが、もしそうであった場合に、自己肯定があれば守られる。

人の一部としての欠陥——変化が必要でないとき

起業家のレヴィ・キングは、アイダホ州の田舎の農場に生まれ育った。電光看板を作る会社で働きながら大学を卒業し、卒業後すぐに自分で看板業を始めた。その会社を良い値段で売却したとき彼はまだ二三歳で、それから金融サービス会社を始めた。しかし数年後、無害に見えた何気ない行動が、レヴィをキャリアのなかでも最も難しい（かつ重要な）インサイトへと導くことになった。

彼は新しい営業のトップをクビにしたばかりだった。それは彼としては極めて明白な理由からだった。しかし彼のビジネスパートナーで、この元トップを雇った人物は、異なる見解を持っていた。当然ながら、二人は互いに自分が正しくて、相手が間違っていると信じていた。やがて見解の相違は、どちらがより良いリーダーかをめぐる全面論争へと発展していった。パートナーたちは、この問いを実証可能な方法で解決することに決めた。それぞれに360度評価をおこない、それぞれのチームの真実を知り、それぞれを比較するのだ。結果が出れば、自分の正しさが証明されるだろうとレヴィは思っていた。

しかし真実はそれほど楽観的なものではなかった。チームは多くの項目で、レヴィのことを本人が思っているより低く評価していたのみならず、さらに悪いことに、たとえばコミュニケーションのような、彼が最も得意だと自認していた部分こそ、チームから最も低い評価を受けていた。これがレヴィにとってのターニングポイントとなった。彼の言葉を借りれば、自分が「このまま突き進んでさらなる嫌われ者になるか、自分の過ちの原因を学ぶか」のどちらかだと気づいたのだ。彼は後者を選び、自身のコミュニケーションスタイルとリーダーとしての振る舞いをより良く理解するプロセスに着手した。

しかし脳科学やコミュニケーションに関する本をたくさん読んだすえ、レヴィはどれだけ自分が頑張っても、決して人当たりがいいと思われることはなかったのだと結論づけた。そういうスタイルは自分の生まれつきの資質ではなかったのだと彼は悟った。さてここで、私がこれからみなさんに、彼がこの障壁を乗り越え、自分自身と向き合い、コミュニケーションの達人へと変貌する方法を紹介すると思っているかもしれない。しかし起きたのはそうじゃない。そうなる代わりに、レヴィはコミュニケーションが自分の強みには決してならないことを受け入れた。そして彼はそれで問題なかった。

しかし、これは賢明なことだったのだろうか？　そこまで苦労してインサイトを得たんだから、さらに力を入れて、それらの気づきを行動に移すべきではないのだろうか？　真実はこうだ。鏡からプリズムへと移行するなかで、私たちは変えるのが難しいであろう物事を発見することがある。つまり、自分という織物全体に編み込まれた欠点というのがあるのだ。**自分の弱点を管理する最高の方法は常に明快というわけではないが、最初のステップは自身のなかで弱点をオープンに認め、それから他人に対しても認めること**だ。ときには、小さな変化が大きな見返りを生む。あるいはまた、完全に変身することができるときもある。しかしいくつかの場面では、アルコール依存からの脱却を目指す会「アルコホーリクス・アノニマス（無名のアルコホーリクたち）」が言うように、**自分では変えられない物事を受け入れる**ことが適切な対応である場合もある。そしてこれこそレヴィが実行したことだった。

このインサイトを得た彼は、それをチームに伝えることにした。部下たちは360度評価を記入していたため、どんな反応があるか気にしているだろうと分かっていたレヴィは、とにかく一連の事柄についてオープンでありたいと考えた。そこで彼はミーティングを開き、まずは部下たちのフィードバックに感謝した。それから自分のコミュニケーションスキルの向上に取り組んでも大きな実りが得られないだろうという結論に達した理由を説明した。「今後、私がおはようと声をかけることはあまりないでしょう」と彼は伝えた。「あなたの誕生日も忘れるでしょう。子供ができたのに、そのことについて何か言葉をかけるのを忘れてしまうでしょう」。沈んだ気分が部屋を覆った――部下たちは、一体どうして上司がこんなことを言うのか、そしてそんなことを言われてどうすればいいのか分からなかった。

部下たちの心を読んでいるかのように、レヴィは続けた。「ですが、私はみなさんのことを真剣に思っているのです――心の底から――そして、それを示す私なりの方法はこうです。私はそれを、みなさんに安心して働ける場所を提供することで示します。給与体系を明確にすることで示します。あなたが仕事にやりがいを見いだせるようにすることで示します。私はこれらをみなさんに約束します」

レヴィにとって大きな驚きだったのは、こうして自分にとって新しい真実を公然と受け入れる行為は、思ってもみなかったほどの見返りがあったことだ。「レヴィが自身最大の弱点を認識した」という事実を知ったチームは、もはや彼のことを身のほど知らずの二五歳の若造とは見なさなくなった。そして彼が良くない振る舞いをする状況を笑えるようにさえなった。自分を丸裸にしたミーティングから少し経ったある日、レヴィは人事と財務部門のトップと会話しようと試みた。彼は彼女に何か気の利いたことを言おうとして、彼女が花柄の袖のシャツを着ていることに気がついた。「いいシャツだね」。彼は言葉をかけてみた。

「どうしたんですか」。彼女は答えた。「いつもは私の服装なんて褒めないのに」

「褒めるような服を着てないからだよ——いつもはボロい無地のＴシャツでしょ」。それを聞くなり、彼女はゲラゲラ笑い出した。

レヴィの３６０度評価から、もう一〇年が経つ（そしてさらに五社の起業を成功させた）。そして彼は、自分の弱点を認めることが——ときにはチームにふざけていじってもらうことが——新たなレベルでの成功に到達する助けとなることを知った。それを見事に示すかのように、彼の新しいクレジット金融会社「Nav」は収益を伸ばしている。そしてレヴィのリーダーシップを示すように、同社はＩＴ業界のなかでも聞いたこともないほど高い社員の定着率を誇っている。**予想外の批判的なフィードバックについては、自分が変わることも良い選択肢だが、唯一の選択肢ではない**。ときに、自己認識をするとは、シンプルに自分の欠点を（自分に、同僚に、部下に、友人に、そして家族に）認め、自分がどのような行動をしてしまうか想定することを意味する。そしてよく言われるように、変えられないものへのこだわりを捨てれば、変えられるものにエネルギーを集中させることができる。

◆

これまでこの章では、穏やかならぬフィードバックに対処する方法を学んできた人びとの例を見てきた。しかし外的自己認識を得るとは、自分がうまくできていない部分を知ることだけを意味するのではないという点は、指摘しておく価値があるだろう。外的自己認識とは、自分なりの長所や、技術や、貢献をより良く理解することであり、そうした発見をより大きな個人的成功に活かすことでもある。周りから見られている自分についての真実を知る過程では、厳しい驚きと同じくらい、嬉しい驚きと出合う可能性もある。

ポジティブかつ驚くようなフィードバックを受け取ると何が起きるかに関しては、数年前にうってつけの例を体験した。トムと出会ったとき、私は企業のリーダーたちの研修を担当していた。トムは自称「典型的なエンジニア」だった――「人付き合いが上手」ではない、絵に描いたような内向的な人物だった。トムは、エンジニアリングを愛しているが、行き詰まりを感じていて、現在の仕事に満足していないと語った。私はどんな仕事にも就けるとしたら何をするかと尋ねてみた。彼はしばらく考えて、分からないけど、何であっても出世することはないだろうと答えた。「人に話を聞いてもらうことができないんだ」と彼は事実のように説明した。「自分は人に影響を与えられるタイプじゃなくて」。私が理由を問うと、彼はただ肩をすくめて、だいたいエンジニアは「人に関すること」が得意じゃないんだと言った。

「この一週間あなたを観察して、それが本当かどうか判断してもいい？」。私は提案した。彼も同意し、実行に移すことになった。

研修最後の晩、手の込んだチームビルディングに取りかかった。参加者たちはホテルの大きな宴会場に集められた。各テーブルには塩化ビニル管や、木の板や、ハンマーや、ハシゴなど、建築材料が積まれている。参加者たちのミッションは、大理石ひとつを部屋の端から端へと移動させる物を作ること。いつも一番賢い人間として扱われることに慣れているリーダーたちは、互いのアイデアに耳を貸すのに苦労していた。当然ながら、目の前のミッションには進捗が見られず、刻一刻といら立ちが募っていくのが見て取れた。

突然、喧噪のなかから自信に満ちた大きな声が響いてくるのが聞こえた――驚いたことに、その声の主はトムだった。彼はハシゴのほとんど一番上に登って満面の笑みを浮かべていた。明らかに、解決を求められている技術的な問題を前にして奮い立っていた。しかし彼が言っていた対人スキルを思い出して、惨事が起こることを覚悟した。「よし、みんな」と彼は切り出した。「多くの人は僕の専門がエンジニアリングだと知っていると思う。答えを持っているわけじゃないけど、いくつかアイデアがある。みんな、意見を聞かせてほしいんだ、この……」

そんな風にして、会話の様子が変わっていった。あっという間に、チームは意見を主張するのではなく、耳を傾けるようになった。意見をぶつけ合うのではなく、力を合わせるようになった。牽制するのではなく、能動的になった。そしてチームは私の予想よりもはるかに早くミッションを終えた。

様子を眺めていると、熱狂するトムのチームメンバーたちが彼に握手やハイタッチを求めていて、私はとても驚いた。一段落して、私は彼に駆け寄り、彼の腕をつかんで、こう叫んだ。「トム！　自分のしたこと分かってる⁉　この一週間で目にしたなかで、『人に影響を与える』ことの一番鮮やかな例だった！」。ますます驚いたのは、私を見る彼がぽかんとしていて、そんな大げさな賛辞を受け取るようなことをしたのか分からないといった様子だったことだ。

トムと私は、その晩の残りの時間を語って過ごした。この自分についての新しくポジティブなデータに向き合う彼の姿は、大切なことを知らせてくれるものだった。**驚くようなフィードバックは、自分でも知らなかった長所に目を開いてくれることがある。**そしてこの新しい情報は、はじめトムの自己イメージ全体を揺るがした（なんせ彼は事実上キャリア全体を通して、人に影響を与える力などないと信じていたのだ）が、トムは、鏡に映った自分だけでなくプリズムを通すことで、より豊かで、より十全な自分の姿を捉えることができた。彼はずっと、生まれついてのリーダーだったのだ――彼に必要だったのは、すでにあるものを見つけるためのちょっとしたサポートだった。トムはキャリアのみならず、自分の人生も新たな気持ちで見られるようになった。「聞いてください。昇進に応募しようと思うんです」。彼は言った。「きっとうまくいくはずです」。そして実際に昇進した。

トムの長所は驚きとともに発見されたが、一方で自分が備えていたいと願っているポジティブな性質を再確認させてくれるような外部の視点もあり、それはより自信を持った決断をする助けになる。ユニコーンのケルシーは、キャリアのはじめの八年間は地質学者として働いていた。しかし日を追うごとに、彼の関心は変化し、会社を辞めて教師になりたいという思いが高まっていった。やがて、その衝動は抑えきれないほど大きくなり、会社を辞めて教育学の修士課程に通うことにした。

その決断をケルシーが友人や家族に告げると、彼は周囲の反応に驚き、感謝した。周りはこんなふうに褒めちぎった。「きっと最高の先生になるよ！　我慢強いからね！　うちの子供も見てくれたらありがたいな」。それでも足りないかというように、彼の決断が結びつきの強い近隣に伝わると、ケルシーとは特に親しくない隣人たちまでどこからかやってきて、なんて素晴らしい決断なんだと彼に伝えた。彼が教えているところは見たことがなかったものの、評判が先立っているようだった。

はじめに決断を下したとき、ケルシーは自分が正しい選択をしたのか定かではなかった――自分には、良い教師になる素質があるのかもしれないけど、そんなことどうしたら確かめられる？　隣人や友人たちのフィードバックが、彼の必要としていた自信の後押しとなった。さらに彼は、もし周りがそんなふうに自分を見ているなら、その期待に応える義務があるんじゃないかと考えた。そして現在。彼は中学の理科の教師として成功をおさめ、生徒から愛され、教室を引っぱっている。

結局のところ、この章の初めに引用したベンジャミン・フランクリンの言葉のように、「他人の知識から教えを受けて賢くなりたい」と願うとき、その教えにはさまざまなパターンがあり、いくつかの対応策がある。**批判的で予想外**なフィードバックを受けたときは、スティーヴのように、自己変革に取り組むことができる。フローレンスのように、フィードバックを捉え直してもいい。レヴィのように、教えを受け止め、それを周りにオープンにしてもいい。受けたフィードバックが**批判的で追認するもの**――つまり、すでにある自分の不安や弱さを補強するもの――であるとき、その教えを生産的に捉え返して、仕事や私生活への影響を最小限にするために自己肯定を活用することができる。**ポジティブで予想外**なフィードバックを受けたときは、トムのように、自分の新たな長所を知り、それをもとに先へ進んで行ける。そして最後に、ケルシーのように、受けたフィードバックが**ポジティブで追認するもの**であるとき、それは自分が選んだ道を進み続ける自信を与えてくれる。

どれほど予想外であっても、動揺するものであっても、ありがたいものであっても、そのフィードバックについて考え、行動を起こすことは、そうしないよりも遥かに良い。かつて作家のマリアン・ウィリアムソンが述べたように、「自分を知ることに伴う鋭い痛みに耐える方が、自分を知らないことでその後の人生に続く無知の鈍い痛みを選ぶよりも勇気がいる」。誰より成功し、充実し、自分を知っている人びとは、鈍い痛みのままでは決して満足しない。主体性を持って、勇敢に自ら真実を求め、それを理解し、可能な部分は向上するために活用する――そしてまた、自分を発見していくなかで時おり感じる鋭い痛みには、それだけの価値があることを知っている。

第4部　より広い視点

第9章
リーダーがチームと組織の自己認識を高める方法

真実とは議論の余地のないものだ。悪意が襲ってきて、無知にあざ笑われようとも、最終的には、真実がそこにある。

ウィンストン・チャーチル

マイクが玄関に姿を現すと、彼の上司は温かな笑みを浮かべた。マイクが聡明で才能あふれる航空技師だったからだけではない。彼は二五歳のマネジャーにとってまさに初めての部下だったのだ――そしてごくわずかな期間で、マネジャーはマイクのことをとても気に入っていた。

「マイク！」と彼は言った。「会えてよかった。ちょっと来て。最新版の設計表持ってたら見せてくれる？」

「ええ」とマイクは言い、驚くような力でシートを机に叩きつけた。「でもこれ以上の変更を指摘される前に伝えたいのですが、僕はもう辞めます」

上司はあまりのことに言葉を失った。熱心なエンジニアであるマイクに細部への配慮や質の追求を教え込もうと力を注ぎ、この仕事に伴うさまざまな難題に立ち向かうマイクを支えようとすべてを捧げてきたはずなのに。「な……何だって？　どうして辞めるんだ？」。上司は口ごもりながら言った。笑顔もいまや完全なるパニックの表情に変わっていた。

「あなたのせいでイライラしておかしくなりそうなんです！」とマイクは言った。「これで一四回目の修正ですよ」

「でも私はただ――」

「やりすぎて、もう実りはなくなってます」とマイク。「お互いにとって良いと思います、僕が次の仕事に移ったほうが」

上司は心から打ちひしがれた。ほとんど言葉を発することができなかった。「お願いだから行かないでくれ」。彼は懇願した。「どうすれば考えを変えてくれる？」

だが上司が質問を終えすらしないうちに、マイクは声を上げた。「無理です！　あなたからは離れたい！」。そして忽然と去っていった。私のマネジメント人生は、あまり幸先の良いスタートとは言えないようだ。拒絶された上司はそんなことを思いながら、どうすることもできず窓の外を眺めた。

数日が過ぎ、元上司は何がいけなかったのか教えてくれとマイクに尋ねた。そしてマイクは上司に教えた――それも痛ましいほど詳細に。どうやら、若き上司には大きな問題があったようだ。彼の細かなあら探しはマイクロマネジメントの域を超えていた。彼は自分のやり方こそが唯一のやり方だと思っているようだった。彼はマイクに、自分とまったく同じように考え、まったく同じように働き、まったく同じような人間になれと教え込もうとしていた。マイクは上司から学びたいとは思っていたが、もちろん上司という人間になりたいわけではなかった。

この上司は、そのフィードバックを決して忘れなかった。耳に痛いものだったが、それは彼にとってのアラームクロック・イベントとなり、リーダーとして比類なき道を歩んでいくきっかけとなった。そう、この上司とはアラン・ムラーリーのことだ。ユニコーンであり、ボーイング民間航空機とフォード・モーター・カンパニーというアメリカを象徴する企業を、一つどころか二つも救うことになる未来のＣＥＯである。

二〇一二年に母校のカンザス大学でおこなった卒業スピーチのなかで、ムラーリーはこうした自分の考えに反する予期せぬインサイトについて、自分なりの言葉を使って説明した。そうしたインサイトは「宝石だ」と彼は言う。それは「自分の行動を見つめ直す学び」の瞬間だ。そしてあの日マイクから受け取った宝石は「自分の思い通りの部下を作り上げようとするのは間違っている」というものだった。そしてリーダーとしての役目は、部下の一挙手一投足をコントロールするのではなく、より広い視野を得る手助けをし、適切なツールを提供し、間違いを犯す余裕を与えながらも責任は持たせることだと学んだ。

マイクとの話を振り返って笑いながら、ムラーリーは私の腕をつかんで語気を強めた。「私はいい、いい、いいかい、実に幸運だったんだ、マイクが私の行動を、マネジメントキャリアのごく早い段階で気づかせてくれて！　何年も、あるいは何十年も、誰からも指摘されていなかったらどうなっていたと思う？　素晴らしいギフトだよ！」

本書ではここまで、個人レベルでの自己認識に焦点をあててきた。この章では、自己認識を持つチームや組織とはどのようなものか、それからそんなチームや組織を作るにあたって、リーダーとして何ができるかを見ていく。アラン・ムラーリーが若くして学んだように、そうしたチームはまず自己認識を持ったリーダーから始まる。リーダーがチームや組織のなかにインサイトを浸透させようと尽力するのだ。事実、全員がチームや組織に対する認識を持つよう力を注ぐことこそ、自身の大いなる成功のカギだとムラーリーは信じている。彼は私にこう言った。「自分や、自分のチームや、自分の組織に関してうまくいっていない部分を耳にしたときは、宝石を手にしたようなものだ。もう問題は認識したのだから、それに取り組むことができる。これ以上にワクワクすることはないね。問題を認識していなかったら、それこそ本当に恐ろしい」

この章は、あなたが率いるチームや企業のなかの「宝石」を発見する手助けにもなるだろう。そして職場内のチームに焦点をあてるものの、家族や親戚、宗教や地域のグループ、学校のプロジェクト、ＰＴＡ、バンド、アマチュアアイスホッケー・チームなど、職場以外にも適用できるはずだ（ところで、公式にも非公式にもリーダーの地位にいない人には、自己認識をしていない上司や同僚への対処法を次の章で紹介する）。直属の部下が一人でも一〇〇〇人でも、どんなチームを率いていようと、ある日いきなりチーム全員に心から正直になれと言ったところで自己認識は生まれない。土台を築かなければ、以前よりトラブルが増えることもあるはずだ。チームというものは自己認識を持って始まることはめったにないが、適切な材料を与えると、ほとんどがチームのことをよく知り、インサイトがもたらす大きな成果を得る。

◆

肌寒い一一月の朝、ミシガン州ディアボーンでのことだった。フォード社の重役マーク・フィールズは、世界本社の一一階にあるサンダーボルト・ルームへと向かいながら、自分がこの部屋から出てくるとき、アメリカズ（南北アメリカ）担当社長としての仕事を失っている確率は五分五分だと考えていた。

それは二〇〇六年のことで、フォードは倒産の危機にあった。各製造過程にかかる時間が法外に延び、品質が急激に低下し、人件費が天文学的に膨れ上がり、石油価格が高騰したことなどによって、フォードのビジネスモデルは維持できないものになっていた。国内外で競争力を失った同社は、それまでの一五年間でマーケットシェアを二五パーセントも減らしていた。しかしこうした失敗は、もちろんトップに座る男の努力が不足していたからではなかった。

五四歳の会長兼ＣＥＯビル・フォードは、曾祖父の会社を救うため、四年前から同社を率いていた。頭が切れ、自己認識があり、特権的な生まれに似合わず謙虚さと労働倫理を持ち合わせていた。会社を引き継いだ二〇〇一年、彼は五年後に年間利益を七〇億ドルにすると約束していた。しかし初年度こそわずかに持ち直して黒字にしたものの、二〇〇六年には、同社史上最悪の損失に直面していた――およそ一七〇億ドルだ。五年におよぶ途方もない努力のすえ（その間は給料も受け取っていなかった）、ビルは愛するこの会社を自分では救えないという現実を直視せざるを得なくなった。

実際、同社の問題は見た目より遥かに根深いものだった。ビジネスモデルに欠陥があるとか、高まる世界的な競争に対処できなかったというだけの話ではなかった。そうしたことも確かに問題だったが、それはより大きな病からくる症状にすぎなかった。フォード再建についての優れた書籍『アメリカのアイコン』（American Icon／未邦訳）で、ジャーナリストのブライス・ホフマンは次のように記している。

［ビル・］フォードが不可能だと思い知ったのは、あらゆる変化を拒み、企業の成功より個人の成長に重きを置く同社に染みついた出世第一の文化を乗り越えることだった。暗い羽目板が張られたオフィスのなかでは、重役たちが互いに足を引っ張ろうと画策し合い、工場

担当のフロアでは、組合のリーダーたちが自分のメンバーの大きな利得を必死に守るばかりで、生産性を上げようとする取り組みをあざ笑っていた。

この会社の文化は、言うなれば、完全に崩壊していた。そして二〇〇六年七月、ビル・フォードは役員会に対して、自分では会社の立て直しに挑めないと宣言した。「この会社は私にとって大きな存在です。自分の多くの部分が会社と一体になっています。しかしエゴだけは会社とは切り離しています……どうか解決策を見つける力を貸してください★」。彼の後任は史上最も劇的な再建で高い評価を得ることになるが、ビル・フォードの確かな自己認識こそが、それを可能にしたのだった。

力を貸したのは六一歳のアラン・ムラーリーで、当時はボーイング民間航空機部門の社長兼CEOを務めていた。熱意に満ちた赤毛のカンザス人であるムラーリーは、優れた航空技師としての実績を持ち、会社に利益をもたらすだけでなく、何よりも、企業を大きく再建させる経験を持っていた。彼は三七年間ボーイングに勤めるなかで、9・11の影響により倒産の危機に瀕した同社を救っただけでなく、ボーイング777型の設計プロジェクトも率いた――その五〇億ドルをかけた五年がかりのプロジェクトは、これひとつでその後何年もボーイングを優位に立たせるものとなった。

二〇〇六年九月五日にフォードの世界本社にやって来た瞬間から、ムラーリーは前任者たちと

★ある役員は、この短いが心を震わすスピーチが、役員室で耳にした生涯で最も感動的なスピーチだったと言っていた。

は根本的に違うということが明白だった。権力欲や、秘密主義や、被害妄想に悩まされていた会社のなかにおいて、彼はオープンで、接しやすく、まったく威張ったところがなかった。従業員用のカフェテリアで食事をし、初対面でもハグをしたり、キスをしたり、背中を叩き合って挨拶をした。こうした近づきやすさをムラーリーの短所だと勘違いした人びとも、すぐにその考えを捨て去った。かつて彼の友人は、次のように語った。「アランの笑顔を、目的意識や自覚のなさだと勘違いしてはいけない。この男の背骨は、チタンのように強固だ」

ムラーリーは、フォード再建にあたっての基本的な挑戦は、燃費基準の向上でも、製品構成の簡略化でも、コストの抑制でもないことを認識していた（むろんこれらも実行するのだが）。むしろ挑戦になるのは、秘密主義で、変化を拒み、各部門が連携していない同社の文化を、よりオープンで、協力的で、透明な文化に変えていくことだった。そしてムラーリーはＣＥＯとしてまさに最初の記者会見から、自分の指揮下では真実こそが絶対だと明確にした。どの車種を運転しているかと聞かれたとき、彼はこう答えて記者たちを驚かせた。「レクサスです。世界最高の車だよ」（これは記しておくべきだと思うが、フォードの重役たちもフォードの車を運転しておらず、世界本社の地下ガレージにジャガーやランドローバーをこっそり駐車していた。しかし重役たちは、それを記者に認めていなかった）。

最初から一つのことが明らかだった。会社の文化を変革しようとするのなら、まずは役員チームから始めねばならない、ということだ。彼が起こした最初の変化は、事業の進捗を検討する週に一度のミーティングを設定することだった。そのミーティングを彼はビジネス・プロセス・

レヴュー（ＢＰＲ）と呼んだ。その他の非効率的な会社規模のミーティングをすべて止め、ＢＰＲは「認識すること」を目的にした――**全員がプランと、そのプランの進捗と、会社が直面している難題についての現実を把握してもらう**ことが目的だった。

ＢＰＲは毎週同じ曜日の同じ時間（木曜の朝七時）に開かれ、役員チームは全員出席が必須である。役員たちは新車種の開発から収入の流れ、そして生産性に至るまで、三二〇項目について点検する。各項目は色づけされている。緑は順調に進んでいて、黄色は潜在的な問題を抱えており、赤は致命的な問題を抱えている。ムラーリー体制下の九人の役員たちは、ムラーリーいわく「すべての関係者が利益を得られることを目指し、刺激的で、実行可能で、収益を上げ、成長を続けるフォードを生むための各部門の進捗」について一〇分間の簡潔な報告をおこなう。ムラーリーは、このミーティングが安全なものであることを強調した――誰も問題を持ち出すことをためらうべきではないし、真実を告げたからといって誰も罰したりはしない。ミーティングのやり方は学んでいけばいいから、何か分からないことがあっても構わないと彼は告げた。「来週もまた、顔を合わせますから……その頃には分かっているはずです」

フォードで最初にＢＰＲが開かれたのは二〇〇六年九月二八日だった。役員チームはどうなるのか想像もつかないまま不安げにサンダーバード・ルームへと流れ込んでいった。多くは部下たちを後ろに引き連れ、それぞれが重たいバインダーを携えていた。全員が大きな丸い木製のテーブルに着席すると、ムラーリーは会議を始めた。まず、彼は自身のビジョンを再び明確にした。

各自が力を合わせ、効率的なグローバル企業として自動車業界を牽引する。それを達成するためには、全員が、自分の担当部門で起きているすべての事柄についてオープンになる必要があると彼は念を押した。「それこそが、私が知る組織運営の唯一の方法です」と彼は言った。「全員に参加してもらう必要があります。全員に認識を持ってもらう必要があります。そして力を合わせて赤を黄色に、そして緑に変えていくのです」

初期のＢＰＲは七時間ほどもかかっていたが、一〇月になるとペースをつかんでいった。しかし残念なことに、会議にはまだ求めるものが欠けていた。同社は倒産の危機にあったにもかかわらず、どの週でも、どの役員が提示するどの表も、すべてが緑色だったのだ。これは、ブライス・ホフマンが言うように、「まったくのデタラメにほかならな」かった。事態は「緑」などではなかった。事態は遥かに深刻であり、そのことをムラーリーは知っていた。

ある週、またしても森のように緑に覆われた表が提示されたあとで、ムラーリーはもうたくさんだと考えた。「みなさん」と彼はミーティングを遮って言った。「私たちは今年一七〇億ドルの損失を出しているのに、表はどれも緑になっています」。誰も何も言わなかった。「何かしらうまくいってない点は思い浮かびませんか？　ほんの些細なことでも良いのですが」

会議室は重く気まずい沈黙に満ちた。きしむ椅子、咳払い、そしてエナメル革の靴に落とされる視線。重役たちは危険を感じ取った。赤色の表を最初に提示するバカにはどんな結末が待っているか、重役たちはよく分かっていたのだ。デスクに飾った額入りの家族写真は、昼を待たずしてオフィスを引き払うため段ボールに詰められてしまうだろう。重役たちは、これがワナに違いないと考えていたのだ。

ムラーリーは不安を和らげようと試みた。「私たちは秘密を抱えておくことはできません。大切なのは、状況を共有して、互いに助け合うことなのです」。彼はもう一度会議室を見渡した。またしても、きしむ椅子、咳払い、靴に落とされる視線。重役たちはこれまでのリーダーのもとでは問題を持ち出すことに安心感を抱いていなかったため、この腕利きの新CEOに対しても同じ思いでいた。

それから何日経過しても、染み込んだ考えは変わらなかった。緑のスライド、緑のスライド、そしてまた緑のスライド。真実は、もちろん、遥かに厳しい状況だ。たとえば、大きな話題となった同社初のクロスオーバーSUV「フォード・エッジ」。待望の発表を数週間後に控え、本格的に生産も始まった頃に、オンタリオ州オークヴィルの工場整備士がパワーゲートのアクチュエータに問題を発見した。これにより「エッジ」の担当役員だったマーク・フィールズは、全工程の操業停止を呼びかける以外の選択肢がなくなった。

一万台のフォード・エッジが停止された組立ラインに悲しげに取り残されていたように、フィールズも崖っぷち《エッジ》に立たされていた。これは職を失いかねない大惨事だ、と彼は悟った。何より、彼はムラーリーが来るまでフォードの再建戦略を担っていた人物であったため、新CEOから危険な存在だと見なされていると思っていた。フィールズ本人が考え出すずいぶん前から、彼が間もなく解雇されるのではないかという噂で社内はざわついていた。「エッジ」の一件は、この上なく悪いタイミングで起きたのだった。しかし彼は最後にもう一度仲間たちの役に立てると気づいた。ムラーリーの呼びかけに応えてみることにしたのだ。誰かが確かめてみなきゃならない、彼が本気なのかを。どうせ散るなら、栄光の炎に包まれて散ろう。

失うもののない男は恐れを知らず、翌日のＢＰＲに向けて自分のチームと準備をしているとき、フィールズは製品発売の欄を赤色にした。

「本当にいいんですか？」。フィールズの幹部チームのひとりは尋ねた。

フィールズは質問で返した。「発売に向けては順調なのか？」。その幹部は首を横に振った。

「だから」、フィールズは言った、「この項目は赤にする」。チームは、「まあ頑張って」とでも言うかのように訝しむような視線を向けた。

こうしてフィールズは肌寒い一一月の朝にＢＰＲへ向かった。どのような展開が待ち受けているか想像もつかなかった。彼の想定では、叱責されるが職は失わないというのが最高のケース。最悪のケースでは、叱責されたうえで退職を勧告される。そのほかの展開があり得るなど、頭をかすめもしなかった。

ＢＰＲは、いつものように始まった。ほかの役員たちがスライドを見せる――いつものように、緑が生い茂っていた。そしてフィールズの番が来た。ムラーリーは振り返る。「出たのは赤のスライドだった。そうしたら――会議室から酸素がなくなった」

フィールズは咳払いをした。「エッジに関して、アクチュエータに問題があり、発売を延期しなければなりません」。部屋全体が縮み上がった。「解決策は見つかっていませんが、鋭意取り組んでいます」。ああ、おしまいだ。大男が二人部屋に入ってきて、マークをつかまえ、連れ去り、もう二度と姿を見ることはないだろう。この瞬間、みんなはそう思っただろうとムラーリーは振り返る。

すると、とてつもなく重い沈黙のなかから、予想外の音が聞こえてきた。アラン・ムラーリーの力強い拍手だった。「マーク、よく知らせてくれた！」。彼は笑みを浮かべていた。全体を向いて、ムラーリーは尋ねた。「マークを助けるには何ができる？」。すぐに、役員のひとりが解決策を提案し、すぐさま取りかかった。

これを見たムラーリーは、ようやく役員チームが実りあるＢＰＲをできたと希望を持った。ところが翌週、またもすべてのスライドが緑で大いに落胆した。しかしその日役員チームは、多くを物語る光景を目にした。サンダーバード・ルームに入っていくと、マーク・フィールズが微笑むムラーリーの隣に座っていたのだ。マークは解雇されなかったどころか、称えられさえしていた。これが、戦いに疲弊した冷笑的な役員たちが必要としていた決定的な安心材料となった。役員たちは心から信じるようになった――自分たちは新しい世界にいるのだと。翌週、それぞれがＢＰＲに向けて用意したスライドは、赤や黄色の宝石が入り乱れる輝く虹のようだった。

ムラーリーによると、フォード再建にひとつ決定的な瞬間があったとするなら、それはこの瞬間だった。そのときまでは、フォードの役員たちは問題を持ち出すことや、互いに真実を告げ合うことや、正直なフィードバックを送ったり受け取ったりすることを恐れていた。事業の実態について口を開かないでいたのと同じように、役員たちは自分の失敗や、チームの機能不全や、文化的な障害についても口をつぐんできた。それがこの瞬間、初めてチームが現実と向き合うようになったのだった。

それ以降、あらゆるレベルで役員チームは自己認識への公道《オープン・ロード》を突き進んでいった。個人のレベルでは、自分への期待を理解し、自分を制限する考えや振る舞いと向き合うようになり、チームのレベルでは、事業をめぐる環境や、事業計画や、事業の進捗を把握するようになった。しかしながら、こうした情報を手にしたのは、役員チームだけではなかった。社内全員に信頼が置かれ、社員たちは会社の向かう先や、自身の役割や、個別の状況を把握することが求められた。これらの情報は組織外の関係者たち――顧客、投資家、ディーラー、サプライヤー、そして世間にも伝えられた。

その成果は結果が雄弁に物語っていた。二〇〇九年、大恐慌以来最大の経済危機のただなかで、フォードは黒字転換を果たした。そしてアメリカ自動車メーカーの「ビッグスリー」のうち、税金による救済を受けなかった唯一の会社ともなった。二〇一一年には、収益が二〇〇億ドルにまで膨れ上がった。それはフォード史上二番目に利益の上がった年だった。

自分についてや、周りが自分をどう見ているかを理解することが個人レベルでの自己認識だと

するなら、自己認識を持つチームとは、力を尽くして同様の理解を集団レベルで得ることだ。より具体的に言えば、自己認識を持つチームは五つの物事を定期的に評価し対処している。それらを**集団的インサイトの五つの基礎**と呼ぼう。一つ目は、**目的**だ。何を達成しようとしている？　二つ目は、その目的に向けた**進捗**だ。進行状況はどうなってる？　三つ目は、その目標を達成するための**プロセス**だ。どうやって目標を実現させる？　四つ目は、自分たちの事業や、その環境に対する**前提**だ。それは正しい認識だろうか？　そして最後の五つ目は、**個々人の貢献**だ。各メンバーはチームのパフォーマンスにどんな影響を与えている？

集団としてインサイトを得た結果、自己認識を持つチームは、より効率的で、より成果を上げ、より革新的になり、チームの一員であることで見返りも多くなる。だが残念ながら、しばしば研究でも示されているように、ほったらかしたままで自己認識ができるチームはほとんどない。仲間との煩わしい関係にも努力して向き合わなければ、メンバーたちの自己認識を育むことはできないのだ。上司は年に一度の勤務評価でチームに真実を告げるよう求められている一方、メンバーたちにそんな義務はない。毎日そばで働いている人びとは、こちらの行動に対する決定的な情報を持っていることが多いにもかかわらず、たいてい口を開かないままでいる。常にあるこうした二面性は、こちらの自信を次第に奪ったり、疑心暗鬼を掻き立てたりする（前に記したように、同僚たちはあなたについての思いを、あなた以外の全員とは語り合っているかもしれない）。そうした事態はチームとしての成功を――ともすれば致命的に――阻害してしまう。

集団的インサイトの五つの基礎は、確かに達成することが難しいものでもある。こうした情報はマム効果のせいで伝えてもらいにくく、しかも人は周りへのフィードバックを成功への重要な材料ではなく「あるといいもの」くらいに考えていることが多い。リーダーたちは、真実を語るのをためらうチームのことを真剣に考えなければならないけれども、うまくいってなくても肩を落とす必要はない。適切なアプローチと真に継続的な献身があれば、あらゆるレベルでのコミュニケーションやフィードバックを後押しする文化を育むことができる。上下関係よりも正直であることに重きが置かれ、地位が一番下のメンバーさえ話し合いに安心して問題を持ち出すことができる文化だ。

具体的に言えば、リーダーがチームに自己認識をもたらすには、**3つの要素**が必要になる。まず、チームに**手本を示すリーダー**がいないとき、自己認識に向けた取り組みは中身がないだけでなく、有害なものにすらなり得る。次に、真実を告げるにあたって**心理的安全性**がないとき、正直なフィードバックが得られる可能性は限りなくゼロに近くなる。そしてこの二つをクリアしたうえで、**継続的な取り組み**も必要になる――ムラーリーのBPRとよく似て、フィードバックのやり取りが一度きりのものでなく、チームの文化に組み込まれていかねばならない。

これから本章では、それぞれの要素をもう少し詳しく見ていく。しかしその前に、決定的に重要なポイントについて触れておきたい。チームに明確で説得力のある方向性がなければ、そもそも自己認識を持つ理由が失われる。フォード社のアラン・ムラーリーのチームが、さまざまな目標に通底する確固とした共通認識抜きにBPRを始めていたとしたらどうだろう。ムラーリーは言う。「ビジョンや、賢明なる戦略や、目標を達成するための詳細なプランがなければ、自己認識に向けたプロセスはただ口だけのものになる」。つまり**どこに向かっているかが分からないと、チームは自己認識を目指す「理由」を失う**。そうすると自己認識を得ようという試みは、根拠のない無意味なものになってしまう！

要素1——手本を示すリーダー

ダグ・サトルズが北海の真ん中にある七六メートル×六〇メートルほどの石油プラットフォームに初めて降り立ったとき、この新しい仕事は自分の技術と対人スキルが試されるものになると分かった。しかしそんな彼にも分からなかったのは、自分が間もなくキャリアのなかで最も重要なリーダーシップに関する教訓を得るということだった。機械工学を学んだサトルズは、石油会社BPでスコットランド沖合の北海にあるミラー・プラットフォームの現場責任者に任命されたばかりだった。全員の安全を保ち続けるという最大の目標に加えて、サトルズは石油掘削の作業効率を向上させるという任務も負っていた。そのうえ彼は現場で唯一の非イギリス人であったばかりか、現場でも最年少のメンバーのひとりだった。

この特別な状況に置かれたサトルズには、いくつか独自の難題が降りかかった。たとえばその一つとして、彼は一九六名の新しいチームメートと暮らすことになるのだった——岸から何キロも離れた海の上の狭苦しい場所で。すぐに彼は、自分が上司／船長／相談相手という多面的な役割を持っているため、見られているのは仕事の時間だけではないことに気がついた——チームは実質的に二四時間、彼に目を向けていた。ごくささいな選択も意味を持ってしまう。彼はマネジャーたちか技術者たち、どちらと夕食を共にするのだろうか？　毎週みんなと一緒にクイズ番組を観るのだろうか？　こんな狭苦しい場所で起こりがちな対人トラブルの解決にどれほど力を発揮するのだろう？

サトルズは自己認識を育むべきだと強く信じてきたが、現場での経験は彼に貴重な新しいインサイトをもたらした。海の真ん中にある狭苦しい場所で暮らしていようがいまいが、自分はリーダーなのだから、部下たちの目に触れるどんな決断も手本としての機能を持ち、部下たちの態度や、行動や、全体の効率性に大きな影響を与えるのだ。

何年もあとで、この教訓はサトルズがまったく思いも寄らぬ危機を乗り切る際に役に立った。二〇一〇年四月二〇日、ルイジアナ州沖のメキシコ湾にある石油プラットフォーム「ディープウォーター・ホライズン」にいるメンバーたちは眠りにつこうとしていた。その日は、BP社の役員や従業員たちが集まって、今回のプロジェクトで七年間ひとりもケガ人を出していないことを称えていたのだった。夜九時四五分頃、二三歳のアンドレア・フレイタスが海に浮かぶプラットフォームの位置を調整するコンピュータシステムを監視していると、突然激しい揺れを感じた。

数分後、全員が大きなシューという音を耳にした。それから巨大な爆発が起こった。その爆発は最終的に一一人の命を奪い、一七人を負傷させ、推定四九〇万バレルの原油をメキシコ湾に流出させた。

BP社の掘削と生産部門の最高執行責任者だったサトルズは、史上最大の流出事故への対応を任されることとなった。この尋常ならざる緊急事態のただなかでは、パニックを起こしたり、人を責め立てたり、考えもなしに発言してしまってもおかしくなかった（BPのリーダーの多くはこうしたワナの餌食となった。誰よりも分かりやすい例がCEOのトニー・ヘイワードで、彼は今回の流出を「比較的少量」と言ったり、メディアに「（自分の）人生を取り戻したい」などと失言して何度も見出しに取り上げられた）。しかし、あの北海のプラットフォームでのことを思い出して、サトルズはどれだけ事態が困難に陥ろうと、自分が手本を示すのだと肝に銘じた。

BPの従業員、民間の請負業者、そして政府の役人を含むサトルズの対策チームは、政府やメディアや大衆からうるさいほどの批判（正しいものもあれば、間違っているものもある）に晒されていた。そのため、集団的インサイトの五つの基礎をきちんと機能させることがより一層重要だった。目標や、進捗や、プロセスや、前提や、貢献について、まずは自分自身から、認識し対処することだ。サトルズは充分に自己認識を備えていたため、こうした複雑で切迫した状況では、ミスが起きてしまうことは避けきれないと分かっていた。そしてまた、そうしたミスをただちに修正する必要があることも分かっていた。そうするためには、チームが冷静で、批判を真に受けすぎずにいる必要がある——それを実現する唯一の道は、サトルズが自身のミスを認め、感情をコントロールする手本となり、危機に落ち着いて対処できるかどうかにかかっていた。

彼のチームは考え得る限りのあらゆる難題に直面したすえ、七月一五日に流出を止めた。そして九月一九日には、油井《ゆせい》を閉鎖した。ここでの教訓は、どんな難題に直面しようと、チームが自己認識を得るには、まず**手本を示す自己認識を持ったリーダー**から始めなければならない、ということだ。「トップに立つと、容易に孤立してしまう」とサトルズは語った。「しかしチームがこちらの望むようなパフォーマンスを発揮していないとき、最初に点検するべきはリーダー自身だ。後ろを振り返ってみて、誰もついてきていなかったら、それはフィードバックに等しい。後ろを振り返ってみて、みんながついてきていたら、それはきっと良い兆候だ」

あるいは、アラン・ムラーリーがかつて私に言ったように、「チームがどこまで遠くに進めるかは、間違いなくリーダーの自己認識のレベルにかかっている」。

ではどうすれば、リーダーは手本を示すことができるだろう？　最も基本的なレベルにおいては、ダグ・サトルズやアラン・ムラーリーがやってみせたように、行動指針を伝え、それに沿った行動をとることだ。心理学者たちは、こうした振る舞いを「オーセンティック・リーダーシップ」と呼び、そうしたリーダーがビジネスにもたらす価値に疑いはない。たとえば、研究者のジョアン・リュヴォフニコヴァと彼女のチームは、イギリスとギリシャのさまざまな業界にまたがるチームを調査し、オーセンティックなリーダーに率いられたチームの方が自己認識が高く、結果として自己認識の低いリーダーが率いるチームより生産性が高いということを突き止めた。

さらに影響はビジネスの世界だけに留まらない。そうしたリーダーは家庭内にも存在する。ある研究では、母親がうまく自分の感情を把握してコントロールできれば、一年後には子供たちがより幸福で自己認識も高まることが分かった。親を通して自己認識の手本を学んだ子供たちは、自分もその貴重なスキルを伸ばしていく可能性が高かった。

反対に、心理学を学んでいなくても、人間には信用ならない相手を察知する優れた力があることはご存じだろう。リーダーが本物《オーセンティック》でないと感じる場合（リーダーが自覚的に進んでいる方向そのものが間違っている場合であれ、主張する価値観に反する行動を取っている場合であれ）、それは離れていても嗅ぎ取ることができる。ムラーリーの役員たちがはじめそうであったように、本物でないと感じると、メンバーたちは報復を恐れて問題を持ち出すことを避けるようになり、言い訳や責任転嫁の波にのまれて真実が埋もれてしまう。

一方で、リーダーが自分の欠点へ献身的に向き合うと同時に改善しようと努力していたら、チームも同じような行動をしようと動機づけされる。実際、高名な心理学者のアルバート・バンデューラによる社会的学習についての理論は、その典型例を示している。リーダーに追従する者たちは、リーダーの姿勢や振る舞いを模倣する傾向にあるのだ。**リーダーがオーセンティックであるとき**、集団的インサイトの五つの基礎（および個人レベルではインサイトの七つの柱）について**メンバーたちは正直に語っても大丈夫だと感じるだけでなく、そうすることが期待されていると感じ**

る。

数百人の部下を束ねていようが、数人の子供たちを育てていようが、自己認識の手本を示すための行動は変わらない。自分のチームの自己認識に向けて、まずは自分自身から、全身全霊で尽力することだ。ムラーリーは言う。「私の役割は、全員が自己認識できるようにすることだ。つまり常に気を払って、自分自身を、周りを、組織を点検することだ」。それと同じくらい重要なのが、自分の信念（つまり、自分やチームに求める行動を規定する価値観）を把握し、伝えることだ。フォードでのムラーリーの信念——彼が「協働の原則と実践★」と呼ぶもの——は、チームが彼を理解する手助けとなっただけでなく、彼がチームにどこまでを求めているのかを示すものともなった。チームにフィードバックを求め、問題を持ち出すよう促すだけでは十分でなく、リーダーはそれに心から耳を傾ける必要がある。現在は石油および天然ガス事業を手がけるエンカナ社のＣＥＯを務めているダグ・サトルズに、成功するチームの秘訣を尋ねると、彼はこう答えた。

多くの人は「信頼」という言葉を使うけれど、私はその言葉があまり好きではない。なぜならこの言葉は私たちエンジニアとしては感情的な要素が多すぎて、意味の幅が広すぎる。本当に大切なのは、「部下たちがこちらを信用しているか」だ。適切な方向へ導いてくれるだけでなく、きちんと耳を傾けてくれると思われているだろうか？　成功と失敗が自由に

★「私たちが求める行動と文化。人間第一。全員参加。説得力のあるビジョン。総合的な戦略。そして不断なる実践。明確なパフォーマンス目標。ひとつのプラン。事実とデータ。誰もがプランと、進捗と、特別な注意を要する分野を把握すること。前向きに『道を見つけよう』という姿勢で、プランを提案する。互いへの敬意を持ち、耳を傾け、助け合い、理解し合う。心を強く持ち……プロセスを信じる。楽しむ。仕事の旅と人を面白がる」

語られるオープンで透明な環境をリーダーが欲していると信じられているだろうか？　チームが難題に直面しているとき、あなたはチームをけなしているだろうか、それともサポートや援助を与えているだろうか？

繰り返すが、これまで本書で見てきたように、多くのリーダーは自己認識を得ることに苦闘している。批判的なフィードバックが勝手に届いてくることはほとんどないため、リーダーが何かを変えたいと思ったら、かなり直接的な方法を取らざるを得ないことが多い。残念ながら、そのことがちょっとしたジレンマを生む。そもそも部下たちが意見を口に出すことをためらっているときに、率直な意見をくれと言われても、よりストレスが溜まるだけではないだろうか？　リーダーは本当にマム効果を乗り越え、率いるメンバーから生々しい、率直なフィードバックを引き出すことができるのだろうか？　さいわい、それにはひとつの方法がある。それが私の呼ぶ**リーダー・フィードバック・プロセス**だ。

手本を示す――リーダー・フィードバック・プロセス

数年前、私はジェイミーから連絡を受けた。彼はホテル業と不動産管理をおこなう企業の社長だった。彼は四〇年の歴史を持つ会社の三人目の社長として、組織を存続の危機に追いやり始めていた惰性を打ち破るべく、一年前に抜擢されていた。長いキャリアのなかで数々の経験を積んできた彼だが、会社のトップとしてはこれが初めての仕事だった。

ジェイミーは次の五年で会社の規模を倍にするという大胆な目標を立てており、それを実現するためには、組織の隅々に切迫感や質の追求を浸透させる必要がある。そのためには、問題を持ち出して、残酷な真実に向き合い、五つの基礎（目標、進捗、個人の貢献など）について互いが率直に話し合えるよう、重役たちが心理的に安全を感じる必要があった。

表面上、ジェイミーの重役チームは必要な要素をすべて備えていた。チームはジェイミーのビジョンに向かって力を尽くしていた。そのビジョンを達成する方法についても足並みを揃えていた。基本的に問題なく力を合わせていた。しかしジェイミーは就任して以来、明らかに上辺だけの態度を目にしており、決して本当の真実を聞いているような気がしなかった。私がチームのメンバーたちに聞き取りをすると、ジェイミーの疑念は裏付けられた。メンバーたちは、ジェイミーが今回の任務に適した人物であると信じてはいたが、多くが彼という人間を信用し、つながりを持つことに苦労していたのだ。

ジェイミーと私はこの状況に直接対処する必要があると考え——いわば絆創膏を貼るのではなく、直接傷口の処置をしようと考え——秘密を守りながらも率直な話し合いができる場を設けることにした。私たちは遠隔地の研修所で二日間を過ごし、私のリーダーシップ指導の黄金メニューとなっているエクササイズから取りかかることにした。ジェイミーはのちに、このエクササイズが何より効果的なフィードバックをもたらしてくれたと語った。

そのエクササイズとは、一九七〇年代前半にGE社が作り上げたことが有名で、「集中的にリーダーを知るミーティングであり、メンバーがリーダーについての率直な意見や疑問を投げかける」ものだと言われている。もともとは新しいマネジャーとチームが互いをよく知ることをサポートをする目的で生み出されたものだが、このいわゆる「新リーダー同化エクササイズ」は、何年リーダーを務めていようが有益であるため、私はこれを**リーダー・フィードバック・プロセス**と呼ぶ。このプロセスはマネジャーがほとんど瞬時にチームの考えや期待を知ることができ、自身のリーダーシップや、コミュニケーションや、幸福度を高めることもできる。さらに、経験上、チームの信頼関係も強くなり、ミッションへの責任感も大きくなる。

そんなわけで最初に彼と会ってから数か月後、息の詰まるような夏の日に、ジェイミーと彼のチームと私は、ありがたいことにエアコンの効いた地方のカントリークラブの会議室に集まった。「時間を割いてお越し頂きありがとう」とジェイミーは語り始めた。「目標はひとつです。よりよいチームになること。まずは私からいきましょう。これから三時間、この一年の私の仕事ぶりについてフィードバックする機会を設けます。基本的なルールはシンプルです。どんなコメントも許容範囲内であり、全員が参加すること。同意して頂けますか？」

しばらく間を置いて、反応を確かめる。数人がためらいながらうなずいたものの、明らかに困惑が見て取れた。不安を和らげようとして、彼は続けて言った。「安心して心から正直でいられるように、私は部屋を出て、話し合いはターシャに仕切ってもらいます。どんな場合でも、誰が何を言ったかは私に伝えないよう彼女には言ってあります。これだったら良さそうじゃありませんか?」。不安はずいぶん和らぎ、メンバーたちは口々に驚くほど力強くイエスと答えた。

ジェイミーを会議室から(丁重に)追い出したあと、私はメンバーたちの前に立ち、それぞれたっぷり余白のある七つのフリップチャートの方を見ぶりで示した。各用紙の上部には、青で質問が書かれている。

1　ジェイミーについて何を知っている?
2　ジェイミーについて何を知りたい?
3　ジェイミーはチームとしての私たちについて何を知っておくべき?
4　ジェイミーについて何を懸念している?
5　ジェイミーに何を期待している?
6　ジェイミーに止めてほしいこと、始めてほしいこと、続けてほしいことは何?
7　私たちのビジョン、戦略、プランについて何かフィードバックすることは?

「およそ四五分を予定しています」と私は言った。「順番に質問を見ていきます。みなさんの仕事は、できるだけ多くのアイデアを出すことで、私の仕事は、みなさんが言ったことをすべてボードに書くことです」。一つ目のボードの前に立つと、私は大きな黒のマーカーのキャップを外した。「ジェイミーについて知っていることから始めましょう」。二人がすぐに答えた。「彼はこの業界で三五年間働いてきたのを知っています」。「とてつもなく高い期待を抱いていることを知っています」。「このようなエクササイズをするのだから、彼は本当に勇気があるに違いないと知っています！」

そうやって、会の口火が切られた。コメントがとても自由に飛び交ったため、大きな用紙にすべてを書き出すのにも、字を小さくしていかねばならないほどだった。そうして二つ目の質問、三つ目の質問へと移っていった。四五分後、七つのフリップチャートすべてが、コメントで埋まった。

私はチームに一〇分間の休憩を与え、ジェイミーのもとに向かった。二人で部屋に戻って来ると、私は彼に聞いた。「準備はいい？」。彼はキッパリと笑みを浮かべた。「いつだって準備はできてるさ！」。しかしフリップボードに近づいていくと、彼の笑顔は消えていき、目は大きく見開かれた。私は彼に数分を与え、チームの回答を読んでもらい、いくつかのコメントについては意図を補足した。チームを呼び込む前に、ジェイミーには次のパートは落ち着いて防衛的にならないことがとても重要だと念押しをした。

すぐに全員が会議室のテーブルの周りに戻ってきた。しかしチームが回答したフィードバックを見ていく前に、私はジェイミーに、チームへ向けて自分の人生のバックグラウンドを数分話してもらった。子供のころ好きだったこと、兄弟姉妹の数、子供のころ一番面白かった思い出――適切な状況においては、たとえ長年付き合ったリーダーであっても、こうした情報を共有すれば、ほとんどすぐにチーム内の信頼度へ影響を与えることができるのだった。

次に、ジェイミーは質問ごとにチームからのフィードバックに答えていった。いくつかのコメントは、認めるだけで十分なものだった（「ええ、私はとてつもなく高い期待を抱いています」「この一年は簡単ではなかったにもかかわらず、進んでいる方向が正しいと感じて頂けてうれしいです」）。その他のコメントに対してはもう少し説明が必要で、いくつかのケースでは、彼が別のアプローチを試みる必要があるものもあった。たとえば、多くの社員たちは、よくジェイミーが社員たちのあいだをうろついて、スタッフに直接指示を出すことに不満を持っていた。そのフィードバックのおかげで、ジェイミーは自分が重役たちに恥をかかせ、社員たちを混乱させていたのだと理解した。

九〇分の会――ジェイミーが「肛門検査」と呼び始めた会――のあいだ、彼の行動に対するチームの認識について、ジェイミーはインサイトを飛躍的に高め、チームもジェイミーが抱いている期待について理解を深めた。一か月ほど経ってジェイミーに会うと、彼は自分が目にした向上に心底驚いたと語った――リーダーとしての自分と、チーム全体の機能のどちらもだ。この研修会は、信頼関係を高めたという。現実の問題について、よりオープンに話せるようになった。ときおり昔の習慣に戻ってしまう人もいたものの、チームはこれまでになく積極的で協力的になった。それから一年も経たないうちに会社の収益が二〇パーセント以上増加したのも偶然ではない。

ジェイミーと彼のチームは、チームとしての自己認識を持つ旅の過程で重要な節目を迎えた。自分に対する本音を聞くことに真にオープンである姿勢を示すことで、チームは安心感を抱き、直接尋ねなくても伝えてくれるようになったのだ。しかし真に自己認識を備えたチームを作るにあたって、これはほんの最初のステップにすぎない。一度回路を開いても、リーダーたちはそうした回路を開き続けるよう取り組まねばならないし、リーダーとチームのあいだだけでなく、メンバー同士もオープンでなければならない。

要素2——真実を告げる安全性（および期待）

一九九六年、博士課程のエイミー・エドモンドソンは、チームの自己認識についての画期的な説へと発展していく研究を始めた。現在ハーバード大学の教授であるエドモンドソンは、医療チームで医療過誤が起きる原因についてもっとよく知りたいと考えた。病院の患者は平均して四八〇〜九六〇の潜在的なミスの可能性に晒されており、アメリカだけでも医療過誤で毎年数百人が命を落とし、一〇〇万人以上が被害を受けていることを考慮すると、それは切迫した問題だった。

エドモンドソンは都市部にある二つの大学病院の八つの医療チームを半年間追跡した。結果を見た彼女は、パフォーマンス（治療の質、協力関係、効率性、リーダーシップなど）の高いチームの方が、多くのミスが報告されたことに戸惑った。しかしこのデータをじっくり検証した彼女は、この驚きの結果の理由を突き止めた。

　パフォーマンスの低いチームの方が医療ミスが少なかったのは、単にそのチームがミスを犯しても報告していなかったからだった。報告しなかった理由？　それは実に単純で、看護師たちがミスの報告を恐れていたからだ。報告すれば、「裁判にかけられ」、「ミスを責められる」とエドモンドソンに語った（ある病院と仕事をしたとき、私も個人的に、仕事の評価にネガティブな影響を与えかねない問題を報告することの難しさを知った）。反対に、エドモンドソンの研究における一番パフォーマンスの高かったチーム――つまり、最もミスが多く報告されたチーム――では、看護師たちがミスについて安心してオープンに語っていた。そうしたチームでは、心配することなく看護師長に問題を報告していたのだった。

　エドモンドソンは、安心して互いに助けを求め、ミスを認め合い、厳しい話題を持ち出せる共通意識を表現するにあたり、**心理的安全性**という言葉を作り出した。「この言葉は」とエドモンドソンは語る。「何でも許すということでも、ひたすらポジティブなふりをすることでもなく、声を上げた者に対して恥をかかせたり、排除したり、罰したりしないという信頼感のことです」。意外に思うかもしれないが、彼女が「ひたすらポジティブなふりをすることでもない」と言及している点が特に重要だ。極めて結びつきの強いチームのなかでは、メンバーたちが互いに異議を投げかけることが少なくなるが、それはグループの調和を維持したいという間違った願望によることが多い。そうやって調和を維持するのは「いいこと」のように思えるが、チームの自己認識にとっては有害であり、それゆえ成功にとっても害になる。

グーグルのピープル・オペレーションズ・デパートメント（人事部）も、完璧なチームを築くのに必要な要素を探る五年間の研究プログラムのすえ、似たような結論に達した。はじめのうち、組織心理学者、エンジニア、社会学者、統計学者たちが、チームを成功させる要素について何千もの調査に目を通したものの、その答えに特定のパターンを見いだすことができなかった。そこでアプローチを変え、グーグルの何百ものチームについて、人間性や、バックグラウンドや、仕事のスタイルといった要素を調査した。しかしそれでも答えが見いだせなかった。内向的であろうが外向的であろうが、専門家であろうが博識家であろうが、働き蜂であろうが女王蜂であろうが、まるでチームの構成——どんな人がいるか——は関係ないように見えた。

興味深いことに、グーグルがこのテーマについてブレイクスルーとなる情報を得たのは、「どう」という部分を検証し始めてからだった——つまり、チームの取り組み方を支配する明文化されていないルールを検証し始めたのだ。調査結果は一五年前にエドモンドソンが医療チームを研究した際に発見したものと同じだった。心理的に安心感を抱いているチームの方が、そうでないチームに比べて一貫して優れたパフォーマンスを発揮していたのだ。

しかし心理的安全性とチームの自己認識はどう関係するのだろうか？　医療チームの研究を

おこなった数年後、エドモンドソンは別の調査にも取り組み始め――今回は、オフィス家具メーカーを対象とし――五〇以上ものチームにインタビューや、アンケートや、直接的な観察をおこなった（彼女は実際にクリップボードを持ちながらチームについてまわった。これは私の大好きな趣味のひとつでもある）。ここでも、チームのメンバーたちが心理的な安全性を感じているときの方が、安心して問題を持ち出し、より積極的に現実に向き合い、真実を口にしていた。そうしたチームの方が、遥かに成功をおさめていた。実際、心理的安全性を感じているチームの方が優れたパフォーマンスを発揮する理由は、まさにチームとしての自己認識レベルが高いからだった。

注目すべきは、有名企業ともなれば、心理的安全性を備えた文化は士気や生産性だけでなく、世間に対するイメージにも良い影響を与えるという点だ。エド・キャットムルによると、ピクサーの役員たちが従業員に真実をすべて伝えていたがために、従業員たちは自然と、聞いた情報は外に漏らしてはならないと理解していたという。実際に、ピクサーは一度もメディアへの情報漏洩がなかった――ディズニーによる買収に向けて買収前の調査がおこなわれている時期であってもだ。キャットムル、ジョン・ラセター、そしてスティーブ・ジョブズが買収を従業員たちに告知したときも、本社の外に待ち構える記者たちに一人として口を割らなかった。

真実を告げ合う際の安全性（および真実を伝えてほしいという期待）を生む例を見てみよう。特にストレスの溜まる一週間のなか、またしても明け方を迎えようとする頃、レヴィ・キング（前の章で紹介した起業家）はメールに返信して受信箱を空にし、数時間、束の間の眠りにつこうとしていた。

枕に頭を下ろす前に送った最後のメールは、彼の「Nav」社を悩ませてきた問題についてビジネスパートナーに怒りをぶちまけたものだった。しかし送信するとすぐに、彼は過ちを犯してしまったと気づいた。言葉遣いは不必要に攻撃的で、限りなく敵意に近いものですらあった。普通はものすごい速さで反応があるパートナーが返信に丸々二四時間もかかっていたことから、自分は本当に大変なことをしてしまったと悟った。返信は落ち着いた調子だったが、レヴィの感情に駆られた言葉遣いを率直に指摘し、本当にそう感じているのかと丁寧に尋ねるものだった。

返信をもらった翌朝、まっ先にレヴィはパートナーのところへ行った。「本当にすまなかった」と彼は言った。「自分が何を考えていたのか分からない。深夜のことで、疲れていたんだ。本当に馬鹿だった」。ありがたいことに、パートナーは謝罪を受け入れてくれたが、レヴィは十分に自己認識を持っていたため、自分を励まして先へ進むのではなく、この失敗は大きなきっかけだと悟った。次の月例ミーティングで、レヴィは自分のパソコンを会議室のプロジェクターにつなぎ、あの不快なメールを表示した。メールの内容を目で追う内に、信じられないといった様子で従業員たちの目が見開かれるのが見えた。「この行為を誇らしいと思う人は？」。レヴィは尋ねた。従業員たちは首を横に振った。「オーケー。じゃあ、私のどこが間違っていたのか、話し合っていこう」。それから従業員たちは、なぜこのメールが無礼だったのかについて率直な事後分析をおこない、レヴィはどのような手段をとるべきだったかを話し合った。もちろん話し合いは心地よいものではなかったが、レヴィはチームにとっての学びの機会だと考えてやり遂げた。

驚くまでもなく、チームに心理的安全性を育みたいリーダーにとっての最初のステップは、信頼を築くよう取り組むことだ。それは重要なことだが、**心理的安全性は、信頼だけでは十分ではない**。単にチームのメンバーが心から互いのことを信頼するだけでなく、心理的安全性のあるチームはさらに一歩踏み込んで、互いへの尊重や、思いやりや、心づかいを見せている。それを実現するには、互いのことを弱点や欠点を持つ生身の人間だと認識する必要がある。実際、グーグルによるリサーチでは、心理的安全性を生むのに最も大きく貢献する要素は、**弱さを見せること**、つまり自分の欠点を進んで周りに認めることだと判明した。しかも、それはトップから始めなければならない。レヴィ・キングは言う。「多くのリーダーは、『（弱さを見せたって）安全ですよ』なんて言うが、自ら進んでそうしようとはしない。口だけのものにしてはダメなんだ。この会社では、ミスを犯してもいいのだと自分が示さねばならない――この会社では互いを許し合い、ミスは前向きな行動の結果だと信じているから」

確かに、研究者のブレネー・ブラウンが『本当の勇気は「弱さ」を認めること』（サンマーク出版、二〇一三年）のなかで示しているように、そうやって弱さを認めるのは、特に権威ある地位にいる人間にとっては、恐ろしくもあり、間違ったことだとさえ感じられるかもしれない。かつて私と自己認識の向上に取り組んだ高名な重役は、それまでのキャリアにおいて「弱さを見せる」ことは弱点になると考えていた。「隠しさえしていた」と彼は言った。「自分がミスをしたことをね。チームからの敬意が失われてしまうと思っていたんだ」。しかし時が経つにつれ、真実は正反対であることに気づいた。ダグ・サトルズは言う。「時とともに学んでいったのは、少し弱さを見せると周りからの敬意が深まるということだった。自分から進んで弱さを認めるときは特にそうだった。周りの人間は、帰って行きながら言うんだ。『なんてこった！　いつかは自分の番かもな。でも弱さを隠さず語っても問題ないし、それは良いことなのかもしれない』」

自らが手本となって弱さを認めることに加えて、リーダーはチームと一緒に**明確な規範**を設定することで心理的安全性を高めることができる。数年前、私は有名な病院で女性と子供のケアを担当するリーダーたちから戦略プランを練るサポートを依頼された。その施設は街の「新生児病院」として知られていたため、数々の有名人を含め、多くの人が出産のために国中から訪れていた。しかし近年、地元の競合病院がいくつか台頭し始め、特別個室などの当時は珍しかった快適な設備や、パーソナルシェフや、ピカピカの新しい施設が提供されていた。トレイシーのチームは思いやりと世界水準の医療だけでなく、五つ星ホテルのような最高のサービスを提供することで、食らいついていかねばならなかった。

こうした問題に対して、単に資金を投じるだけ（たとえば、施設のアップグレードやワンランク上のアメニティを提供するだけ）のマネジャーもいただろうが、トレイシーと彼女のチームは、もう一歩踏み込んだ。互いに進んで真実を告げ合うことと、高い目標を達成することには直接的な関連があると理解していた彼女たちは、看護師や技術者たちがより安全で、より協力的に働ける職場にすることに焦点を当てることに決めた。

そのためビジネスプランを考えるより前に、最初のステップはトレイシーのチームがどれほど機能しているかについて、率直に話し合うことだった（たとえば、五つの基礎のうちの「プロセス」について）。メンバーたちは基本的にうまく力を合わせて働いているが、ときどき誰も批判したがらないという空気があった。そのため、私はチームの規範を作ることを勧めた。「目標は、チームとしての取り組みに関するルールの合意を形成することです。どんな行動はあなたの戦略を達成する助けになる？　どんな環境を作っていきたい？　安全で協力的なチームを作るには何をする必要がある？」。こうした行動を突き止めるにあたっては、第七章で紹介したスタート・ストップ・コンティニュー・モデルを活用した（このモデルは個人レベルでは特に効果的というわけではないが、チームにとっては機能しているものとしていないものを話し合う共通の枠組みを与えることができる）。トレイシーのチームが最終的に定めた規範は、このようなものになった。

- 陰口の禁止――オープンで、正直で、安心できるコミュニケーション
- 直接本人へ――サポートの精神を持って難しい会話に臨む
- 仕事は仕事――話すべきことは話しながらも、良い関係のままでいる
- 善意を信じる――スタッフ、患者、医師たちと互いに助け合う
- 許しの実践――私たちは人間だ。人間はミスを犯す。ミスには対処して前進しよう

こうした規範をしっかりと実践していくため、オフィスや会議の進行表にまでそれを貼り付け、常に意識させるようにした。メンバーたちがこの規範に則った行動を示したときは、互いに称え合った。そうした行動を示せなかったときは、互いに指摘し合った。最終的に、このリーダーたちはその規範を各チームへ持ち帰り、部門全体がこの規範に従うようになった。パフォーマンスの向上は明白だった。一年もしないうちに従業員エンゲージメントは七一パーセントから八六パーセントに跳ね上がった。そして一六三の国立施設のうち、トップテンに入るパフォーマンスを見せるようになった。さらに、縮小する市場のなかでサービスを拡大させていくまでに至った。時間と労力を費やして、リーダーたちに心理的安全性を生むためのシンプルな規範をいくつか作ったことが、見事に報われたのだった。

要素３――継続的な努力と自己認識を持ち続けるプロセス

明るい午後の光が窓から差し込むなか、私は散らかった彩り豊かなオフィスを見渡した。私の右側にはきちんと整った長机があり、アップルの巨大なＰＣモニターが中央に位置している。左側には背の高い本棚があり、フィギュアや、家族の写真や、賞や、その他の細々とした土産物が詰まっている。ほんの数分前に、私はカリフォルニア州エミリービルにある二二エーカーの敷地に足を踏み入れ、長い木陰の歩道を進んで、スティーブ・ジョブズ・ビルディングの吹き抜けにたどり着いていた。受付デスクの横には『モンスターズ・インク』のキャラクター、サリーとマイクの実物大の像が片側に、『トイ・ストーリー』のウッディとバズの巨大な像がもう片側にある。奥の壁には気高い馬に乗って森を駆け抜けている『メリダとおそろしの森』のスコットランド王女メリダが大きく描かれている。

それは木曜午後のピクサー本社でのことで、私は同社の才気あふれる社長であるエド・キャットムルのオフィスに座っていた。多くの人びとと同じように、彼が二〇一四年に出版した『ピクサー流 創造するちから――小さな可能性から、大きな価値を生み出す方法』（ダイヤモンド社、二〇一四年）に私も感銘を受けていた。私は自己認識の研究者として、その本のいくつかの点に関心を引かれたため、彼に直接話を聞きたかったのだ。なかでも、最終章に記された、いまでは悪名高いピクサーの「ノーツ・デー（Notes Day）」について、もっと知りたかった。

二〇一三年。興行成績を塗り替えるヒット作を生み出し続けてきたにもかかわらず、ピクサーには停滞感が漂っていた。製作コストの高騰に加えて、キャットムルと彼のチームは、かすかだが気がかりな兆候に気づいていた。いわく「自己認識を持った人間になることで周りを導く」が信条のキャットムルには、特に気になるものだった。その頃は、会社が成長するに合わせて社内の文化も変化していた。会社の成功の原動力となった「自由なコミュニケーション」が維持されるのではなく、従業員たちには自己検閲し合う風潮が強まっているように見えた。キャットムルは社員たちが真実を口にすることをためらう理由を探り、また同じくらい重要なことに、それへの対処法を探りたかった。

明らかに、フィードバックを促すだけでは十分でなかった。フィードバックを生むための綿密なプロセスを必要としていた。そこで三月一一日、ピクサーは「正直になる日」、彼らが呼ぶところの「ノーツ・デー」を設定した。ノーツ・デーが設定される数週間前から、ピクサーの重役たちは従業員に、質問を投げかけていた。「二〇一七年。今年の映画はどちらも見事に予算内で製作することができた。どのようなイノベーションが、予算内での製作に貢献しただろう？　具体的には、どんなことを変えたのだろう？」。四〇〇〇以上の回答が一〇〇〇以上のトピックに対して返ってきた。トピックは製作にかける時間の削減から、よりよい職場環境の創出や、映画内の無意識の性差別の軽減など多岐にわたった。重役たちはそのなかから一〇〇以上のトピックを選び、一七一のセッションを本社の三つの建物に分けて開催した。従業員たちは参加するセッションを選択し、すべてのセッションは訓練を受けた社内のファシリテーターが進行した。それぞれのセッションは「出口フォーム」の記入で締めくくられた――赤いフォームは具体的な提案用で、青いフォームはブレインストーミング用、そして黄色のフォームは「ベストプラクティス」用。そしてセッションで出た提案を進めていく「アイデア推進者」も選ばれた。

ピクサーの共同創設者でチーフ・クリエイティブ・オフィサー（CCO）を務めるジョン・ラセターは、率直であることが同社の成功にとってどれほど重要なものであったかを従業員たちに思い出させた。彼は厳しいフィードバックをしたり受け取ったりすることの難しさを強調しつつも、とにかく全力を尽くして率直であることを求めた。「自分への個人的な攻撃に聞こえるかもしれません」とラセターは言った。「でも神経を太くして、ピクサーのために、声を上げ、正直であることをやめないでください」

ノーツ・デー以降の数か月で、キャットムルはその会のアイデアと効果を称えるメールを従業員から数多く受け取った。その取り組みのおかげで、キャットムルの言葉を借りれば、「率直さを妨げ、危うくしていた行き詰まりを打ち破」り、「安心して自分の考えを言えるように」なった。ノーツ・デーはまた、「共同作業、決意、そして率直さが我々を高める」ということを全員に思い出させるものにもなった。

しかしそれから数年が経ち、私は最終判定を求めていた。この取り組みはたんなる偶発的な成功だったのか、それとも同社に継続的な真の影響を与えるものだったのか？　リーダーたちは、いまなお従業員たちから本心が聞けているか？　実際に従業員たちは、ストレスなく率直なフィードバックをしたり受け取ったりするようになったのか？

こうした問いが頭のなかを渦巻いていると、タイミングを計ったかのようにキャットムルが現れた。半袖の黒のボタンダウンシャツにジーンズ姿で（もちろん、アップルウォッチを身につけ）、私の向かいにある椅子へと足を引きずりながら向かっていった。右足のギプスを身振りで示しながら、彼は冗談っぽく言った。「バイカーたちの集まる酒場で酔っ払って回し蹴りをしたんだよ」。私は微笑み、実際のケガの原因は違うのだろうと悟った。

会話が進むうち、私はキャットムルの思考の深さに感銘を受けた。集中していてプロフェッショナルで、何についてもシンプルすぎるあっさりした説明は避けていた。彼が特にそうした姿勢を見せたのが、ノーツ・デー以後のことを尋ねたときだった。彼は椅子に深く腰かけ、メガネの位置を直した。私は微笑み、ノーツ・デーが「率直さ」にまつわる問題をすべて解決し、すべてについてすべての人が真実を告げるようになったというエピソードが語られると思っていた。

しかしキャットムルは少し違った答え方をした。「間違いなく貴重な取り組みでした」と彼は言った。「ですがいくつかの大きなことが見落とされていました」。ノーツ・デーから数か月後に、製作中の映画のひとつで「大きな崩壊」が起こったという。リーダーへのフィードバックをおこなう昔からの回路や秘密の回路が消滅し、映画が完成しない危機にまで陥っていた。

キャットムルが一呼吸置くあいだ、私は言われたことを理解しようと努めた。「じゃあその問題はノーツ・デーの日にはもう潜んでいたということですか?」。私は、様子をうかがうように尋ねた。キャットムルはうなずいた。「そんな問題があると社員は知っていたんですか?」。彼はふたたびうなずいた。唖然とした私は尋ねた。「なのに『正直になる日』に誰も何も言わなかったっていうんですか?」。キャットムルは三たびうなずいた。「その通り」といった表情で私を見つめながら。

彼は続けた。「私たちは、理解すべきより根本的な問題があると気づきました。もともとノーツ・デーは、役員や最高水準の人びとを集めた『ブレイントラスト』というグループのもとで生まれ、非常に有効だったプロセスに端を発するものでした。そのグループは見事な働きぶりで、会議でも安心して指摘や批判をできるようにしていました。私たちはこの種の安全性を、会社全体にもたらそうと試みました」

しかし、彼いわく、そこには二つの問題があった。ひとつは、すべてのマネジャーが継続的にフィードバックを求めるスキルを持っているわけではないということだった。「人がヒントを得るのは、自分が見たものや気づいたことからであって、人に言われたことからではないんです」とキャットムルは言った。どれほど重役たちが「この会社は批判をしても安全だ」と伝えても、チームが安全を感じていないと、発言も慎重になってしまう。

キャットムルによれば、二つ目の問題は、ノーツ（指摘）は善意の批判ではあるが、解決策ではなかったことだ。「解決策を得るには、大いなる努力が必要になる。解決策を探し出し、それに基づいて行動していくことが必要になります」。結局のところ、無数の「指摘」は受け取ったものの、そこから情報を選り分け、パターンを見いだし、優先順位を設定し、そのうえで解決策を見いだしていく必要があったのだ。

しかし何よりショックだったのは、そうまでしてもいくつかの大きな問題が、まったく正直に伝えられていなかったという事実だ。キャットムルが言うには、誰もそれを持ち出さなかったのは、みんな誰かが言うだろうと思っていたからだった。そしてリーダーたちはそうした問題を知らないものだから、話し合う適切な機会を設けることができなかった。「存在すら認識していない問題に対する安全なはけ口を用意するのは難しい」と彼は語った。つまり、キャットムルたちは、自社の現状を考えるにあたって、前提となる適切なデータを持ち合わせていなかったのである（「前提」は、五つの基礎のなかで最も厄介な要素のひとつだ）。

ピクサーの重役たちがもっと多くのフィードバックを求めるなら、継続的なプロセスが必要だった──そして現実的な効果を得るには、いくらかの調整が必要だった。二人の社員（ひとりは技術畑、もうひとりは芸術畑）が、あるシステムを提案した。うまくいってないことを直接マネジャーに言うのが気まずい人は、指定の**海賊仲間**《ピア・パイレーツ》に助けを求めるのだ。キャットムルは、こう語った。「本物の海賊たちの時代、乗組員は仲間からひとりを選び、その人物が船長に問題や不満を伝えていたんです。そこには何を言っても殺されたりしないという合意がありました」

ピクサーは「海賊仲間」の制度を導入し、なかなか表立って指摘されない問題を浮かび上がらせる秘密の回路として活用した。しかし八か月経っても、貴重な情報は上がって来なかった。そんなとき、ジム・モリス──当時のゼネラル・マネジャーで現社長──は、「海賊仲間」に指定された人物たちが、所属の部署から同僚四〜六人を選び、キャットムルとモリスにフィードバックを伝えるよう提案した。各部署は、多様で、互いに気を遣わない、それゆえにキャットムルとモリスといても気兼ねしないであろうメンバーを集めた。

これがうまくいった。「海賊仲間」たちは自分の役割を真剣にまっとうし、これまでノーツ・デーで口にされることのなかった多くの問題が持ち出された。「いまや部署内や部署間のより深いインサイトやパターンを見つける仕組みを手に入れました」。キャットムルは笑みをこぼして言った。「黄金を手にしたんです」。そうして得たインサイトが、いくつかの大きな組織的変化をもたらし、実を結んでいる。

しかしキャットムルはすぐに、このプロセスは特効薬でもなかったと指摘した。ある種の問題は簡単に修正できたが、多くの作業を要するものや、いまも取り組んでいる最中の問題もあるという。「私たちであれ、外部の人であれ、これで解決だと思ったら大間違いでしょう」。しかし「海賊仲間」の大きな価値は、正直であり続けることを妨げる組織的な問題を明らかにした点にある。そしてそこに潜む、正直になれない原因に対処することで、海賊仲間たちはただでさえ賢く才能あふれたマネジャーたちに、文化を築くサポートをした。

ピクサーのアプローチは、リーダーが継続的なプロセスを浸透させることで自己認識を得る文化を育む一例にすぎない。今度はもう少し極端な例を紹介しよう。一九七五年、ハーバード大卒の二六歳レイ・ダリオは、ニューヨークの自宅アパートにブリッジ・ウォーター・アソシエイツを設立した。会社は世界最大のヘッジファンドへと成長していき、ダリオはその成功を「徹底した真実」と「徹底した透明性」という行動指針の賜物だとしている★。

ブリッジ・ウォーターでは、非生産的な振る舞いを指摘することが推奨され、陰で批判することはクビにされても仕方ない違反とされている。すべての会話は、私的なものや秘密のものを除いてテープに録音され、会社の誰もがアクセス可能になっている。ブリッジ・ウォーターは、

★ ダリオは、自身の信条を123ページの文書に明文化した。そこには彼が強く抱いている201の人生とマネジメント上の原則が記されている。新しく入る人間はこれを読むことが求められ、ダリオはこれを使って、社員に宿題を課したりもしている。

フィードバックが自然に入ってくるようにするためのテクノロジーに投資さえしている。会社が支給したiPadを使って、社員たちは公開されている「問題ログ」に問題や失敗を記録する。各人は、ダリオも含め、「デジタル・ベースボール・カード」というものを持っており、創造性から信頼性といった項目を一から一〇で各人の行動を評価する――その平均がカードに表示され、誰の目からも分かるようになっている。別のアプリでは、社員たちが互いに「ドット」を与え合う――「良いドット」は、チームをサポートした行動に贈られ、「悪いドット」はチームの害になりかねないことを知らせるものだ。こうしたプロセスについて、共同最高投資責任者（CIO）のボブ・プリンスは言う。「私たちがここでやろうとしているのは、いかなる犠牲を払っても真実を追求するということです」

しかし犠牲とは何だろうか？　ブリッジ・ウォーターの極端な慣習は他の企業も真似するべきだろうか？　同社の金銭的な成果も間違いなく素晴らしい――同社は、歴史上どんなヘッジファンドよりも多くのリターンを出してきた。そして実際、多くの社員が、そこで働くことを愛していて、他で働くことなど想像できないと口にしている。しかし同社の事情に詳しい人びとは、この会社が「絶え間ない声高な批判」のおかげではなく、こうした批判をし合うのに、それでも成功しているのだと考えている。ある元社員はこう語った。「ブリッジ・ウォーターで目にするのは、机上の心理学を実践する人びとだ。二三歳や二四歳の人間たちが、心理学の博士号を持った人間なら問題だと言わないであろう事柄について、問題だと言って回っている」。おそらくこの理由により、新しく入った社員のうち三〇パーセントという驚きの割合で――自発的であれ、非自発的であれ――雇われてから二年以内に離職しているのだった。

では、ダリオは優れたビジョナリーなのか、それともオーウェルの小説のような独裁者なのだろうか？　それは誰に尋ねるかによる。もちろん真実を知ろうとする彼の断固たる取り組みを否定はしないが、私の見解ではブリッジ・ウォーターの方法は必要以上に犠牲が大きく、多くのチームはこうした極端な方法を用いなくても豊富なフィードバックを得る環境を築けるはずだ。その方法をひとつ見ていこう。**率直チャレンジ**は、チームとしての継続的な自己認識を浸透させるために、私が長年磨きをかけてきたプロセスだ。★

継続的なチームの自己認識に向けた取り組み――率直チャレンジ

「これから……これから何をするって？」。ある部長は腹立たしそうにそう尋ねた。「他意はないけど、なぜそれをやる必要があるのか、本当に分からない」と他の人間も言った。「ビジネスは好調に進んでいる。わが社の毎年の成長は、あらゆる予測を上回るものだ」

「私もそう思います」と財務部長のサラは言った。「私たちはあなたの仕事に敬意を持っているけど、ターシャ、どうか分かって。今朝のセッションは素晴らしかった。でも分かってほしいのは、このチームは私が知るなかで一番自己認識ができているってこと。会社として明確な方向性

★ このプロセスの芽は、パトリック・レンシオーニの優れた著作『意思決定5つの誘惑』（ダイヤモンド社、1999年）から来ている。これは現役のマネジャーやマネジャー志望者には必読の本だと思う。

がある。ジョンは素晴らしい社長で、私たちへ見事に手本を示してくれている。みんな声を上げても困ったことにならないと分かってる。いい？　私たちはお互いのことが好き。互いに信頼してる。一緒に時間を過ごしてる。だから、気持ちはありがたいけど、私たちには本当に三時間かけてフィードバックを交換する必要はないと思う」

長らく組織心理学者として仕事をしてきたなかでも、これほどはっきりと理由を連ねて抵抗されたのは初めてだった。この重役たちは明確な言い分を持っていただけでなく、その言い分も正しかった――だいたいにおいては。ここは成功している企業で、自己認識に向けたほとんどの要素が積み上げられていた。しかし、皮肉とも言えるが、会社の成功が新たな問題を生んでいた。うまくいっているとき、人は潜在的な問題があることに目を向けず、難しい会話を控え、悪い行動を大目に見がちになる。直近数か月において、ジョンは縄張り争いが広まっていることに気づいていた――チームのメンバーはそれぞれの部署に籠もり、ささいな部署間での問題について言い争うためだけに顔を出し、ときにはジョン本人が仲裁に乗り出す羽目になっていた。

「兄弟や姉妹のように口論するんだ！」と彼は嘆いた。

「私もよく目にしました」と彼に告げた。「営業部長やマーケティング部長からしたら、力を合わせて働くことを阻んでいる深く繊細な問題について話し合うよりも、予算について言い争う方が遥かに簡単ですからね」。私たちは「協働」を阻んでいる問題を見極める必要があった。

話を戻そう。役員チームによる悪気のない抵抗の場面だ。

「もちろん」。私はサラに言った。「私もよく分かってます」。私は深く息を吸い込んだ。次に言う言葉が、残りの午後の成功と失敗を分けるものだと分かっていたからだ。「ひとつ質問させてください。不安を感じている人はどれくらいいますか？」。すべての手が上がった。「不安は理解できますし、まったく普通のことです」。私は言った。「ですがこの部屋に漂う不安の度合いからすると、まだ何かが互いに真に心を開くのを押しとどめているような気がします。穏やかな海に波風を立てることに気が引けているのかもしれません。衝突を避けたり、周りに合わせて静かにしておく方がいいと思っているのかもしれません。ですがその状態では、最後の要素が欠けていると思いませんか？　本当にチームとしての自己認識を持ち続けるための継続的な努力をしていると思いますか？」。誰かが口を開く前に、私は続けた。「簡単なことだと言うのはフェアではありませんが、二つのことは約束できます。一つ目、このプロセスは効果がありま す。二つ目、このプロセスはこれまでの会話のなかで最も重要なもののひとつです」。九対の目が私を見つめ返してきて、そのどれもが皿のように大きく見開かれていた。

約束は伝えた。あとは、それを守るだけだ。

私にとって有利だったのは、すでにチームが素晴らしいスタートを切っていたことだ。これは組織が機能しているか確認し、継続的にオープンにフィードバックをやり取りするための基礎を築くためジョンと私が設定した一日研修会の午後のことだった。午前中は簡単に同社の戦略の方向性を検証し、チームの規範を作り、そして、何より大切なことに、ジョンのためにリーダー・

フィードバック・プロセスを実践した。このエクササイズはとてもうまく進み、ジョンは自分では気づかなかった強みと弱みをいくつか発見することができた。先に記したように、ジョンがフィードバックを受け取る見本を示したことで、メンバーがより安心してフィードバックをおこなう大きな下地ができ上がっていた――メンバーがフィードバックを快適におこなうことこそ、これから三時間をかけて、私たちが取り組もうとしていることだった。

率直チャレンジは数か月から数年をかけて実践していくものだが、分かりやすく**チーム・フィードバック交換会**から始めることができる。その会ではすべてのメンバーが仲間にそれぞれの強みと弱みや、チームの成功に向けた貢献度を高める方法をフィードバックする機会が与えられる。そして怖くなければ、各チームメンバーは、フィードバックをチーム全体の前でおこなう。このエクササイズを進めるために、リーダーの地位にある人は、集団の力学に詳しい組織心理学者や人事のプロフェッショナルなど、外部のファシリテーター（ジョンの場合は私）を招いてもよい。もしくは、メンバーを進行役としてファシリテーターに任命してもいい。この人物は信頼があり、人とのやり取りでも機転が利くことが必須条件だが、それに加えてチームの最年長でも最年少でもない方がいい（それから基本的な傾向として、チームが大きくなるほど、腕のあるファシリテーターが取り組んだ方がうまくいく。グループの数が五～六以上になる場合、円滑で効率的な進行をすることが極めて重要になる）。

ジョンのチームはチーム・フィードバック交換会があると知らされていた。三週間前、ジョンはチームに対して、仲間の貢献について考えておくよう声をかけていた――チームを助けている行動や、やり方を変えられることや、成功へ向けて個人的に仲間から何を必要としているか考えておくよう求めていた。いま、それを口に出すときがやってきた。私はエクササイズの概要を書いたフリップチャートの横へ歩いていった。概要は次の通り。

プロセス（ひとりにつき二〇分）

- フィードバックの準備をする
- 質問1のフィードバックをする（質問につき三〇秒）
- 質問2と3のフィードバックをする（質問につき三〇秒）
- 不明な点を質問

それから流れを説明した。各人は同じテーブルにいるメンバーたちに、三つの質問に答えることでフィードバックをすることになる――そして自分がフィードバックを受けるターンの最後には、不明な点を解決するための質問をする機会がある。九人の参加者は三つのグループのいずれかにランダムで割り振られ、エクササイズはひとりずつ順番に、短い休憩を挟みつつおこなう。それが終わったら、エクササイズを消化し感想を聞く時間を取る。

エクササイズに取り組むにあたって不安がないか確かめたあと、私はフリップチャートのページをめくり、仲間に伝えることになる三つの質問を書く。

1　この人物がしている行動で、会社の成功に一番貢献しているのは何？
2　より成功するために、この人物がひとつ行動を変えられるとしたら、それは何？
3　私がより成功するのを手助けしてもらうには、この人物のどんな行動が必要？

「では」と私は言った。「いよいよです。数分をかけて、フィードバックを考えてください。でも忘れないでください、目的は思っていることをすべて伝えることではありません——各質問に求められているのはフィードバックをひとつ、三〇秒以内にすることとです」

フィードバックは漠然としたものでなく、行動に特化したものであるべきだと強調した。「行動に対するフィードバックとは、つまり一般的なことや自分の解釈ではなく、**相手が言ったことや、言い方や、やったこと**の具体的な例に焦点をあてるということです。たとえば、『あなたは攻撃的です』と伝えるのは行動に対するフィードバックではありません。これは相手の行動に対する解釈です。ですが、『前回のチーム・ミーティング中、あなたは私の話を三度も遮りました。しかも毎回大きな声で』と言ったら、これは行動に対するフィードバックです。自分の解釈や判断ではなく相手の行動に焦点をあてると、フィードバックが理解しやすくなるだけでなく、心を開いて、防衛的にならずに聞きやすくなります」

メンバーたちがようやく身を入れ始めたと思ったそのとき、サラがオールＡの学生のような熱意でふたたび手を上げた。「あなたの言うことは分かります」と彼女は言った。「ですがこれはやりすぎに感じます。互いにフィードバックを口頭で伝えなければならない理由はあるんですか？書いて、匿名で伝えることはできないんですか？」

彼女の同僚たちはテーブルの周りでうなずいたり考え込むような顔をし始めていた。「どんなときも口頭で伝えた方がいい理由を三つお伝えしますね、サラ」と私は言った。「まず、口頭だとニュアンスがよく分かり、それは文字になったフィードバックとは比べ物になりません。二つ目は、信じられないかもしれませんが、匿名のフィードバックの方が人を傷つける場合があります。自分が書いたのだと分からないとき、人は書き方にそこまで気を払わなくなるのです。そして三つ目は、フィードバックを口に出して伝えることは、安全で管理された環境下でフィードバックを実践する機会となり、それをおこなうことで将来的にもフィードバックを続けていく可能性が高くなるのです」

不安を察知して、私は全員が互いに正直で、オープンで、敬意を持っていられるよう基本ルールを示した。

フィードバックを得る際の基本ルール★

１　抵抗したり、防衛的にならない。好奇心を持ち、聞いた意見は現実なのだと心に留める。

★ チームが第８章の「３Ｒモデル」に馴染みがない場合は、基本ルールを紹介する際に簡単に紹介することを強くお勧めする。

2　メモを取り、不明な点のみ質問する。
3　オープンな心で、善意のものだと受け止める。
4　メンバーに感謝する。フィードバックをするのは簡単なことじゃない！

フィードバックをする際の基本ルール

1　一般的なものは避ける（「あなたはいつも」や「あなたは決して」など）。
2　人ではなく行動に焦点をあてる。
3　相手の行動に対する自分の解釈を語らない――行動だけについて語る。
4　具体例を出す。

ルールを示したら、ついに始める時間だ。まずはグループ1の人びとにフィードバックをする準備のために数分間とった。グループ1にいるダグという名の社員が最初にフィードバックを受けることになった。九人全員が順番に発言し、それぞれが質問1に答えたら、それから2、そして3へと移っていく。★ダグは要領よくメモをとってフィードバックを把握した。全員が終わると、みな待ち構えるように彼を見た。彼は微笑み、感謝をして、いくつか不明な点を質問した。そして彼が無傷で切り抜けたように見えたため、周りはさらに少し安心したようだった。チーム

★このやり方（メンバー全員が質問1に答え、それから全員で質問2、3へと移っていくやり方）をして、すべての質問を一斉におこなわない理由は何かとよく聞かれる。まず、複数の質問に一度に答えてもらうよりも、同じときに同じ質問の回答を全員分聞いた方が、パターンを見いだすのに最適だからだ。第二に、一度にすべての質問に答えたいという欲求は、ネガティブなフィードバックを「弱めたい」（「最初にダグの好きなところを言っておけば、嫌いなところも言いやすくなる」）という間違った気持ちから来ていることが多いと考えるからだ――しかし、これでは「率直さ」という文化を継続して築いていくことができない。自己認識を持つチームは嫌なこともぐっとこらえ、基本ルールに従って、率直に意見を伝えるのだ！

はリズムに乗っていった。それからグループ１の残り二人について、それから短い休憩後に、グループ２、グループ３と進めていった。

エクササイズを終えると、自分たちがやり遂げたことに対し、大きな、疲れのこもった拍手が送られた。チームは完璧にルールに則り、少なくとも私の目には、とてつもなく有益な問題を明らかにした。そして同じく重要なことに、各自が防衛的になったり、否定的になったり、ヒステリックになったりせずに、フィードバックを聞いたり吸収したりすることができたのを見て取ることができた。涙は流さなかった？　もちろん、そういうことは時おりある。だが興味深いことに、長年このエクササイズを活用してきて、建設的な意見のポジティブなフィードバック中でも、同じくらい多くの涙が流されるのを目にしてきた。

三時間のエクササイズが終わりを迎えようとする頃、私はチャレンジを投げかけた。「エクササイズの締めくくりに、テーブル全員にやってもらいたいことがあります。各自、いま聞いたフィードバックをもとに、ひとつ約束を作ってください」

「あえて『悪魔の代弁者』となって嫌な意見も告げ、もっと頻繁に顧客の声を共有します」と、ある役員は言った。

「話を聞かず突き進むのではなく、もっと各人と向き合う時間を作ります」。別の役員は言った。

「間違ったという事実を引きずりすぎるのを止めて、解決策を探すようにしたいと思う」。三人目の役員が言った。

長い午後だった。残されているのは、このプロセスを継続していく合意を得ることだ――そのプランを、私は**説明報告会**と呼んでいる。チームは月に一度集まり、三〇分ほどの話し合いを持つことに決めた。そこで各人が自分の約束を実現するための取り組みについて近況報告をおこなう。それから、チームにフィードバックやサポートを求める。しかしチームが鋭く察知したように、説明報告会は、それを待ってフィードバックへの対処が何日も何週間も遅れる口実になってはならない。そこで、メンバーが約束したことに沿った行動や反する行動を目にしたら、リアルタイムで指摘し合うことにも同意した。

ジョンとチームに別れを告げる前に、私は重要な忠告をした。「これで願わくは豊かなフィードバックの文化が根づき始めたと思いますが、仕事が完了したと思いたくなる気持ちと戦うようにしてください。仕事は終わっていません。実際、これはほんの始まりにすぎません。真実を常に把握するには、継続的な努力が必要です」。そのため私は、どのチームもフィードバック交換会を少なくとも年に一度はおこなうことを勧めた。いつだって新しい行動、新しい挑戦、新しいメンバーというのは現れるもので、フィードバックを絶えず行き交わせることは、芽吹いてくる新しい問題へ対処するために重要なことだ。

こうして、ジョンのチームは疲弊し、高揚し、そして、深く安心して帰っていった。しかし、私は「これまでの会話のなかで最も重要なもののひとつ」を提供するという約束を守ることはできたのだろうか？　数か月後、その答えが判明した。フィードバック交換会が成功だったなら、その後も力を尽くして、素晴らしい成果を得ているはずだ。普通の人間で構成されたあらゆるチームと同じように、ジョンのチームもちらほら昔の行動に戻った部分はあったが、他と違ったのは、他人に指摘する勇気を持ち、力を尽くしていたことだ。ジョンに効果のほどを聞いてみると、彼は言った。「チームとして、同じ時間でも多くの成果を上げられるようになっている。ビジネス上の大きな問題も隠さないでいてくれるし、手に負えなくなる前に修正することができている。そして一番驚いているのは、各部門の分断が基本的になくなったことだ――私たちは力を合わせて一つのチームとして仕事をしている」

「率直チャレンジ」は主に職場を想定して用意されたものだが、どんなチームも自己認識の文化を育み、維持するために活用することができる――ビジネスを運営する役員チームであっても、仲良くいようとする家族であっても、世界を変えようと取り組むボランティアのグループであってもだ（もしこのプロセスを自分のチームに取り入れたければ、www.insight-book.com で実践に役に立つワークブックをダウンロードすることができる）。目標が何であれ、自己認識を得て、それを手放さないでいるためのプロセスに力を注ぐことは、失敗とエネルギッシュで目を見張るような成功を分けるものだ。さいわい、率直さは良い循環を生む。周りに対して正直になればなるほど、その先も正直でいやすい。もちろん、その状態へ至るには労力と勇気が必要だが、そうするだけの価値がある。関係性が深まり、真の協力関係が育まれ、ミッションを遂行するための劇的な改善がなされていく。

自己認識を持つチームから、自己認識を持つ組織へ

一八八八年、母を訪ねて幼い頃を過ごした家に向かっていた三四歳のジョージ・イーストマンは、文字をあれこれ組み替えながら、自分の新しい会社の名前を作り出そうと頭をひねらせていた。短く、珍しく、発音しやすいものがいい。イーストマンは、ようやく思いついたその言葉を気に入った──特に最初の文字の「K」は、「強く鋭い」と思った。

その年の後半、彼は故郷ニューヨーク州ロチェスターのステート・ストリート３４３にある建物の三階を借り、そこでアメリカの象徴たる会社が生まれた。イーストマンのビジネスはほとんどすぐに利益を出したが、その理由の一部は、彼が売る比較的安価なカメラを使う消費者が、フィルムや、写真用薬品や、用紙など、利益率の高いアイテムを繰り返し購入するからでもあった。およそ一世紀近く、コダックは大いに繁栄し、フィルム業界の九〇パーセントを独占した。一九七〇年代後半には、アメリカで販売されるカメラの八五パーセントを作っていた。そしてコダックは単に利益を上げているだけではなかった──その会社はまさにアメリカン・ドリームを体現していた。二つばかり例を挙げよう。ニール・アームストロングは月にエクタクローム・フィルムを持っていったことで有名だし、ポール・サイモンはコダックの35ミリフィルム「コダクローム」に敬意を表して、その名を冠した曲を作った。

しかしコダックは、消費者の現実の変化──特に、デジタル写真の誕生と、それに続くフィルムの死──を掴みきれず、凋落することとなった。一九七五年、コダックのデジタルエンジニア

であるスティーヴン・サッソンが最初のデジタルカメラの試作品を完成させたとき、経営陣は、自分たちのフィルムビジネスを壊しかねないという理由で、そのプロジェクトを放棄した。まさに企業としての思い込みに関する教科書のような例だが、サッソンはマネジャーたちの反応が、「それは素晴らしいね――でも、それについては誰にもしゃべるなよ」といった感じのものだったと語った。

一九七〇年代後半、ポール・キャロルとチュンカ・ムイは、『7つの危険な兆候――企業はこうして壊れていく』（海と月社、二〇一一年）のなかで、コダックはパートナーたち（ラボ業者からフィルムの小売業者に至るまで）からのプレッシャーが高まって、伝統的なフィルム業界の長期的な継続性についての調査をおこなったことを明かしている。一九八一年の報告では、当時のビジネスモデルだと一九九〇年までは競争力を保っていられると結論づけられていた（それは消費者がフィルムの方を好んでいたからではなく、はじめのうちはデジタルカメラやフォトプリンターが法外に高かったからだ）。しかし、こうした結果を事業の改革や、株主に真実を伝えるきっかけとするのではなく、コダックの重役たちはますます現実から目を背けていった。ほんの少しデジタルの分野に足を突っ込みはしたものの、のんびりとしたペースであったため、この新たな現実に迅速に反応していた競合他社に駆逐されていった。二〇一二年一月、コダックは破産法第一一条の適用申請をし、会社に終止符を打った。

これは組織レベルで自己認識をなくすと何が起こるかを物語る恐ろしい例だ。チームの自己認識が、メンバー間の率直さを育てることで現実と向き合うことだとするなら、**組織の自己認識**とは、**すべての利害関係者**（従業員、組合員、消費者、株主、卸売業者、コミュニティ、議員など）**から積極的にフィードバックを求めて**市場の現実と向き合い、ニーズの変化に自社がいかに適応しているかを**利害関係者たちに知らせ続ける**ことだ。アラン・ムラーリーは、これを「万人のための認識」と呼んでいる――誰もが目標と、現状と、計画を知り、目標達成に必要なステップにおける発言権を持っている状態だ。テクノロジーとソーシャルメディアがコミュニケーションの新たな回路を開き、ビジネスにおける透明性がますます求められるなか、組織的な自己認識の重要性は高まり続けるばかりだ。

しかし、こうした習慣は、多くの企業の実情とは対立するものだ。むしろコダックの例で見たように、**組織は自己認識のための情報を持っていないのではなく、その情報を認められなかったり、認めようとしないことが多い**。特に、自己認識を持ち合わせていない企業は、私の同僚であるチャック・ブレイクマンがクライアントに好んで尋ねる「自分が知らないフリをしていることは何ですか?」という質問を自らに問いかけることができない。つまり、市場の現実を認識できない企業は、会社として集団的な思い込みを育てているのだ。その思い込みが、たいていは破滅の原因となる。この種の思い込みを抱く理由はたくさんあるが、チャックの言う「四半期報告書症候群」であることが多い。つまり、長期的な成功ではなく、短期的な結果を優先してしまうのだ。

だが組織的な思い込みとは、外部の現実を無視している状態だけには限らない――社内の真実に目を向けないときにも当てはまる。アラン・ムラーリーが最初にフォードにやって来たとき、毎日「デトロイト・ニュース」紙をめくるたび、自分の会社に関するひどい記事が載っているように思えた――エンジニアリングの問題、製造の問題、ハラスメントなど、内部から情報が漏れていたのだった。以前の社長たちなら、情報を流した人物を特定し、厳重に注意したかもしれない。しかしムラーリーにとって、これはそもそもなぜ社員が会社の秘密を漏らすのかを学ぶ機会だった。

そこで彼はこの新聞の記者ブライス・ホフマンに電話をかけた。「ブライス、きみが発表し続けている記事について話を――」

ホフマンは言葉を遮った。「ミスター・ムラーリー、あれはどれも真実です」

「真実なのは知っている」とムラーリーは答えた。「そのことで電話したんじゃない。私が知りたいのは、きみがそんなに正確で詳細な話を手に入れられる理由なんだ」

「ああ……とてもシンプルなことですよ」ホフマンは説明した。「毎朝自分のオフィスへと歩いていって、留守番電話の『再生』ボタンを押すんです。多くの社員はこちらに不明な点があった場合を考えて、自分の名前や電話番号すら残してくれます」

ムラーリーは絶句した。「ブライス、なぜ社員たちはそんなことをするんだろう？」

「ミスター・ムラーリー、それはこの会社を愛しているからですよ」。ホフマンは告げた。「それから心底恐れているんです、誰も何が起きているか教えてくれないから。社員たちが漏らす問題はあまりに深刻なのに、経営陣が何か取り組んでいる様子がないから、私に電話をかければ一番安全に問題を表沙汰にすることができると思っているんです！」

ムラーリーは信じられなかった。頭がクラクラした。もはや彼はさらなる努力をして、フォードの利害関係者すべてに、良いことも、悪いことも、醜い部分も、すべて伝えていくほかなかった。彼は従業員から受け取ったメールへすべて個人的に返信するようになった。廊下や工場をうろついて、実際に社員たちと会話をした。会社規模でも、頻繁に最新情報を送った。ムラーリーと役員チームは、ビジネス・プロセス・レヴュー（ＢＰＲ）にエンジニアやアナリストや技術者たちといったゲストを招き、ミーティングでフィードバックを求めるようになった。

しかしそれだけではなかった。すべての従業員に会社の進む道を理解してもらおうとする迅速な動き（「万人のための認識」の例だ）のなかで、ムラーリーと彼のチームはフォードの人事部長と協力して、小さな青いカードを作り、全社員に配布した。前面には「ワン・チーム」、「ワン・プラン」、「ワン・ゴール」を見出しにして、会社のビジョンが書かれている。裏面は、そのビジョンを達成するために期待される行動が記されている。これを単なる見映えの問題だとか、人工的に従業員の忠誠心を引き出そうとする浅はかな人事部の愚かな行為だと片付けてしまうのは簡単だが、ムラーリーにとって、それらはラミネートカードに書かれた単なる言葉ではなかった――それは生き方そのものだった。ホフマンは、『アメリカのアイコン』のなかで、次のように語っている。「そこにはすべてが含まれていた、彼がフォードの社員たちに知って理解してもらいたかったすべてのことが」。ムラーリーはカードを配りながらジョークを言っていたが、それは決して冗談などではなかった。「これを二錠飲んで寝てみるといい。悪いところが治るだろうから」

ムラーリーが「デトロイト・ニュース」紙に漏れる情報についてブライス・ホフマンへ電話をかけてからわずか数か月で、流出は完全に止まった。ムラーリーは、ふたたびホフマンに電話をかけた。「ブライス、きみの新聞にもう嫌な記事は出なくなったね」

「ええ」。彼は答えた。「私の留守電にメッセージが入らなくなったんでね」

「どうしてだと思う？」

「ああ、理由は明白ですよ」。ホフマンは答えた。「あなたが耳を傾けているからだ。周りを包み込んでいるからだ。みんな何が起きているか把握してる。もう私に電話する必要がないんだ」

コミュニケーションの回路を開くことで、フォードは社員との関係を根本的に変革したのだった。ムラーリーが退任する二〇一四年、同社の士気は歴代最高となり、エンゲージメント・レベルは八七パーセントを記録した（参考までに、その年のアメリカ平均は三一・五パーセントだった）。ありがたいことに、彼の後継者は、「万人のための認識」という文化の維持に尽力した――リーダーが見本を示し、安心して真実を口にでき、組織じゅうにフィードバックが行き交うよう、熱心で継続的なプロセスを持つ文化だ。だがそういえば、アラン・ムラーリーの後継者とは誰だったのだろう？　お分かりの方もいるかもしれない。それはあのマーク・フィールズにほかならなかった。

第10章 思い込みにとらわれた世界で生き抜き成長する

きみは思い込みにとらわれていると言われた。
驚いてユニコーンからずり落ちそうだった。

——someecards.com

オタマジャクシが池を泳いでいる。すると突然、隣にカエルが現れる。
「どこから来たの？」。オタマジャクシは尋ねる。
「乾燥したところさ」。カエルは答える。
「『乾燥』って何？」。オタマジャクシは聞く。
「水がないってことさ」。カエルは言う。

「『水』って何？」

カエルは言葉を失う。大きな身振りでオタマジャクシの周りに満ちた物質を示しながら、カエルは尋ねる。「水が何かって？　もしかして……きみには見えてないの？」

「うん」

「でもさ、どうして見えないんだ？　いつも周りにあるじゃないか！」

このちょっとした寓話は、自己認識を持たない人のそばにいるときの感覚を完璧に表している。空気を読めない配偶者であれ、自分の行動を部下の視点から見ることができない上司であれ、仕事で気づかぬうちに卑劣な人間になっている友人であれ、自己認識を欠いた人といるのは、まったく腹立たしい体験になる場合がある。どうしてこんなに賢くて、本来なら理性的であるはずの人が、自分の泳いでいる「水」――つまり、自分自身や、自分の行動や、周りへの影響を認識できていないのだろう？

何千人もの調査のすえ、思い込みにとらわれた人間にはすぐ行き当たるという、ありきたりだが経験に裏打ちされた結論に達した。実際、こうした人物を思い当たらないと答えたのは、私たちが調査したユニコーンのうち二人だけだった（面白いことに、そのうちひとりは、誰も思い浮かばないということは、自分こそ思い込みにとらわれているのだと結論づけた。あなたはそうじゃないと私たちが断言すると、彼は安心したようだった）。もちろん、自己認識を持たない人間というのも一様ではない。自己認識に欠けていても、それが電車で隣に座った人や、テレビのリアリティ番組に出ている人だったら無害で笑える。一方で、相手が絶望的なまでに自己中心的な義理の両親や、周りの見えない上司や仕事仲間だったら、エネルギーを削がれ、忍耐が試される。あるいはまた、パートナーや、両親や、子供といった近しい存在だった場合、無限にも思えるストレスと心痛の原因となる。

職場では、思い込みにとらわれた人は腹立たしく不快なだけではなく、周りのパフォーマンスを著しく低下させる可能性がある。恐ろしいことに、自己認識を持たない人間がひとりいるだけでチームの成功の確率は半減し、上司がそういう人物だった場合は部下の仕事の満足度、パフォーマンス、幸福度に深刻な影響を与える。『ワシントニアン』誌の記者たちがワシントンDCの一万三五〇〇人の会社員に歴代最悪の上司について尋ねると、あっと驚くほどひどい仕打ちが喜んで語られた。少しだけ例を挙げよう。あるマネジャーは部下が何か「特に馬鹿げたこと」を言うと、罰として自分の椅子の上に立たせたという。また別のマネジャーは、部下たちがトイレに行った時間をカウントし、それに応じた日数を有給休暇から差し引いた。しかし最も信じられない例は、父の葬儀のため一日休暇を申請しようとした社員の例だろう。上司は何と返答したかって？「いまはきみが必要なんだ。行こうが行くまいが、きみのお父さんは分からないだろ？」

さて、こうした三人の上司たち（や似たような人たち）をひどい人間だとか、迷惑で不快な奴だとか、社会性に問題があると言って切り捨てることは簡単だ。たしかにひどい人間かもしれないし、そうでないかもしれないが、そうした相手と仕事をするという損な境遇に身を置いている人の多くは、そんな状況に自己認識が（あるいはその欠如が）もたらしている影響を立ち止まって考えることはあまりない。何だかんだ言っても多くの人は、たとえ自分がひどい上司であっても、毎朝目を覚まして「よし、今日は人を侮辱して、話す相手全員をイラつかせよう！」などとは思っていない。悪意があるのではなく、その人は自分の行動や、その影響についてまったく思い違いをしているだけかもしれない。しかし、そうなるとこちらは難しい立場に置かれることになる。思い込みを持っていた人は、真実を知ってしまったらびっくりして震え上がり、自分を変えるために行動しようと考えるかもしれない。だが周りが勝手にショックを与えて自己認識へと導こうとしていいものだろうか？　そもそも根本的に、そんなことが可能なのだろうか？

答えを言えば、思い込みにとらわれた人の目を覚まそうとする行為は、うまくいってもリスクがあるもので、最悪の場合は破滅的な事態に陥る。思い出してほしい。ほとんどすべての人が、自分は平均以上で、まともな道徳心を持ち、よく自分を認識していると思っている――そして思い込みが誰より激しい人は、そんな自分を指摘されると誰より頑なに聞き入れない。著名な心理学者ウィリアム・スワンが語るように、自分が思っているような自分でないのだとフィードバックを受けたとき、人は自分が無能であると感じるだけでなく、「自分の存在そのものが危機に晒されていると感じると、大きく方向性を見失い、心理的な支えを失って苦しむ」。かなりの打撃でしょう？

これまで本書で紹介してきたように、一般の人間でも多くが劇的に自己認識を向上できるため、思い込みにとらわれた人に少なくとも現状以上の自己認識を持たせるサポートをすることは可能だ。しかし、誰しもが変化を求めているわけではない（「馬を水のところへ連れていくことはできるが、飲ませることはできない」という諺もある）。そう考えると、思い込みにとらわれた人に対処する最善の方法とはどのようなものだろう？　相手を理解し、変化を促すことだろうか？　それとも、こちらの成功や幸せに対する被害を最小限にするだけの方がいいのだろうか？　この章では、こうした問いに対して、いくつかの行動戦略を提供する。人生で出会うかもしれない認識を欠いた人びとを三種類に分け（「無駄骨タイプ」「分かっているが気にしないタイプ」「誘導可能タイプ」）、そうした人びとに対処し、エネルギーや熱意や幸福を奪われないようにする方法を示したい。

変えられない部分を受け入れ、変えられる部分を変える（あるいはマリアのような問題を解決する方法）

ロバートは小さな情報セキュリティ企業の開発マネジャーとしての新しい仕事に満足していた。仕事に情熱を持ち、素晴らしい上司がいて、仲間のことも信頼し心から好きだった。要するに、ロバートは新しい仕事のすべてが好きだった——ひとつの大きな例外を除いて。その例外がマリアという名の人物だった。

マリアは、自己認識に欠けた多くの人と同じように、自分だけの現実を生きているようだった。長年サポートデスクのマネジャーとして勤めてきた彼女は、同僚たちが何についても自分と同意見であるという間違った考えにとらわれていて、周りが恐る恐る反対意見を出すと非難するのだった。彼女は威嚇やいじめでチームを管理していたため、メンバーたちは進んで顧客の手助けをする気が起きないほど士気が削がれていた。おまけに、マリアは事あるごとに自分の学歴や職歴をひけらかした。

上司さえも、マリアを恐れて衝突を避けているようだった。数年前に彼女の行動に向き合おうと熱心に取り組んだが効果はなく、それ以来お手上げ状態で、彼女の悪い特徴が育っていくままにしていた。驚くまでもなく、マリアの行動はたえずオフィスに緊張や対立を生んでいた――自分の行動が与える影響について、わずかばかりでも自覚があったかもしれないが、そんな素振りは一切見えなかった。

月日が流れるにつれて、ロバートはチームに対するマリアの影響がガンのように広がっていくのを感じた。マリアの周りは、彼女に食ってかかられないよう、反対意見を口にすることを恐れていた。社員たちは、上司がマリアに自らのひどい行動の責任をとらせないことにいら立っていた。目を覚ますたび、会社に行きたいというロバートの気持ちは小さくなっていった。

そんなある日、彼の願いは人事部のディレクターからの通知という形で叶えられた。同社でリーダーの地位にある面々（そこにはロバートもマリアも含まれていた）は、同僚たちからの匿名による文面でのフィードバックを受け取ることになったのだ。これはすべてを吐き出すチャンスだ！

とロバートは思った。

ロバートはいざフィードバックを記すにあたり、周りのみんなをいら立たせている行動については容赦ないほど正直に書いても失うものはないと判断した。「マリアは自分の役割をとても真面目に果たし、時間を注いでいます」と彼は書いた。「しかし彼女は自分のきつい口調に気づいておらず、スタッフを必要以上に取り締まり、いつも自分の資格や経験をひけらかして重苦しい空気を作り出し、チームの士気とパフォーマンスを著しく低下させています」。フィードバックを書き終えると、ロバートは不思議と前向きな気持ちになった。彼女は芯から意地の悪い人間じゃない、と彼は思った。きっと自分の行動がどれほどチームに被害を与えているか知らないだけなんだ。

人事部のディレクターは全員からのフィードバックを集めた。そして数日後、ロバートとマリアを含むリーダーの八人は、会議室に集まって今回のフィードバックから学んだことを話し合うことになった。ロバートは緊張しながらも、今日はついに気まずい話題を取り上げる日になると期待を抱いていた。

会議は重苦しいペースで進んだ。どういうわけか、マリアは最後の番に回されていて、チームは緊張しながら、その時が来るのを固唾をのんで待っていた。ついに彼女の番になると、部屋の雰囲気は熱したマシュマロのように爆発寸前だった。

「みなさんが私をそんな風に見てるなんて本当にショックだった」と彼女は言い出した。「みなさんのフィードバックを読み通すのは気分の良いことじゃなかった」。一瞬、彼女はいら立っているように見えた。チームに緊張が走った。自分の行動が間違っていたと気づく瞬間になるだろうか？　マリアにかかった悪い魔法がついに解けるのだろうか？「でも正直に言って、どの指摘も自分に当てはまるとは思わなかった」

世界が崩壊してしまいそうな気分だったが、部屋は完全なる静寂だった。マリアが明らかにとらわれ続けている思い込みの強さに、どう反応すればいいのか誰も分からなかった。ロバートは咳払いをして、おずおずと尋ねてみた。「マリア、チームからはどんな意見があったの？」「ひとつだけ確かなのは、本当に自分が行動を変えるべきだと思った意見はひとつもなかったってこと」。彼女はきっぱりと言った。

「どうしてそう言えるの？」。平静であろうと努めながら、ロバートは聞いた。

「そうね、私がいつも自分のことばかりだと指摘する人がいた――いつも資格とか経験をひけらかしてるって。でもその人は明らかに私の成功をねたんでるだけだった」

「その人がそんなことを言った他の理由は思いつく？」。彼は慎重に尋ねた。

「他の理由なんかあるの？」。ここが突破口だと感じたロバートは、言葉を発そうと口を開いた。しかし言葉が出てくる前に、マリアが発言を続けた。「他の理由なんかない」

ロバートはマリアの方を見て、目をパチパチさせた。一瞬のうちに、彼はそのフィードバックを書いたのが自分であると打ち明けたり、彼女の行動の数ある実例をひとつでも指摘したりすることのメリットとデメリットを測った。あんなに前向きだったロバートだが、そんなことをしても何も良いことはないと悟った。

残念ながら、彼は正しかった。このロバートのチームがエクササイズをおこなってから丸一年が過ぎ、職場では多くのことが変わった――多くのこととは、もちろん、マリアを除いての話だ。他のメンバーは受け取ったフィードバックに応えようと努力を見せていたが、マリアは意地でも目を背け続けていた。同僚からのコメントを受け入れないだけでなく、同僚たちがいかに間違っているかを繰り返し主張していた。

マリアは、思い込みにとらわれた人間の三タイプの一つ目、「**無駄骨**」タイプの代表だ。無駄骨タイプは、自分こそ正しいのだという、怒りの混じった、揺るぎなき熱い気持ちで思い込みにとらわれている。自分の考え以外の選択肢を考えられない（あるいは考えようとしない）ため、無駄骨タイプの好ましくない特徴に光を当てて暴こうとする者は、その手に持った懐中電灯をピシャリとはたき落とされてしまう。無駄骨タイプは自分が限りなく完璧に近いと思っているため、自分に改善の余地があるかもしれないと考えることはほとんどない。無駄骨タイプの利益に訴えることで（「その行動はあなたの評判を落としてるよ」などと言うことで）フィードバックに耳を貸してくれるときもあるだろうが、基本的に相手の自己像を揺るがす試みは無駄に終わる。

自分の周りにいる人が無駄骨タイプだと分かったとき、絶望的だと嘆くのは簡単だ。しかし良い知らせがある。こちらから無駄骨タイプにインサイトを与えることはできないが、それは決してこちらの成功や幸福に対する相手の影響を最小限にする行動が取れないという意味ではない。ロバートがマリアと平和に共存するすべを見いだした過程からは大いに学ぶことがある——主に自分のリアクションを制御しながら、自分やチームに対する彼女の影響をより良く理解しようと取り組むのだ。

マリアに自分のインサイトを向上させる意志がないと悟ったロバートは、**断罪することなき思いやり**の精神を持つことに目標を定めた。彼女の欠点に繰り返し腹を立てるのではなく、彼女と自分はまったく違う旅路にいるだけだと思うに至ったのだ。第二章のように自己認識の旅を「競馬」にたとえるなら、ロバートはスピードを上げていて、マリアは最後尾を走っていた——しかしそうではなく、まったく別の道を走っていると気づいてから、ロバートはマリアを悪意ある誇大妄想狂ではなく、単にもがいている人なのだと見なせるようになった。マリアの自己認識を修正するのはロバートの問題ではないと気づいたのだ——それは彼女の問題であり、そうでしかあり得なかった。

こうしたアプローチをとっているのはロバートだけではない。身の周りにいる無駄骨タイプにどう対処しているか調査すると、直接介入すると答えたのはユニコーンの半数ほどしかいなかったが、ほぼ全員が自分のリアクションをコントロールするという戦略を用いていた。優れた著作である『あなたの職場のイヤな奴』（講談社、二〇〇八年）のなかで、スタンフォード大学の教授ボブ・サットンは、無駄骨タイプに対するリアクションをコントロールするにあたって有益な比喩を語っている（まもなく紹介する二番目の「分かっているが気にしない」タイプと接する際にも有用な比喩だ）。急流下りをしているとする。自分のボートが緩やかに美しい風景の川を下っていると、突然目の前の一角が荒れ狂っている。急流でパドルを漕いでいると、荒れる水面に放り出される。

多くの人はこの状況に抗おうとする。足や手をばたつかせてボートに戻ろうとしたり、岸まで泳いで向かおうとしたり、ツルツルすべる岩にしがみつこうとして失敗に終わる。しかしこれらの戦略は、実は自分を救うよりも自分の命を奪う可能性の方が高く、流れに抗わないでいる方が、穏やかな水面へと早く運ばれていく。ロバートはこの比喩が気に入った――その比喩は、はたから見るより自分は自分のことをコントロールできていると思い出させてくれるものだった。たとえばマリアが何か敵対するようなことを言ってきたとき、彼女に抵抗したり、行動の過ちを自覚させようと試みたりするのではなく、**無抵抗に流される**様子を頭でイメージしながら、できるだけ早く荒れた水面から抜け出すようにした。

無駄骨タイプに対処するとき、相手をひどい人間だと見限ってしまうのは簡単なことだ。しかし相手のいくつかあるポジティブな特徴に目を向けてみたらどうなるだろう？　それがもうひとつの戦略だ。それに必要なのは**リフレーミング**というマインドフルネス・ツールである。つまりは問題を別の観点から眺めてみるということだ。マリアが一三歳の娘を職場に連れてきたとき、ロバートは娘に対するマリアの接し方に心を打たれた。マリアは信じられないほど優しく、すさまじく忠実で、目に見えて誇らしげだった。仕事中にマリアへのリアクションを抑えておくため、ロバートは娘といたときのマリアのイメージを頭に持ち続け、彼女が自分に寛大な態度をとらなかったときに、そのイメージを思い出すようにした。

　同じくらい実用的なもうひとつのテクニックは、もともとロバートが小学校で身につけたものだ。小学五年のとき、クラスのいじめっ子に狙われたロバートは、毎日涙を流して家に帰り、翌日のいじめに怯えていた。そんな状況が数週間続いた頃、母親が決して忘れられない言葉をかけた。「ねえ」。彼女はロバートに言った。「あの子はいじめっ子よ。意地が悪いし、ひどいことをするし、あなたをどれだけ傷つけてきたかは分かってる。でもね、あなたは一度でも、**こいつから学ぶことはないか**って考えたことはある？」。はじめ、幼いロバートは自分の母親が少しバカなんじゃないかと思った――こんな邪悪な人でなしから何を学ぶっていうんだ？――しかしすぐに彼は、そんな風に考えるのは性急すぎると悟った。この経験は自分自身について学ぶ機会なのかもしれない。彼は考えた。もしかしたら、あいつは僕がもっと自分をうまく守っていく必要があると教えてくれているのかもしれない。そこで幼いロバートは、それを実行した。

　ロバートは、このことをマリアとの直接対決に敗れた数か月後に思い出した。会議室での一件以降、マリアはロバートに過剰なまでの怒りをぶつけていた。そしてある晩、特に散々だった一日の終わりに、ついにロバートは限界に達した。彼は仕事を辞めようと考えた。しかし辞表を書き始めたときに、あの母の言葉を思い出したのだった。マリアもまた、形を変えたいじめっ子に違いないと彼は気づいた。そこでロバートは、遥か昔に母がしたのと同じ質問を自らに問いかけた。「これは難しい人間に対処する際の教訓を学び、それゆえに自分を向上させるチャンスではないだろうか？」

この新しい観点を試してみると、たちどころにうまくいった。この状況を精神が蝕まれるマラソンではなく、面白く有益なチャレンジだと見なせるようになった。自覚のないまま、マリアはロバートの自己認識を向上させる手助けをしていて、思い込みという欠陥から有用なものが生み出されたのだった。

思い込みにとらわれた人は無駄骨タイプだけじゃない。次は二つ目のタイプを見てみよう。このタイプは、これから見るように、無駄骨タイプと見分けがつかないように思えるが、実際にはまったく別の問題を抱えている。

少しの自己認識では足りないとき

ある製造メーカーに依頼されて、会社のCOOを引き継ぐ予定の副社長ジェリーのコーチングをおこなった。最初のミーティングで、私はジェリーの知性、生まれ持った資質、そしてインサイトに感銘を受けた。しかしこうした特徴からまったくと言っていいほど正反対だったのが彼の上司ダニエルで、彼の行動は語り草になっていた。この現COOの「リーダーシップ」術とは、直属の部下たちが期待を裏切ったときは大声で怒鳴り、同僚たちの前で恥をかかせ、最も穏やかな社員たちの冷静さすら失わせるものだった。驚くまでもなく、ジェリーの部門は会社で一番の離職率を記録しただけでなく、士気も最低だった。

当然ながら、私はこの未知なるダニエルについてたくさんの疑問が湧いた。彼は自分のアプローチが非効率的であると薄々にでも気づいていなかったのか？　誰か勇気を振り絞って苦言を呈しはしなかったのか？　苦言を伝えていた場合、自分の行動を変えようと試みたりはしなかったのだろうか？　ほどなく私は答えを知ることになるが、その答えは想定と異なるものだった。

コーチング・プロセスのなかで自身の目標を決めたジェリーは、ダニエルも協力してくれることを確かめるべく、私と二人で彼のもとに向かった。ジェリーと私はダニエルのオフィスの外にある広い待ち合いエリアの椅子に座りながら、話す内容について打ち合わせた。私はよく、握手が強すぎると指摘されることがあった（たとえば、大学院の担当教授に初めて会ったとき、私への最初の言葉は「痛っ！」だった）。しかしそんな私がダニエルと握手をしたとき、彼の握る力はあまりに強く、私を床に引き倒そうとしているのかと思うほどだった。それはダニエルという人間を知る最初の手がかりだった。

さいわい、ジェリーにはダニエルに対処する才能が備わっていて、ミーティングの滑り出しは順調だった。ジェリーの最初の目標は権限を委譲して、もっと会社の戦略面に自分の力を注ぐことだった。ダニエルも協力的だった。しかし、従業員たちが積極的に参加できるよう取り組むという二つ目の目標については、乗り気でないようだった。ジェリーがそれを実現するためのプランを語り終える前に、ダニエルはまるで「今すぐ話をやめろ」といった様子で片手を挙げ、ジェリーはそれに従った。

「ジェリー、それはきみの時間の無駄だ」

「どうしてです、ダニエル？」。彼は穏やかに尋ねた。まるでその質問が来るのを予測していたかのようだった。

「だって部下たちが『積極的に参加』するかなんて関係ないだろ。私の知る一番効果的なマネジメントツールは恐怖だ。部下たちがきみを恐れれば、部下たちは仕事をやり遂げる。実にシンプルだ」

　私はあまりの衝撃に椅子から転げ落ちそうになった。長年エグゼクティブたちの愚かな発言をたくさん聞いてきたが、これほど大っぴらに脅しの戦略を打ち明ける人は初めてだった。それにダニエルは、この戦略を打ち明けるに留まらず、その戦略を得意げに語っていた。そのとき私は気づいた。コーチングの仕事で出会ってきた思い込みの強い上司たちの数々とは違い、ダニエルは自分の行動を正確に把握していた――そのうえで、その行動を少しも疑っていないのだった。彼の行動の多くは無駄骨タイプと重なるものの、彼の問題はまったく別のところにあった。ダニエルは思い込みにとらわれた人の二番目のタイプ、私が呼ぶところの「**分かっているが気にしない**」タイプの教科書のような例だった。

　無駄骨タイプの主な問題はインサイトの不足とインサイトを欲する気持ちの欠如だったのに対

し、「分かっているが気にしない」タイプは、自分の行動（と周囲へのネガティブな影響）をよく把握している――が、そのうえで行動を変えない。なぜか？　それは自身の非生産的な（横暴といっても過言でないことが多い）行動が、自分の欲しいものを手に入れるのに役立つと心から信じているからだ。そしてそこに思い込みがある。ダニエルは、恐怖を育てることがより良い仕事をする手助けになると（間違って）信じていたのだった。

私には外科医としての長い務めを終えて退職したおじがいる。研修医だった頃、彼を指導する医師のひとりが熱心なマラソンランナーだったという。ほとんど病院から出ることがなく、ましてや運動する時間を見つけるなんてさらに難しかった研修医たちとは大違いだった。毎朝、回診は五階から始まる。しかし五階に集合するのではなく、その指導医は研修医たちを一階に集め、それから一緒に階段で五階まで登った。ある日、おじは息を切らしながら、みんな階段で登るのを苦しがっていることを分かっているかと指導医に尋ねた。「もちろん分かっているよ」と指導医は答えた。「そのうえでやってるんだ、だからもう何も聞いてくるな」。お分かりだろう。分かっているが、まったく気にしていなかったのだ。

このタイプと無駄骨タイプの行動はあまりに似ているのだが、見分ける方法はあるのだろうか。マリアと話したロバートや、指導医に問いただした私のおじのように、直接ぶつかって初めて答えが分かる場合もある。しかし、手がかりがある場合もある。だいたいにおいて無駄骨タイプは、自分で口にする自分のイメージと実際の行動が一致していない。第三章で紹介した建設会社の重役スティーヴを覚えているだろうか？　私が初めて会ったとき、彼は自分がどれだけ偉大なリーダーであり、部下たちがどれほど自分を敬っているかを謳った。そしてどちらの主張も、彼の行動からは正反対のものだった。一方で、「分かっているが気にしない」タイプは、違ったパターンを示す。このタイプは自分の行動を理解したうえで、その行動を意に介さないか弁護する（たとえば「ああ、彼女には怒鳴ったけど、怒鳴られて当然だったんだ」あるいは「もちろん自分はクライアントに対して強引だ——それが売り込む唯一の方法だからね」）。ダニエルのように、自身の良くない特徴を自慢げに語りさえするかもしれない。

「無駄骨」タイプと「分かっているが気にしない」タイプを見分けるもうひとつの方法は、「視点取得」の能力を見てみることだ。無駄骨タイプは自分の考え方しかないと信じる傾向にある——マリアのように、周りの全員が自分と同じ意見だと思い込み、そうでない場合は怒り狂う。反対に分かっているが気にしないタイプは、周りの視点から自分の行動を理解していることが多い（五階まで階段で登るのがどれほどきついかを知っている指導医がその例だ）。しかしこのタイプは同時に、その行動が成果を生むと信じている。そのため、わざわざ労力を割いて行動を変えようとはしない。

本書で自分教というカルトについて学んだとき、ナルシスト（とてつもないレベルで自画自賛することが特徴的な人びと）を、特に思い込みにとらわれている例として紹介した。しかし昔から自己認識の欠如はナルシシズムの大きな特徴ではあるものの、近年の研究では、ナルシストたちは

「疑似インサイト」と呼ばれるものを持っていることが示唆されている。例を挙げよう。かなりショッキングなことだが、ナルシストを見分ける最善の方法のひとつは、あなたはナルシストですか、とシンプルに尋ねてみることだ――たいていの場合、ナルシストは「自分はナルシストだ」と答える。しかし一体なぜ、うぬぼれ、身勝手、虚栄といったネガティブな特徴を自ら進んで認めるのだろう？　ダニエルと同じように、ナルシストたちは自分がそうした特徴を持っていることを認識したうえで、そこに何ら後ろめたさを見いだしていないのである。それどころか、ポジティブな特徴だと見なす傾向にさえある！　社会心理学者のブラッド・ブッシュマンが指摘するように、ナルシストは「自分が他人より優れていると信じ、それを公言してはばからない」。

ナルシストは（基本的に不可避な）人間関係の崩壊についても、少なくともある程度は認識しているという証拠があるが、そこで自分が果たしている役割については分かっていないようだ。ナルシストは自分ではなく周りを責め、過剰なほど自己評価に固執する。かなり大げさな一例だが、ナルシストたちは周りの人間が暗すぎて、自分たちの輝きを理解できないのだと結論づけるのだ。それにナルシスティックなリーダーは、自分のリーダーとしてのパフォーマンスを極めて高く評価する一方で、チームからは最低評価を受ける――言い換えれば、ナルシストたちが感銘を与えている唯一の相手は、自分自身なのである。

「分かっているが気にしない」タイプには、先に紹介した二つのテクニック（無抵抗に流されること、「この人から何か学べないか？」と問うこと）も効果があるが、もうひとつ、特にピッタリなテクニックがある。最初に「**ラフトラック**」のテクニックが思い浮かんだのは、何年も前に不運にも「分かっているが気にしない」タイプの上司を持ったときだった。比較的な小さなミスに対してリーダーシップ研修チーム全体の前で怒鳴られるなど、何度も人前で侮辱された私は、お手上げ状態だった。選択肢はふたつだと思った。仕事を辞めてしまうか、より良い対処法を見つけるかだ。この仕事の他の面は大好きだったので、後者を試みることにした。ある日、この上司と特に不快なやり取りがあったあと、私は子供の頃に大好きだったテレビ番組「メアリー・タイラー・ムーア・ショー」のことを偶然思い出した。メアリーの上司は、類いまれなる俳優エドワード・アズナーが演じるルー・グラントという名の無愛想な男だった。マシな日のルー・グラントは、無愛想で怒りっぽかった。ダメな日のルー・グラントは、意地悪く、まさに横暴だった。しかし彼の辛辣な言葉のあとにはたいてい録音された笑い声《ラフトラック》が挿入されていたため、視聴者には、そのやり取りがコミカルで驚くほど親しみ深いものに見えた。私は次に上司からひどいことを言われて泣きたくなったときは、この笑い声を頭のなかで流してみることにした。それが上司との働き方をすっかり変革したとまでは言わないが、遥かに耐えやすいもの（そして時に笑えるもの）にはなった。

　こうしたエピソードは、変化を拒む相手に対峙したとき、**自分自身のリアクションをコントロールすることで、思った以上に状況をコントロールできる**ことを示している。しかし残念ながら、こちらのマインドセットを変えるだけでは十分でないときがある。こちらが積極的に自分を主張して境界線を引く必要がある場合や、他に打つ手がなくなって、その状況から撤退するしか選択肢がない場合だってある。

私の親しい友人に、コーチング研修を担当して成功をおさめると同時に、かなり多産な作家でもある人物がいる。数年前、スコットは有名な起業家（ここではジョーと呼ぼう）に雇われた。ジョーが書きたいという本の下地となる調査をおこなうためだった。最初のミーティングで、スコットはジョーが億万長者なのにしっかり地に足がついていて驚いた。会うなりジョーは、スコットを大きなハグで包み、会話のあいだじゅう、スコットの言葉の一つひとつに聞き入っているように見えた。これはきっと面白いことになるぞ！　スコットは、そう心を弾ませた。

スコットが交わした契約はシンプルで曖昧な部分はなかった——そう彼は思っていた。スコットがジョーの経営哲学に賛同する一〇人のCEOに直接インタビューし、それぞれについてのレポートを書き、それを出張の経費とともに提出し、加えて仕事分の報酬をもらう。ニューヨークで最初のCEOに会う前日、スコットのアシスタントであるジェナがインタビューの質問について最終確認をするためジョーに電話をかけた。電話の最初にジェナが万事問題ないか確認してから、ジョーとスコットだけの会話になった。

電話の終わり近くで、ジョーは尋ねた。「きみは明日私がカバーしてほしい分野に詳しいよね？」

「ええ、そうですね」とスコットは言った。「私が飛行機に乗っているあいだにまた何か気になることがあれば、ジェナに伝えておいてください。着陸したらすぐに彼女が私へ知らせてくれるはずなので」

「そうだろうね」。ジョーは言った。「彼女はとても仕事ができるようだ」

「ええ、ジェナは最高です」。スコットは熱を込めて言った。「彼女は私の右腕です。私たちはこのビジネスを一緒に築いてきました。彼女なしではどうしていいか分かりません」

はじめのうちスコットは、この会話のことを気にもとめていなかった。しかしそのあと、電話を切ってからわずか数分後に、彼の電話が再び鳴った。それはジェナからだった。

「すべては順調？」

「ええ」と彼女は言った。「でも誰がいま私に電話をかけてきたと思う？　ジョーよ！」

「何か問題があったのか？」

「何て言ったらいいか……彼は私に仕事のオファーをしてきたの」

スコットは唖然とした。「な、何だって？」

「給料も倍にすると言ってきたの。私がいくらもらってるかすら聞きもしないで！」

「冗談だろ」と言ったスコットに、怒りとパニックが押し寄せた。

「断りましたよ、もちろん」。彼女は急いで付け足した。「でも伝えておいた方がいいと思って」

その晩、スコットはなかなか眠れなかった。どんな神経をしていたら、仕事上ジェナがどれだけ大切な存在であるか語った数分後に引き抜きなんてできるんだ？　ジェナは仕事に満足していて、給料もしっかりもらっていることは分かっていたものの、スコットは彼女にジョーの申し出を断るくらいの忠義があったのは幸運だったと感じていた。彼は翌朝ジョーに直接物申し、**要求を主張する**ことに決めた。

「ジョー、昨日電話を切ったあとのことについて話したいんだが」

長い沈黙が流れ、スコットはジョーが自分のやった行為がバレたのだと悟り、職業倫理に反する振る舞いを詫びるのを待った。「ジョナから、あなたが私に隠れて彼女を雇おうとしたと聞きました」

「ああ」。ジョーはため息をついた。「彼女にはすぐに断られてしまったよ。でも大丈夫。正直に言って、あの役職には、何としても私と働きたいという人がたくさんいるから。真面目な話、私のオファーを断るなんて、彼女の判断力を疑ってしまうよ。私にとっては損失でも何でもないね」

スコットは自分が耳にしている言葉が信じられなかった。まるでジョーは、こちらが謝罪の電話をかけてきたと思っているかのようだった。この億万長者は、明らかに自分の行動の影響を理解していなかった——自分の人間関係だけでなく、スコットに依頼していたプロジェクトへの影響も。「ねえ、ジョー、ひとつお願いがあるんだ」とスコットは言った。「私の従業員を引き抜くのは止めてくれないかな?」

またも長い沈黙が流れた。どうやら、ジョーはそのことについて考えをめぐらせているようだった。だが最終的に、彼はスコットの要求に同意した。

この一連の出来事にスコットが戸惑ったのは無理もないが、彼はこれがプロジェクト中の些細な問題として片付くことを願った。最初のインタビューのレポートを苦労してまとめ、数週間後、一五ページの報告書と共に、合意していた通り出張時の領収書を提出した。その日の後になって、スコットに電話がかかってきた。

「スコット」とジョーは言った。「報告書を受け取ったよ。この男や、この男の会社のことは私の本に入れないことにした。この男が語ったスタッフ・フィードバックの内容？　一〇〇パーセント、デタラメだ」

スコットは当然ながら三週間もかけた仕事が無駄になって落胆した。しかしそんな落胆とは比べ物にならないほどの怒りを、ほどなく体験することになる。

「もちろん、出張費は払うよ」。ジョーは続けた。「だから心配しないでくれ。オフィスに領収書を送ってくれればいい」

スコットは心臓が胸のなかで凍りつくのを感じた。「あと……私の報酬は？」。彼は言った。

「一緒に請求書も送るけど」

「スコット、ムリだ」。ジョーは、突然腹立たしそうに言った。「言っただろ。この報告は使えないって。デタラメなものに金は払えない」

怒りを抑えきれず、スコットは自分の要求を主張するほかないと判断した。「ジョー、これはあんまりだ。きみはインタビューの相手についても、質問事項についても承認したじゃないか。

この報告書はきみが求めたとおりのものだ。対価は支払ってくれ」

長い話し合いのすえ――そしてスコットが約束を守るべきだと繰り返し主張したすえ――短気な起業家のジョーはついに支払いに同意した。しかしスコットはなおも（当然のことだが）不安を感じていた。もちろん、この時点で金を受け取って手を切ることも真剣に考えた。しかし彼はこのプロジェクトを信じていて、報酬もずいぶん良かったため、投げ出す前にもう一度トライしてみることにした。今回は、二人のあいだでより良いガイドラインを作った。二人が必要としていたのは、両者が合意できる**明確な境界線**だった。

スコットは契約に四ページの詳細な項目を加え、成果物に対する具体的な条件を文字にし、念のため、ジョーが払い戻す出張経費の項目も具体的に記した。何度かのやり取りのあと、スコットはジョーの署名を得て、二人目のインタビューの日程調整に入った。今回は、ジョーほどナルシスティックで思い込みにとらわれた人物でも、互いの立場を確実にわきまえている。彼はそう思っていた。

残念ながら、ジョーの振る舞いは変わらなかった。あるときは、契約に真っ向から反して、わずかな距離を地下鉄ではなくタクシーで移動したからといって経費の支払いを拒否しさえした。そのときまで、スコットはあらゆる手を尽くして、自己認識に欠けたクライアントに対処しようと試みてきていた。自分の要求を主張し、積極的に境界線を明確にしてきた。そのうえ自分のリアクションも抑えようと心がけてきた。しかし彼の懸念は募るばかりだった。この状況はどこまでひどくなっていくんだ？　スコットは思った。彼は電話を手に取り、共通の友人にさらなる情報を求めた。

最も懸念すべき情報を提供してくれたのは、ジョーのもとで長らく役員を務めているカンダスだった。ここ二年、カンダスは深刻な自己免疫疾患を患っていたが、診断結果とその重さを知りながらも、ジョーは夜だろうが週末だろうが構わず彼女をオフィスに呼びつけ続けていた。「彼は私の命を削ってる」。カンダスは冗談めかして言った。「まったく自覚もなくね」

カンダスとの電話を切ると、ついにスコットは我慢の限界だと判断した。もう**撤退する**潮時だった。この横暴で非情な行動は、ジョーが決して変わることがないという確固たる証拠であり、手放すことになった報酬も、健全な精神を取り戻せることを思えば安いものだった。まだスコットの決断が間違いだったと疑っている人がいるなら、ジョーが書いていた本のトピックをお伝えしよう。彼が書いていたのは……他ならぬ……「こころの知能指数」についての本だった。これ以上の思い込みもそうそうないだろう。

確かに、思い込みにとらわれた相手に対処する人のなかで、全員が「撤退」という贅沢な戦略を取れるわけではない。しかし、ジョーほど徹底して自分の思い込みにとらわれた相手の場合、相手によって引き起こされる問題が劇的に解決することはない。多くの場合、問題は大きくなっていく一方だ。こちらのマインドを変え、要求を主張し、境界線を明確にするなど、あらゆる手を尽くしてもまだ手に負えないときは、きちんと状況と向き合って、相手のことや、相手が変わる可能性が実際どれくらいあるかを正直な心で見極めなければならない。あらゆる要素を検討した結果、どんな犠牲を払うことになっても（好きな仕事を離れたり、どうしようもなく自己認識に欠けた友人や家族と縁を切ったり、魅力的な契約を諦めることになっても）、自ら立ち上がり、体のホコリを払って、前に進んでいくことが最善の選択肢となる場合だってある。

思い込みにとらわれた人間がハイビームの合図を読み取るサポートをする

だがさいわいにも、手に負えない相手ばかりではない。思い込みにとらわれた人の三つ目のタイプは「**誘導可能**《ナッジブル》」な人びとだ。少なくともある程度は、こちらから行動に影響を与えることができる相手のことを指す。「誘導可能」のタイプが他二つのどちらかといえば救いのないタイプと違うのは、このタイプの人びとが心からよりよい自分を目指している点だ。そのために自分のアプローチを変える必要があることを知らないだけなのだ。それに「無駄骨」タイプや「分かっているが気にしない」タイプとは違い、適切に指摘されれば、驚くほど素直に受け止める。

一六歳になった日、私は運転免許を取るという古典的な通過儀礼を喜び勇んで体験した。新たに得た自由を味わおうと、私は次の日、母に車で通学したいと懇願した。当然母はためらった。その日私は演劇のリハーサルがあって帰りは遅くなる予定だったうえ、夜間の運転の練習はほとんどしていなかったからだ。しかし結局母は折れた。その晩、私は車に乗り込んで、ヘッドライトをつけ、家に向かった。ハンドルを握って浮かれていた私は、万事順調だと思っていた。やがて私はすれ違うほとんどすべての車が、ハイビームをこちらに点滅させてくることに気づいた。どうしてみんなそんなことするんだろう、と私は不思議に思っていた。

理由はすぐに分かった。家に着いて車道に入るなり、母がガレージから駆け出してきて、必死に手でハイビームを消せと指示してきた。「ちょっと、近所中の目がくらんじゃうでしょ！」一瞬にして状況を悟った。まったく知らぬまに、私は何マイルにもわたってデンバーのドライバーたちにハイビームを照らしていたのだった。しかも、みんながそれを伝えようとしてくれていたのだった。ただただ私が、文字通り合図を読み取ることができなかったのだ。このエピソードは、思い込みにとらわれた人のありようを表す良いたとえだ。思い込みにとらわれた人は目の前で点滅するハイビームの合図を読み取れないが、たいてい他の人は読み取ることができる。そして思い込みにとらわれた人がオープンな姿勢でさえあれば、周りは彼らが思い込みから抜け出し、自分を知る手助けをすることができる。

楽観的だと言われるかもしれないが、私はたいていの場合、**思い込みにとらわれた人の大半は、多少なりとも「誘導可能」だ**と信じている。自己認識の欠如は、現実との深い断絶を表しているというより、もっと根の浅いものであることが多く、その場の状況のせいで生じているという場合さえある。たとえば、研究ではストレスと自己認識の欠如に正の相関関係が指摘されている。つまり、ストレスを受ければ受けるほど、自分の能力や性格や行動にうとくなる傾向にある。

る。それは実感としても正しいように感じる。ストレスがかかっているときの方が、人は自分の行動に目がいかなくなると思ったことはないだろうか？　自己認識の欠如とは、インサイトを育む能力の欠如を意味するとは限らない――ちょっとした後押しが必要なだけの場合だってあるのだ。

友人のリサは一〇年近く地元の非営利組織の役員を務めている。数か月前、その役員に新たなメンバーが加わった。仮にフィルと呼ぶ彼は、甚だしく思い込みにとらわれていた。たちどころに、彼はあらゆる人をいらつかせ、自分が民間企業でどれほど成功をおさめてきたか得意げに語り続け、それでいて自分の行動が周囲を遠ざけているのだと理解していないようだった。気づいてみると、周りの役員たちは彼に冷たい態度を取るようになっていた。彼がいくつかの委員会に参加しようとしたときも、締め出されたも同然の扱いを受けた。

ある晩の役員会のあと、フィルはいら立った表情でリサに話しかけた。彼はリサに、一番長く務める役員として何かアドバイスをくれないかと相談した。彼は自身のフラストレーションを伝え、問題解決のために何か自分にできることはないかと尋ねた。「誘導可能」のタイプでよくある例だが、フィルは何かがおかしいと分かっていながらも、何がおかしいか合図を読み取ることができないでいたのだった。リサは、自分の発言にもっと注意するよう助言した。誰彼構わず自分の功績をまくしたてるのではなく、仲間に質問を投げかけ、相手をよく知ろうとするといいのではないかと優しく諭した。予想外の指摘に驚きながらも、フィルはそれを受け止めた。そして彼は、まさにこの瞬間から自分のアプローチを改めていくと宣言した。そのプロセスはフィルが願っていたより少し長くかかったかもしれないが、やがて役員たちの信頼を勝ち取り、複数の委員会に招かれた。

フィルの場合、リサは自分のフィードバックを伝える機会を持つことができた。しかし残念ながら、思い込みにとらわれた人のすべてが、フィードバックを求めるほどの判断力を持ち合わせているわけではない。結局のところ、**自己認識の最大のジレンマは、自己認識が最も必要な人こそ、最もその必要性を理解していない**という点だ。では果たして、思い込みにとらわれた人に対し、もっと直接的に伝えるのは良いことなのだろうか？　もし良いことだとして、つきまとうリスクからどうすれば身を守ることができるだろう？　どうすれば、受け取り手がメッセンジャー（たとえばあなた）を撃ち殺すことなく、重要なインサイトを届けることができるだろう？　次に紹介するエピソードから分かるように、「誘導可能」タイプが相手の場合、少しの思いやりと、いくらかの入念な準備があれば、実に大きな効果を発揮する。

◆

クリスマス一週間前、景色のいい山あいのホテルでのことだった。幼稚園時代から親友だったソフィアとエマは、成功をおさめた気前のいいエマの父親の厚意により、ヴァーモントで素晴らしい時間を過ごしていた。父親は七日間ふたりをもてなし、スノーモービルの個人レッスンをしたり、盛大なショッピングに連れて行ったり、豪勢なディナーに連れて行ったりした。しかし一二月の黄金色の日差しが差し込むゴージャスなスイートルームに座っているとき、ふとエマは不安げな様子を見せた。

「どうしたの？」。ベッドの縁に腰かけ、出来たてのコーヒーを手に持ったソフィアは尋ねた。

エマは開いているドアの方にじっと目をやっていた。「近くにパパいるかな？」。エマはささやいた。

「え、フランクのこと？」。ソフィアは言った。「あなたのお母さんを探しにジムに行ったよ。どうして？」

「パパが予約した明日のスキーレッスンなんだけど」。エマは首の後ろをさすりながら言った。

「行きたくないんだよね」

「ウソでしょ？」

「ホントに！」。彼女は目を大きく開いて答えた。「どうしてわざわざ転びやすい木の板を足に縛りつけて、山を猛スピードで滑り降りなきゃならないの？　私は生きてクリスマスを迎えたい」

「じゃあ行かなきゃいいじゃん！」と笑うソフィア。「スパでのんびりしてなよ。何をそんなに悩んでるの？」

「パパのことだよ」と彼女は言った。「きっと怒られる」

ソフィア（偶然にも自己認識ユニコーンのひとり）は、心配しすぎだと幼なじみを何とか励まそうとした。ソフィアもエマの父のことは昔から知っていた。フランクは並外れた男性だった。厳しい子供時代を乗り越え、自ら学費を稼いで大学を卒業し、それから医学部を卒業し、世界に知られる外科医となった。彼女はフランクが立派な体型をしていて、二メートルを超えるほどの身長で、肩幅が広く、ヘミングウェイ風のヒゲをしていながら、同時にとても優しい人物であることを知っていた。そして長いあいだ、フランクは医者になるというソフィアの夢を応援し、助言者のような存在として、フランクの同僚に話を聞けるよう情報収集の場をセッティングしたり、ランチに連れて行って将来の展望を聞いたり、その秋に提出した医学部への出願書類を手伝いさえしていた。

もちろん、ソフィアはフランクの「別の顔」についてエマから長年聞かされてもいた。エマは父が高圧的で、非情で、自分の思い通りにしないと気が済まないところがあると不満を言っていた。たとえば、エマは大学で思うような成績を残せず、あるとき両親に「自分を取り戻す」ために一年大学を離れると告げた。フランクは大いに怒り、彼女の教育にどれだけ金をかけたと思ってるんだ、なんて恩知らずなんだと不満をぶつけたという。これは、当然のことながら、エマに大きな打撃を与えた。「あの人は富と成功を武器のように振りかざす」と彼女が嘆いたのは、一度だけではなかった。

「いままで父親とぶつかってきたのは知ってるけど」とソフィアは言った。「あなたのお父さんもスキーのレッスンくらいでクリスマスを台無しにしたくはないと思うよ」

「かもね」。はじめはためらいがちに、エマは答えた。「うん、きっとソフィアの言う通りね」

しばらくすると、フランクが戻ってきた。

「ほら！」。ソフィアは促し、エマの背中を押してリビングへと連れていった。

「パパ？」。ドア枠にもたれながらエマは言った。「明日のスキーは行かなくてもいい？　許してくれる？」


妻のコートをかけようとクローゼットに向かっていたフランクは、表情をほとんど変えなかった。「もちろん」。彼はそっけなく答え、肩をほんの少しすくめた。怒りを表さない父の反応に嬉しい驚きを感じつつ、エマはすべての懸念を頭から捨て去った。

翌朝、全員で朝食から部屋へ戻ろうとしていたとき、フランクはロビーで同僚と出くわした。暖炉の火がパチパチと鳴り、セーターを着た宿泊客たちが辺りをうろつくなか、ふたりは楽しげに会話を交わしていた。

しかしその女性が今日の予定を尋ねると、フランクの温かい態度は消え失せた。「ああ、僕たち三人は」。彼は仰々しく自分と、エマの母と、ソフィアを指して言った。「スキーのプライベートレッスンを受けてくるよ。でも誰かは」と彼は娘を指差し、大げさにあきれた表情をして言った。「スキーに行くのを怖がって、土壇場でキャンセルしたんだ――もう払った金は返ってこないのに。一体どれだけ恩知らずなんだ？」。フランクは声を張り上げた。そのボリュームはロビーに響き渡るほどで、ホテルの館内アナウンスで伝えているも同然だった。

長く、気まずい沈黙が流れた。すると突然、エマは涙をこらえながら、黙ってその場を去った。そんな彼女を、フランクは心から戸惑った様子で見つめていた。彼は、まるで「何かまずいこと言ったかな？」というような表情でソフィアの方を向いた。明らかに、彼は自分のひどい言葉が繊細な娘を傷つけたことを理解していなかった。

ソフィアは夜になってもずっと、その日自分が目にしたことが頭から離れなかった。そしてフランクの行動を考えれば考えるほど、エマの立場になって怒りが込み上げるのだった。ソフィアは、自分に二つの選択肢があることを知っていた。フランクに物申すか、苦しくも沈黙を貫き、変わらない彼の行動を目にし続けるか。ソフィアはフランクと会話を持ちたかったが、それで事態が良くなるかは分からなかった。それにきっとどちらの選択肢でも、彼女はフランクの怒りの矢面に立たされることになる。

どうするべきか決めるため、ソフィアは自分にいくつかの問いを投げかけた。一つ目は、次のような問いだった。**この話を持ち出すメリットは、潜在的なリスクに勝るものだろうか？** まずはメリットについて考えてみた。何よりも、彼女はエマのことを大切に思っていた。フランクがこの先エマに与える傷を最小限にするため何かができるなら、何を差し置いてもやる。一方でソフィアはフランクのことも大切にしていて、彼が行動を改めなければ娘との関係は実質的に終わりを迎えてしまうだろうことも分かっていた。

彼女は話し合いが失敗した場合の最悪のシナリオを考えてみた。最もつらい出来事はフランクが二度と口をきいてくれなくなることだが、それはあり得る事態だとしても、彼女の直感では、フランクがわめき散らして残りの休暇中ずっと不機嫌になるというのが、より現実的な最悪のシナリオだった。それから、ソフィアはメリットとリスク——フランクをより良くすることと、バケーションをより険悪にすること——を比較し、前者のためなら喜んで後者のリスクを冒すことにした。

リスクよりもメリットの方が大きいと判断したとはいえ、彼女にはまた別の角度から考慮すべき点があった。彼女はこう自問した。**彼は問題が生じてると分かっているだろうか？** ソフィアは、つらさや不満を感じていない場合、その人物は自分を変えるモチベーションが十分でないだろうと考えていた（そしてそれは研究でも裏づけられている）。だがフランクの場合は、何かがうまくいっていないと明らかに自覚していた——エマが去ってしまった後のつらそうな表情は、その十分な証拠だった——彼はただ、自分が原因だと気づいていないだけなのだった。

それに伴って、次のようにも自問した。**彼の行動は、彼の最善の利益に反するものだろうか？** ある人物が自身の価値観や優先事項に矛盾する行動を取っているとき、それを指摘することは、少し耳に痛いこととはいえ、変化への大きなモチベーションとなる。研究が示しているように、人間は自己一致の欲望を持っているため——つまり、自分の行動と信念を一致させたいと思っているため——それらが一致していないとき、その矛盾に居心地の悪さを感じる。フランクの場合、彼がエマの良い父でありたいと心から願っていることをソフィアは知っていた。あれほど懸命に働いているのも、自分よりマシな子供時代をエマに送ってほしかったからだとフランクが最近語っていたのも覚えていた。彼の行動が自身の願いを妨げていると指摘すれば、彼の目が覚めるかもしれないとソフィアは考えた。

最後の問い——**彼はこちらに耳を傾けてくれるだろうか？**——に対する答えは定かではなかった。ソフィアとフランクのような力関係において、この種の会話を持つことはとても難しい（権威を持つ相手に真実を告げるのがどれほど難しいかはご存じでしょう？）。実際、二一歳の医学部生が、成功をおさめる五二歳の外科医に行動を改めろと指摘するのは、はたから見れば分別がないことのように思える。しかしソフィアは、二人が培ってきた信頼が効果を発揮すると判断した。フランクは彼女に敬意を払っていたし、彼女の心を信じ、エマにとってどれほど良い友人であるかを分かっていた。彼はよく、ソフィアは娘の友人のなかで最も大人で責任感があると言っていた。そのうえ、彼女はフランクが、（種類は違うものの）もっと些細なことに対するフィードバックにもオープンだったことを思い出した。ちょっとふざけながら、ソフィアはフランクの言い間違いを正したことがあったのだ。フランクは一瞬気分を害したように見えたが、それから笑顔で言った。「やっぱり、こんな風に指摘されても許せるのはきみだけだよ」

問題をあらゆる側面から慎重に検討したすえ、ソフィアはフランクと話し合うことに決めた。あいだを置けば置くほど、きっかけとなり得るこの出来事の効力が小さくなるばかりか、忘れ去られてしまう可能性が高いと思った彼女は、すぐ翌日に決行することにした。さいわい、彼女には活かせそうな機会があった。ソフィアとフランクは早起きで、バケーションの最初の数日のうちに、早朝のコーヒーを共にするルーティンができていたのだ。明日は、コーヒーではなく朝食に誘おう。

その晩、ベッドのなかで眠れずに天井を眺めながら、ソフィアは会話の組み立てを考え、複数の展開を検討することで心を落ち着かせた。ついに朝を迎えると、部屋の小さなキッチンへ向かい、フランクの正面に座った。「フランク、お腹が空いちゃった」。彼女はできる限り何気ない調子で言った。「下のレストランに朝ご飯食べに行かない?」。「もちろん!」と彼は答え、二人はレストランへ向かった。

ウェイトレスがまだほとんど人のいないレストランを案内し、奥のテーブル席へと通した。注文を終えると、二人は壁に飾られたおっかない数の動物の頭の剥製を気味悪がるような笑みを浮かべたあと、医学部でのソフィアの来年の計画について話し始めた。「フランク」。彼女は言った。「ここにたどり着くまでのあなたのサポートには感謝してもしきれない。あなたの助言にどれほど感謝しているか、きちんと伝えてなかったと思う。あなたは素晴らしい医者だし、それ以上に素晴らしい友人よ」

ソフィアはフランクがテーブルの向こうで誇らしげに文字通り胸を膨らませるのが見て取れたが、彼女はフランクをおだてるだけでは終わらなかった。感謝は心からのものだったが、感謝を伝えることには別のメリットもあると考えていたのだ。彼女は社会心理学のコースで自己肯定について学んだばかりで、フランクの医者および友人としての良い面を肯定することは、親として理想的ではない特徴について耳を傾ける下地作りになると感じていたのだった（ちなみに、ソフィアの予想は正しい。肯定された他者も、自分自身を肯定したときと似たような効果を得られる）。

微笑みながら、フランクは答えた。「ソフィア、それはありがとう。感謝されているなんて、とても嬉しいね！　私にとっては珍しいことだから」と彼は言い、あからさまに昨日の出来事を意識した様子でウインクした。こんなに早く本題に入ることになるとは思っていなかったものの、この機に乗じることにした。

「それはどういう意味？」。彼女は何食わぬ顔で尋ねた。

「エマのことについては我慢の限界なんだ。その、すまない、きみはエマの友達だし、こんなときみに言うべきじゃないのに。でも昨日のエマのように恩に背くのはあんまりじゃないか？」

ソフィアは前の夜にシミュレーションしていた会話を心のなかで振り返った。彼女は手始めにいくつかの質問を投げかけてみて、フランクを強引に導くことなく、自力でインサイトにたどり着けるかどうかを確かめることに決めていた。

「何が起きてたと思う？」。ソフィアは尋ねた。

「悲しい事実だが、わが娘は恩知らずなところがある」。彼はテーブルの中央に置かれていたバスケットからクロワッサンをひとつ取り上げた。「私は、人生をかけて、言っちゃ何だが何十万ドルもかけて彼女を幸せにしようとしてきた。そして生涯ずっと、彼女からは仇《あだ》で返され続けてきた。スキーレッスンをキャンセルする？　そんなこと予測しておくべきだった」。彼はクロワッサンを半分に割って、かすかにいら立ちを見せながら眺めていた。「どこかで期待していたんだ、彼女がついに成長し始めたんじゃないかって」

「なるほどね」。ソフィアは言った。「でもエマの立場から見たら何が起きていたと思う？」

「エマの振る舞いは赤ん坊みたいだった！」

ソフィアはもういちど試みた。「フランク、あなたがどれほどいら立ったかはよく分かる。でもエマの立場から見たら、どうしてあんなに傷ついたと思う？」

「まったく見当もつかない」

ソフィアは間を置いた。彼女はフランクに「アハ体験」が訪れるのを待ったが、目に映るのは年老いた男が腹立たしそうにペストリーを食べる姿ばかりだった。「分かった、互いに心底いら立ってるってことね？」。彼女は言った。フランクはうなずいた。「それにこんなことは二度と起きてほしくないでしょ？」。さらにうなずくフランク。「じゃあエマがあんな風に反応した理由を知ることが重要だと思わない？」

フランクは関心を持ったように首をかしげた。それから、スイッチが入ったかのように、ソフィアに同じ質問を差し戻した。「きみはエマに何が起きていたと思う？」

これは彼がさまざまな出来事に対する別の解釈に耳を貸すシグナルではあったが、ソフィアは自分が単刀直入にエマの観点を語ると、エマに肩入れしていると誤解されたり、つらい任務を託されて娘から送り込まれたのだと結論づけられてしまいかねないと心配していた。ソフィアは慎重に切り出した。「フランク、エマとは今回のことをまだ話してないから、推測しかできないんだけど、ちょっと振り返ってみれば、エマは明らかにスキーをするのを怖がってた」。フランクは目を丸くしていた。彼女は続けた。「それなのに、あなたはそのことで彼女をすごく責めた。しかも人の前で」

「何を言ってるんだ？　節度を持って会話していただけだ」

「たしかに、会話はあった」と彼女は言った。「でも間違いなく節度はなかった」。フランクはソフィアの率直な物言いに驚いたようだった。張り詰めた沈黙が流れた。しかしショックを受けたフランクの表情は、やがて小さな笑顔に変わった。彼女はゆっくりと続けた。「エマがどこに腹を立てたか気づいてましたか？」

「私がどうしてスキーレッスンに来ないんだと話していたときか？」。ソフィアはうなずいた。

「それでもまだ原因が分からない」

勇気を出して、ソフィアは言った。「エマは恥をかかされたんだと思う。彼女はあまりに臆病な自分を恥じていたのに、それをあなたがわざわざみんなに見せつけた。それに、あの場を去ったのは、きっと初対面の人の前であなたと口論になるのを避けたかったからだと思う」

ようやく、彼の表情にかすかな理解のきざしが見て取れた。「つまり私の言い方のせいで、エマはスキーに行きたがらないことを責められていると感じたというのか？」

「きっとそうだと思う。それにね、フランク、エマが怒った理由はもうひとつあるんじゃないかな。でもその前にひとつ質問させて。どうしてお金のことがあなたにとってずっと問題になってるの？」

また別のクロワッサンに手を伸ばしながら、彼は訝しむように答えた。「さっきも言っただろ。怒ったのはエマが私の金を無駄にしたからだ」

「それは分かる。でもどうしてお金がエマの状況と関係するの？　エマはあなたがスキーレッスンに費やしたお金のことばかり嘆いてると感じたかもしれないとは思わない？」

フランクの伸びていた手が止まった。クロワッサンはバスケットに戻された。「なんてことだ」。彼は言い、座り直して息を吐いた。「そんな風に考えたことはなかった。私はそう思わせているのか？」

突然、インサイトの水門が開け放たれ、フランクは波に乗った。彼は自身の行動を、子供の頃の体験と結びつけ始めた――彼の家族がどれほど金に苦しみ、いかに金が繰り返される争いの原因になったか、金がないのはどれほど無力で歯がゆいものであったかを語った。「そんなことをもう繰り返したくないんだ。自分がこんな振る舞いをしてるなんて思ってもいなかった」と彼は言った。「良き父であること以上に重要なことなんてこの世にない。でもこんな振る舞いをしてるなんて気づかなかった自分は、またそうなったときにどうやって気づけばいい？」。ソフィアはしばらく考えた。「フランク、エマにサポートをお願いしてみれば？」

そうして彼は実行した。娘と腰を据えて話し合う勇気を振り絞るのに数週間かかりはしたが、いざ話してみると、驚いたことに胸の内を明かすのは気分の晴れるものだった。もちろんフランクとエマの関係は一晩で修復できるものではなかったが、わずか数週間後にはソフィアも二人のやり取りの明らかな変化を実感するほどだった。フランクは前よりもうまくエマに耳を傾け、心も穏やかになり、エマは父がお金についてすっかり話さなくなったとソフィアに語った。時が経つにつれ、フランクは多くの場面で昔の行動に戻ってしまうことがあった――数十年にわたって染み付いてきた習慣を変えようとしていたのだから仕方ない――が、前と違うのは、そうした行動に自覚的になったことだった。その結果、彼は意識を集中して毎日少しずつ向上することができ、やがて二人のあいだにより強い絆が生まれていった。

ソフィアのエピソードが物語っているように、他人のインサイトを向上させる手助けをすることは時に可能であり、始めるのに遅すぎることはない。そのため、思い込みにとらわれた相手に対処するときも、変化の可能性がないことが明らかになるまでは、「誘導可能」な相手だと前向きに考えておくのも悪いことではない。しかし同時に、現実的でもあらねばならない――つまり、相手がどれほどオープンであるかを公平に見極め、相手と持つ会話のメリットがリスクよりも大きいかどうかを測り、うまく時や言葉を選んで、そのうえで、適切に判断せねばならない。ソフィアがフランクに対しておこなったように、たった一度の会話が大きな変化を生むこともある。あるいはまた、もう何度か促してみる必要がある場合もあるだろう（研究では、一般的に自己認識が低い人ほど、繰り返し対話が必要で、時には複数の人物から指摘される必要があることが明らかになっている）。

しかし多くの場合、前向きで建設的な会話を保ち、心からサポートしたいのだという姿勢を示せば、自己認識の足りない人が自分をより明晰に見る手助けをすることができる。**思いやりを持って向き合えば**、相手の人生と幸福度を向上させるだけでなく、こちらの人生や幸福度も向上させる大きな変化へといざなうことが可能になる。

生涯をかけての旅と、所々しか光っていない斧

ある男が手製の斧を鍛冶屋から買った。その硬い木製の持ち手の先に付いていたのは、何世紀にもわたって語り継がれているように、くすんだ灰色の煤《すす》に覆われた斧の頭となる鉄で、刃の部分は鍛冶屋が砥石で研いで煤を取り去っており、滑らかな銀に光っていた。男はその刃の見た目がいたく気に入り、斧の頭全体も同じように磨いて光らせてくれと頼んだ。鍛冶屋は砥石の車輪を回すのを手伝ってくれるなら、という条件で同意した。鍛冶屋が斧の頭を砥石に押しつけると、男は車輪を回し始めた。しかしその作業は想像よりも遥かにきつく、わずか数分後に、その男は作業をやめてしまった。進み具合を見てみても、願うような銀色に光り輝く表面にはなっていなかった――いくつかの部分が砥石にかけられただけで、所々が光っている灰色の表面だった。

男は、とにかく今の状態のまま斧を家に持って帰ると主張した。「ダメだ！　もっと砥石にかけなさい」。鍛冶屋は言った。「だんだん光ってくるから。いまはまだ、所々光っているだけだ」

「ああ」と男は言った。「でも所々光っている斧が一番良いんだ」。

このエピソードは、アメリカ最初のユニコーンであるベンジャミン・フランクリンが記したもので、自己認識と自己改善という二つの目標が現実には案外難しいものであることを見事に表している。輝く、滑らかな、傷ひとつない斧を求めていたはずなのに、それを手にするまでの努力や労力を億劫だと感じてしまう。すっかり磨き切るのではなく、そもそも所々しか光っていない斧を欲しかったのだと自分に言い聞かせるほうが遥かに簡単なのだ。

完璧な銀の斧（つまり完全なるインサイトや絶対的な真実）は現実的でなく、生産的な目標でもないかもしれないが、だからといって状況が厳しくなったら投げ出すべきものでもない。間違いなく、生涯を通して自己認識を求めていくというのは、果てしなく、途方もなく、厄介なことだ。障害物や困難に行き当たるだろうし、なすべきことの多さに怯んでしまうことだろう。そのうえ、ようやくあの煤を磨き切ったと思った瞬間、実はまだまだ先があることに気づくだろう。

しかし自己認識の道に真の意味での「終わり」がないという事実は、その旅を極めて魅力的なものにしてもいる。どれほどのインサイトを手にしても、つねにまだ先がある。それを誰より理解しているのが私たちのユニコーンだ。ユニコーンたちは自己認識を「自分のあり方」だと見なし、いつも高い優先順位を置いている。そしてユニコーンでない私たちは、どの程度の自己認識から始めようと、誰もが人生を通してインサイトを広め、深め続けることができる。

そのプロセスに取り組むなかで、驚くことや、ありがたみを感じることや、難題を投げかけてくる物事に出合うだろう。そして新たなインサイトを手にするたびに、「じゃあ次はどうする?」という問いがやってくる。本書の冒頭で、私は自己認識を「二一世紀のメタスキル」と呼んだ――自己認識とは、充実した人生にとって必要条件ではあるが、十分条件ではないということだ。別の言い方をすれば、**インサイトは、役立てない限り無駄なもの**である。想像してみてほしい。もしジョージ・ワシントンが自身のプライドを抑えたり、沸き立つ感情を制したり、行動する前に考えるすべを学んでいなかったらどうなっていたか。フローレンス・オゾーが自分の心に従わず、#BringBackOurGirls運動に参加していなかったらどうなっていたか。若きアラン・ムラーリーが、最初の部下からの貴重な注意喚起を受けたあとも自身のマネジメント・スタイルを改めていなかったらどうなっていたか。他の例でも見てきたように、最も成功をおさめている人びとは、自己認識を手にしようと取り組んでいるだけではなく、手にした認識に基づいて行動し、見事に活用している。

たしかに、言うのは簡単でも実行するのは難しい。たとえばリーダー・フィードバック・プロセスを終えたリーダーたちの多くは、磨くべき長所と対処すべき短所についての、驚くほど長いリストを得る。そしてリストが長ければ長いほど、気が遠くなり、身動きがとれないように感じてしまう。しかしそんな風に感じる必要はない。たったひとつのことが、インサイトに基づいて行動できる人間と、そうでない人間を分けている。それは物事をひとつのステップにひとつずつ取り組む能力だ。たとえばベンジャミン・フランクリンは、一三の徳を身につけようとして、はじめは一度にすべての徳目に取り組んだ。驚くまでもなく、それはあまりうまくいかなかった。悪い習慣から抜け出して、より良い習慣を築くことは想像よりも労力を要することだったのだ。そこで彼は戦略を変え、一度にひとつの徳に集中することにしたのだった。

　生涯で大好きな映画のひとつ『おつむて・ん・て・ん・クリニック』のなかで、ビル・マーレイ演じるボブは、リチャード・ドレイファス演じるセラピストのレオ・マーヴィンと共依存関係にある。あるセラピーの際に、レオはボブに一か月休暇に出ると伝える。ボブがパニックになりだすと、レオは自分が書いた『ちっちゃな一歩《ベイビー・ステップス》』という本を渡し、自分が不在のあいだに読めと言う。「小さくて達成しやすい目標を、一日にひとつ立てろって意味だ」。ビル・マーレイお馴染みの抜群のユーモアを交えながら、彼が演じるボブは言われた通りにアドバイスを実行し、文字通り「ちっちゃな一歩」を重ね、ごく小さな歩幅でマーヴィンのオフィスを出てエレベーターへと向かう。「エレベーターに乗れた！」と彼は嬉しそうに叫ぶ。「一度に小さな一歩を踏み出すだけ、そうすれば何でもできる！」。少しふざけた例だが、ベンジャミン・フランクリンも、レオ・マーヴィンも、目の付けどころは正しかったことが研究で裏づけられている。

　フランクリンは、こうしたアプローチを、生い茂った庭の草むしりにたとえた。歩き回って手当り次第に草を抜き始めても、あまり前進している感覚が持てない。そうする代わりに、一度につき花壇ひとつに取り組めば、あっという間に庭の景色が良くなっていくのに驚くだろう。そしてフランクリンは彼が到達せんと目標に立てた道徳的完成には決して至らなかったと認めている(まさにユニコーンの発言だ)が、彼は「かような試みをやらなかった場合に比べて、人間もよくなり幸福にもなった」。

同じことは私たちにも言える。本書に記された考えは、生涯を通じて実践し、磨いていくことが可能だ。しかし多くの人が直感的に分かっているように、勢いを生んで持続させていくために、私たちはすぐ手にできる成功も必要としている。そこで、あなたが自己認識の旅のどの段階にいようと、役立つシンプルなエクササイズを作った。**七日間インサイト・チャレンジ**では、一日にひとつの要素に焦点を当てる。ポイントは手早くインサイトを提供することであるため、それぞれの日のチャレンジは一五~三〇分で完了するように設定した。このインサイト・チャレンジで学んだことを記録して管理したければ、www.Insight-Book.com でワークブックをダウンロードすることができる。始める前に自分の自己認識のレベルをより客観的に測りたければ、www.Insight-Quiz.com で無料の360度評価をおこなうことができる。

一日目――自分の自己認識圏を選択する

紙を用意して、自分にとって最も重要な生活圏を三つ挙げてください。例：職場、学校、子育て、結婚生活、友人、コミュニティ、信仰、慈善活動など。

1　各生活圏において、成功とはどのような状態を指すか、次の「魔法の問い」を使って何行かで書いてみよう。明日目を覚ますと、その生活圏のすべてが完璧に近い状態になっているとして、それはどんな状態？

2　それから、自分の成功の定義を用いて、いまどれくらい満足しているかを、一（まったく満足していない）から一〇（完璧に満足している）の一〇段階で評価しよう。

自己認識にむけた最大のチャンスは、自分が希望よりも満足していない場所にある。自分が一番向上させたい一つか二つの生活圏に丸をつけよう（それがあなたが取り組む自己認識圏だ）。何が自分の思う成功を阻んでいて、成功のために何を変えられるか考えてみよう。

二日目――七つの柱を検証する

信頼できる友人、家族、あるいは同僚を見つけよう。一緒にインサイトの七つの柱（第2章45

ページ）について確認しよう。それぞれの柱に対して、自分の考えを語ってみよう（たとえば、あなたの価値観はどんなもの？）。それから、相手があなたをどう見ているか尋ねてみよう（たとえば、相手はあなたの価値観がどんなものだと思っている？）（どうか仲良く、相手が自由に各柱について検討できるようにしてください！）。話し合ったあとは、自分についての自分の答えと相手の答えの相違点を見ていきましょう。このエクササイズから、どんなことを学びましたか？　その学びをもとに、どうやって前進していきますか？

1　価値観：自らを導く行動指針
2　情熱：愛を持っておこなうもの
3　願望：経験し、達成したいもの
4　フィット：自分が幸せで存分に力を尽くすために必要な場所
5　パターン：思考や、感情や、行動の一貫した傾向
6　リアクション：自分の長所や短所を物語る思考、感情、行動
7　インパクト：自分の行動が周りにどう受け止められるか

三日目――障壁を知る

第3章と4章を振り返り、自分の人生で生じているのではないかと思う自己認識に向けた障壁を一つか二つ選ぶ（たとえば「認識の盲点」「感情の盲点」「行動の盲点」「自分教というカルト」「フィール・グッド効果」「セルフィー症候群」など）。次の二四時間で、それらの障壁がリアルタイムで立ち現れている瞬間を特定してみよう。自分の行動や前提を疑ってみても、他人のなかにそうした障壁が現れているのを観察してみてもいい。一日の終わりに、自分が学んだことを振り返り、本書で読んだ戦略をどう活かせば、自分の考えや行動を変えられるか考えよう。

おまけ：次の二四時間で、オンラインでもオフラインでも、自分がどれくらい自分のことに集中していて、どれくらい他人に関心を持っているか注目してみよう。最近の休暇の写真を投稿したくなったり、最近の仕事の成果を話してディナーパーティの招待客を楽しませようと思ったときは、自分にこう問いかけよう。「それをして自分は何を達成したいと願っている？」

四日目――内的自己認識を強化する

以下から内的自己認識のツールをひとつ選んで、今日一日実践しよう。一日の終わりに、少し時間をとって成果を振り返り、自分について学んだことや、このインサイトを活用してどう先へ進むか考えよう。

1　なぜではなく何（170ページ）
2　比較と対比（215ページ）
3　リフレーミング（212ページ）
4　一時停止（190ページ）
5　思考停止（191ページ）
6　事実確認（192ページ）
7　ソリューション・マイニング（229ページ）

五日目――外的自己認識を強化する

各自己認識圏から愛のある批判者（第7章272ページ）をひとり選ぼう。その人物に、あなたのどこを評価しているか、あるいはどこを認めているか、ひとつ語ってもらおう。それから、あなたの足を引っ張っていると思う点もひとつ語ってもらおう。フィードバックを聞きながら、3Rモデル（第8章297ページ）を実践してみよう。

六日目――思い込みにとらわれた人に対処する

自分の知るなかで最も思い込みにとらわれた人物を思い浮かべよう（今日顔を合わせる人が理想的）。この人は第10章のタイプ分け（「無駄骨」、「分かっているが気にしない」、「誘導可能」）のなかで、どれに分類されますか？　また、そう判断したのはなぜですか？　次にその相手に会ったら、以下のツールからひとつ選んで、関係をうまくコントロールする訓練をしよう。

1　断罪することなき思いやり（391ページ）
2　無抵抗に流される（392ページ）
3　リフレーミング（392ページ）
4　こいつから学ぶことはないか（393ページ）
5　ラフトラック（400ページ）
6　要求を主張する（403ページ）
7　明確な境界線（405ページ）
8　撤退する（406ページ）
9　思いやりを持って向き合う（423ページ）

七日目――評価

チャレンジを通して書いていた記録を振り返り、以下の質問に答えよう。

1　自分自身や自己認識一般について、いまは一週間前に比べてどんなことを知った？
2　次の一か月、いまのやる気を継続させるため、自分のなかにひとつ目標を立てるとしたらどんなもの？
3　このチャレンジを終えたら、インサイト・チャレンジのフェイスブック・グループに入ろう。www.Insight-Challenge.comを訪ねればフェイスブックのグループページに飛ぶので、自分の成果と最高の実践例をシェアしよう！

◆

本書があなたにとって少しでも説得力を持つものだったとしたら、それは自己認識というものがユニコーンだけのものではないからだと思う。本当に、私たちにはみなインサイトを得る力があり、インサイトから成果を得ることができる。自分の可能性を限定してしまっている行動を認識し、より良い選択をしていくことができる。自分にとって何が一番大切かを知り、それに則って行動することができる。周りへの影響を理解することで、自分にとって大切な関係を向上させていくことができる。自分が何者であり、周りからどう見られているかを理解する生涯をかけての旅は、トラブル続きの、障害や困難に満ちたものであるかもしれない。厳しく、つらく、歩みの遅いものであるかもしれない。自分は不完全で、弱く、頼りないと感じるかもしれない。しかしこの道は、大いなるチャンスに満ちてもいる。作家のＣ・ジョイベル・Ｃは、そのことを私などよりも遥かにうまく言い表している。

私たちは星のようだと思う。何かをきっかけに爆発する。でも爆発して死んでしまったと思ったとき、実は私たちは超新星になっている。そして自分の姿を見てみると、自分が突然かつてないほど美しくなっていることを知るのだ。

自己認識は私たちを超新星に変える――私たちをこれまで以上に美しく、好ましく、明るくしてくれる。

巻末資料A

あなたの価値観は？

自分の価値観——つまり、自分がどう生きたいかの指針となる原則——を知ることが、インサイトの最初の柱だ。価値観は、ほかの六つの柱の土台になるだけでなく、自分がどんな人間になりたいかを定義する手助けとなる。自分自身をよりよく理解するための質問をいくつか用意した。

1　あなたはどんな価値観で育てられましたか？　自分のいまの思考体系は、それらの価値観を反映しているものですか、それとも育てられたものとは違う視点で世界を見ていますか？

2　幼い頃や思春期における最も重要な出来事および経験は何ですか？　それらが自分の世界観にどう影響を与えましたか？

3　職場や私生活で、どんな人たちを一番尊敬していて、その人たちのどんなところを尊敬していますか？

4　一番尊敬していないのはどんな人で、なぜそんな風に思いますか？
5　これまでで最高（最悪）の上司は誰ですか？　そう思うのは、その上司が何をしたからですか？
6　自分の子供を育てたり、他人を指導するにあたり、一番伝えたいのはどんな行動で、一番伝えたくないのはどんな行動ですか？

自分の一番大切な価値観を特定したり絞り込む手助けとなるよう、かなり網羅的な価値観のリスト★を記しておく。

★ W. R. Miller et al. "Personal values card sort." Albuquerque: University of New Mexico, 2001.

受容	説得力	変化
正確性	自律性	安らぎ
達成	美	献身
冒険	気遣い	思いやり
魅力	チャレンジ	貢献
協力	謙遜	目的
礼儀正しさ	ユーモア	理性
創造性	独立心	現実
信頼性	勤勉	責任
義務	心の平穏	冒険
エコロジー	敬愛	ロマンス
刺激	正義	安全
誠実	知識	自己受容
名声	余暇	克己
家族	愛される	自尊心
健康	愛に満ちた	自己認識
柔軟性	熟達	奉仕
寛容	マインドフルネス	性衝動
友情	慎み	シンプルさ
楽しさ	ひとりに尽くす	孤独
寛大さ	体制に従わない	精神性
偽りのなさ	慈しみ	安定
神の意志	オープンさ	忍耐
成長	秩序	伝統
健康	情熱	美徳
人助け	喜び	富
正直さ	人気	世界平和
希望	権力	

巻末資料B

あなたの情熱は何？

情熱――インサイトの二つめの柱――を理解することは、仕事においても私生活においても自分がやりたいことに見合った選択や決断をする際のカギとなる。自分の情熱を知るための質問をいくつか用意した。

1　朝ベッドから飛び起きたくなるような一日はどんな日ですか？
2　決して飽きたりしないプロジェクトや活動はどんなものですか？
3　自分が何より楽しめないプロジェクトや活動はどんなものですか？
4　明日仕事をリタイアしたとして、自分の仕事の何が一番恋しくなると思いますか？
5　あなたの趣味は何ですか？　その趣味のどんなところが好きですか？

自分の情熱を知るにあたって、もう少しガイドが必要なら、『パラシュート――世界最強の就職マニュアル』（実業之日本社、一九九四年）風のチェックリストには事欠かないし、そうしたものはぜひ試してみることをお勧めする。しかしどれでも同じような効果を得られるわけではないので、効果が証明されているものを試そう。なかでも最適な二つを紹介する。

1　ホランドのＲＩＡＳＥＣモデル（無料バージョンはhttps://openpsychometrics.org/tests/RIASEC/もしくは、http://www.truity.com/test/holland-code-career-test）

2　ストロング・インタレスト・インベントリー（https://www.discoveryourpersonality.com/strong-interest-inventory-career-test.htmlか、http://careerassessmentsite.com/tests/strong-tests/about-the-strong-interest-inventory/で診断テストを購入できる）

巻末資料C

あなたの願望は何？

かつてスティーブ・ジョブズは、「宇宙に凹みを残したい」と語った。インサイトの第三の柱は、これに尽きる。三つめの柱は「願望」、つまり自分が何を経験し、何を達成したいかだ。自分がどんな凹みを残したいか知るための質問をいくつか用意した。

1　若かった頃、大人になったら何になりたいと思っていて、なぜその職業に魅力を感じていましたか？

2　いまの時間の使い方は自分にとって意義深く満足のいくものですか？　何か欠けていると感じるものはありますか？

3　第三者の立場で自分の価値観や情熱のリストを読んでいるところを想像してください。このタイプの人は、どんな仕事や経験を望むと思いますか？

4　どのようなレガシーを残したいですか？

5　この世にあと一年しかいられなかったとします。どのように時を過ごしますか？

巻末資料D

あなたの理想の環境は？

フィット――つまり、自分が幸せになり、積極的に力を発揮するのに必要な環境のタイプ――を理解することが、インサイトの四つめの柱だ。どの街に住むか、どんな人生のパートナーなら満ち足りるか、どのようなキャリアや企業であれば成功できるかなど、人生の大きな決断を下す際の指針となり得る。自分の理想の環境を知るための質問をいくつか用意した。

1　これまでに、仕事で最高のパフォーマンスを発揮したのはいつで、その時の環境の特徴はどのようなものだったでしょうか？

2　学校で、自分が学ぶのに一番役に立つ（役に立った）学習アプローチや教室の環境はどんなものでしょう？　一番役に立っていない（役に立たなかった）のは？

3　環境が自分にはうまく合ってないからという理由で仕事を辞めたことはありますか？　もしあるなら、どこが自分に合っていませんでしたか？

4　理想の職場環境を説明しろと言われたら、どんな環境だと答えますか？

5　自分が一番幸せだと感じるのは、どんな社会的状況や関係性においてですか？

巻末資料E

あなたの長所と短所は何？

インサイトの六つめの柱はリアクションだ——つまり、あらゆる瞬間における自分の思考、感情、行動だ。こうしたリアクションは、つまるところ、自分の長所や短所が反映されたものであることが多い。自分の長所と短所を理解するきっかけとなる質問をいくつか用意した。

長所

1 過去に、多くの訓練を要さず簡単に身につけたものは何でしょう？
2 ほかの人より早く、あるいはうまくできるように思えるものは何ですか？
3 どのようなタイプの仕事で、自分が一番生産的だと感じますか？
4 どのようなタイプの仕事に、一番誇りを感じますか？
5 自分でも心底驚くような成果をあげたのはどのようなものですか？

短所

1　自分のなかで最大級の失敗はどのようなもので、そこに共通しているものは何ですか？
2　自分のパフォーマンスに一番ガッカリしたのはいつですか？
3　周りから一番頻繁にされる建設的なフィードバックはどのようなものですか？
4　どのようなタスクや行動を一番恐れていますか？
5　どんな部分を愛する人たちにからかわれますか？

忘れないでほしい。自分の反射的なリアクションに対するリアルタイムでのインサイトを得るためのコツは、内省を減らして気づきを増やすことだ――だから、こうしたことについて考えすぎるのではなく、第六章で紹介したマインドフルネスのツールを活用してみるといい。マインドフルネスは、自分のリアクションについてインサイトを得る最も効果的なアプローチとされている。

巻末資料F

周りへのあなたの影響は？

本書を通して見てきたように、自分の行動の人への影響――インサイトの七つめの柱――は簡単に見落としてしまうが、周りのリアクションや反応を知ることは、自己認識を高めるにあたって決定的に重要だ。自分が周りに与えているかもしれない影響を知るきっかけとなる質問をいくつか用意した。

1 私生活や職場で、あなたが強い関心を抱いている人は誰ですか（従業員、配偶者、子供、顧客など）？

2 1で答えた人やグループそれぞれに、どんな印象を持たれたいですか？

3 それぞれの人やグループに対する、先週の自分の行動について考えてみてください。第三者の立場からその行動を眺めてみて、あなたが望むような効果を得られていると思いますか？

4 先週、それぞれの人やグループのリアクションはどんなものでしたか？　相手とのやり取りを振り返って、相手の返答だけでなく、相手の表情や、ボディランゲージや、トーンを思い出してみましょう。それらは自分が引き出したいリアクションに見合うものですか？もし違うなら、自分の何を変えればいいでしょう？

5　自分が望む影響を与えられるアプローチに変える機会があるとしたら、明日からどんなことを試し、どんな影響を与えられると思いますか？

巻末資料G

「知らないと知らないこと」はある?

アメリカの元国防長官ドナルド・ラムズフェルドは、「知っていると知っていること」、「知っていると知らないこと」、「知らないと知らないこと」があるという答弁をしたことで有名だ。自己認識について言えば、「(自分が)知らないと知らないでいる状態」は、何より害になる可能性がある。自分は思っているほど自分のことを知らない、という可能性を考えるのは気が重いことだが、紛れもなく決定的に重要なことだ。

以下の文章を読んで、自分に当てはまる項目に○をつけよう。○の数が多いほど、自分が抱いている自己像を疑って、自己像を見直すためのフィードバックをもらった方が良い。

1 自分の仕事やキャリアが原因で、長いあいだ気分が沈んだり満たされなさを感じたことはありますか?

2 自分が手を挙げたのに、仕事を得られなかったり昇進できなかったりして驚いた経験はありますか?

3　確実にうまくいくと思っていた作業やプロジェクトが失敗してしまった経験はありますか?

4　パフォーマンス評価や360度評価の結果に驚きを覚えたことはありますか?

5　上司や、同僚や、部下や、愛する人たちから予想外のネガティブなフィードバックを受けて面食らったことはありますか?

6　仕事仲間や愛する人たちが、理由は分からないけれど、あなたに怒りを表してきたことはありますか?

7　恋愛や、その他の純粋な友人関係が、まったく原因も分からぬまま急に悪化したことはありますか?

8　恋愛や、その他の純粋な友人関係が、予想だにせず終わりを迎えたことはありますか?

自分のなかにある前提は?

三つの盲点を回避する方法のひとつは、大きな決断を下す前に、自分が前提としてしまっている条件を把握することだ。職場環境のなかで、自分が抱えている前提を知る手助けとなる質問をいくつか用意した。

1　その決断は、会社内外のさまざまな利害関係者たちに、どのような影響を与えるでしょう？　自分が考慮していなかった利害関係者はいないでしょうか？

2　その決断を実行した場合、最高のケースと最悪のケースはどんなものですか？

3　その決断をして起こり得る事態のなかで、考え切れていないものはありますか？

4　賢くて抜け目ない競争相手は、その決断をどう見て、どう反応するでしょう？

5　まったく関係のない第三者は、その決断のどんなところを評価し、どんなところを評価しないでしょう？

6　どのような状況の変化があったら、その決断に至った判断を変えますか？

7　その決断をするにあたり、見過ごしていたかもしれない情報源やデータはどのようなものですか？

巻末資料H

あなたは「自分教」というカルトの一員ですか?

以下の各項目について、自分をよく表していると思うものを二つの選択肢(左右どちらか)から選んで○をつけよう。

1	自分は特別な人間だと思う。	私は大半の人より優れてもいなければ、劣ってもいないと思う。
2	注目の的になるのが好きだ。	人のなかに溶け込んでいる方が好きだ。
3	権限を持つことが好きだ。	指示に従うことも気にしない。
4	いつも自分のしていることに自覚的だ。	何をしているのか自分でよくわからないときがある。
5	周りの人に多くのものを期待している。	周りの人のために何かをすることが好き。
6	自分は並外れた人間だ。	自分はほかの人とほとんど変わらない。
7	自分は周りの人間より能力がある。	周りの人間から学べることはたくさんある。

このテストは、自己愛人格尺度（Narcissistic Personality Inventory）から抜き出したものだ。★ 左側に〇をつけた項目が多いほど、よりナルシスティックな傾向にあるということだ。だが安心してほしい——多少ナルシスティックな傾向を持っているからといって、必ずしもナルシストというわけではない。とはいえ、「自分教というカルト」に抵抗するために、多少の取り組みが必要であるかもしれない。

★ Daniel R. Ames, Paul Rose, and Cameron P. Anderson. "The NPI-16 as a short measure of narcissism." Journal of Research in Personality 40.4 (2006): 440–450.

巻末資料Ⅰ

あなたはどれくらい謙虚？

この「自分教」の世界において、ますます希少なものになってきている謙虚さだが、それは自己認識に欠かせない要素だ。謙虚であるとは、自分の弱さを認め、つねに正しいあり方から目を逸らさず、他人の貢献に感謝することを意味する。

以下の1～9の項目について、普段の自分の行動に当てはまる数字を選んでほしい。自分がどう振る舞いたいかではなく、自分が実際にどう振る舞っているかをもとに判断しよう。自分からは見えないものも、他人なら見えることも多いので、信頼できる助言者に加わってもらうのも役に立つかもしれない。選び終わったら、回答の平均値を出して、次のページの該当項目を読もう。

1	2	3	4	5
ほとんどない	少ない	時々	多い	ほぼいつも

1　私はフィードバックを求め、特に批判的なものを求める。
2　私はやり方が分からないときは認める。
3　私は他人が自分より何かについて詳しいときは認める。
4　私は他人の長所に気づく。
5　私は他人の長所を褒める。
6　私は他人の貢献に感謝を示す。
7　私は進んで他人から学ぶ。
8　私は他人のアイデアにオープンである。
9　私は他人の助言にオープンである。

平均値	数値の意味
1～2	あなたの現在の謙遜度合いは低く、周りはあなたを傲慢だとか自己中心的だと見ているかもしれません。それがあなたの人間関係にとって害となり、あなたのチームを最大限に活かすことを妨げているかもしれません。良い知らせなのは、時間と労力をかけて自分の弱点を見定めて受け入れ、他人の長所を認めれば、確実に効果をもたらすということです。
3～4	あなたの現在の謙遜度合いは普通です。周りはあなたを傲慢だとか自己中心的だと見ていないかもしれませんが、謙虚さを向上させることで人間関係や個人としての能力を高めることができます。まずは一番低い点数をつけた行動から見直してみるといいかもしれません。同じように、一番高い点数をつけた行動については、さらに頻繁におこなえないか考えてみましょう。
5	あなたの現在の謙遜度合いは高いです。周りはあなたのことを分別があり一緒に働きやすい人と見なしているため、こうした行動はあなたにとって大きなアドバンテージとなっています。しかしあなたもよく分かっているように、あなたは完璧ではありません！　上の項目を読んで、もっと強化できる行動がないか自問してみましょう。家庭であれ、職場であれ、コミュニティであれ、周りも謙虚になることを促すような文化を作る方法を考えてみるといいかもしれません。

巻末資料J

絶対的な真実への欲求はどれくらい？

第5章に記した通り、絶対的な真実を求める思いはインサイトの敵である。それは自分のなかにある複雑さや、矛盾や、機微から目を逸らしてしまうからだ。絶対的な真実への欲求が自分自身についての多角的な理解を阻んでいるかどうかを知るために、以下の各項目に対して、普段の自分の行動に最も当てはまる数字を選んでください。選び終わったら、回答の平均値を出して、次のページの該当項目を読もう。★

★ Omer Faruk Simsek. "Self-absorption paradox is not a paradox: Illuminating the dark side of self-reflection" International Journal of Psychology 48.6 (2013): 1109-1121.

1	2	3	4	5
ほとんどない	少ない	時々	多い	ほぼいつも

1　いつも自分についての「事実」を見つけようと努めている。
2　いまの私と本当の私は違うと思う。
3　いつか本当の自分を見つけたいと願っている。
4　いつも自分についての「事実」について考えている。
5　いつも自分の経験が本当は何を意味するのか理解しようと努めている。

平均値	数値の意味
1～2	あなたの現在の絶対的真実への欲求は低いです。自分の経験や特徴を分析しすぎることなく、そうした経験や特徴は元来複雑なものであることを理解しています。あなたは自己認識を得ようと励んでいますが、決して自分を完全に理解し切ることはないということに正しく気づいています――そして意外にも、完全な理解というプレッシャーから解放されているがゆえに、自分自身や、自分がどう見られているかについて、効果的なインサイトを得る可能性が高くなっているのです。
3～4	あなたの現在の絶対的真実への欲求は普通です。いつも自分の経験や特徴を分析しすぎているわけではありませんが、しばしばそれらの原因や意味を特定しようと試みています。しかし、そうすることは、インサイトよりも不安を生み出すことの方が多いです。自分のマインドセットをよりうまく管理するために、自分が絶対的な真実を探している瞬間に気づけるよう努力し、もし気づいたら、実はこの方法はインサイトへの真の道ではないことを思い出しましょう。そして絶対的な真実を探す代わりに、第５章や６章で紹介しているツールを活用しましょう！
5	あなたの現在の絶対的真実への欲求は高いです。しきりに内省し、頻繁に自分の行動の原因や意味を分析しています。しかしながら、そこで探している絶対的真実を突き止めることは難しいだけでなく、それらを探し求めることで、より不安が高まり、より落ち込み、成功が遠ざかり、言うまでもなく自己認識からも遠ざかる可能性があります。ちょっと一息ついて、自分を知るためには完璧に自分を理解する必要はないことを思い出しましょう。マインドフルネスを実践するのも役に立つかもしれません――つまり、シンプルにその瞬間に起きていることに集中して、その奥にある深い意味を探ることを止めてみるのです。

巻末資料K

どれくらい頻繁に反芻してる？

第5章に記した通り、誰のなかにも「反芻したがる人間」が潜んでいる——この厄介な性質が、インサイトを得ようとする試みを妨害しようと待ち構えていて、自分の決断を後から責めたり、失敗を思い出させたり、非生産的な自己批判や自己疑念のスパイラルに陥らせたりしてくる。どれくらい自分が反芻に支配されているかを知るために、以下の各項目に対して、普段の自分の行動に最も当てはまる数字を選んでください。自分がどう振る舞いたいかではなく、自分が実際にどう振る舞っているかをもとに判断しよう。選び終わったら、回答の平均値を出して、次のページの該当項目を読もう。★

★ Paul D. Trapnell and Jennifer D. Campbell. "Private self-consciousness and the five-factor model of personality: Distinguishing rumination from reflection." Journal of Personality and Social Psychology 76.2 (1999): 284.

1	2	3	4	5
ほとんどない	少ない	時々	多い	ほぼいつも

1　自分のその部分について考えるのは止めたいと思いながらも、意識が集中してしまっていることが多い。
2　最近自分が言ったことややったことを、何度も頭のなかで振り返っている。
3　自分についてのネガティブな思考を止めるのが難しいときがある。
4　やったことを振り返って考え込むことがよくある。
5　議論や対立が終わったずっと後になって、それについて思い返すことがよくある。
6　過去の状況について、自分がどう振る舞ったか頭のなかで再生し直すことがよくある。
7　恥をかいた瞬間や落胆した瞬間を思い返して、多くの時間を費やしている。

平均値	数値の意味
1～2	あなたはほとんど反芻をしていません。「内省ゼロ」とは言いませんが、うまく反芻を断ち切ることができていて、それがあなたの自己認識と幸福度を向上させています。反芻に多くの労力を割いてはいないため、そのエネルギーを内的（および外的）自己認識のその他の側面の向上に使うとよいでしょう。
3～4	あなたの反芻頻度は普通です。反芻していることに気づき、止めることができるときもあります。反芻に乗っ取られて、自己認識が曇り、幸福度を低下させてしまうときもあります。反芻を減らすには、パターンを探ることから始めましょう。普段より反芻が多くなる原因となっている特定の人や状況に気づくことはありますか？　反芻を止めるにあたって、何より役に立つ特定のテクニックはありますか？　効果のある方法をより多くの状況に活用し、第５章の反芻撃退ツールを試していきましょう。
5	あなたの反芻頻度は高いです。またやっていると認識しながらも、反芻を止めることが難しくなっています。それが自己認識や幸福度に大きなマイナスの影響を与えています。最初のステップとしては、反芻のきっかけを理解することでしょう。他より多く反芻を誘発している状況や人に思い当たることはないでしょうか？　そんな状況を特定したら、第５章で紹介した反芻撃退ツールを活用してみましょう。

巻末資料L

あなたは「うまく学ぶ」マインドセット？ それとも「うまくやる」マインドセット？

第5章に記した通り、難しい作業に直面したとき、パフォーマンスを見せるため（「うまくやる」マインドセット）の機会というより、学び（「うまく学ぶ」マインドセット）の機会だと考えると、失敗しても反芻をしないでいられる――と同時に、パフォーマンスの向上にもつながる。自分がどちらのマインドセットに傾いているか、以下の文章を読み、自分に当てはまる項目に○をつけてください。○をつけるときは、自分がどう振る舞いたいかではなく、自分が実際にどう振る舞っているかをもとに判断しよう。

1　自分がプロジェクトでどれほど良くやっているかを仲間が知っている状態が好きだ。
2　自分のスキル向上になりそうな難しい仕事を進んで選んでいく。
3　試行錯誤のある新しいプロジェクトよりも、自分がうまくやれると分かっているプロジェクトを選ぶ方が多い。

4　自分の知識を向上させる方法をしょっちゅう探している。

5　自分がうまくやれない可能性のある状況は避ける傾向にある。

6　達成可能だと分かっている簡単な目標よりも、達成できないかもしれない大変な目標を立てる方が好きだ。

7　周りが問題を解決しようとしているとき、自分がすでに答えを知っていると楽しい。

8　ものすごく高い期待がかかっている環境で働くことを好む。

奇数の質問に○をつけている数の方が多ければ、「うまくやる」マインドセットになっている可能性が高く、偶数の質問に○をつけている数の方が多ければ、「うまく学ぶ」マインドセットになっていることだろう。

巻末資料M

どれくらいのフィードバックを得ている?

本書を通して見てきたように、外的自己認識を得るには、他人からの正直で客観的なフィードバックこそ最高のツールだ。この貴重なツールを最大限に活かしているかを知るために、以下の各項目に対して、普段の自分の行動に最も当てはまる数字を選んでください。自分がどう振る舞いたいかではなく、自分が実際にどう振る舞っているかをもとに判断しよう。選び終わったら、回答の平均値を出して、次のページの該当項目を読もう。

1	2	3	4	5
ほとんどない	少ない	時々	多い	ほぼいつも

1　先週の自分のパフォーマンスや行動についてフィードバックを求めている。
2　重要なプロジェクトや作業が終わったら、次回もっとうまくおこなう方法を学ぶために「個人的な反省会」をしている。
3　上司に会うときは、よく自分の仕事ぶりについてフィードバックを求める。
4　先月の自分の仕事ぶりについて直属の部下やチームにフィードバックを求めている。
5　耳が痛いものであっても、正直に伝えてくれたことに対して直属の部下やチームに対して感謝を伝えている。
6　フィードバックを求めるときは、どの行動に対してフィードバックがほしいか明確にしている。
7　自分のことをどう見ているのか、同僚たちに尋ねるのも嫌じゃない。
8　誰かがフィードバックをしてきたら、好奇心が湧いて心が弾む。
9　フィードバックを聞くとき、自分の行動を正当化したり、話を遮ったり、文句を言ったりしない。
10　フィードバックを聞くとき、今後自分がどう改善していけば良いかアイデアを求める。

平均値	数値の意味
1〜2	恐怖からであれ、自信過剰からであれ、自分はいまのままで完璧だという信念からであれ、自分がどう見られているかについての真実を知る大きな機会を逃しています。まずは、信用している１人か２人にフィードバックをしてほしいと頼んでみて、第７章や８章で紹介したツールを活用しましょう。
3〜4	ある程度定期的にフィードバックを求めていますが、もっと頻度を上げると、周りがあなたをどう見ているか、さらに良く理解できるでしょう。第７章や８章で紹介したツールと自分のアプローチを比較して、実践する何か新しいステップをひとつ考えよう。
5	さまざまな情報源から頻繁にフィードバックを求めているうえ、基本的に好奇心と開かれた心を持ってフィードバックを聞くことができています。そのまま成長を続けていくために、第７章や８章で紹介したツールのなかで使ったことのないものがあったら試してみて、この習慣を続ける（あるいはさらに強化する）方法を考えるといいかもしれません。

巻末資料N

無料の360度フィードバック

あなたの企業が組織的に360度評価をおこなっていなかったとしても、360度評価ができないわけではない。多くの360度評価は500ドルほどするが、ここでは「永遠に無料」のものを紹介しておく。

1　PersonalityPad.orgはエリック・パパスとヴァージニア大学の彼の研究チームが作ったものだ。彼らの崇高な目標は、誰もが複数人からのフィードバックを得られるようにすることだ。この一〇項目の質問による評価は簡単に取り組め、結果は専門的だが発見がある。

2　SelfStir.comは、より包括的なものだ。より長く、自由回答形式の質問も含まれていて、詳細なレポートも出してくれる。

3　BankableLeadership.comは、私が最初の著作『貯蓄可能なリーダーシップ』（Bankable Leadership／未邦訳）のために作ったサイトだ。ここにある一二項目のアンケートは、自分自身をどう見ていて、あなたという人や行動がどう見られているかを知る手助けとなる。

ここに挙げたツールをひとつかそれ以上使う場合、評価をしてもらいたい相手に前もって知らせておくことをお勧めする。自分はいま360度評価をしようとしているから、匿名でぜひ参加してほしいんです、そのうちリンクのついたメールがいくので、私の行動に対する見解を答えてもらえますかと説明すればいい。そうすれば調査のメールがゴミ箱に入ってしまうのを防げるだけでなく、メールの意図や、あなたの継続的な成長と発展にとって相手がどれほど重要な存在であるかを伝えることができる。

謝辞

何よりもまず、調査に参加してくれた世界中の自己認識ユニコーンたちに感謝する。あなた方一人ひとりが、自己認識を高めることは単に可能であるだけでなく、そのために時間と労力を割く価値が十分にあることを証明してくれている。誰しもが終わりなき道のりにいるため、自分自身を――そして世界を――より良くしていくあなた方の姿は励みになる。

私と共に研究をおこなってくれたエイプリル・ブロダーソン、ヘイリー・ウォズニジ、エリック・ヘゲスタッド、そしてリサーチ・アシスタントのユマ・ケダーナス、ショーン・トーマス、ジュリー・アン・アップルゲート、レイシー・クリスト、マイク・ジェイコブソン、ローレン・トロニック（ユニコーンであり、替えのきかないインタビュアー）に感謝する。「実際に自己認識というものを定義して計測するのは、どれくらい大変なんだろう?」という惚れ惚れするほど素朴な問いを抱いたとき、私は自分が何に足を突っ込もうとしているのか考えも及ばなかった。三年を経て、その問いの答えを知ることができたが、それはあなたがたの献身と、知恵と、チャレンジ精神のおかげです。調査の参加者を集めるためにさまざまな人を紹介してくれた友人や、家族や、クライアントたちにも感謝している。

私の講演や、執筆や、コンサルタントとしてのキャリアを実現してくれた素晴らしい仲間たちにも感謝を述べたい。フレッチャー&カンパニーのグラーニア・フォックス、ヴェロニカ・ゴールドスタイン、メリッサ・チンチル、エリン・マクファデン、サラ・フエンテス、そして特にわが最高の文芸エージェントであるクリスティ・フレッチャーへ。私に機会を与えてくれ、見事に舵取りし、この上ないサポートをしてくれてありがとう。ユーリック・グループにおける私の盟友ミシェル・ロングマイヤーへ。あなたの全方面にわたる素晴らしさをつくづく思い知ったと感じるたびに、あなたはさらにそれ以上の素晴らしいことをやってくれる。毎日あなたと働ける私は幸運だ。スピーカーズオフィスの、私の素晴らしい講演マネジメントチーム、ホーリー・キャッチポール、ミシェル・ウォレス、キャシー・グラスゴー、そしてキム・スタークへ。これまでも本当に素晴らしい経験だし、この先どんなことが起きるか待ち遠しい。

各段階で本書を導いてくれた素晴らしいプロフェッショナルたちにも大いに感謝している。ラリ・ビショップ、あなたは説得力に欠ける考え事を、れっきとしたアイデアに磨き上げるサポートをしてくれた。マイケル・パルゴン、あなたは私よりもずっと前からこの本について確信を持っていてくれました。あなたの協力と友情に永遠に感謝します。ウィル・ストー、執筆を支えてくれてありがとう。あなたのユーモアに、そして私がやりすぎないよう止めてくれたことに礼を言います。チャック・ブレイクマン、アラン・ムラーリー、マイケル・ウォレス、マイケル・パルゴン、チップ・ヒース、そしてリンダ・スピレイン、原稿を読んで貴重なコメントをくれたことに感謝します。

クラウン社の素晴らしいチーム、タリア・クローン、ティナ・コンステイブル、キャンベル・ウォートン、アイェレット・グルエンスペクト、ミーガン・シューマン、ジュリア・エリオット、タル・ゴレツキー、ロジャー・ショールへ。この本であなた方と仕事ができて、夢が叶いました。あなた方のプロフェッショナリズム、献身、そして思いやりは計り知れません。私の優れた編集者であるタリア・クローンは、同志であり、強迫性障害の仲間であり、真の友人だ。無二の才能を持ち、その能力で問題を解決し、私がひっきりなしに送る業務時間外のメールにも前向きに返事をくれ、二〇一六年を通して私のくだらない冗談にも付き合ってくれ、そして何より、考え得る限り最高のパートナーでいてくれてありがとう。

知恵とサポートを与えてくれた友人、仕事仲間、助言者たちにも感謝する。アラン・ムラーリー、マーシャル・ゴールドスミス、アダム・グラント、エド・キャットムル、トミー・スポールディング、リンダ・スピレイン(愛してるよ!)、ミシェル・ギーラン、コンスタンティン・セディキデス、ハーブ・ブルムバーグ、アリ・ハグラー、シンディ・ハメル、ダナ・セドネク、サラ・ダリー、エリサ・スペランザ、フローレンス・オゾー、エレノア・アレン、ロビン・ケイン、ロジャー・バーレイ、スティーブン・ラデック、マイク・ヘロン、ダナ・グラバー・ラデック、リンダ・ヘンマンマイク・ウォーカー、テレサ・グレイ、バリー・ネルソン、ビル・ウォーレン、ダグ・グリフェス、テッド・マクマード、スコット・ペイジ、そして誰よりチップ・ヒースに感謝する(この人抜きには、本書は文字通り何一つとして実現しなかっただろう)。

そして最後になったが、しっかりと地に足をつけて自己認識を持たせ続けてくれ、多くの欠点があるにもかかわらず私を愛してくれる素晴らしい人たちにも、同じくらい感謝している。ギブソン、コールス、アリー、エイブス、マリタ、ロジー、ダナ、レイ・レイ、ジェイソン、アング、クリスティン、エイプリル、マーク、G$、マイク、スー、ロブ、テレサ、クリステン、そしてリンダへ。誰よりかけがえのない大切な愛ある批判者でいてくれてありがとう。オレンジセオリーフィットネスの友人たち（ケイトリン、リンジィ、ダニエル、エリック、ジェイソン、ジョゼ、そしてミア）へ。よく執筆が行き詰まっていたときに、心休まる避難所を提供してくれてありがとう。物書き仲間のフレッドとウィローにも感謝する。母リチー（と家族全員）へ。尽きることない愛とサポートをありがとう。そして何より、私に著者双極性障害だと病名をつけながらも、その症状に耐えてくれ、私を（意志とは関係なく）自己認識へといざなってくれたデイヴ（通称夫）に感謝している。限りない愛を注ぎ、励まし、楽観的でいてくれ、支えてくれ、ユーモアを持ち、寛大でいてくれてありがとう。ＩＬＹＶＶＭ（本当に心から愛してる）。

Mark Van Selst. "Attentional load increases the positivity of self-presentation." *Social Cognition* 7.4 (1989): 389–400.

418 耳を傾ける下地作りになる：Geoffrey L. Cohen, Joshua Aronson, and Claude M. Steele. "When beliefs yield to evidence: Reducing biased evaluation by affirming the self." *Personality and Social Psychology Bulletin* 26.9 (2000): 1151–1164.

422 時に可能であり：Leanne Atwater, Paul Roush, and Allison Fischthal. "The influence of upward feedback on self-and follower ratings of leadership." *Personnel Psychology* 48.1 (1995): 35–59.

423 繰り返し対話が必要で：Zoe Chance, et al. "The slow decay and quick revival of self-deception." *Frontiers in Psychology* 6 (2015).

427 「かような試みをやらなかった場合に比べて」：ベンジャミン・フランクリン『フランクリン自伝』、松本慎一・西川正身訳、岩波文庫、1957年、169頁。

434 自己認識は私たちを超新星に変える：この巻末注を読んでいるあなたは、科学的思考を持つ人かもしれない。たしかに、厳密に言えば超新星とは死にゆく星のことだが、引用で言わんとしていることを汲んでほしいと願っています！

第10章：思い込みにとらわれた世界で生き抜き成長する

384 自己認識を持たない人間がひとりいるだけで：Erich C. Dierdorff and Robert S. Rubin. "Research: We're not very self-aware, especially at work," *Harvard Business Review*, March 12, 2015, https://hbr.org/2015/03/research-were-not-very-self-aware-especially-at-work.

384 深刻な影響を与える：Dan Moshavi, F. William Brown, and Nancy G. Dodd. "Leader self-awareness and its relationship to subordinate attitudes and performance." *Leadership & Organization Development Journal* 24.7 (2003): 407–418.

384 1万3500人の会社員に：Sherri Dalphonse. "Washington's real-life horrible bosses," washingtonian.com, December 4, 2013, https://www.washingtonian.com/2013/12/04/real-life-horrible-bosses/.

385 「自分の存在そのものが危機に」：William B. Swann Jr., Peter J. Rentfrow, and Jennifer S. Guinn. "Self-verification: The search for coherence." In M. R. Leary and J. P. Tangney, eds. *Handbook of Self and Identity*. Guilford Press, 2003, p. 376.

390 無駄骨タイプの利益に訴えること：Erika N. Carlson, Simine Vazire, and Thomas F. Oltmanns. "You probably think this paper's about you: Narcissists' perceptions of their personality and reputation." *Journal of Personality and Social Psychology* 101.1 (2011): 185–201.

398 自己認識の欠如はナルシシズムの大きな特徴：John F. Rauthmann. "The Dark Triad and interpersonal perception: Similarities and differences in the social consequences of narcissism, Machiavellianism, and psychopathy." *Social Psychological and Personality Science* 3.4 (2012): 487–496.

399 最善の方法のひとつは：Sander van der Linden and Seth A. Rosenthal. "Measuring narcissism with a single question? A replication and extension of the Single-Item Narcissism Scale (SINS)." *Personality and Individual Differences* 90 (2016): 238–241.

399 ポジティブな特徴だと見なす傾向にさえある！：Sara Konrath, Brian P. Meier, and Brad J. Bushman. "Development and validation of the single item narcissism scale (SINS)." *PLOS One* 9.8 (2014): e103469.

399 「自分が他人より優れていると信じ」：Mary Elizabeth Dallas. "Need to spot a narcissist? Just ask them," healthday.com, August 5, 2014, http://consumer.healthday.com/mental-health-information-25/psychology-and-mental-health-news-566/need-to-spot-a-narcissist-just-ask-them-690338.html.

399 周りの人間が暗すぎて：Erika N. Carlson, Simine Vazire, and Thomas F. Oltmanns. "You probably think this paper's about you: Narcissists' perceptions of their personality and reputation." *Journal of Personality and Social Psychology* 101.1 (2011): 185–201.

399 チームからは最低評価を受ける：Timothy A. Judge, Jeffery A. LePine, and Bruce L. Rich. "Loving yourself abundantly: Relationship of the narcissistic personality to self— and other perceptions of workplace deviance, leadership, and task and contextual performance." *Journal of Applied Psychology* 91.4 (2006): 762–776.

408 ストレスと自己認識の欠如に正の相関関係：Delroy L. Paulhus, Peter Graf, and

364 社員たちが互いに「ドット」を与え合う：Ibid.

364 「私たちがここでやろうとしているのは」：Bess Levin. “Bridgwater associates truth probings are about to get turbo-charged,” dealbreaker.com, July 18, 2011, http://dealbreaker.com/2011/07/bridgwater-associates-truth-probings-are-about-to-get-turbo-charged/.

364 歴史上どんなヘッジファンドよりも多くのリターンを：Nishant Kumar. “Bridgewater's Dalio now has the most profitable hedge fund,” bloomberg.com, January 27, 2016, http://www.bloomberg.com/news/articles/2016-01-26/bridgewater-s-dalio-trumps-soros-as-most-profitable-hedge-fund.

364 そして実際、多くの社員が：James Freeman. “The soul of a hedge fund ‘machine,’” wsj.com, June 6, 2014, http://www.wsj.com/articles/james-freeman-the-soul-of-a-hedge-fund-machine-1402094722.

364 「絶え間ない声高な批判」：Michelle Celarier and Lawrence Delevingne. “Ray Dalio's radical truth,” March 2, 2011, http://www.institutionalinvestor.com/Article.aspx?ArticleID=2775995&p=3.

364 「ブリッジ・ウォーターで目にするのは」：Michelle Celarier and Lawrence Delevingne. “Ray Dalio's radical truth,” March 2, 2011, http://www.institutionalinvestor.com/Article.aspx?ArticleID=2775995&p=3.

365 30パーセントという驚きの割合で：Michelle Celarier and Lawrence Delevingne. “Ray Dalio's radical truth,” March 2, 2011, http://www.institutionalinvestor.com/Article/2775995/Channel/199225/Ray-Dalios-radical-truth.html?ArticleID=2775995&p=4#/.V04K15MrK8U.

376 新しい会社の名前を作り出そうと：Elizabeth Brayer. *George Eastman: A Biography*. University of Rochester Press, 2006.

376 「強く鋭い」：Kiplinger Washington Editors, Inc. “The story behind Kodak Trademark.” *Kiplinger's Personal Finance*, April 1962, p. 40.

376 販売されるカメラの85パーセント：Henry C. Lucas. *The Search for Survival: Lessons from Disruptive Technologies*. Praeger, 2012, p. 16.

377 フィルムビジネスを壊しかねない：Ernest Scheyder and Liana B. Baker. “As Kodak struggles, Eastman Chemical thrives,” reuters.com, December 24, 2011, http://www.reuters.com/article/us-eastman-kodak-idUSTRE7BN06B20111224.

377 「それは素晴らしいね――でも」：Paul B. Carroll and Chunka Mui. *Billiion Dollar Lessons: What You Can Learn from the Most Inexcusable Business Failures of the Last Twenty-five Years*. Portfolio, 2008, p. 93.

377 破産法第11条の適用申請：Reuters. “Kodak files for bankruptcy, plans biz overhaul.” business-standard.com, January 19, 2012, http://www.business-standard.com/article/international/kodak-files-for-bankruptcy-plans-biz-overhaul-112011900119_1.html.

381 「これを2錠飲んで寝てみると」：B. G. Hoffman. *American Icon: Alan Mulally and the Fight to Save Ford Motor Company*. Crown, 2012, p. 248.

344 チームの信頼関係も強くなり：Steven V. Manderscheid and Alexandre Ardichvili. "New leader assimilation: Process and outcomes." *Leadership & Organization Development Journal* 29.8 (2008): 661–677.

348 チームの自己認識についての画期的な説：Amy C. Edmondson. "Learning from mistakes is easier said than done: Group and organizational influences on the detection and correction of human error." *The Journal of Applied Behavioral Science* 32.1 (1996): 5–28.

348 480〜960の潜在的なミスの可能性：平均的な入院患者は、平均4.8日の入院中、毎日10〜20の投薬を受けている：Amy C. Edmondson. "Learning from mistakes is easier said than done: Group and organizational influences on the detection and correction of human error." *The Journal of Applied Behavioral Science* 32.1 (1996): 5–28.

348 毎年数百人が命を落とし："Medication error reports," fda.gov, October 20, 2016, http://www.fda.gov/Drugs/DrugSafety/MedicationErrors/ucm080629.htm.

349 「この言葉は」とエドモンドソンは語る：Amy Edmondson. "Psychological safety and learning behavior in work teams." *Administrative Science Quarterly* 44.2 (1999): 350–383.

350 似たような結論に達した：Charles Duhigg. "What Google learned from its quest to build the perfect team," nytimes.com, February 25, 2016, https://www.nytimes.com/2016/02/28/magazine/what-google-learned-from-its-quest-to-build-the-perfect-team.html?_r=0.

354 明確な規範：D. Christopher Kayes. "The antecedents of team competence: Toward a fine-grained model of self-managing team effectiveness." *Research on Managing Groups and Teams* 2.2 (1999): 201–231.

357 「自己認識を持った人間になることで周りを導く」：エド・キャットムル、エイミー・ワラス『ピクサー流 創造するちから』、石原薫訳、ダイヤモンド社、2014年。

357 「自由なコミュニケーション」：Ibid., p. 4.

358 「2017年。今年の映画は」：Ibid., p. 283.

359 「率直さを妨げ、危うくしていた行き詰まりを打ち破」：Ibid., p. 292.

359 「安心して自分の考えを」：Ibid., p. 293.

359 「共同作業、決意、そして率直さが我々を」：Ibid., p. 277.

363 「徹底した真実」と「徹底した透明性」：James Freeman. "The soul of a hedge fund 'machine,'" wsj.com, June 6, 2014, http://www.wsj.com/articles/james-freeman-the-soul-of-a-hedge-fund-machine-1402094722.

363 クビにされても仕方ない違反：Richard Feloni. "Ray Dalio explains why 25% of Bridgewater employees don't last more than 18 months at the hedge fund giant," businessinsider.com, March 23, 2016, http://www.businessinsider.com/biggest-challenges-new-bridgewater-employees-face-2016-3.

364 「デジタル・ベースボール・カード」：Eliza Gray. "Questions to answer in the age of optimized hiring," time.com, June 11, 2015, http://time.com/3917703/questions-to-answer-in-the-age-of-optimized-hiring/.

is key." *Personality and Social Psychology Bulletin* 36.7 (2010): 947–959.

第9章：リーダーがチームと組織の自己認識を高める方法

324 25パーセントも減らして：Sarah Miller Caldicott. "Why Ford's Alan Mulally is an innovation CEO for the record books," forbes.com, June 25, 2014, http://www.forbes.com/sites/sarahcaldicott/2014/06/25/why-fords-alan-mulally-is-an-innovation-ceo-for-the-record-books/#c35aeec779bb.

325 「［ビル・］フォードが不可能だと」：B. G. Hoffman. *American Icon: Alan Mulally and the Fight to Save Ford Motor Company*. Crown, 2012, p. 3.

326 「この会社は私にとって大きな存在」：Ibid., p. 56.

328 「来週もまた、顔を合わせますから」：Ibid., p. 106.

329 「まったくのデタラメに」：Ibid.

331 誰かが確かめてみなきゃならない：Ibid., p. 124.

334 自己認識を持つチームは：Susan M. Carter and Michael A. West. "Reflexivity, effectiveness, and mental health in BBC-TV production teams." *Small Group Research* 29.5 (1998): 583–601; Michaéla C. Schippers, Deanne N. Den Hartog, and Paul L. Koopman. "Reflexivity in teams: A measure and correlates." *Applied Psychology* 56.2 (2007): 189–211.

334 たいてい口を開かないままでいる：Susan J. Ashford and Anne S. Tsui. "Self-regulation for managerial effectiveness: The role of active feedback seeking." *Academy of Management Journal* 34.2 (1991): 251–280.

339 こうした振る舞いを「オーセンティック・リーダーシップ」と呼び：Remus Ilies, Frederick P. Morgeson, and Jennifer D. Nahrgang. "Authentic leadership and eudaemonic well-being: Understanding leader-follower outcomes." *The Leadership Quarterly* 16.3 (2005): 373–394; Fred O. Walumbwa, et al. "Authentic leadership: Development and validation of a theory-based measure." *Journal of Management* 34.1 (2008): 89–126.

340 チームより生産性が高いということを：Joanne Lyubovnikova, et al. "How authentic leadership influences team performance: The mediating role of team reflexivity." *Journal of Business Ethics* 141.1 (2015): 1–12.

340 子供たちがより幸福で：Heather K. Warren and Cynthia A. Stifter. "Maternal emotion-related socialization and preschoolers' developing emotion self-awareness." *Social Development* 17.2 (2008): 239–258.

340 リーダーに追従する者たちは：Albert Bandura and Richard H. Walters. "Social learning theory." General Learning Press, 1997.

344 「集中的にリーダーを知るミーティング」：Cathy Olofson. "GE brings good managers to life," fastcompany.com, September 30, 1998, http://www.fastcompany.com/35516/ge-brings-good-managers-life.

303 ステレオタイプ脅威と名づけられ：Claude M. Steele and Joshua Aronson. "Stereotype threat and the intellectual test performance of African Americans." Journal of *Personality and Social Psychology* 69.5 (1995): 797–811.

303 12パーセントもスコアが低かった：Thomas S. Dee. "Stereotype threat and the student-athlete." *Economic Inquiry* 52.1 (2014): 173–182.

303 女性の比率はわずか22パーセント：National Science Report, 2000, as cited in Joyce Ehrlinger and David Dunning. "How chronic self-views influence (and potentially mislead) estimates of performance." *Journal of Personality and Social Psychology* 84.1 (2003): 5.

304 科学的思考力を評価してもらった：Joyce Ehrlinger and David Dunning. "How chronic self-views influence (and potentially mislead) estimates of performance." *Journal of Personality and Social Psychology* 84.1 (2003): 5–17.

304 「心理的免疫システム」：Daniel T. Gilbert, et al. "Immune neglect: A source of durability bias in affective forecasting." *Journal of Personality and Social Psychology* 75.3 (1998): 617–638.

305 40パーセントも減少させる：Geoffrey L. Cohen, et al. "Reducing the racial achievement gap: A social-psychological intervention." *Science* 313.5791 (2006): 1307–1310.

305 「コルチゾール」が減少する：J. David Creswell, et al. "Does self-affirmation, cognitive processing, or discovery of meaning explain cancer-related health benefits of expressive writing?" *Personality and Social Psychology Bulletin* 33.2 (2007): 238–250, p. 242.

305 よりオープンになる役割を：Clayton R. Critcher and David Dunning. "Self-affirmations provide a broader perspective on self-threat." *Personality and Social Psychology Bulletin* 41.1 (2015): 3–18.

306 厳しい真実にも耳を傾ける助けになる：Brandon J. Schmeichel and Andy Martens. "Self-affirmation and mortality salience: Affirming values reduces worldview defense and death-thought accessibility." *Personality and Social Psychology Bulletin* 31.5 (2005): 658–667.

306 「痛すぎて受け入れられない」：David K. Sherman and Geoffrey L. Cohen. "The psychology of self-defense: Self-affirmation theory." *Advances in Experimental Social Psychology* 38 (2006): 183–242.

308 妄信してしまう可能性も低かった：Matthew Vess, et al. "Nostalgia as a resource for the self." *Self and Identity* 11.3 (2012): 273–284.

308 過去を思い出すことは反芻を減らし：Sander L. Koole, et al. "The cessation of rumination through self-affirmation." *Journal of Personality and Social Psychology* 77.1 (1999): 111–125.

308 幸福度を高める：Fred B. Bryant, Colette M. Smart, and Scott P. King. "Using the past to enhance the present: Boosting happiness through positive reminiscence." *Journal of Happiness Studies* 6.3 (2005): 227–260.

309 フィードバックを受け取る前におこなうのが一番効果的：Clayton R. Critcher, David Dunning, and David A. Armor. "When self-affirmations reduce defensiveness: Timing

260 「皇帝」とあだ名され：Robert F. Bruner. "An analysis of value destruction and recovery in the alliance and proposed merger of Volvo and Renault." *Journal of Financial Economics* 51.1 (1999): 125–166.

261 「理解不能な錯乱」：Paula Dwyer. "Why Volvo kissed Renault goodbye," *Bloomberg.com*, December 20, 1993, http://www.bloomberg.com/news/articles/1993-12-19/why-volvo-kissed-renault-goodbye.

261 48億ドルでなく74億ドルになった：Ibid.

261 「ミスター・ユーレンハマーに、これほど」：Ibid.

262 「嫉妬による復讐」だと：Robert F. Bruner. "An analysis of value destruction and recovery in the alliance and proposed merger of Volvo and Renault." *Journal of Financial Economics* 51.1 (1999): 125–166.

262 定期的にフィードバックを求めていた：ここで言う一流のリーダーとは上位10パーセントのことで、パフォーマンスの低いリーダーとは下位10パーセントを意味する。Joseph Folkman. "Top ranked leaders know this secret: ask for feedback," forbes.com, January 8, 2015, http://www.forbes.com/sites/joefolkman/2015/01/08/top-ranked-leaders-know-this-secret-ask-for-feedback/#b958b9e608fe.

262 社会的にも職業的にも見返りがある：Susan J. Ashford and Anne S. Tsui. "Self-regulation for managerial effectiveness: The role of active feedback seeking." *Academy of Management Journal* 34.2 (1991): 251–280.

264 1950年代から歴史を持つ：David W. Bracken, et al. *Should 360-Degree Feedback Be Used Only for Developmental Purposes?* Center for Creative Leadership, 1997.

265 およそ30〜：David W. Bracken, Carol W. Timmreck, and Allan H. Church, eds. *The Handbook of Multisource Feedback*. John Wiley & Sons, 2001.

265 90パーセントの：Mark Robert Edwards and Ann J. Ewen. *360 Degree Feedback: The Powerful New Model for Employee Assessment & Performance Improvement*. AMACOM, 1996.

265 質の高い課題を提出：Jesse Pappas and J. Madison. "Multisource feedback for STEM students improves academic performance." *Annual Conference Proceedings of American Society for Engineering Education*. 2013.

265 恐れる部下を持つリーダー：Arthur Morgan, Kath Cannan, and Joanne Cullinane. "360° feedback: a critical enquiry." *Personnel Review* 34.6 (2005): 663–680.

266 「何か批判的なことが書かれていたら……」：Ibid.

第8章：予想外の厳しいフィードバックを受け止め、向き合い、行動に移す

302 女性チェスプレイヤーのパフォーマンス：Hank Rothgerber and Katie Wolsiefer. "A naturalistic study of stereotype threat in young female chess players." *Group Processes & Intergroup Relations* 17.1 (2014): 79–90.

ratings of daily behavior." *Journal of Personality and Social Psychology* 95.5 (2008): 1202–1216.

249 この巧妙な実験は：Sidney Rosen and Abraham Tesser. "On reluctance to communicate undesirable information: The MUM effect." *Sociometry* 33.3 (1970): 253–263.

251 「他人が自分のことをどう思っているか」：Herbert H. Blumberg. "Communication of interpersonal evaluations." *Journal of Personality and Social Psychology* 23.2 (1972): 157–162.

253 社会的な地位を脅かすような行動は避ける：Charles F. Bond and Evan L. Anderson. "The reluctance to transmit bad news: Private discomfort or public display?" *Journal of Experimental Social Psychology* 23.2 (1987): 176–187.

253 社会的に拒否をされたときに：Kipling D. Williams, Christopher K. T. Cheung, and Wilma Choi. "Cyberostracism: Effects of being ignored over the Internet." *Journal of Personality and Social Psychology* 79.5 (2000): 748–762.

254 いくつかの絵画を評価してもらった：Bella M. DePaulo and Kathy L. Bell. "Truth and investment: Lies are told to those who care." *Journal of Personality and Social Psychology* 71.4 (1996): 703–716.

256 成功し昇進しやすいという結果：Bernard M. Bass and Francis J. Yammarino. "Congruence of self and others' leadership ratings of naval officers for understanding successful performance." *Applied Psychology* 40.4 (1991): 437–454; Mike Young and Victor Dulewicz. "Relationships between emotional and congruent self-awareness and performance in the British Royal Navy." *Journal of Managerial Psychology* 22.5 (2007): 465–478.

256 成功を予測する唯一最大の材料：J. P. Flaum. "When it comes to business leadership, nice guys finish first," greenpeakpartners.com, https://greenpeakpartners.com/wp-content/uploads/2018/09/Green-Peak_Cornell-University-Study_What-predicts-success.pdf.

256 自己認識をしている可能性が低くなる：Fabio Sala. "Executive Blind Spots: Discrepancies Between Self-and Other-Ratings." *Consulting Psychology Journal: Practice and Research* 55.4 (2003): 222–229.

256 俗に言うCEO病：John A. Byrne, William C. Symonds, and Julia Flynn Silver. "CEO disease." *The Training and Development Sourcebook* (1994): 263.

259 この自動車会社の未来は：Richard Whittington. *What Is Strategy—And Does It Matter?* Cengage Learning EMEA, 2001.

259 義父からスウェーデンが誇る：William Engdahl. "Who is Pehr Gyllenhammar, and what are the Aspen-Skandia networks?" larouchepub.com, August 31, 1982, http://www.larouchepub.com/eiw/public/1982/eirv09n33-19820831/eirv09n33-19820831_043-who_is_pehr_gyllenhammar_and_wha.pdf.

260 「大胆」で「挑発的」："Volvo cars and Volvo museum exhibited Pehr G Gyllenhammar's cars," volvo.cars.com, April 15, 2014, http://www.volvocars.com/international/about/our-company/heritage/heritage-news/volvo-cars-and-volvo-museum-exhibited-pehr-g-gyllenhammars-cars.

on solution-focused therapy." *British Journal of Social Work* 39.2 (2009): 234–242.

230 親や、犯罪者や：Wallace J. Gingerich and Sheri Eisengart. "Solution-focused brief therapy: A review of the outcome research." *Family Process* 39.4 (2000): 477–498.

230 問題行動を起こす思春期の子供たちや、医療従事者や、結婚生活が：Jacqueline Corcoran and Vijayan Pillai. "A review of the research on solution-focused therapy." *British Journal of Social Work* 39.2 (2009): 234–242.

230 インサイトと、心理的成長に：Wei Zhang, et al. "Brief report: Effects of solution-focused brief therapy group-work on promoting post-traumatic growth of mothers who have a child with ASD." *Journal of Autism and Developmental Disorders* 44.8 (2014): 2052–2056.

230 ゴルファーのパターのイップス：Robert J. Bell, Christopher H. Skinner, and Leslee A. Fisher. "Decreasing putting yips in accomplished golfers via solution-focused guided imagery: A single-subject research design." *Journal of Applied Sport Psychology* 21.1 (2009): 1–14.

232 2段落の文章を書いてもらった：Jack J. Bauer and Dan P. McAdams. "Eudaimonic growth: Narrative growth goals predict increases in ego development and subjective well-being 3 years later." *Developmental Psychology* 46.4 (2010): 761–772.

第7章：めったに耳にしない真実

238 「酔っているときの言葉は」：Bruce D. Bartholow, et al. "Alcohol effects on performance monitoring and adjustment: affect modulation and impairment of evaluative cognitive control." *Journal of Abnormal Psychology* 121.1 (2012): 173–186.

244 評価に比べて遥かに不正確：Timothy W. Smith, et al. "Hostile personality traits and coronary artery calcification in middle-aged and older married couples: Different effects for self-reports versus spouse ratings." *Psychosomatic Medicine* 69.5 (2007): 441–448.

244 部下たちだけが正確に上司の：Bernard M. Bass, and Francis J. Yammarino. "Congruence of self and others' leadership ratings of naval officers for understanding successful performance." *Applied Psychology* 40.4 (1991): 437–454.

244 本人のこれからの行動を予測しさえしていた：Tara K. MacDonald and Michael Ross. "Assessing the accuracy of predictions about dating relationships: How and why do lovers' predictions differ from those made by observers?" *Personality and Social Psychology Bulletin* 25.11 (1999): 1417–1429.

245 3つの項目をのぞき：David C. Funder, David C. Kolar, and Melinda C. Blackman. "Agreement among judges of personality: Interpersonal relations, similarity, and acquaintanceship." *Journal of Personality and Social Psychology* 69.4 (1995): 656–672.

248 自分の別々の側面を捉えている：Simine Vazire and Erika N. Carlson. "Others sometimes know us better than we know ourselves." *Current Directions in Psychological Science* 20.2 (2011): 104–108; Simine Vazire and Matthias R. Mehl. "Knowing me, knowing you: The accuracy and unique predictive validity of self-ratings and other-

218 「だが、雲のように形を変え」：ギュスターヴ・フローベール『ボヴァリー夫人』、芳川泰久訳、新潮文庫、2015年、72頁。

220 自分が発見したことをじっくり振り返る：Giada Di Stefano, et al. "Learning by thinking: Overcoming the bias for action through reflection." *Harvard Business School NOM Unit Working Paper* 14-093 (2015).

221 コールセンターの研修生は、平均で：Ibid.

223 「自分の人生の伝記作家」：ティモシー・ウィルソン『自分を知り、自分を変える──適応的無意識の心理学』、村田光二訳、新曜社、2005年。

223 「一冊の本であるかのように」：注：本書では自己認識という目的のために、少し手を加えた。Dan P. McAdams, et al. "Continuity and change in the life story: A longitudinal study of autobiographical memories in emerging adulthood." *Journal of Personality* 74.5 (2006): 1371–1400.

225 複雑なライフストーリーは将来にわたって何年も続く：Ibid.

225 チェイスが、自分のテーマは：Jennifer L. Pals. "Authoring a second chance in life: Emotion and transformational processing within narrative identity." *Research in Human Development* 3.2–3 (2006): 101–120.

225 達成（たとえば個人的成功）、関係：マクアダムスらは、それぞれを「行動」、「交流」と呼んでいる。

226 良い成績を取れずに苦しんでいる：Timothy D. Wilson and Patricia W. Linville. "Improving the academic performance of college freshmen: Attribution therapy revisited." *Journal of Personality and Social Psychology* 42.2 (1982): 367–376.

226 「私は一度死んだが」：Dan P. McAdams. "The redemptive self: Generativity and the stories Americans live by." *Research in Human Development* 3.2–3 (2006): 81–100, p. 90.

227 どんなにひどい体験であっても：Dan P. McAdams, et al. "When bad things turn good and good things turn bad: Sequences of redemption and contamination in life narrative and their relation to psychosocial adaptation in midlife adults and in students." *Personality and Social Psychology Bulletin* 27.4 (2001): 474–485.

229 内省の減少と、自己認識の向上：Anthony M. Grant. "The impact of life coaching on goal attainment, metacognition and mental health." *Social Behavior and Personality: An International Journal* 31.3 (2003): 253–263.

229 こうした効果がおよそ8か月後まで：L. S. Green, L. G. Oades, and A. M. Grant. "Cognitive-behavioral, solution-focused life coaching: Enhancing goal striving, well-being, and hope." *Journal of Positive Psychology* 1.3 (2006): 142–149.

230 ソリューション・マイニングは反芻の強力な：Edward R. Watkins, Celine B. Baeyens, and Rebecca Read. "Concreteness training reduces dysphoria: proof-of-principle for repeated cognitive bias modification in depression." *Journal of Abnormal Psychology* 118.1 (2009): 55–64.

230 解決志向ブリーフセラピー：Steve De Shazer. *Clues: Investigating Solutions in Brief Therapy*. W. W. Norton & Co, 1988. 注：本書では少し手を加えて簡潔にしている。

230 劇的に向上させる：Jacqueline Corcoran and Vijayan Pillai. "A review of the research

205 攻撃的でなく：Whitney L. Heppner, et al. “Mindfulness as a means of reducing aggressive behavior: Dispositional and situational evidence.” *Aggressive Behavior* 34.5 (2008): 486–496.

205 燃え尽きておらず：E. J. Langer, D. Heffernan, and M. Kiester. “Reducing burnout in an institutional setting: An experimental investigation.” Unpublished manuscript, Harvard University, Cambridge, MA (1988).

205 スリムであることさえ：Eric B. Loucks, et al. “Associations of dispositional mindfulness with obesity and central adiposity: The New England Family Study.” *International Journal of Behavioral Medicine* 23.2 (2016): 224–233.

205 人を救うことができるという証拠：Chen Hemo and Lilac Lev-Ari. “Focus on your breathing: Does meditation help lower rumination and depressive symptoms?” *International Journal of Psychology and Psychological Therapy* 15.3 (2015): 349–359.

205 マインドフルネス集中トレーニング：Richard Chambers, Barbara Chuen Yee Lo, and Nicholas B. Allen. “The impact of intensive mindfulness training on attentional control, cognitive style, and affect.” *Cognitive Therapy and Research* 32.3 (2008): 303–322.

206 自己認識の度合いが高い傾向にある：Kelly C. Richards, C. Estelle Campenni, and Janet L. Muse-Burke. “Self-care and well-being in mental health professionals: The mediating effects of self-awareness and mindfulness.” *Journal of Mental Health Counseling* 32.3 (2010): 247–264.

206 マインドフルネスが自己認識を向上させるからだ：Yadollah Ghasemipour, Julie Ann Robinson, and Nima Ghorbani. “Mindfulness and integrative self-knowledge: Relationships with health-related variables.” *International Journal of Psychology* 48.6 (2013): 1030–1037.

206 「マインドフルネスは、自分の思考や」：Personal communication.

208 より良く自分の行動をコントロールし：Shannon M. Erisman and Lizabeth Roemer. “A preliminary investigation of the effects of experimentally induced mindfulness on emotional responding to film clips.” *Emotion* 10.1 (2010): 72–82.

208 学生たちに自分についてのエッセイを：Whitney L. Heppner, et al. “Mindfulness as a means of reducing aggressive behavior: Dispositional and situational evidence.” *Aggressive Behavior* 34.5 (2008): 486–496.

211 マインドフルネスのグループだけが：J. David Creswell, et al. “Alterations in Resting-State Functional Connectivity Link Mindfulness Meditation with Reduced Interleukin-6: A Randomized Controlled Trial.” ***Biological Psychiatry*** 80.1 (2016):53–61.

211 「マインドフルネスの核心」：Ellen Langer. “The third metric for success,” ellenlanger.com, 2009, http://www.ellenlanger.com/blog/171/the-third-metric-for-success.

215 自分の体験を、より客観的な角度から：この興味深い傾向をデータから取り出してくれたスーパー研究アシスタントのローレン・トロニックに感謝する。

215 「バルコニーから見下ろす」：ウィリアム・ユーリー『決定版 ハーバード流“NO”と言わせない交渉術』、斎藤精一郎訳、三笠書房、1992年。

classroom," theatlantic.com, August 31, 2015, http://www.theatlantic.com/education/archive/2015/08/mindfulness-education-schools-meditation/402469/.

202 アメリカ海軍や：Associated Press. "U.S. Marine Corps members learn mindfulness meditation and yoga in pilot program to help reduce stress," January 23, 2013, http://www.nydailynews.com/life-style/health/u-s-marines-learn-meditate-stress-reduction-program-article-1.1245698.

202 10億ドル近い産業：David Gelles. "The hidden price of mindfulness inc.," nytimes.com, March 19, 2016, http://www.nytimes.com/2016/03/20/opinion/sunday/the-hidden-price-of-mindfulness-inc.html?_r=2.

202 3800万以上のアメリカ人が：CashStar, Inc. "More than 38 million online Americans shopped while on the toilet," prnewswire.com, November 19, 2012, http://www.prnewswire.com/news-releases/more-than-38-million-online-americans-shopped-while-on-the-toilet-179955401.html.

203 気が逸れると回答した人が半数近くいた：Matthew A. Killingsworth and Daniel T. Gilbert. "A wandering mind is an unhappy mind." *Science* 330.6006 (2010): 932.

203 ダイエット中の人びとに：Todd F. Heatherton, et al. "Self-Awareness, Task Failure, and Disinhibition: How Attentional Focus Affects Eating." *Journal of Personality* 61.1 (1993): 49–61.

205 マインドフルネス瞑想を実践している人の方が幸福で：Kirk Warren Brown and Richard M. Ryan. "The benefits of being present: mindfulness and its role in psychological well-being." *Journal of Personality and Social Psychology* 84.4 (2003): 822–848.

205 健康で：Paul Grossman, et al. "Mindfulness-based stress reduction and health benefits: A meta-analysis." *Journal of Psychosomatic Research* 57.1 (2004): 35–43.

205 創造的で：E. J. Langer, D. Heffernan, and M. Kiester. "Reducing burnout in an institutional setting: An experimental investigation." Unpublished manuscript, Harvard University, Cambridge, MA (1988).

205 生産的で：Kwang-Ryang Park. "An experimental study of theory-based team building intervention: A case of Korean work groups." Unpublished manuscript, Harvard University, Cambridge, MA (1990).

205 偽りがなく：Michael H. Kernis and Brian M. Goldman. "A multi-component conceptualization of authenticity: Theory and research." *Advances in Experimental Social Psychology* 38 (2006): 283–357.

205 行動がコントロールでき：Kirk Warren Brown and Richard M. Ryan. "The benefits of being present: mindfulness and its role in psychological well-being." *Journal of Personality and Social Psychology* 84.4 (2003): 822–848.

205 結婚生活に満足していて：Leslie C. Burpee and Ellen J. Langer. "Mindfulness and marital satisfaction." *Journal of Adult Development* 12.1 (2005): 43–51.

205 リラックスしていて：Ellen J. Langer, Irving L. Janis, and John A. Wolfer. "Reduction of psychological stress in surgical patients." *Journal of Experimental Social Psychology* 11.2 (1975): 155–165.

189 「うまく学ぶ」マインドセットの人たちの方が：Don VandeWalle, et al. "The influence of goal orientation and self-regulation tactics on sales performance: A longitudinal field test." *Journal of Applied Psychology* 84.2 (1999): 249–259.

190 私は一時停止と呼ぶ：Allison Abbe, Chris Tkach, and Sonja Lyubomirsky. "The art of living by dispositionally happy people." *Journal of Happiness Studies* 4.4 (2003): 385–404.

191 反芻し続けてもらった：R. S. Stern, M. S. Lipsedge, and I. M. Marks. "Obsessive ruminations: A controlled trial of thought-stopping technique." *Behaviour Research and Therapy* 11.4 (1973): 659–662.

第6章：本当に活用可能な内的自己認識ツール

200 ハーバード大学の心理学者エレン・ランガー：Cara Feinberg. "The mindfulness chronicles," harvardmagazine.com, September/October 2010, http://harvardmagazine.com/2010/09/the-mindfulness-chronicles.

200 「禅の瞑想という洞窟から」：Ibid.

200 「新しい物事に気づき、既存の考えを手放し」：Ibid.

200 「私の知ってる人たちは5分だって」：Ibid.

201 「人は何もしないより、何かする方を好む」：Timothy D. Wilson, et al. "Just think: The challenges of the disengaged mind." *Science* 345.6192 (2014): 75.

201 アンジェリーナ・ジョリーや：Alexia Bure. "Surprising celebrities who meditate," wellandgood.com, December 26, 2012, http://www.wellandgood.com/good-advice/surprising-celebs-who-meditate/.

201 アンダーソン・クーパー："The newly mindful Anderson Cooper," cbsnews.com, September 6, 2015, http://www.cbsnews.com/news/the-newly-mindful-anderson-cooper/.

201 エレン・デジェネレス："What Gisele Bundchen, Ellen DeGeneres & other celebrities say about meditation," choosemuse.com, http://www.choosemuse.com/blog/9-top-celebrity-meditation-quotes/.

201 グーグル：David Hochman. "Mindfulness: Getting its share of attention," nytimes.com, November 1, 2013, http://www.nytimes.com/2013/11/03/fashion/mindfulness-and-meditation-are-capturing-attention.html.

201 マッキンゼー：David Gelles. "The hidden price of mindfulness inc.," nytimes .com, March 19, 2016, http://www.nytimes.com/2016/03/20/opinion/sunday/the-hidden-price-of-mindfulness-inc.html?_r=2.

201 ナイキ、ゼネラル・ミルズ、ターゲット、エトナ：David Hochman. "Mindfulness: Getting its share of attention," nytimes.com, November 1, 2013, https://www.nytimes.com/2013/11/03/fashion/mindfulness-and-meditation-are-capturing-attention.html.

202 30万人以上の学生が：Lauren Cassani Davis. "When mindfulness meets the

and Social Psychology 77.5 (1999): 1041–1060.

184 気分の悪化や：Nilly Mor and Jennifer Winquist. "Self-focused attention and negative affect: a meta-analysis." *Psychological Bulletin* 128.4 (2002): 638–662.

184 質の悪い睡眠と結びついている：Jacob A. Nota and Meredith E. Coles. "Duration and timing of sleep are associated with repetitive negative thinking." *Cognitive Therapy and Research* 39.2 (2015): 253–261.

184 反芻する思考パターンに陥りやすく：T. Pyszczynski and J. Greenberg. "Self-regulatory perseveration and the depressive self-focusing style: A self-awareness theory of reactive depression." *Psychological Bulletin* 102.1 (1987): 122–138.

184 反芻が内省と間違われやすい：J. Paul Hamilton, et al. "Depressive rumination, the default-mode network, and the dark matter of clinical neuroscience." *Biological Psychiatry* 78.4 (2015): 224–230.

185 3万2000人以上を検証した：Peter Kinderman, et al. "Psychological processes mediate the impact of familial risk, social circumstances and life events on mental health." *PLOS One* 8.10 (2013): e76564.

185 自分の感情を特定する正確性が低い：Joseph Ciarrochi and Greg Scott. "The link between emotional competence and well-being: A longitudinal study." *British Journal of Guidance & Counselling* 34.2 (2006): 231–243.

185 もっと大きな視点で見ることができない：Rick Harrington and Donald A. Loffredo. "Insight, rumination, and self-reflection as predictors of well-being." *The Journal of Psychology* 145.1 (2010): 39–57.

185 反芻が回避戦略であるからだ：Steven C. Hayes, et al. "Experiential avoidance and behavioral disorders: A functional dimensional approach to diagnosis and treatment." *Journal of Consulting and Clinical Psychology* 64.6 (1996): 1152.

186 反芻と、飲酒のような回避型対処戦略には：Rick E. Ingram. "Self-focused attention in clinical disorders: Review and a conceptual model." *Psychological Bulletin* 107.2 (1990): 156–176.

186 割合が70パーセント：Jay G. Hull. "A self-awareness model of the causes and effects of alcohol consumption." *Journal of Abnormal Psychology* 90.6 (1981): 586–600.

186 人や状況に対して、正面から：S. Rachman, J. Grüter-Andrew, and R. Shafran. "Post-event processing in social anxiety." *Behaviour Research and Therapy* 38.6 (2000): 611–617.

186 「視点取得」が上手くできないだけでなく：Jeffrey A. Joireman, Les Parrott III, and Joy Hammersla. "Empathy and the self-absorption paradox: Support for the distinction between self-rumination and self-reflection." *Self and Identity* 1.1 (2002): 53–65.

188 反芻の撃退に役立つもうひとつの：Carol I. Diener and Carol S. Dweck. "An analysis of learned helplessness: Continuous changes in performance, strategy, and achievement cognitions following failure." *Journal of Personality and Social Psychology* 36.5 (1978): 451–462; Carol I. Diener and Carol S. Dweck. "An analysis of learned helplessness: II. The processing of success." *Journal of Personality and Social Psychology* 39.5 (1980): 940–952.

177 大学のテニス選手たちの：V. B. Scott, et al. "Emotive writing moderates the relationship between mood awareness and athletic performance in collegiate tennis players." *North American Journal of Psychology* 5.2 (2003): 311–324.

177 免疫システムが強化され：James W. Pennebaker, Janice K. Kiecolt-Glaser, and Ronald Glaser. "Disclosure of traumas and immune function: health implications for psychotherapy." *Journal of Consulting and Clinical Psychology* 56.2 (1988): 239–245.

177 個人的成長や：Sonja Lyubomirsky, Lorie Sousa, and Rene Dickerhoof. "The costs and benefits of writing, talking, and thinking about life's triumphs and defeats." *Journal of Personality and Social Psychology* 90.4 (2006): 692–708.

177 「幸せとは宗教と同じように」：G. K. Chesterton. *Heretics*. Butler and Tanner, 1905, p. 103.

178 「出来事を何度も同じ形で語り続ける人には」：Bridget Murray. "Writing to heal," apa.org, June 2002, http://www.apa.org/monitor/jun02/writing.aspx.

178 「短い物語風のシーン」：Clare Ansberry. "The power of daily writing in a journal," wsj.com, January 26, 2016, http://www.wsj.com/articles/the-power-of-daily-writing-in-a-journal-1453837329.

178 どちらかだけでは、効果的に：James W. Pennebaker and Sandra K. Beall. "Confronting a traumatic event: Toward an understanding of inhibition and disease." *Journal of Abnormal Psychology* 95.3 (1986): 274–281.

178 真のインサイトは：Christopher D. B. Burt. "An analysis of a self-initiated coping behavior: Diary-keeping." *Child Study Journal* 24.3 (1994): 171–189.

178 さらに、日記をつける人たちがネガティブな：James W. Pennebaker. "Writing about emotional experiences as a therapeutic process." *Psychological Science* 8.3 (1997): 162–166; James W. Pennebaker, Tracy J. Mayne, and Martha E. Francis. "Linguistic predictors of adaptive bereavement." *Journal of Personality and Social Psychology* 72.4 (1997): 863–871.

179 数日おきに書く方が：James W. Pennebaker. "Writing about emotional experiences as a therapeutic process." *Psychological Science* 8.3 (1997): 162–166.

179 「散々な出来事について」：Jordan Gaines Lewis, Ph.D. "Turning Trauma into Story: The Benefits of Journaling," psychologytoday.com, August 17, 2012, https://www.psychologytoday.com/blog/brain-babble/201208/turning-trauma-story-the-benefits-journaling.

184 力不足を感じるときに最もよく：T. Pyszczynski and J. Greenberg. "Self-regulatory perseveration and the depressive self-focusing style: A self-awareness theory of reactive depression." *Psychological Bulletin* 102.1 (1987): 122–138. See also Ann G. Phillips and Paul J. Silvia. "Self-awareness and the emotional consequences of self-discrepancies." *Personality and Social Psychology Bulletin* 31.5 (2005): 703–713.

184 反芻は成績の低さや：V. B. Scott and William D. McIntosh. "The development of a trait measure of ruminative thought." *Personality and Individual Differences* 26.6 (1999): 1045–1056.

184 問題解決能力の低下や：Sonja Lyubomirsky, et al. "Why ruminators are poor problem solvers: clues from the phenomenology of dysphoric rumination." *Journal of Personality*

"Introspection, attitude change, and attitude-behavior consistency: The disruptive effects of explaining why we feel the way we do." *Advances in Experimental Social Psychology* 22 (1989): 287–343.

173 「受動という感情は」：スピノザ『エチカ（下）』、畠中尚志訳、岩波文庫、1951年、103頁。

174 感情を言葉に落とし込む：Matthew D. Lieberman, et al. "Putting feelings into words affect labeling disrupts amygdala activity in response to affective stimuli." *Psychological Science* 18.5 (2007): 421–428.

174 「なぜ」自分たちはいまのような形になっているのか：ジム・コリンズ『ビジョナリー・カンパニー３』、山岡洋一訳、日経BP社、2010年。

175 チャーリー・ケンプソンは50年以上：Clare Ansberry. "The power of daily writing in a journal," wsj.com, January 26, 2016, http://www.wsj.com/articles/the-power-of-daily-writing-in-a-journal-1453837329.

176 内省は多くしていたが、インサイトは：Anthony M. Grant, John Franklin, and Peter Langford. "The self-reflection and insight scale: A new measure of private self-consciousness." *Social Behavior and Personality: An International Journal* 30.8 (2002): 821–835.

176 「自分の人生に大きな影響を与えてきた」：James W. Pennebaker. "Writing about emotional experiences as a therapeutic process." *Psychological Science* 8.3 (1997): 162–166.

176 短期的に見ればストレスを感じる人もいる：Brian A. Esterling, et al. "Empirical foundations for writing in prevention and psychotherapy: Mental and physical health outcomes." *Clinical Psychology Review* 19.1 (1999): 79–96.

176 長期的に見ればほぼ全員が：James W. Pennebaker, Janice K. Kiecolt-Glaser, and Ronald Glaser. "Disclosure of traumas and immune function: health implications for psychotherapy." *Journal of Consulting and Clinical Psychology* 56.2 (1988): 239–245.

176 幸福度の点で：Crystal L. Park and Carol Joyce Blumberg. "Disclosing trauma through writing: Testing the meaning-making hypothesis." *Cognitive Therapy and Research* 26.5 (2002): 597–616.

177 より良い記憶力を持ち：Kitty Klein and Adriel Boals. "Expressive writing can increase working memory capacity." *Journal of Experimental Psychology: General* 130.3 (2001): 520–533.

177 成績平均点が高く：James W. Pennebaker and Martha E. Francis. "Cognitive, emotional, and language processes in disclosure." *Cognition & Emotion* 10.6 (1996): 601–626.

177 仕事を休むことが少なく：Martha E. Francis and James W. Pennebaker. "Putting stress into words: The impact of writing on physiological, absentee, and self-reported emotional well-being measures." *American Journal of Health Promotion* 6.4 (1992): 280–287.

177 仕事を辞めても次の仕事を得る：Stefanie P. Spera, Eric D. Buhrfeind, and James W. Pennebaker. "Expressive writing and coping with job loss." *Academy of Management Journal* 37.3 (1994): 722–733.

46.1 (2009): 66–70.

162 「問題に対する別の視点を」：Omer Faruk Simsek. "Self-absorption paradox is not a paradox: illuminating the dark side of self-reflection." *International Journal of Psychology* 48.6 (2013): 1109–1121.

164 男子大学生にスポーツ雑誌をふたつ読み比べてもらった：Zoë Chance and Michael I. Norton. "I read Playboy for the articles." *The Interplay of Truth and Deception: New Agendas in Theory and Research* (2009).

165 女性より男性が選ばれがち：Michael I. Norton, Joseph A. Vandello, and John M. Darley. "Casuistry and social category bias." *Journal of Personality and Social Psychology* 87.6 (2004): 817–831.

165 創造的な実験をおこなった：Donald G. Dutton and Arthur P. Aron. "Some evidence for heightened sexual attraction under conditions of high anxiety." *Journal of Personality and Social Psychology* 30.4 (1974): 510–517.

166 「理性のある動物、人間」：この現象の別の見事な例は、最近の興味深い調査で紹介されている。Mitesh Kataria and Tobias Regner. "Honestly, why are you donating money to charity? An experimental study about self-awareness in status-seeking behavior." *Theory and Decision* 79.3 (2015): 493–515.

167 もっともらしい答えを探してしまう：Timothy D. Wilson, et al. "Introspection, attitude change, and attitude-behavior consistency: The disruptive effects of explaining why we feel the way we do." *Advances in Experimental Social Psychology* 22 (1989): 287–343.

167 パートナーとの関係がいまのような形である：Timothy D. Wilson, et al. "Effects of analyzing reasons on attitude-behavior consistency." *Journal of Personality and Social Psychology* 47.1 (1984): 5–16.

168 バスケットボールの専門家を自認する人びとに：Jamin Brett Halberstadt and Gary M. Levine. "Effects of reasons analysis on the accuracy of predicting basketball games." *Journal of Applied Social Psychology* 29.3 (1999): 517–530.

168 自分がした選択の満足度を低下させる：Timothy Wilson, et al. "Introspecting about reasons can reduce post-choice satisfaction." *Personality and Social Psychology Bulletin* 19.3 (1993): 331–339.

168 なぜと問うことが破壊的なことである：Ethan Kross, Ozlem Ayduk, and Walter Mischel. "When asking 'why' does not hurt distinguishing rumination from reflective processing of negative emotions." *Psychological Science* 16.9 (2005): 709–715.

168 なぜいまのような気分になっているか書くよう指示：E. D. Watkins. "Adaptive and maladaptive ruminative self-focus during emotional processing." *Behaviour Research and Therapy* 42.9 (2004): 1037–1052.

169 「社交性、好感度、人を惹きつける力」：J. Gregory Hixon and William B. Swann. "When does introspection bear fruit? Self-reflection, self-insight, and interpersonal choices." *Journal of Personality and Social Psychology* 64.1 (1993): 35–43.

169 「否定するために理屈づけし、自分を正当化し」：Ibid.

171 「何」の質問をしたら5分も経たないうちに：Timothy D. Wilson, et al.

155 より不安を抱き：Anthony M. Grant, John Franklin, and Peter Langford. "The self-reflection and insight scale: A new measure of private self-consciousness." *Social Behavior and Personality: An International Journal* 30.8 (2002): 821–835.

155 社交に対してポジティブでなく：John B. Nezlek. "Day-to-day relationships between self-awareness, daily events, and anxiety." *Journal of Personality* 70.2 (2002): 249–276.

155 自分自身に対してネガティブである：Daniel Stein and Anthony M. Grant. "Disentangling the relationships among self-reflection, insight, and subjective well-being: The role of dysfunctional attitudes and core self-evaluations." *The Journal of Psychology* 148.5 (2014): 505–522.

155 カレンの例を見てみよう：この例について教えてくれた臨床心理士に感謝する。患者たちの情報を守るために、彼の名前を記すことはしない。

156 ティモシー・ウィルソンの言葉を借りれば「破壊的」：ティモシー・ウィルソン『自分を知り、自分を変える――適応的無意識の心理学』、村田光二訳、新曜社、2005年。

157 「イメージのなかで信じ」：Tarthang Tulku. *Skillful Means*. Dharma Publishing, 1978, pp. 102–103.

158 そこは自分についての重大な情報を：Sigmund Freud. *An Outline of Psycho-Analysis*. W. W. Norton, 1949.

158 深く徹底した分析によって：Timothy D. Wilson and Elizabeth W. Dunn. "Self-knowledge: Its limits, value, and potential for improvement." *Annual Reviews of Psychology* 55 (2004): 493–518.

159 「語ってきた重要な事柄のほぼすべてに」：Todd Dufresne. "Psychoanalysis is dead . . . so how does that make you feel?," latimes.com, February 18, 2004, http://articles.latimes.com/2004/feb/18/opinion/oe-dufresne18.

159 患者のカルテを書き換えた：Adolf Grünbaum. "Précis of the foundations of psychoanalysis: A philosophical critique." *Behavioral and Brain Sciences* 9.2 (1986): 217–228.

159 患者の精神的健康をさらに悪化させていた可能性：Daniel Goleman. "As a therapist, Freud fell short, scholars find," nytimes.com, March 6, 1990, http://www.nytimes.com/1990/03/06/science/as-a-therapist-freud-fell-short-scholars-find.html?pagewanted=all.

159 「大災害」だと語った：Todd Dufresne. "Psychoanalysis is dead . . . so how does that make you feel?," latimes.com, February 18, 2004, http://articles.latimes.com/2004/feb/18/opinion/oe-dufresne18.

160 無意識を知ることは不可能だ：ティモシー・ウィルソン『自分を知り、自分を変える――適応的無意識の心理学』、村田光二訳、新曜社、2005年。

160 プラシーボ効果は：Bruce E. Wampold, et al. "A meta-analysis of outcome studies comparing bona fide psychotherapies: Empirically, all must have prizes." *Psychological Bulletin* 122.3 (1997): 203–215.

161 セラピストと患者の関係性だという：Jennifer A. Lyke. "Insight, but not self-reflection, is related to subjective well-being." *Personality and Individual Differences*

148 創造性も低かった：Steven G. Rogelberg, et al. “The executive mind: leader self-talk, effectiveness and strain.” *Journal of Managerial Psychology* 28.2 (2013): 183–201.

149 「故意なくしておかした」：『アメリカ大統領演説集』所収、ジョージ・ワシントン「大統領の任を終えるにあたって」、黒田和雄訳編、原書房、1961年。

第5章：「考える」＝「知る」ではない

153 より強固な関係を築き：Rick Harrington and Donald A. Loffredo. “Insight, rumination, and self-reflection as predictors of well-being.” *The Journal of Psychology* 145.1 (2010): 39–57.

153 より穏やかで満足感を抱いている：Anthony M. Grant, John Franklin, and Peter Langford. “The self-reflection and insight scale: A new measure of private self-consciousness.” *Social Behavior and Personality: An International Journal* 30.8 (2002): 821–835.

153 自分について考える：Paul J. Silvia and Ann G. Phillips. “Evaluating self-reflection and insight as self-conscious traits.” *Personality and Individual Differences* 50.2 (2011): 234–237.

154 自己認識が低下したのだ：Anthony M. Grant, John Franklin, and Peter Langford. “The self-reflection and insight scale: A new measure of private self-consciousness.” *Social Behavior and Personality: An International Journal* 30.8 (2002): 821–835, p. 824.

154 内省を始めたとき以上のインサイトを得ることはない：J. Gregory Hixon and William B. Swann. “When does introspection bear fruit? Self-reflection, self-insight, and interpersonal choices.” *Journal of Personality and Social Psychology* 64.1 (1993): 35–43.

154 チンパンジーや：David Premack and Guy Woodruff. “Does the chimpanzee have a theory of mind?” *Behavioral and Brain Sciences* 1.4 (1978): 515–526.

154 イルカや：Heidi E. Harley. “Consciousness in dolphins? A review of recent evidence.” *Journal of Comparative Physiology A* 199.6 (2013): 565–582.

154 ゾウや：Joshua M. Plotnik, Frans B. M. De Waal, and Diana Reiss. “Self-recognition in an Asian elephant.” *Proceedings of the National Academy of Sciences* 103.45 (2006): 17053–17057.

154 ハトでさえ：Robert Epstein, Robert P. Lanza, and Burrhus Frederic Skinner. “Self-awareness in the pigeon.” *Science* 212.4495 (1981): 695– 696.

155 内省（パートナー抜きでどう人生を）：Susan Nolen-Hoeksema, Angela McBride, and Judith Larson. “Rumination and psychological distress among bereaved partners.” *Journal of Personality and Social Psychology* 72.4 (1997): 855–862.

155 幸福度の低さと関係している：Julie J. Park and Melissa L. Millora. “The relevance of reflection: An empirical examination of the role of reflection in ethic of caring, leadership, and psychological well-being.” *Journal of College Student Development* 53.2 (2012): 221–242.

be-game-changers-as-she-exposes-the-fakeness-of-social-media.

141 口にすることの60パーセント近くが：Robin I. M. Dunbar, Anna Marriott, and Neil D. C. Duncan. "Human conversational behavior." *Human Nature* 8.3 (1997): 231–246.

141 80パーセントにも達する：Mor Naaman, Jeffrey Boase, and Chih-Hui Lai. "Is it really about me?: message content in social awareness streams." *Proceedings of the 2010 ACM Conference on Computer Supported Cooperative Work*. ACM, 2010.

141 2つのどちらかに分類できる：Ibid.

143 「それを商人と呼ぶ」：Andrew Anthony. "Angela Ahrendts: the woman aiming to make Apple a luxury brand," theguardian.com, January 10, 2016, https://www.theguardian.com/technology/2016/jan/10/profile-angela-ahrendts-apple-executive-luxury-brand.

144 見事に業績回復を成し遂げた：Jennifer Reingold. "What the heck is Angela Ahrendts doing at Apple?" fortune.com, September 10, 2015, http://fortune.com/2015/09/10/angela-ahrendts-apple/.

145 「（アップルが）何年もかけて生み出した」：Tim Hardwick. "Angela Ahrendts says she views Apple Store staff as 'executives,' " macrumors.com, January 28, 2016, http://www.macrumors.com/2016/01/28/angela-ahrendts-apple-store-staff-executives/.

145 「アンジェラ・アーレンツはアップルで」：Jennifer Reingold. "What the heck is Angela Ahrendts doing at Apple?" fortune.com, September 10, 2015, http://fortune.com/2015/09/10/angela-ahrendts-apple/.

145 2015年度は、経営的な観点からすると："Apple reports record fourth quarter results," apple.com, October 27, 2015, http://www.apple.com/pr/library/2015/10/27Apple-Reports-Record-Fourth-Quarter-Results.html.

145 81パーセントと、同社で歴代最高の：AppleInsider staff. "Angela Ahrendts treats Apple Store employees like execs, retained 81% of workforce in 2015," appleinsider.com, January 27, 2016, http://appleinsider.com/articles/16/01/28/angela-ahrendts-treats-apple-store-employees-like-execs-retained-81-of-workforce-in-2015.

146 謙虚なリーダーがいるチームの：Bradley P. Owens, Michael D. Johnson, and Terence R. Mitchell. "Expressed humility in organizations: Implications for performance, teams, and leadership." *Organization Science* 24.5 (2013): 1517–1538.

146 自己認識にとって不可欠な要素だ：R. A. Emmons. *The Psychology of Ultimate Concerns: Motivation and Spirituality in Personality*. Guilford Press, 1999, p. 33, as cited in June Price Tangney. "Humility: Theoretical perspectives, empirical findings and directions for future research." *Journal of Social and Clinical Psychology* 19.1 (2000): 70–82.

147 外部の基準に頼らずポジティブな見方を：Kristin D. Neff and Roos Vonk. "Self-compassion versus global self-esteem: Two different ways of relating to oneself." *Journal of Personality* 77.1 (2009): 23–50.

147 「本当に、心から行きたい」：Kristin D. Neff, Kristin L. Kirkpatrick, and Stephanie S. Rude. "Self-compassion and adaptive psychological functioning." *Journal of Research in Personality* 41.1 (2007): 139–154.

paradoxes of narcissism: A dynamic self-regulatory processing model." *Psychological Inquiry* 12.4 (2001): 177–196.

138 共感を見せることが少なく：Seth A. Rosenthal and Todd L. Pittinsky. "Narcissistic leadership." *The Leadership Quarterly* 17.6 (2006): 617–633.

138 非倫理的な行動を取ることが多くなる：Michael Maccoby. "Narcissistic leaders: The incredible pros, the inevitable cons." *Harvard Business Review* 78.1 (2000): 68–78.

138 誰より低く評価される：Timothy A. Judge, Jeffery A. LePine, and Bruce L. Rich. "Loving yourself abundantly: Relationship of the narcissistic personality to self- and other perceptions of workplace deviance, leadership, and task and contextual performance." *Journal of Applied Psychology* 91.4 (2006): 762–776.

138 自身への客観的なフィードバックに対して：Arijit Chatterjee and Donald C. Hambrick. "Executive personality, capability cues, and risk taking: How narcissistic CEOs react to their successes and stumbles." *Administrative Science Quarterly* 56.2 (2011): 202–237.

138 CEOのサインの大きさを：Charles Ham, et al. "Narcissism is a bad sign: CEO signature size, investment, and performance." *UNC Kenan-Flagler Research Paper* 2013–1 (2014).

138 人生を実際以上に良く見せる：Shanyang Zhao, Sherri Grasmuck, and Jason Martin. "Identity construction on Facebook: Digital empowerment in anchored relationships." *Computers in Human Behavior* 24.5 (2008): 1816–1836.

138 フェイスブックの投稿から：Trudy Hui Chua and Leanne Chang. "Follow me and like my beautiful selfies: Singapore teenage girls' engagement in self-presentation and peer comparison on social media." *Computers in Human Behavior* 55 (2016): 190–197.

138 マッチングサイトのプロフィール：Nicole Ellison, Rebecca Heino, and Jennifer Gibbs. "Managing impressions online: Self-presentation processes in the online dating environment." *Journal of Computer-Mediated Communication* 11.2 (2006): 415–441.

138 議員のツイッターのつぶやき：David S. Lassen and Benjamin J. Toff. "Elite ideology across media: Constructing a measure of Congressional candidates' ideological self-presentation on social media." Unpublished manuscript (2015).

138 ネガティブな言葉を控える傾向：Natalya N. Bazarova, et al. "Managing impressions and relationships on Facebook: Self-presentational and relational concerns revealed through the analysis of language style." *Journal of Language and Social Psychology* 32.2 (2012): 121–141.

138 好ましい印象を持たれることを目指して：L. Bareket-Bojmel, S. Moran, and G. Shahar. "Strategic self-presentation on Facebook: Personal motives and audience response to online behavior." *Computers in Human Behavior* 55 (2016): 788–795.

139 ソーシャルメディアをやめる：Megan McCluskey. "Teen Instagram Star Speaks Out About the Ugly Truth Behind Social Media Fame." Time.com, November 2, 2015, http://time.com/4096988/teen-instagram-star-essena-oneill-quitting-social-media/.

140 「ゲームチェンジャーになろう」："Essena O'Neill invites us to 'Let's be Game Changers,' as she exposes the 'fakeness' of social media," mybodymyimage.com, November 3, 2015, http://www.mybodymyimage.com/essena-oneill-invites-us-to-lets-

129 「ありとあらゆる失敗が繰り返され」：ダニエル・カーネマン『ファスト&スロー（下）』、村井章子訳、ハヤカワ・ノンフィクション文庫、2014年、66頁。

133 セルフィーばかり投稿する人は：Laura E. Buffardi and W. Keith Campbell. "Narcissism and social networking web sites." *Personality and Social Psychology Bulletin* 34.10 (2008): 1303–1314.

133 「モラル狭窄説」：Paul Trapnell and Lisa Sinclair. "Texting frequency and the moral shallowing hypothesis." Poster presented at the Annual Meeting of the Society for Personality and Social Psychology, San Diego, CA. 2012.

134 自撮りをしたりソーシャルメディアを使う：Jesse Fox and Margaret C. Rooney. "The Dark Triad and trait self-objectification as predictors of men's use and self-presentation behaviors on social networking sites." *Personality and Individual Differences* 76 (2015): 161–165.

134 ナルシシズムが、30パーセントも増加している：Jean M. Twenge, et al. "Egos inflating over time: A cross-temporal meta-analysis of the Narcissistic Personality Inventory." *Journal of Personality* 76.4 (2008): 875–902.

134 およそ80パーセント：Cassandra Rutledge Newsom, et al. "Changes in adolescent response patterns on the MMPI/MMPI-A across four decades." *Journal of Personality Assessment* 81.1 (2003): 74–84.

135 「私」に関連する言葉：William J. Chopik, Deepti H. Joshi, and Sara H. Konrath. "Historical changes in American self-interest: State of the Union addresses 1790 to 2012." *Personality and Individual Differences* 66 (2014): 128–133.

135 「人との関係を維持するため」：Sonja Utz. "The function of self-disclosure on social network sites: Not only intimate, but also positive and entertaining self-disclosures increase the feeling of connection." *Computers in Human Behavior* 45 (2015): 1–10.

136 11パーセント減少している：Sara H. Konrath, Edward H. O'Brien, and Courtney Hsing. "Changes in dispositional empathy in American college students over time: A meta-analysis." *Personality and Social Psychology Review* 15.2 (2010): 180–198.

136 実際にナルシストの方が：Eric B. Weiser. "# Me: Narcissism and its facets as predictors of selfie-posting frequency." *Personality and Individual Differences* 86 (2015): 477–481; Soraya Mehdizadeh. "Self-presentation 2.0: Narcissism and self-esteem on Facebook." *Cyberpsychology, Behavior, and Social Networking* 13.4 (2010): 357–364.

137 それぞれ35分ネットをして：E. Freeman and J. Twenge. "Using MySpace increases the endorsement of narcissistic personality traits." *Society for Personality and Social Psychology* (2010).

137 人格障害の一種でもあり：American Psychiatric Association. *Diagnostic and Statistical Manual of Mental Disorders* (DSM-5®). American Psychiatric Publishing, 2013.

138 自らのパフォーマンスを過大評価しがち：John W. Fleenor, et al. "Self–other rating agreement in leadership: A review." *The Leadership Quarterly* 21.6 (2010): 1005–1034.

138 意思決定プロセスを独占し：Robert Hogan, Robert Raskin, and Dan Fazzini. "The dark side of charisma." *Measures of Leadership* (1990).

138 過剰に評価を求め：Carolyn C. Morf and Frederick Rhodewalt. "Unraveling the

teachers to mark in green instead (and get pupils to respond in purple)," dailymail.co.uk, March 19, 2014, https://www.dailymail.co.uk/news/article-2584672/School-bans-red-ink-tells-teachers-mark-green-instead-pupils-respond-purple.html

124 「自分を愛する」訓練：Richard Lee Colvin. "Losing faith in self-esteem movement," latimes.com, January 25, 1999, http://articles.latimes.com/1999/jan/25/news/mn-1505.

124 卒業生総代が30人もいる：Frank Bruni. "Common core battles the cult of self-esteem," dallasnews.com, December 1, 2013, http://www.dallasnews.com/opinion/latest-columns/20131201-common-core-battles-the-cult-of-self-esteem.ece.

124 「成績のインフレ」：Valerie Strauss. "Why grade inflation (even at Harvard) is a big problem," washingtonpost.com, December 20, 2013, https://www.washingtonpost.com/news/answer-sheet/wp/2013/12/20/why-grade-inflation-even-at-harvard-is-a-big-problem/?utm_term=.6b4ef3d0ee6d.

125 少なくとも半分がAだった：Matthew Q. Clarida and Nicholas P. Fandos. "Substantiating fears of grade inflation, dean says median grade at Harvard College is A-, most common grade is A," thecrimson.com, December 3, 2013, http://www.thecrimson.com/article/2013/12/3/grade-inflation-mode-a/.

125 調査した生徒のうち72パーセントが：Kristin Toussaint. "Harvard class with A-average not worried about grade inflation," boston.com, May 27, 2015, http://www.boston.com/news/local-news/2015/05/27/harvard-class-with-a-average-not-worried-about-grade-inflation.

125 「より優れた学生が着実に」：Robert McGuire. "Grade expectations," yalealumnimagazine.com, September/October 2013, https://yalealumnimagazine.com/articles/3735.

126 自分の頭の良さに過剰な自信を抱いている大学1年生：Richard W. Robins and Jennifer S. Beer. "Positive illusions about the self: Short-term benefits and long-term costs." *Journal of Personality and Social Psychology* 80.2 (2001):340–352.

126 「ずるくて、嘘をつき」：C. Randall Colvin, Jack Block, and David C. Funder. "Overly positive self-evaluations and personality: negative implications for mental health." *Journal of Personality and Social Psychology* 68.6 (1995): 1152, 1156.

126 「単純でなく、興味を引かれ」：C. Randall Colvin, Jack Block, and David C. Funder. "Overly positive self-evaluations and personality: negative implications for mental health." *Journal of Personality and Social Psychology* 68.6 (1995): 1152–1162.

127 起業家は普通の勤め人より：Keith M. Hmieleski and Robert A. Baron. "Entrepreneurs' optimism and new venture performance: A social cognitive perspective." *Academy of Management Journal* 52.3 (2009): 473–488.

127 「絶対確実に」：Arnold C. Cooper, Carolyn Y. Woo, and William C. Dunkelberg. "Entrepreneurs' perceived chances for success." *Journal of Business Venturing* 3.2 (1988): 97–108.

128 カナディアン・イノベーション・センターが：Thomas Åstebro and Samir Elhedhli."The effectiveness of simple decision heuristics: Forecasting commercial success for early-stage ventures." *Management Science* 52.3 (2006): 395–409.

lifestyles?" *Psychological Science in the Public Interest* 4.1 (2003): 1–44.

121 「自己愛の欠如を」：Ibid.

121 より暴力的で攻撃的だと：Baumeister, et al. "Relation of threatened egotism to violence and aggression: The dark side of high self-esteem." *Psychological Review* 103.1 (1996): 5–33.

121 恋愛関係で問題が生じたときに：Caryl E. Rusbult, Gregory D. Morrow, and Dennis J. Johnson. "Self-esteem and problem-solving behaviour in close relationships." *British Journal of Social Psychology* 26.4 (1987): 293–303.

121 騙したり：Thalma E. Lobel and Ilana Levanon. "Self-esteem, need for approval, and cheating behavior in children." *Journal of Educational Psychology* 80.1 (1988): 122–123.

121 酒に走ったり、ドラッグを使用する：Meg Gerrard, et al. "Self-esteem, self-serving cognitions, and health risk behavior." *Journal of Personality* 68.6 (2000): 1177–1201.

123 「特別でかけがえがない」：Richard Adams. "Headteacher whose praise for pupils went viral falls foul of Ofsted," theguardian.com, September 24, 2015, http://www.theguardian.com/education/2015/sep/24/headteacher-whose-praise-for-pupils-went-viral-falls-foul-of-ofsted.

123 「加害者と犠牲者から」：Zole O'Brien. "Children are never naughty, says head," express.co.uk, June 28, 2015, http://www.express.co.uk/news/uk/587459/Children-teachers-bad-behaviour.

123 「あなたのことは素晴らしいと思うけど」：Allison Pearson. "Sparing the rod has spoilt these teachers," telegraph.co.uk, June 30, 2015, http://www.telegraph.co.uk/education/primaryeducation/11707847/Allison-Pearson-Sparing-the-rod-has-spoilt-these-teachers.html.

123 「あなたは私の忍耐バケツを」：Ibid.

124 「大変な一週間のなかで全力を尽くした」："Barrowford school's KS2 'proud' letter to pupils goes viral," bbc.com, July 16, 2014, http://www.bbc.com/news/uk-england-lancashire-28319907.

124 「空想」：Jaya Narain. "Inspectors slam primary school where there's no such thing as a naughty child and teachers are banned from raising their voices—and give it Ofsted's lowest possible rating," dailymail.co.uk, September 25, 2015, http://www.dailymail.co.uk/news/article-3249078/Inspectors-slam-primary-school-s-no-thing-naughty-child-teachers-banned-raising-voices-Ofsted-s-lowest-possible-rating.html.

124 「とてもポジティブで、将来が楽しみだ」：Ibid.

124 3500近くの賞を与える：Ashley Merryman. "Losing is good for you," nytimes.com, September 24, 2013, https://www.nytimes.com/2013/09/25/opinion/losing-is-good-for-you.html?_r=0.

124 他人と競うスポーツを禁じる：Dilvin Yasa. "Has the self-esteem movement failed our kids?" childmags.com.au, September 22, 2014, http://www.childmags.com.au/family/relationships/6766-has-the-self-esteem-movement-failed-our-kids.

124 あまりに「ネガティブ」だから：William Turvill. "School bans red ink—and tells

1880–2007." *Social Psychological and Personality Science* 1.1 (2010): 19–25.

116 「親はかつて子供に一般的な名前を」：Gina Jacobs. "Unique baby names not just a celebrity fad," newscenter.sdsu.edu, May 20, 2009, http://newscenter.sdsu.edu/sdsu_newscenter/news_story.aspx?sid=71319.

118 「自分教」は、かなり近年の現象：Roy F. Baumeister, et al. "Does high self-esteem cause better performance, interpersonal success, happiness, or healthier lifestyles?" *Psychological Science in the Public Interest* 4.1 (2003): 1–44.

118 そうした種が最初に蒔かれたのが：Stanley Coopersmith. *The Antecedents of Self-Esteem.* Consulting Psychologists Press, 1967.

119 最高になる必要はなく：Jean M. Twenge and W. Keith Campbell. *The Narcissism Epidemic: Living in the Age of Entitlement.* Simon and Schuster, 2009, p. 62.

119 「人間の実存のあらゆる側面に」：Nathaniel Branden. *The Six Pillars of Self-Esteem.* Bantam Dell Publishing Group, 1995, p. 5, as cited in Roy F. Baumeister, Laura Smart, and Joseph M. Boden. "Relation of threatened egotism to violence and aggression: The dark side of high self-esteem." *Psychological Review* 103.1 (1996): 5.

119 「不安や鬱、愛や」：Nathaniel Branden. "In defense of self." *Association for Humanistic Psychology* (1984): 12–13, p. 12, as cited in Roy F. Baumeister, Laura Smart, and Joseph M. Boden. "Relation of threatened egotism to violence and aggression: The dark side of high self-esteem." *Psychological Review* 103.1 (1996): 5–33.

120 「自尊心と10代の妊娠」：Andrew M. Mecca, Neil J. Smelser, and John Vasconcellos. *The Social Importance of Self-Esteem.* University of California Press, 1989, p. 105.

120 「人は直感的に、それが真実だと知っている」：Ibid.

120 「アメリカの自尊心を砕いた男」：Will Storr. "The man who destroyed America's ego," medium.com, February 25, 2014, https://medium.com/matter/the-man-who-destroyed-americas-ego-94d214257b5#.dasai1u4q.

120 軍士官候補生の自尊心は：Martin M. Chemers, Carl B. Watson, and Stephen T. May. "Dispositional affect and leadership effectiveness: A comparison of self-esteem, optimism, and efficacy." *Personality and Social Psychology Bulletin* 26.3 (2000): 267–277.

121 そして大学生に自尊心が：Duane Buhrmester, et al. "Five domains of interpersonal competence in peer relationships." *Journal of Personality and Social Psychology* 55.6 (1988): 991–1008.

121 職場では、自尊心が高くても：Julia A. Bishop and Heidi M. Inderbitzen. "Peer acceptance and friendship: An investigation of their relation to self-esteem." *The Journal of Early Adolescence* 15.4 (1995): 476–489.

121 成功していない人物が自尊心を高めると：D. R. Forsyth and N. A. Kerr. "Are adaptive illusions adaptive." Poster presented at the annual meeting of the American Psychological Association, Boston, MA (1999), cited in Baumeister, et al., 1996.

121 自尊心が「大きな判断材料でもなければ」：Roy F. Baumeister, et al. "Does high self-esteem cause better performance, interpersonal success, happiness, or healthier

experts-struck-out-on-world-series/88471/.

98 専門家というのは思ったよりも間違いを犯す：S. Atir, E. Rosenzweig, and D. Dunning. "When knowledge knows no bounds: self-perceived expertise predicts claims of impossible knowledge." *Psychological Science* 26.8 (2015): 1295–1303.

98 経験の重要性を探ろうとした：Berndt Brehmer. "In one word: Not from experience." *Acta Psychologica* 45.1-3 (1980): 223–241.

100 人間の脳は密かにシンプルに：ダニエル・カーネマン『ファスト＆スロー（上）』、村井章子訳、ハヤカワ・ノンフィクション文庫、2014年、180頁。

100 自分の感情が見えなくなっている状態：Norbert Schwarz. "Stimmung als Information: Untersuchungen zum Einflufs von Stimmungen auf die Bewertung des eigenen Lebens" [Mood as information: The influence of moods and emotions on evaluative judgments]. *Psychologische Rundschau* 39 (1987): 148–159.

100 学生たちに２つの質問が投げかけられた：Fritz Strack, Leonard L. Martin, and Norbert Schwarz. "Priming and communication: Social determinants of information use in judgments of life satisfaction." *European Journal of Social Psychology* 18.5 (1988): 429–442.

103 参加者たちは数々の性格診断テストを受け：Wilhelm Hofmann, Tobias Gschwendner, and Manfred Schmitt. "The road to the unconscious self not taken: Discrepancies between self- and observer-inferences about implicit dispositions from nonverbal behavioural cues." *European Journal of Personality* 23.4 (2009): 343–366.

108 人は自分ではなく周りの環境に原因があると：Chris Argyris. *Teaching Smart People How to Learn*. Harvard Business Review Press, 2008.

109 シンプルで実践的なプロセス：Peter F. Drucker. "Managing oneself." *Harvard Business Review* 83.1 (2005): 100–109.

110 能力が低くて自信過剰な人物でも：Justin Kruger and David Dunning. "Unskilled and unaware of it: How difficulties in recognizing one's own incompetence lead to inflated self-assessments." *Journal of Personality and Social Psychology* 77.6 (1999): 1121. See also D. Ryvkin, M. Krajč, and A. Ortmann. "Are the unskilled doomed to remain unaware?" *Journal of Economic Psychology* 33.5 (2012): 1012–1031.

111 「楽しみながらも正確な観察」：Bob Sutton. "Great Piece on Narcissistic CEOs in The New York Times," *Work Matters* blog, March 7, 2012, http://bobsutton.typepad.com/my_weblog/2012/03/great-piece-on-narcissistic-ceos-in-the-new-york-times.html.

111 偉大なリーダーたちは自分に指摘してくれる人間を：この指摘については、私の友人であるマイク・ヘロンとチャック・ブレイクマンに感謝する。

第4章：自分教というカルト

116 子供の名前を分析した：Jean M. Twenge, Emodish M. Abebe, and W. Keith Campbell. "Fitting in or standing out: Trends in American parents' choices for children's names,

89 40項目中38もの項目で：Mark D. Alicke, et al. "Personal contact, individuation, and the better-than-average effect." *Journal of Personality and Social Psychology* 68.5 (1995): 804–825.

89 最も能力のない人びとが：Justin Kruger and David Dunning. "Unskilled and unaware of it: How difficulties in recognizing one's own incompetence lead to inflated self-assessments." *Journal of Personality and Social Psychology* 77.6 (1999): 1121–1134.

89 運転や：E. Kunkel. "On the relationship between estimate of ability and driver qualification." *Psychologie und Praxis* (1971).

89 学業や：Beth A. Lindsey and Megan L. Nagel. "Do students know what they know? Exploring the accuracy of students' self-assessments." *Physical Review Special Topics—Physics Education Research* 11.2 (2015): 020103; Douglas J. Hacker, et al. "Test prediction and performance in a classroom context." *Journal of Educational Psychology* 92.1 (2000): 160–170.

89 仕事のパフォーマンスなど：Daniel E. Haun, et al. "Assessing the competence of specimen-processing personnel." *Laboratory Medicine* 31.11 (2000): 633–637.

90 自分の能力を正確に評価したら：Joyce Ehrlinger, et al. "Why the unskilled are unaware: Further explorations of (absent) self-insight among the incompetent." *Organizational Behavior and Human Decision Processes* 105.1 (2008): 98–121.

90 「間違った自信を持つことで」：David Dunning. "We are all confident idiots," psmag.com, October 27, 2014, http://www.psmag.com/health-and-behavior/confident-idiots-92793.

90 独創的な研究を展開し：Oliver J. Sheldon, David Dunning, and Daniel R. Ames. "Emotionally unskilled, unaware, and uninterested in learning more: Reactions to feedback about deficits in emotional intelligence." *Journal of Applied Psychology* 99.1 (2014): 125–137.

92 自分を知る最初の大きなステップ：Michael Lewis, et al. "Self development and self-conscious emotions." *Child Development* 60.1 (1989): 146–156.

93 それが間違っているのだと繰り返し告げられても：Susan Harter. *The Construction of the Self: A Developmental Perspective*. Guilford Press, 1999, p. 318.

93 「私はどのような人間か」：Ibid.

95 自分を知っていく兆しを見せるものの：これは私たちの自己認識研究から分かったことだ。Andreas Demetriou and Karin Bakracevic. "Reasoning and self-awareness from adolescence to middle age: Organization and development as a function of education." *Learning and Individual Differences* 19.2 (2009): 181–194.も参照。

97 「囚人たちは自らを」：Constantine Sedikides, et al. "Behind bars but above the bar: Prisoners consider themselves more prosocial than non-prisoners." *British Journal of Social Psychology* 53.2 (2014): 396–403, p. 400.

97 「トップダウン思考」：David Dunning, et al. "Why people fail to recognize their own incompetence." *Current Directions in Psychological Science* 12.3 (2003): 83–87.

98 ESPNは生粋の野球専門家：Ira Stoll. "How the experts struck out on World Series baseball," nysun.com, October 28, 2013, http://www.nysun.com/national/how-the-

releases/youre-not-all-that-self-promoters-six-times-more-likely-to-derail-according-to-pdi-ninth-house-and-university-of-minnesota-study-147742375.html.

87 優れたパフォーマンスを発揮しているメンバーの：David Dunning. "On identifying human capital: Flawed knowledge leads to faulty judgments of expertise by individuals and groups." *Advances in Group Processes*. Emerald Group Publishing Limited, 2015, pp. 149–176.

87 キャリア初期の成功が：Ulrike Malmendier and Geoffrey Tate. "CEO overconfidence and corporate investment." *Journal of Finance* 60.6 (2005): 2661–2700.

87 重役たちの方が：Fabio Sala. "Executive blind spots: Discrepancies between self-and other-ratings." *Consulting Psychology Journal: Practice and Research* 55.4 (2003): 222–229.

87 経験豊富なリーダーの方が：Cheri Ostroff, Leanne E. Atwater, and Barbara J. Feinberg. "Understanding self-other agreement: A look at rater and ratee characteristics, context, and outcomes." *Personnel Psychology* 57.2 (2004): 333–375.

87 年配のマネジャーの方が：John W. Fleenor, et al. "Self-other rating agreement in leadership: A review." *The Leadership Quarterly* 21.6 (2010): 1005–1034.

87 ビジネス専攻の学生たちの方が：Phillip L. Ackerman, Margaret E. Beier, and Kristy R. Bowen. "What we really know about our abilities and our knowledge." *Personality and Individual Differences* 33.4 (2002): 587–605.

88 確実なシステムが存在しないことが多い：Margaret Diddams and Glenna C. Chang. "Only human: Exploring the nature of weakness in authentic leadership." *The Leadership Quarterly* 23.3 (2012): 593–603.

88 「壁、鏡、そして嘘つき」：Alison Boulton. "Power corrupts but it also plays with your mind: Lloyd George, Chamberlain, and Thatcher all suffered from 'hubris syndrome,'" independent.co.uk, September 22, 2013, http://www.independent.co.uk/life-style/health-and-families/health-news/power-corrupts-but-it-also-plays-with-your-mind-lloyd-george-chamberlain-and-thatcher-all-suffered-8831839.html.

88 市場の予測より低い給料にしようとはしない：Rachel M. Hayes and Scott Schaefer. "CEO pay and the Lake Wobegon effect." *Journal of Financial Economics* 94.2 (2009): 280–290.

88 精神的に疎遠になっている人間関係がある：Per F. Gjerde, Miyoko Onishi, and Kevin S. Carlson. "Personality characteristics associated with romantic attachment: A comparison of interview and self-report methodologies." *Personality and Social Psychology Bulletin* 30.11 (2004): 1402–1415.

88 話しかける言葉の数を過大評価：Gary Wolf. "The data-driven life," *The New York Times Magazine*, April 28, 2010, https://www.nytimes.com/2010/05/02/magazine/02self-measurement-t.html?_r=0.

89 資産運用の優れた教師：Greenwald & Associates, Inc. Parents, youth, and money: Executive summary. 2001, https://www.ebri.org/surveys/pym-es.pdf.

89 2パーセントだ：College Board. Student descriptive questionnaire. Princeton, NJ: Educational Testing Service. 1976–1977.

difficulties in recognizing one's own incompetence lead to inflated self-assessments." *Journal of Personality and Social Psychology* 77.6 (1999): 1121–1134.

85 細く：Pew Research Center. "Americans see weight problems everywhere but in the mirror," pewsocialtrends.org, April 11, 2006, http://www.pewsocialtrends.org/2006/04/11/americans-see-weight-problems-everywhere-but-in-the-mirror/.

85 見た目がよく：Nicholas Epley and Erin Whitchurch. "Mirror, mirror on the wall: Enhancement in self-recognition." *Personality and Social Psychology Bulletin* 34.9 (2008): 1159–1170.

85 社交性があり：Paul A. Mabe and Stephen G. West. "Validity of self-evaluation of ability: A review and meta-analysis." *Journal of Applied Psychology* 67.3 (1982): 280–296.

85 運動神経があり：Richard B. Felson. "Self-and reflected appraisal among football players: A test of the Meadian hypothesis." *Social Psychology Quarterly* (1981): 116–126.

85 優れた学生で：Paul A. Mabe and Stephen G. West. "Validity of self-evaluation of ability: A review and meta-analysis." *Journal of Applied Psychology* 67.3 (1982): 280–296.

85 優れたドライバーだ：半数のドライバーは、自分の運転技術は上位20パーセントに入ると思っていて、92パーセントのドライバーが、自分の運転は平均的なドライバーよりも安全だと信じている！ Ola Svenson. "Are we all less risky and more skillful than our fellow drivers?" *Acta Psychologica* 47.2 (1981): 143–148.

86 ほとんど何の相関関係もなかった：Paul A. Mabe and Stephen G. West. "Validity of self-evaluation of ability: A review and meta-analysis." *Journal of Applied Psychology* 67.3 (1982): 280–296.

86 1000人近くのエンジニア：Todd R. Zenger. "Why do employers only reward extreme performance? Examining the relationships among performance, pay, and turnover." *Administrative Science Quarterly* 37.2 (1992): 198–219.

86 94パーセントもの大学教授：K. Patricia Cross. "Not can but will college teaching be improved?" *New Directions for Higher Education*, 17 (1977): 1–15.

86 外科研修医の技術に対する自己評価：D. A. Risucci, A. J. Tortolani, and R. J. Ward. "Ratings of surgical residents by self, supervisors and peers." *Surgery, Gynecology & Obstetrics* 169.6 (1989): 519–526.

86 従業員たちが自己認識を欠いていると：Erich C. Dierdorff and Robert S. Rubin. "Research: We're not very self-aware, especially at work," *Harvard Business Review*, March 12, 2015, https://hbr.org/2015/03/research-were-not-very-self-aware-especially-at-work.

86 収益性の悪い企業の方が："Korn ferry institute study shows link between self-awareness and company financial performance," Korn Ferry Institute, June 15, 2015, http://www.kornferry.com/press/korn-ferry-institute-study-shows-link-between-self-awareness-and-company-financial-performance/.

87 6倍も高まる：PDI Ninth House. "You're not all that: Self-promoters six times more likely to derail," prnewswire.com, April 17, 2012, http://www.prnewswire.com/news-

Organizational Research Methods 10.3 (2007): 502–522.

46　「道徳上の原理については」：ベンジャミン・フランクリン『フランクリン自伝』、松本慎一・西川正身訳、岩波文庫、1957年、155頁。

47　遠近両用メガネや：The Independence Hall Association. "The electric Ben Franklin," ushistory.org, http://www.ushistory.org/franklin/info/inventions.htm.

51　「復活の芽吹き」：Ben Huh. "I cheated on my life goals and life actually got better," medium.com, August 27, 2015, https://medium.com/@benhuh/i-cheated-on-my-life-goals-and-life-actually-got-better-78121bdf1790#.al1gu1kan.

58　2500種類以上の性格検査があり：Lucy Ash. "Personality tests: Can they indentify the real you?" *BBC News Magazine*, July 6, 2012, http://www.bbc.com/news/magazine-18723950.

69　視点取得：Jeffrey A. Joireman, Les Parrott III, and Joy Hammersla. "Empathy and the self-absorption paradox: Support for the distinction between self-rumination and self-reflection." *Self and Identity* 1.1 (2002): 53–65.

70　「全員にとっての最善を」：チップ・ヒース、この研究を教えてくれてありがとう！ Eli J. Finkel, et al. "A brief intervention to promote conflict reappraisal preserves marital quality over time." *Psychological Science* 24.8 (2013): 1595–1601.

71　「ズームイン／ズームアウト」：Richard Weissbourd. "The children we mean to raise," huffingtonpost.com, July 16, 2014, http://www.huffingtonpost.com/richard-weissbourd/the-children-we-mean-to-raise_b_5589259.html.

72　「［友人が］親切に言ってくれたのだが」：ベンジャミン・フランクリン『フランクリン自伝』、松本慎一・西川正身訳、岩波文庫、1957年、172頁。

76　駆け出しの頃の経験が：Charles Margerison and A. Kakabadse. "How American chief executives succeed." *New York: American Management Association* (1984).

77　「家族や文化から無批判に」：Seana Moran. "Purpose: Giftedness in intrapersonal intelligence." *High Ability Studies* 20.2 (2009): 143–159.

77　あまりに衝撃が強いものであるため：Morgan W. McCall, Jr., Michael M. Lombardo, and Ann M. Morrison. Lessons of Experience: *How Successful Executives Develop on the Job*. Simon and Schuster, 1988, p. 96.

78　「苦しみに反応するのではなく」：Ibid., p. 91.

第3章：ブラインドスポット

85　「ほとんど無限の能力」：ダニエル・カーネマン『ファスト＆スロー（上）』、村井章子訳、ハヤカワ・ノンフィクション文庫、2014年、353頁。

85　客観的な事実以上に賢く：Linda A. Schoo, et al. "Insight in cognition: Self-awareness of performance across cognitive domains." *Applied Neuropsychology*: Adult 20.2 (2013): 95–102.

85　面白く：Justin Kruger and David Dunning. "Unskilled and unaware of it: How

41 950年までに：Ibid.

41 大規模な森林破壊と慢性的な干ばつ：Billie L. Turner and Jeremy A. Sabloff. "Classic Period collapse of the Central Maya Lowlands: Insights about human-environment relationships for sustainability." *Proceedings of the National Academy of Sciences* 109.35 (2012): 13908–13914.

41 人が移動して：Joseph Stromberg. "Why did the Mayan civilization collapse? A new study points to deforestation and climate change," smithsonianmag.com, August 23, 2012, http://www.smithsonianmag.com/science-nature/why-did-the-mayan-civilization-collapse-a-new-study-points-to-deforestation-and-climate-change-30863026/?no-ist.

41 ダイアモンドがついに：Brian Wu. "Blue hole of Belize may explain what happened to the Mayans," sciencetimes.com, December 30, 2014, http://www.sciencetimes.com/articles/2257/20141230/blue-hole-of-belize-may-explain-what-happened-to-the-mayans.htm.

42 自己認識というテーマの存在：Greg C. Ashley and Roni Reiter-Palmon. "Self-awareness and the evolution of leaders: The need for a better measure of self-awareness." *Journal of Behavioral and Applied Management* 14.1 (2012): 2–17.

42 幸福が達成される：D. Brett King, William Douglas Woody, and Wayne Viney. *A History of Psychology: Ideas and Context*. Routledge, 2015.

42 「真の自分を追究すること」：Manfred F. R. Kets de Vries. *Telling Fairy Tales in the Boardroom: How to Make Sure Your Organization Lives Happily Ever After*. Palgrave Macmillan, 2015, p. 28.

42 「自己修養の必要条件」：Rabbi Shlomo Wolbe. *Alei Shur, Volume 1*. Bais Hamussar, 1968, p. 141.

42 「自己認識とは魂にとって」：Deborah L. Black. "Avicenna on self-awareness and knowing that one knows." in S. Rahman, et al. (eds.), *The Unity of Science in the Arabic Tradition*. Springer, 2008, pp. 63–87, http://individual.utoronto.ca/dlblack/articles/blackselfknrev.pdf.

43 「みんなが自分を見てくるから」：Paul J. Silvia and T. Shelley Duval. "Objective self-awareness theory: Recent progress and enduring problems." *Personality and Social Psychology Review* 5.3 (2001): 230–241.

43 どちらかというと自意識の特性に近いもの：Allan Fenigstein, Michael F. Scheier, and Arnold H. Buss. "Public and private self-consciousness: Assessment and theory." *Journal of Consulting and Clinical Psychology* 43.4 (1975): 522–527.

43 内省を自己認識と呼ぶ：Paul D. Trapnell and Jennifer D. Campbell. "Private self-consciousness and the five-factor model of personality: Distinguishing rumination from reflection." *Journal of Personality and Social Psychology* 76.2 (1999): 284–304.

43 他人にどう見られているかを：Arthur I. Wohlers and Manuel London. "Ratings of managerial characteristics: evaluation difficulty, co-worker agreement, and self-awareness." *Personnel Psychology* 42.2 (1989): 235– 261.

43 自分をどう見ているかと：John T. Kulas and Lisa M. Finkelstein. "Content and reliability of discrepancy-defined self-awareness in multisource feedback."

18　5000万ドルの損失：J. Evelyn Orr, Victoria V. Swisher, King Y. Tang, and Kenneth De Meuse. "Illuminating blind spots and hidden strengths," kornferry.com, September 2010, http://www.kornferry.com/media/lominger_pdf/Insights_Illuminating_Blind_Spots_and_Hidden_Strengths.pdf.

18　自分がこの先どうしていこうか：University of Phoenix School of Business. "Nearly three-fourths of US workers in their 30s want a career change," *University of Phoenix News* release, July 29, 2015, http://www.phoenix.edu/news/releases/2015/07/uopx-survey-reveals-three-fourths-us-workers-in-their-thirties-want-career-change.html; http://www.bls.gov/news.release/pdf/nlsoy.pdf.

21　「大幅かつシステマチックに誤ることが多い」：David Dunning, Chip Heath, and Jerry M. Suls. "Flawed self-assessment implications for health, education, and the workplace." *Psychological Science in the Public Interest* 5.3 (2004): 69–106.

25　「何にも増して、ワシントンの伝記は」：W. W. Abbot. "An Uncommon Awareness of Self." Prologue: *Quarterly Journal of the National Archives and Records Administration* 29 (1989): 7–19; repr. in *George Washington Reconsidered*, ed. Don Higginbotham (University Press of Virginia: 2001).

25　ワシントン2.0はそうした欠点を：Chernow. p. 603.

25　「私は転嫁されたものでも」：Ibid., p. 603.

25　「（重要な決定の）あらゆる側面を検討し」：Ibid., p. 521.

26　「願望ではなく資金と相談して」：Ibid., p. 378.

26　「与えられた仕事が多大な努力を要する」：Ibid., p. 560.

27　世界中の数千人のなかから：50名というサンプル数は、自己認識についての意義ある結果を導き出すには十分でないと思う人がいるかもしれないので、定性調査と定量調査の違いを指摘しておきたい。私たちの調査の多くは定量調査だった——つまり、数値化が可能な形式で質問に回答してもらった——が、自己認識ユニコーンたちにおこなったのは定性調査だ。定性調査は、各参加者を深く掘り下げて、主な関心事やパターンを探るもので——私たちの場合は、詳細な聞き取り調査をおこなった。そして定性調査について言えば、50名はとても多い数だ。ユニコーンを見つけるのは難しいということをあわせて考えるとなおさらに！

32　およそ3000万人近くのナイジェリア国民が："INEC Officially Announces Buhari as Winner of Presidential Race," pulse.ng, April 1, 2015, http://pulse.ng/politics/nigeria-elections-2015-inec-officially-announces-buhari-as-winner-of-presidential-race-id3619743.html.

第2章：自己認識の解剖学

41　巨大な宮殿や：History.com staff. "Mayan scientific achievements," History.com, 2010, http://www.history.com/topics/mayan-scientific-achievements.

41　西暦800年に人口のピークを：Michon Scott. "Mayan mysteries," earthobservatory.nasa.gov, August 24, 2004, http://earthobservatory.nasa.gov/Features/Maya/.

L. Smith. "The role of emotional intelligence in the career commitment and decision-making process." *Journal of Career Assessment* 11.4 (2003): 379–392; Romila Singh and Jeffrey H. Greenhaus. "The relation between career decision-making strategies and person-job fit: A study of job changers." *Journal of Vocational Behavior* 64.1 (2004): 198–221.

17 よりクリエイティブで：See Paul J. Silvia and Maureen E. O'Brien. "Self-awareness and constructive functioning: Revisiting 'the human dilemma.' " *Journal of Social and Clinical Psychology* 23.4 (2004): 475, 480–481.

17 より自信に満ち：Anna Sutton, Helen M. Williams, and Christopher W. Allinson. "A longitudinal, mixed method evaluation of self-awareness training in the workplace." *European Journal of Training and Development* 39.7 (2015): 610–627.

17 よりコミュニケーション能力が高い：Ibid.

17 比較的攻撃性が低く：Peter Fischer, Tobias Greitemeyer, and Dieter Frey. "Unemployment and aggression: The moderating role of self-awareness on the effect of unemployment on aggression." *Aggressive Behavior* 34.1 (2008): 34–45.

17 嘘をついたり：See Paul J. Silvia and Maureen E. O'Brien. "Self-awareness and constructive functioning: Revisiting 'the human dilemma.'" *Journal of Social and Clinical Psychology* 23.4 (2004): 475, 479–480.

17 仕事で成果を上げて：Allan H. Church. "Managerial self-awareness in high-performing individuals in organizations." *Journal of Applied Psychology* 82.2 (1997): 281–292.

17 昇進する：Bernard M. Bass and Francis J. Yammarino. "Congruence of self and others' leadership ratings of naval officers for understanding successful performance." *Applied Psychology* 40.4 (1991): 437–454.

17 効果的なリーダーとなる：Bass and Yammarino. "Congruence of self and others' leadership ratings"; Malcolm Higgs and Deborah Rowland. "Emperors with clothes on: The role of self-awareness in developing effective change leadership." *Journal of Change Management* 10.4 (2010): 369–385.

17 やる気に満ちたチームを率いる：Kenneth N. Wexley, et al. "Attitudinal congruence and similarity as related to interpersonal evaluations in manager-subordinate dyads." *Academy of Management Journal* 23.2 (1980): 320–330.

17 より収益の高い企業を：Atuma Okpara, et al. "Self awareness and organizational performance in the Nigerian banking sector." *European Journal of Research and Reflection in Management Sciences* 3.1 (2015); Harry Schrage. "The R&D entrepreneur: Profile of success." *Harvard Business Review*, November–December, 1965, 56–69; Korn Ferry Institute. "Korn Ferry Institute study shows link between self-awareness and company financial performance," kornferry.com, June 15, 2015, http://www.kornferry.com/press/korn-ferry-institute-study-shows-link-between-self-awareness-and-company-financial-performance/.

18 600パーセントも：PDI Ninth House. "Accurate self-insight decreases derailment risk," *Leadership Research Bulletin*, January 24, 2013, http://www.kornferry.com/institute/565-accurate-self-insight-decreases-derailment-risk.

原注

第1章：二一世紀のメタスキル

13 「銃弾の飛び交う音を聞いたとき」：George Washington. Letter to John A. Washington. May 31, 1754. MS. N.p.

14 「500人の攻撃に怯むことなどありません」：George Washington. Letter to Robert Dinwiddie. June 3, 1754. MS. N.p.

15 「退却すべきときに前進し」：Ron Chernow. *Washington: A Life*. Penguin, 2010, p. 49.

16 「バナナに手をのばすことなら」：ヴィラヤヌル・S・ラマチャンドラン『脳のなかの天使』、角川書店、2013年、23頁。

16 自分自身を知る能力は：Mark R. Leary and Nicole R. Buttermore. "The evolution of the human self: Tracing the natural history of self-awareness." *Journal for the Theory of Social Behaviour* 33.4 (2003): 365–404.

17 祖先たちが力を合わせて生き抜くための利点となった：Donna Hart and Robert W. Sussman. *Man the Hunted: Primates, Predators, and Human Evolution*. Basic Books, 2005, pp. 159–164.

17 自分自身のことや、他人からどう見られているかを：この発見は、私たちの自己認識調査を基にしている。

17 そういう人びとの方が賢明な判断をする：D. Scott Ridley, et al. "Self-regulated learning: The interactive influence of metacognitive awareness and goal-setting." *Journal of Experimental Education* 60.4 (1992): 293–306; Saundra H. Glover, et al. "Re-examining the influence of individual values on ethical decision making." *From the Universities to the Marketplace: The Business Ethics Journey*. Springer Netherlands, 1997. 109–119.

17 公私ともにより良い関係を築く：Stephen L. Franzoi, Mark H. Davis, and Richard D. Young. "The effects of private self-consciousness and perspective taking on satisfaction in close relationships." *Journal of Personality and Social Psychology* 48.6 (1985): 1584–1594. Clive Fletcher and Caroline Bailey. "Assessing self-awareness: Some issues and methods." *Journal of Managerial Psychology* 18.5 (2003): 395–404; John J. Sosik and Lara E. Megerian. "Understanding leader emotional intelligence and performance: The role of self-other agreement on transformational leadership perceptions." *Group & Organization Management* 24.3 (1999): 367–390.

17 より成熟した子供を育てる：Heather K. Warren and Cynthia A. Stifter. "Maternal emotion-related socialization and preschoolers' developing emotion self-awareness." *Social Development* 17.2 (2008): 239–258.

17 頭が良く：Vladimir D. Shadrikov. "The role of reflection and reflexivity in the development of students' abilities." *Psychology in Russia: State of the Art* 6.2 (2013).

17 より良いキャリアを選んでいく：Chris Brown, Roberta George-Curran, and Marian

監訳者あとがき

「コックニーの青年の旅」

ロンドン下町っ子と呼ばれるコックニーの青年は、同じロンドンに住む人から「あなたは何者か?」と尋ねられると、誇りを持って「私はコックニーだ」と答えた。そんな彼が同国オックスフォード州を訪れ「あなたは何者か?」と問われると、「ロンドン人だ」と答えた。さらに彼はフランスに渡り、同じ問いに「私はイギリス人だ」と答えた。同じように、アジアに行けば「ヨーロッパ人だ」と答え、将来、宇宙を旅して、違う星の人に尋ねられたら、「私は地球人」と自らを紹介するだろう。言うまでもなく、「彼」は同じ人。つまり、彼は出会う人ごとに、自己(アイデンティティ)を変化させるのだ。自分の存在とは、己だけで成り立たず、他者と向かい合うことによってはじめて確立される。

二つの問い

これは、約二〇年前、私が英国レスター大学大学院に留学している時に書いたエッセイの一部だ。専攻は社会学でテーマは「自己の探求」だった。私は福岡県の田舎で生まれ、早稲田大学に入学と同時にラグビーに明け暮れた。卒業後は、縁も馴染みもない異国の地で、自分を再スタートさせたく、人類学と社会学に没頭した。そんな中、時折、隙間風のように問いが襲った。

「僕は、一体何者なのか?」

普段は考えないけれども、時々浮かび上がるこの問いは、いつも私に焦りと不安を与えた。例えば、壁にぶつかった時、先が見えなくなった時、人種差別を受けた時、他人の指示に従いたくない時など。そして、この世で私は本当に役に立っているのか? ここに存在する意味があるのだろうか? 本当は何がしたいのだろうか? 本当に今のままで良いのだろうか?と、あたかも「本当の自分」がもうひとりいるかのように、自分を疑い始めた。悶々として、心地悪さがしばらく続く。なぜなら、これまでの自分や現在の自分を疑い、否定せざるを得ないからだ。だから、この質問に答え切ることなく、ごまかしながら、いつもの自分を再稼働させていた。

皆さんも、同じような問いが、ふと浮かぶことはないだろうか? これまで、多くのビジネスリーダーやスポーツ界のトップコーチなどと仕事をしてきたが、社会的地位が確立された彼らでさえ、「私の存在価値って、何なのか？」「私は、本当に役に立っているのか？」「私は一体、何がやりたいのだろうか？」と自問を繰り返している人は少なくない。

もう一つ、私を困惑させる問いがある。

「なぜ、僕のことを分かってくれないのか？」

例えば、相手に苛立った時、相手を苛立たせた時、孤独を感じた時、真意が伝わらず誤解されたと感じた時。願いは一つ。もっと本当の自分を理解して欲しい。これは、人間に組み込まれた誰もが持つ自己の承認に対する欲求であり、ホモ・サピエンスが作り出した生きるエネルギーの源でもある。その結果、この欲求は良くも悪くも我々の社会システムの中に組み込まれている。例えば、「本当の自分を分かってほしい」という願いが叶った瞬間、恋人同士に愛が育まれたり、仲間同士に絆が生まれたり、組織内に信頼と忠誠心が芽生えたりする。他者から己を理解してもらうことが、いかに大きなパワーを生み出しているかを、経験的に誰もが知っているはずだ。一方で、この欲求が常に満たされるわけではなく、時に「なぜ、自分を分かってくれないのか？」と疑問と不満が沸き起こることも知っているだろう。

私を悩ませるこの二つの問いは、多くの方々にも共通するのではないだろうか。「本当の自分」を自らが知ることと、「本当の自分」を他者に知ってもらうこと。前者は自己と向き合う内なる問いで、後者は外側に向けた問いである。いずれも「本当の自分」を理解することを目指しているが、コックニーの青年のように、自己は他者によって変化することを考えれば、内なる自分を理解するためにも、自分を取り巻く他者を正しく理解することが不可欠だ。自己の理解と他者の理解は、切っても切り離せない関係であり、非常に難解且つチャレンジングな私の人生のテーマとなった。

本書のメッセージ

しかし、この「自分を知る」というテーマ、これまであまり陽の目を見ることがなかった。それよりも、結果や成果、勝利や戦略、スキルやナレッジといったわかりやすいテーマがいつも注目を浴びていた。ついつい「答え」や「重要なもの」は自分の外側にあると考えてしまうのだ。

そこで出会ったのが、本書だ。単なる一過性のスキル・ノウハウ本ではない。根底から自己認識の大切さを紐解き、誰もが一生をかけて、本気で向き合っていかなければならい自己を知るためのガイドラインとなっている。この本に「正解」を求めるというよりも、読み進めていくうちに、次の問いに少しずつ自分の言葉で答えられるようになっていくことの方が大切だ。

- そもそも、自己認識とは一体何なのか？
- 自己認識が高いとどのようなメリットがあるのか？
- 自己認識を高めるには、どうすればよいのか？
- いま、なぜ、自己認識が重要なのか？

著書のターシャ・ユーリックは、さまざまなエピソードを交えながら、自己認識の定義を示し、意義を解き、方法論を紹介する。要約すると、自己認識とは自分自身を明確に理解する力で、二つの側面で構成されている。一つは自分の観点から自分自身を理解する「内的自己認識」、もう一つは他者の視点から自分自身を理解する「外的自己認識」だ。この二つには相関関係はなく、また、両方とも誰でも手に入れられるスキルだと著者は言い切る。この両者が共に高い状態が、自己認識が高い状態であり、そのような人たちは幸福度が高いとされている。逆に、自己認識に欠けた人は自分のキャリアに満足していない可能性が高い。自己認識に欠けた彼らは、「自分は優れている」、「自分は自己認識がある」と勘違いをしている。本来、我々は自分のことは見えていない。だから他者からのフィードバックが必要だ。しかし、ついついバリアを張って、都合のよいフィードバックのみを受け取ってしまう。多くの人にとって厳しくつらい真実のフィードバックより、自己欺瞞な状態でいるほうが楽だからだ。

また、最近のテクノロジーの進化によって、我々は膨大な情報をスピーディーに入手でき、さまざまネットワークを構築することができるようになった。一方で、自己への勘違いを引き起こす要因にもなっている。

例えば、そもそもは人と人との関係性を維持するために生まれたソーシャルメディアは、セルフプレゼンテーションが主流になっているという。スマホでの自撮りなどのセルフプレゼンテーションは、自分に集中しすぎるあまり、友人たちを実は不快にさせていることを気づかなくさせ、「いいね」が減っていることにも気づかなくさせてしまう。ソーシャルメディアの影響によりますます自己認識が難しい時代に突入しているのだ。

だからこそ、本書のメッセージを真摯に受け止め、実践することが重要なのだ。

リーダーにこそ必要な自己認識

現在、私は公益財団法人日本ラグビーフットボール協会で、コーチングディレクターとして「コーチのコーチング」を行っている。世界で勝てる指導者を発掘・育成し、ユース世代の日本代表を強化するのが仕事だ。また、グローバルリーダーを輩出するための中長期的なマネジメントトレーニングを提供する株式会社チームボックスの代表取締役でもある。私自身の日本代表監督や経営者としての経験も活かし、競技や業界の枠を超えて、リーダー育成や組織開発に日々、没頭している。

私の専門であるコーチング分野では、コーチが身につけるべき能力を四つの枠組で説明している。1つ目はプロフェッショナル（＝専門的）能力。二つ目は、インターパーソナル（＝人間関係構築）能力で、他者との良好な関係を築く上で必要な伝達力、質問力、共感力など。三つ目は、イントラパーソナル（＝自己認識）能力であり、まさに本書のテーマだ。四つ目は、フィロソフィー（＝自身の哲学）で最終段階である。これまでの経験から、全ての土台となるのは、三つ目のイントラパーソナル（＝自己認識）であると私は考えている。自分のことを正しく理解すること。簡単そうで、意外に難しい。自分のことなので、誰しもができて当たり前だという認識があるから か、学校や会社ではその正しいやり方をほとんど教えてくれない。よって、私が管轄するコーチング研修では、徹底的に反復しなければならない領域となる。

スポーツの世界におけるリーダーの自己認識

「すみません、頭が真っ白になりました……パニックです。もうこれ以上、コーチングできません」。彼は言った。

五年前、日本ラグビーの若手世代強化を担うトップレベルの指導者が集まるコーチ研修会での出来事だ。そこでは参加しているコーチが入れ替わりで、ゲーム中のさまざまな場面を仮設定し、指導実践を行うという研修を行っていた。

研修が始まり、参加コーチのひとり、樋口猛（新潟工業高校）の出番になった。彼は自信ありげにはじめたものの、後半が始まってしばらくすると、雰囲気が急変し、こうつぶやいた。

「あれー、俺、いま何やっているんだろう。うわー、やっちまった……」

グラウンドの真ん中でひとり呆然と立ち尽した。重く暗くなった空気のまま、沈黙がしばらく続いた。彼だけではなく、それを囲むコーチたちもその様子に困惑し、気まずい雰囲気が流れた。その彼は、数多くの実績を残している誰もが知るコーチだったからだ。例えると有名な料理人が、テレビ番組で料理の腕前を披露しようとして失敗するようなものだ。


一般的に、スポーツの指導現場では、仮にコーチングに失敗したとしても、意外に誤魔化しが利いてしまう。通常、選手のパフォーマンスに関する過失（ミステイク）は明らかだが、コーチングの過失（ミステイク）を明確に指摘することはとても難しいからだ。もしかすると、この樋口氏のケースも、仮に失敗があったとしても、設定時間終了まで当たり障りのないコーチングを継続することはできたかもしれない。しかし、彼の素晴らしいところは、自らすすんで、気持ちを誤魔化すこともなく、正直に自らの降参を認めた。それは誰が見てもとても恥ずかしかっただろうと感じる場面だった。彼は、常に「正直であり続ける」ことが指導哲学であり、それは選手だけでなく、自分にも常に課しているテーマだったのだ。要するに、自分の揺るぎない指導軸を正しく認識しており、それがいつ何時、他者から見た場合にも一致しているかに拘っていたということ。内的自己認識と外的自己認識の両方を発揮していた場面といえよう。

その後の彼は、素直に学びに徹した。その様子は、誰が見ても本当に格好良く見えた。彼の姿勢そして成長をずっと見ていた私は、そのシーズンの日本ラグビーU19日本代表監督のポストを、彼にお願いすることにした。

一年後、日本代表チームは強豪スコットランドへ遠征。細くて小さくて繊細な日本人の強みと弱みを理解し、格好つけない、こだわりの戦術を選手とスタッフ全員で揺るぎないほど共有した。代表選手らは、監督に学び、困難に自ら立ち向かい、大胆にチャレンジした。プレイがうまく行けば素直に喜び、失敗してもごまかさず、全てをさらけ出すチームに大きく成長していた。「俺たちは何者か?」を徹底的に貫き、低さと素早さを強みに日本人らしさを全面に打ち出したチームが完成した。結果、全員で鋭くに前へ出るスピードと低いタックルを武器に、プライド高きU19スコットランド代表を見事に下した。力強さを武器にした巨漢揃いの敵国に小馬鹿にされながらも、「狂気に満ちた守備」はもはや攻撃となっていた。日本の若手世代がヨーロッパ勢に初めて勝利した記念すべき試合となったことは言うまでもない。樋口監督の正しい自己認識から始まった栄光のストーリーだ。第九章で「優れたチームは、自己認識を持ったリーダーから始まる」と著者も書いているが、その好事例とも言えよう。

ビジネスにおけるリーダーの自己認識

スポーツに限らず、ビジネスの現場のリーダーたちも「自分は何者なのか？」と日々戦っている。

「現場で成果を上げて当たり前！」と言われる中で育った我が国が誇る大手商社、伊藤忠商事株式会社に勤める高橋伸治課長。だからこそ、自分に厳しく、そして部下にも厳しくがむしゃらに成果を求めてきた。現場で成果を上げるのが課長の唯一の役割だと信じていたからだ。その結果、部下を育てるという考えは希薄だった。そんな彼が、正直に悩みを語り出した。

「実は、部下育成は僕の一番の課題の一つなんです。今は昔とは違う。人数を見ても、昔は七〇〇〇人、今四〇〇〇人。時代、環境は確実に変わっているのに、部下育成の意識が希薄で、単に厳しく接している自分がいました」

「最近の若者はダメ発言」はギリシャ時代から言われているほど、熟年層が陥ってしまう社会の仕組みだ。だからこそ、自己を正当化し、自身の振る舞いを疑いにくくなる。時代が急変しているのに、自分の過去の経験にしがみつくリーダーが多く生まれてしまうのだ。彼は、コーチングによる対話の中で、冷静に若手の立場になって自分を見つめ直した。外的自己認識を活かし、気づきをアクションに変えた。それから二週間、部下を褒めることを約束。

「正直、めちゃくちゃ、違和感ありますよ。だって、いままでメンバーを褒めたことはなかったから。これまで相当自分は厳しく接してきたと思う。けれど、結局は、僕の考えを最も改めない

「といけないことに気づいた」

自分はこれまで何をやってきて、これから何をやるべきか？ 部下からどのように映り、若者からどのように映っているのか？ 心地悪さと向き合いながら、「自分とは何者か？」を問い続けた。その結果、部下の笑顔が増え、チームは活気づいた。


ユニリーバ・ジャパン・カスタマーマーケティング株式会社の髙橋康巳社長は、組織内における部署ごとの強い「縦割り文化」に悩んでいた。皆、自分たちの領域に対する成果へのコミットメントは十分すぎる程高い。一方で、他部署への協力の意識は低く、同時に他部署からの意見や介入を避ける傾向があった。そこで、彼は協力と連携という言葉を強調し、一体感の醸成を掲げた。しかし、反応は薄かった。

「なぜでしょうね、みんながそれぞれ壁を作ってしまうのは？」

という私の問いに、しばらくの沈黙が続いた。

「うーん、個々には本当に頑張ってくれているんだが……」

「へえ、そうなんですね。けれど、それ、きちんと伝わっていますか？」同じく、沈黙が続いた後、

「あー、本当は私の問題なのかもしれません。実は、このサイロ的な縦割感を生み出しているのは、自分が原因だと気づきました。」

メンバーへの感謝やねぎらいを言語化して伝えることが欠如していた。プロフェッショナルだからこそ、やって当たり前だろうという感覚で接していた。それが、高い次元での期待の表明だと思っていた。感謝の反意語は「当たり前」である。感謝が言語化されない組織風土は、他者からの承認欲求を高め、現場の当事者を自己陶酔させやすい。注意力が必要以上に自分たちに向き、結果、セクショナリズムを生み出す。

リーダーとしてきれいな言葉で言語化されたビジョンやイノベーティブな戦略を打ち出すことより、もしかしたら、今の自分に求められているのは、各人の努力と誠意をしっかり受け止め、承認していくことなのかもしれない。「もっと褒めてください」とメンバーに言われた一言をきっかけとした外的自己認識から得た気づきの一つだ。髙橋社長は、自分は何者かを探った。そして、本当に目指したい組織のあり方と自身の言動とのギャップを認識した。

「これ、全部、私のせいですね。気恥ずかしいけど、感謝を伝えてみます」と私に宣言した。これからダイナミックでハートフルな組織がまたうまれることが強く期待される。

リーダーが変われば、組織は変わる。

これは、私がスポーツでの現場、教育の現場、ビジネス現場問わず、大切にしているリーダーに向けた言葉である。

「結局、私が原因でした。私自身が変わります」という自責の言葉がリーダーから出たとき、確実に変革が起こる。

一旦他者の目線となって自分を見つめ、外的自己認識を高め、歪みを修正していく。こうしたプロセスを経て、リーダーは自己成長からチームの成長を促すのだ。全ての出発は、正しい自己認識である。

著者の強いメッセージの一つは、自己認識に終わりはなく、自分の能力やふるまいに対するフィードバックを積極的に他者に求め、常に謙虚に学び続けることが大切だということ。簡単ではないが、本書を通じて、少しでもそのきっかけを掴んでほしい。

さあ、共に始めよう。「私は一体何者なのか?」の旅を。

二〇一九年五月

日本ラグビーフットボール協会　コーチングディレクター
株式会社チームボックス　代表取締役
中竹竜二

● 著者

ターシャ・ユーリック
Tasha Eurich

組織心理学者、研究者、ニューヨーク・タイムズ・ベストセラー作家。15 年以上のキャリアを通じて、企業の CEO やアーリーステージの起業家を含め、何千人ものリーダーや社員たちの自己認識を向上させ、成功へといたる支援をしてきた。クライアントは多様で、T モバイル、KPMG、ウォルマート、IBM、マイアミ・ヒートを含め、さまざまな組織を担当している。

著述家および思想的リーダーとして、心理学を新鮮かつ実行可能な形で活用し、職場（や家庭）に継続的でポジティブな変化をもたらすサポートをしている。2019 年には、世界の経営思想家ランキング「Thinkers50」で「コーチングにおける世界のリーダートップ 50」のみならず、「世界の若手マネジメント思想家」のひとりに選出された。

ハーバード・ビジネス・レビューにも寄稿するユーリックの取り組みは、ウォール・ストリート・ジャーナル、ニューヨーク・タイムズ、NPR、ニューヨーク・マガジン、フォーチュン、フォーブス、ファスト・カンパニーなどでも取り上げられている。TEDxMileHigh のトーク動画は 300 万回以上視聴されている。

デビュー作『Bankable Leadership』は、ニューヨーク・タイムズのベストセラーリストで第 8 位を記録。最新作となる『Insight』では、自己認識と成功の関連を探究している。「自己改善に対する大胆で痛快な解釈」（サクセス誌）や「魅力的な読み物」（ガーディアン紙）と称賛された『Insight』は、Strategy+Business 誌が選ぶ 2017 年ベストビジネスブック賞（マネジメント部門）を受賞し、800ceoread.com が選ぶ「ベスト・ブック・オブ・ザ・イヤー」にもノミネートされた。

● 監訳者

中竹竜二
Ryuji Nakatake

株式会社チームボックス代表取締役。公益財団法人日本ラグビーフットボール協会コーチングディレクター。1973 年､福岡県生まれ。早稲田大学人間科学部に入学し、ラグビー蹴球部に所属。同部主将を務め全国大学選手権で準優勝。卒業後、英国に留学し、レスター大学大学院社会学部修了。帰国後、株式会社三菱総合研究所入社。2006 年、早稲田大学ラグビー蹴球部監督に就任。2007 年度から 2 年連続で全国大学選手権優勝。2010 年、日本ラグビーフットボール協会初代コーチングディレクターに就任。2012 年より 3 期にわたり U20 日本代表ヘッドコーチも兼務。2014 年、リーダー育成トレーニングを行う株式会社チームボックスを設立。一般社団法人スポーツコーチング Japan 代表理事、一般社団法人日本ウィルチェアーラグビー連盟副理事長を務める。著書に『新版リーダーシップからフォロワーシップへ　カリスマリーダー不要の組織づくりとは』（CCC メディアハウス）など多数。

● 訳者

樋口武志
Takeshi Higuchi

1985 年福岡生まれ。訳書に『異文化理解力』（英治出版）、『無敗の王者 評伝ロッキー・マルシアノ』（早川書房）、共訳書に『ノー・ディレクション・ホーム ボブ・ディランの日々と音楽』（ポプラ社）、字幕翻訳に『ミュータント・ニンジャ・タートルズ：影 < シャドウズ >』など。

[英治出版からのお知らせ]
本書に関するご意見・ご感想をE-mail（editor@eijipress.co.jp）で受け付けています。
また、英治出版ではメールマガジン、ブログ、ツイッターなどで新刊情報やイベント情報を配信しております。ぜひ一度、アクセスしてみてください。

メールマガジン：会員登録はホームページにて
ブログ：www.eijipress.co.jp/blog
ツイッターID：@eijipress
フェイスブック：www.facebook.com/eijipress
Webメディア：eijionline.com

insight
いまの自分を正しく知り、仕事と人生を劇的に変える自己認識の力

発行日　2019年7月3日　第1版　第1刷

著者　ターシャ・ユーリック
監訳者　中竹竜二（なかたけ・りゅうじ）
訳者　樋口武志（ひぐち・たけし）
発行人　原田英治
発行　英治出版株式会社
〒150-0022 東京都渋谷区恵比寿南1-9-12 ピトレスクビル4F
電話　03-5773-0193　FAX　03-5773-0194
http://www.eijipress.co.jp/
プロデューサー　平野貴裕
スタッフ　高野達成　藤竹賢一郎　山下智也　鈴木美穂　下田理
田中三枝　安村侑希子　上村悠也　桑江リリー　石崎優木
山本有子　渡邉吏佐子　中西さおり　関紀子　片山実咲
装丁　竹内雄二
印刷・製本　大日本印刷株式会社
校正　株式会社ヴェリタ

ISBN978-4-86276-270-2　C0034　Printed in Japan